5300

ACCESO GRATIS *a la Lectura en la Nube*

Para visualizar el libro electrónico en la nube de lectura envíe junto a su nombre y apellidos una fotografía del código de barras situado en la contraportada del libro y otra del ticket de compra a la dirección:

ebooktirant@tirant.com

En un máximo de 72 horas laborables le enviaremos el código de acceso con sus instrucciones.

Europa en Guerra: Seguridad y Defensa Común tras la invasión de Ucrania

Europa en Guerra: Seguridad y Defensa Común tras la invasión de Ucrania

Coordinador
IGNACIO COSIDÓ GUTIÉRREZ

tirant lo blanch
Valencia, 2025

Directores de la Colección:

ISMAEL CRESPO MARTÍNEZ

Catedrático de Ciencia Política y de la Administración en la Universidad de Murcia

PABLO OÑATE RUBALCABA

Catedrático de Ciencia Política y de la Administración en la Universidad de Valencia

EDITA: TIRANT LO BLANCH
C/ Artes Gráficas, 14 - 46010 - Valencia
TELFS.: 96/361 00 48 - 50
FAX: 96/369 41 51
Email: tlb@tirant.com
www.tirant.com
Librería virtual: www.tirant.es
DEPÓSITO LEGAL: V-2184-2025
ISBN: 979-13-7010-230-2

Si tiene alguna queja o sugerencia, envíenos un mail a: *atencioncliente@tirant.com*. En caso de no ser atendida su sugerencia, por favor, lea en *www.tirant.net/index.php/empresa/politicas-de-empresa* nuestro Procedimiento de quejas.

Responsabilidad Social Corporativa: http://www.tirant.net/Docs/RSCTirant.pdf

Listado de autores por orden de aparición

Ignacio Cosidó
Adriaan P. V. Kühn
Pablo Guerrero García
Nuno Pereira de Magalhães
Andrés de Castro
Gustavo Palomares
Enrique Fojón Lagoa
Rafael Ripoll
Enrique Manglano
Andrew Smith Serrano
Carlos Alcázar
Fernando del Pozo
Román D. Ortiz
Francisco Javier Albaladejo Campos
Ignacio Cosidó Gutiérrez
Rubén Folguera Agra
Beatriz Méndez de Vigo
Josep Baqués Quesada
Luis de Eusebio Ramos
Marian Soto Soriguera

Índice

Europa en guerra: Seguridad y Defensa común tras la invasión de Ucrania .. 11
Ignacio Cosidó

¿Qué defendemos y contra quién? La Unión Europea y la defensa del estilo de vida europeo 19
Adriaan P. V. Kühn

La seguridad y la defensa común en perspectiva histórica 31
Pablo Guerrero García

El concepto de seguridad en la Unión Europea 61
Nuno Pereira de Magalhães

La Unión Europea en el contexto de la competición entre las grandes potencias ¿y España? 97
Andrés de Castro

Autonomía Estratégica Abierta y relación transatlántica: la cooperación entre la OTAN y la UE en un momento de guerra en Europa 117
Gustavo Palomares

El futuro de la relación trasatlántica desde una perpspectiva realista 171
Enrique Fojón Lagoa

Implicaciones de la futura ampliación de la Unión Europea en la defensa y viceversa 189
Rafael Ripoll
Enrique Manglano

¿Es posible una disuasión nuclear europea? 215
Andrew Smith Serrano

Entre la modernización y la integración: las fuerzas convencionales europeas en el escenario de la competición estratégica 229
Carlos Alcázar
Fernando del Pozo
Román D. Ortiz

La seguridad interior de la Unión Europea 269
Francisco Javier Albaladejo Campos

Seguridad económica europea 295
Ignacio Cosidó Gutiérrez
Rubén Folguera Agra

Hacia una inteligencia europea 325
Beatriz Méndez de Vigo

La nueva estrategia de la industria de defensa de la Unión Europea 337
Josep Baqués Quesada

Ciberseguridad: el nuevo dominio de la defensa de Europa 375
Luis de Eusebio Ramos

La Defensa Civil europea ante los nuevos desafíos de seguridad 433
Marian Soto Soriguera

EUROPA EN GUERRA: SEGURIDAD Y DEFENSA COMÚN TRAS LA INVASIÓN DE UCRANIA

IGNACIO COSIDÓ[1]

"Europa en guerra" es mucho más que un título llamativo para un libro que trata sobre la seguridad y la defensa de Europa. Estas tres palabras describen una realidad. En muchos casos una realidad oculta o al menos que muchos de nuestros dirigentes políticos y la mayoría de nuestros ciudadanos no quieren ver. El libro que publicamos un grupo de profesores universitarios y analistas vinculados al Centro de Seguridad Internacional de la Universidad Francisco de Vitoria pretende ser una llamada a la realidad, casi un grito: ¡Despierta Europa! El resultado de la investigación pretende además pensar como esta Europa desnuda puede ser protegida.

La aún opulenta Unión Europa no ha sido consciente hasta hoy del grave riesgo en el que se encuentra su seguridad. Los vecinos más cercanos a Ucrania oyen el estruendo de la guerra, pero el sonido se atenúa conforme nos alejamos del conflicto. Hay grandes discursos de apoyo a Ucrania, pero carecemos de la voluntad y la capacidad para proporcionarles las armas necesarias para que los ucranianos puedan resistir y en su caso expulsar a las tropas rusas de su territorio. Es más, nuestro primer objetivo, casi el único, desde el inicio de la invasión a gran escala en febrero de 2022 ha sido evitar una escalada que pueda llevar a una confrontación directa entre Rusia y la OTAN.

Europa tiene dos problemas prioritarios en relación a su seguridad. Por un lado, la amenaza de Rusia no solo es a Ucrania sino al conjunto de la Unión Europea y de forma muy especial a los miembros que se sitúan más al este de Europa. Para algunos países, como las repúblicas bálticas, se trata de una amenaza existencial. Para

---

1 Director del Centro para el Bien Común Global

otros de una amenaza estratégica. A estas alturas resulta evidente que Moscú quiere restaurar las fronteras de la Gran Rusia, recuperar su área de influencia en Europa y neutralizar cualquier oposición de la Unión a sus intereses.

Rusia forma parte además de una alianza de regímenes totalitarios cuyo objetivo final es la derrota de Occidente y la instauración de un nuevo orden mundial acorde a sus intereses estratégicos. Esta alianza, liderada por China como gran potencia emergente, cuenta además con Irán y socios de menor entidad como Corea del Norte o Venezuela. La creciente influencia de este bloque en otros países de África, Latinoamérica o Asia lo convierte en un rival formidable.

El segundo problema es que Estados Unidos se ha cansado de defender gratuitamente a sus aliados europeos. Europa ha dejado de ser un interés vital para Estados Unidos que ve en China su principal rival estratégico y tiene en el Pacífico sus intereses económicos y de seguridad prioritarios. El contribuyente norteamericano cada vez entiende menos porque tiene que pagar con sus impuestos la defensa de una Europa que siendo rica hace dejación de su propia seguridad. Las posiciones aislacionistas se imponen a las internacionalistas en Washington. No es solo una cuestión de que Trump haya vuelto a la Casa Blanca, sino una tendencia marcada con más o menos énfasis en al menos las tres últimas administraciones estadounidenses, como evidenció la precipitada salida de las tropas de Estados Unidos de Afganistán.

La respuesta europea a este doble desafío, la amenaza rusa y el abandono de Estados Unidos, está siendo lenta e insuficiente. Aún hay algunos países europeos, entre ellos destaca España, que están lejos de cumplir con el compromiso de alcanzar el 2% de su PIB dedicado a defensa. La realidad es que, para poder responder a la economía de guerra de Putin, Europa necesitaría invertir por encima del 3%, como ya hace Polonia. La producción de armas, especialmente sistemas antiaéreos o munición de artillería, sigue resultando, tres años después del inicio de la guerra en Ucrania, manifiestamente insuficiente para las necesidades del ejército ucraniano. El rearme de los ejércitos europeos avanza a paso de tortuga.

Más allá de la fuerza militar, la Unión Europea carece también de otras capacidades esenciales para poder hacer frente al tipo de guerra híbrida que caracteriza los conflictos actuales, como la inteligencia, la ciberdefensa o las campañas de desinformación en el espacio cognitivo. En el mundo actual todo es susceptible de ser utilizado como un arma estratégica: el terrorismo, la inmigración, la energía, los alimentos, el agua. La Unión Europea debe por tanto reforzar su seguridad tanto exterior como interior para hacer frente a este tipo de amenazas a las que en muchas ocasiones no hay una respuesta militar, sino que requieren otro tipo de capacidades policiales, de inteligencia, tecnológicas o de defensa civil.

En el presente libro pretendemos dar una idea de cuál es la defensa que Europa necesita en esta nueva era estratégica que se abre paso, pero también nos ocupamos de esas otras dimensiones de la seguridad que permitan dar respuesta a la amenaza en la denominada zona gris que caracteriza el mundo actual. La premisa fundamental es que será difícil que Europa pueda garantizar su seguridad en este nuevo entorno estratégico sino es capaz de desarrollar una política, una estrategia y unas capacidades de defensa y seguridad comunes.

Esta necesidad es evidente en el campo de las capacidades militares. El gasto de los aliados europeos es la mitad de lo que invierten los Estados Unidos, pero la capacidad real que se obtiene con ese dinero puede ser una décima parte. La dispersión del esfuerzo, la duplicidad de capacidades y la carencia de otras, la diversidad de sistemas nacionales, la multiplicidad de desarrollos, la falta de dimensión de nuestras industrias y la falta de economías de escala, hacen que el gasto militar europeo sea altamente ineficiente.

Pero la necesidad de una seguridad común trasciende la dimensión estrictamente militar y abarca otras esferas a las que nos hemos referido como la inteligencia o la cooperación policial. También en esos campos desarrollar un sistema de seguridad común resulta imprescindible en un espacio en el que han desaparecido los controles fronterizos entre los miembros y se encuentra intensamente interconectado.

En este libro pretendemos ofrecer una propuesta de esa defensa y seguridad común que la Unión Europea necesita para ser capaz de disuadir de la extensión de la guerra en el Continente, hacer frente a las amenazas hibridas que se derivan del actual conflicto y neutralizar los riesgos que vienen de otras direcciones, especialmente del sur.

En primer lugar, nos ocupamos de los valores, los principios y los intereses comunes que los europeos debemos defender. En muchas ocasiones hablamos de una defensa europea, pero omitimos mencionar que es lo que debemos o queremos defender. Esto resulta crucial en un momento en el que por un lado nos enfrentamos a una coalición de regímenes totalitarios que pretenden precisamente destruir los valores que representamos y, por otro, resurgen con fuerza en Europa los nacionalismos identitarios que promoverán una renacionalización de las políticas de defensa. Sin definir unos valores e intereses comunes hablar de defensa europea carecería de sentido.

En segundo término nos referiremos a los antecedentes históricos de la seguridad y la defensa europea. En realidad, no se trata de construir sobre el vacío sino sobre lo que ya existe, aprendiendo también de nuestros propios errores. La pregunta a la que tratamos de dar respuesta es porque creemos que es posible desarrollar ahora un proyecto que históricamente ha recibido sucesivos fracasos. En este capítulo además de analizar el contexto histórico daremos algunas de las claves por las que consideramos que ha llegado el momento de dar un paso decisivo hacia una defensa y seguridad común.

Tras este análisis de la evolución histórica, tratamos sobre la posición de la Unión Europea en la competencia de grandes potencias que caracteriza la época actual. Se trata de situar a la Unión no solo ante la amenaza de Rusia, sino también indagar sobre cual será el futuro de la relación trasatlántica, la creciente rivalidad comercial y estratégica con China o la amenaza de un Irán dotado de armas nucleares. El capítulo concluye con algunas recomendaciones sobre cómo definir una estrategia de seguridad europea en los próximos años.

A continuación, definiremos un concepto de defensa y seguridad europea adaptado al cambio de época que estamos viviendo. Un concepto de seguridad que trasciende lo estrictamente militar y contempla otras dimensiones en los dominios espacial, cibernético y cognitivo. Un concepto de seguridad hibrida que contemple no solo la seguridad estatal sino una seguridad humana integral y que responda a los desafíos tecnológicos como la inteligencia artificial o la robótica y también a la revolución humana ante fenómenos como la inmigración o la forma de relacionarnos e interactuar con el otro.

La relación trasatlántica y la cooperación entre la Unión Europa y la OTAN es otra cuestión clave, especialmente en un momento en el que ese vínculo está cuestionado por esta segunda administración Trump. Es evidente que Europa deberá tomar mayor responsabilidad de su propia seguridad, pero mantener un vínculo trasatlántico renovado está en el interés de ambas orillas.

En todo caso, es evidente que Europa es incapaz de sostener hoy una guerra convencional a gran escala. La dimensión de sus ejércitos profesionales es mínima y las reservas estratégicas de munición apenas darían para sostener un combate de alta intensidad durante unos días. Carecemos además de sistemas esenciales de defensa aérea, artillería de largo alcance, drones, guerra electrónica o apoyo logístico por mencionar tan solo algunos de nuestros déficits. En el capítulo dedicado al desarrollo de nuestras capacidades convencionales hacemos un diagnóstico preciso de la situación y definimos una estructura de fuerzas convencionales que permita una disuasión y una capacidad de actuación acordes con la gravedad de la amenaza.

Una de las características de esta nueva era estratégica es la nuclearización de las estrategias de seguridad. Todas las potencias nucleares están modernizando y potenciando sus arsenales atómicos, así como flexibilizando sus doctrinas de empleo de este tipo de armas. El equilibrio atómico entre Estados Unidos y Rusia que caracterizo las últimas décadas será sustituido por un juego de al menos tres grandes potencias nucleares con la incorporación de China a la liga de las superpotencias atómicas. Por otro lado, es previsible que en un futuro próximo tengamos nuevos actores nucleares en juego, con el caso iraní como gran detonante de la próxima ola de proliferación. Pensar en una defensa europea sin una disuasión nuclear está fuera de la realidad. El dilema es si seguir confiando en una disuasión nuclear extendida de unos Estados Unidos cada vez más desvinculados de la seguridad europea o desarrollar nuestras propias capacidades. Y la pregunta es si los europeos tenemos esa posibilidad.

Dedicamos también un capítulo a la seguridad interior de la Unión Europea. En realidad, las líneas que separan la seguridad exterior y la interior se han vuelto cada vez más difusas, pero amenazas como el terrorismo, el crimen organizado o la inmigración ilegal requieres estrategias y capacidades específicas que van más allá de las estrictamente militares. En este apartado hacemos un análisis de cuales son esas amenazas, de su dimensión estratégica, de los instrumentos que hemos desarrollado hasta la fecha y especialmente de las respuestas que debemos dar en el futuro. Una vez más una política de seguridad común resulta esencial para tener éxito frente a estos desafíos.

La dimensión económica de la seguridad resulta cada vez más decisiva. Tras un intenso periodo de globalización hemos generado múltiples vulnerabilidades económicas que pondrían en riesgo la propia supervivencia de un país. Así, la seguridad energética, la seguridad alimentaria o la seguridad en las cadenas de suministro son vitales para el normal funcionamiento de cualquier país. Observamos además como Rusia ha utilizado el suministro de gas o la exportación de grano como armas estratégicas para doblegar voluntades o como un arma estratégica para sus intereses de seguridad. Dedicamos por tanto un capítulo a la estrategia de seguridad europea con propuestas para tratar de lograr una mayor autonomía estratégica en todos los ámbitos, reduciendo también nuestra dependencia tecnológica.

La inteligencia es probablemente la capacidad más eficaz para poder garantizar la seguridad en el contexto de incertidumbre y cambio actual. Sin embargo, este es el campo donde los avances en la cooperación europea han sido más limitados. Esto se debe, por un lado, a que estamos tocando el área más sensible de la soberanía de los estados. Por otro a que el secreto está en la base de las agencias de inteligencia siempre reacias a compartir información. Sin embargo, solo una mayor cooperación en el ámbito de inteligencia entre los países miembros de la Unión Europea y el desarrollo de algunas capacidades comunes nos permitirá estar a la altura de los desafíos que se avecinan. En el capitulo dedicado a la inteligencia europea además de describir los tímidos avances efectuados se dan algunas ideas sobre cómo desarrollar esta capacidad de inteligencia común partiendo de sus límites y dificultades.

No es posible hablar de una defensa y seguridad europea sin incluir un análisis de su sector industrial. La industria de defensa es una capacidad esencial de cualquier estrategia de seguridad. El fraccionamiento y la debilidad del sector en Europa es una de nuestras grandes carencias tras varias décadas de desmantelamiento de las industrias de defensa por falta de presupuestos y procesos de deslocalización. En este campo nos planteamos además un doble dilema.

Por un lado, la necesidad de acudir al mercado norteamericano para dotarnos a corto plazo de sistemas imprescindibles para garantizar nuestra defensa. Por otro, como compatibilizar los intereses industriales nacionales con las necesidades estratégicas comunes y la necesaria consolidación del sector a escala europea para hacerlo más competitivo. En el libro pretendemos dar algunas respuestas a estos dilemas.

Dedicamos también un capítulo exclusivo al ámbito de la ciberdefensa, no solo porque este es un dominio cada vez más relevante de la seguridad sino porque en el espacio cibernético es donde la guerra se libra ya diariamente. La irrupción de la inteligencia artificial generativa y de la computación cuántica suponen además desafíos formidables para el futuro de nuestra seguridad. En el capítulo dedicado a la ciberseguridad y ciberdefensa analizamos como sería posible ofrecer una respuesta europea eficaz a las crecientes amenazas que se ciernen en este ámbito.

Finalmente nos ocupamos de la defensa civil como una capacidad que nos debería permitir responder a catástrofes naturales y emergencias críticas de forma conjunta y eficaz. La defensa civil debería además proporcionar una mayor capacidad de resiliencia a nuestra población en caso de conflicto.

En definitiva, pretendemos dar una visión multifuncional de la defensa y la seguridad europeas que no solo haga un diagnóstico de la situación, sino que plantee el desarrollo de una estrategia y unas capacidades comunes que permita a la Unión Europea seguir siendo una de las áreas más prosperas, seguras y libres del Planeta. Quizá nuestra principal aportación sea analizar como todas las dimensiones de la seguridad están en realidad interrelacionadas y como la respuesta debe ser necesariamente integrada y, a ser posible, común.

¿QUÉ DEFENDEMOS Y CONTRA QUIÉN? LA UNIÓN EUROPEA Y LA DEFENSA DEL ESTILO DE VIDA EUROPEO

ADRIAAN P. V. KÜHN[1]

1. INTRODUCCIÓN

Durante la segunda década del milenio actual, la creciente rivalidad en el escenario internacional entre Estados Unidos y la República Popular de China se ha consolidado como un hecho indiscutible[2]. Como consecuencia, son amplios los debates académicos y políticos sobre el rol que jugará —o, mejor dicho, debería jugar— la Unión Europea (UE) en este cambio de época hacia una lenta pero inevitable fragmentación del *rules based system* hacia un orden internacional más fraccionado[3]. En este contexto, tanto la guerra de Rusia desatada contra su vecina Ucrania como el sangriento nuevo capítulo en el conflicto entre los palestinos e Israel han expuesto el carácter errático de la política exterior y de seguridad común de la Unión.

La UE no es capaz de "hablar con una sola voz" en ninguno de los dos mencionados conflictos, ni se presenta ante el exterior como un actor cohesionado de categoría global. El hecho de que una política exterior integrada europea exista sólo de forma rudimentaria no reafirma la labor del Alto Representante de la UE para Asuntos Exteriores y Política de Seguridad.

---

1 Director Instituto Robert Schuman de Estudios Europeos, Universidad Francisco de Vitoria, a.kuhn@ufv.es

2 ZHOU, J., *Great Power Competition as the New Normal of China-US Relations*, Palgrave Macmillan, Londres, 2023.

3 BENNER, T., *Das autoritäre Jahrhundert und die Selbstbehauptung liberaler Demokratien*, Dietz, Berlín, 2020.

Sin embargo, la pregunta sobre el papel de Europa en el mundo data de antes. Sven Biscop, por ejemplo, aprovechó el centenario de los Tratados de Versalles para reflexionar sobre los factores que posibilitan un orden internacional estable, y el rol que debería jugar la UE para garantizarlo[4]. En el mismo año, es decir, antes de la crisis del Covid —la cual desveló la dependencia europea en diferentes industrias clave— Luis Simón presentó una serie de preguntas acerca del entonces introducido concepto de la "autonomía estratégica europea" que siguen vigentes un lustro después:

> "[...] cómo debería posicionarse la UE en la competencia sino-americana? [...] cómo debería lidiar [la UE] con una Rusia cada vez más asertiva? ¿Debería la UE aliarse con los EE.UU. en su competencia global con China? ¿Debería esforzarse por lograr una forma de equidistancia, acercándose a EE.UU. en algunos temas y a China en otros? ¿O debería optar por un tercer camino y convertirse en un actor estratégicamente autónomo? ¿Y qué pasa con Rusia? ¿Debería la UE alinear su política respecto a Rusia con la de EE.UU.?"[5].

Para Simón, estas cuestiones se presentan de manera complementaria a otro reto para Europa: la influencia que ejercen las grandes potencias en el mismo continente y las (posibles) consecuencias para su estabilidad y unidad interna. Pero, más allá de noticias ocasionales sobre asesinatos atribuidos a los servicios de inteligencia rusos en suelo europeo[6], o la (inicial) divergencia en el seno de la UE sobre el proyecto chino de la "nueva ruta de la seda"[7], esta temática parece atraer menos interés, tanto en el debate público contemporáneo como en la literatura especializada.

---

4 BISCOP, S.: "1919-2019: How to Make Peace Last? European Strategy and the Future of the World Order", Security Policy Brief Egmont Institute, nº 102, 2019. Vease tambien *idem., European Strategy in the 21st Century - New Future for Old Power,* Routledge, Londres, 2019.

5 SIMON, L.: "Subject and object: Europe and the emerging great-power competition", Real Instituto Elcano Expert Comment, nº 17, 2019.

6 GEBAUER, M. y SCHMID, F.: "Mord im Kleinen Tiergarten Berlin. Generalbundesanwalt geht von russischem Auftragskiller aus", Der Spiegel, 18 de junio de 2020.

7 JONES, C.: "Understanding the Belt and Road Initiative in EU-China relations", Journal of European Integration, vol. 43, nº 7, 2021, pp. 915-921.

Este hecho sorprende. Y es que es existen amplios estudios historiográficos sobre el despliegue del poder internacional de las grandes potencias (antes, imperios) no solo en materias económicas o militares, sino en el campo de la ideología (ahora, narrativa). Cualquier proyección de influencia más allá de las fronteras de una (incipiente) potencia se ve históricamente acompañada de una narrativa legitimadora y una oferta cultural capaz de forjar un conjunto de normas y valores compartidos entre pueblos. Mientras los pilares normativos de la pax americana establecida después de 1945 —la defensa de los derechos humanos y de la democracia— lograron (re)estructurar las Relaciones Internacionales en el siglo XX, el triunfo del *soft power* americano originó en los chicles y refrescos obsequiados por parte de los victoriosos GI a niños jugando entre los escombros en una Europa devastada por el totalitarismo. Paradójicamente, incluso los movimientos contrarios al "imperialismo yankee" (como notablemente el movimiento mayo 1968 en Europa) manifestaron su oposición a la hegemonía estadounidense precisamente al son de bandas musicales norteamericanas.

No resulta sorprendente, entonces, que tambien el régimen chino bajo el liderazgo de Xi Jinping esté promocionando un tal llamado "sueño chino". Se trata tanto de promover una narrativa alternativa a la hegemónica (aunque en términos muy parecidos), como de facilitar un relato unificador para una nación fragmentada étnica y lingüísticamente[8].

¿Y, Europa? ¿Con que oferta intelectual se posiciona el continente *vis a vis* al dualismo sino-americano? ¿Existen valores o incluso aspiraciones compartidas por los ciudadanos de la UE que puedan dar sentido al proyecto europeo más allá de las ventajas económicas del mercado común? ¿Qué papel juegan las instituciones comunitarias en promover una narrativa común? Estas son las preguntas centrales que guían este ensayo.

---

8 The Economist: "Chasing the Chinese dream", 4 de mayo de 2013.

2. EL ESTILO DE VIDA EUROPEO ¿NUEVA NARRATIVA DE LA UE?

En otoño de 2019, la recién elegida presidenta de la Comisión Europea, Ursula von der Leyen, designaba a su equipo de comisarios. El conservador griego Margaritis Schinas (Nea Dimokratia) es nombrado "Vice-President for Protecting our European Way of Life".

En la carta ("Mission letter") que recibió con su toma de misión, la presidenta informa de que el modo de vida europeo,

> "[…] se construye en torno a la solidaridad, la tranquilidad y la seguridad. Debemos abordar y calmar los miedos y preocupaciones legítimas sobre el impacto de la migración irregular en nuestra economía y sociedad. Esto requerirá que trabajemos juntos para encontrar soluciones comunes que estén fundamentadas en nuestros valores y responsabilidades. También debemos colaborar más estrechamente en seguridad, especialmente en amenazas nuevas y emergentes que trascienden fronteras y políticas[9]".

Sorprendentemente, el escrito de von der Leyen omite las *buzzwords* paz, libertad, democracia y derechos humanos, normalmente omnipresentes en las declaraciones oficiales en el ámbito de los valores europeos[10]. Al incluir la migración en el portfolio de Schinas, críticos acusaron a von der Leyen de copiar el discurso de la "fortaleza Europa" de partidos euroescépticos. Y, en efecto, la líder de la derecha populista francesa, Marine Le Pen, celebró la denominación del cargo de Schinas como "una victoria ideológica"[11].

---

9 VON DER LEYEN, U.: "Mission Letter Margaritis Schinas Vice-President for Promoting our European Way of Life", Bruselas, 1 de diciembre de 2019. Recuperado el 1 de septiembre de 2024 en https://commissioners.ec.europa.eu/system/files/2022-11/president_von_der_leyens_mission_letter_to_margaritis_schinas.pdf.

10 "No existe discurso, documento o tratado importante que no subraye la importancia de la paz, libertad, democracia y derechos humanos", FRITZ-VANNAHME, J., "Europe's Values, Europe's World", en Bertelsmann Stiftung (ed.), The European Way of Life, Verlag Bertelsmann Stiftung, Gütersloh, 2011, p. 36.

11 TIMSIT, A.:"Your questions about the new EU job for 'protecting our European way of life', answered", Quartz, 3 de octubre de 2019. Recuperado el 1 de septiembre de 2024 en https://qz.com/1721178/the-eu-job-for-protecting-our-european-way-of-life-explained. TRILLING, D.: "'Protecting the European way

La presidenta, cuyo objetivo era recuperar la seguridad ciudadana como estandarte político para su formación política (Partido Popular Europeo, PPE) frente a los populistas nativistas, se vio obligado a rectificar: la cartera de Schinas finalmente se denomina "Vice-President for Promoting our European Way of Life". A falta de definir en qué consiste concretamente un supuesto estilo de vida europeo, el cambio de "proteger" a "promocionar" resulta insignificante, aunque socialdemócratas y verdes celebraron la concesión de la Presidente de la Comisión como un auténtico triunfo político. En apenas 36 meses, con la invasión de Ucrania de trasfondo, el viento vuelve a soplar a favor de la protección: Bajo el lema "seguridad de la libertad de nuestras vidas", la Ministra de Asuntos Exteriores de Alemania, Annalena Baerbock (verdes), presenta los avances de su departamento en la primera Estrategia Nacional de Seguridad germana. Con los cambios producidos en el orden internacional, también los postmaterialistas ahora abrazaban conceptos como "seguridad de la libertad de nuestras vidas"[12].

3. EL MAYOR CLUB DE DEMOCRACIAS DEL MUNDO —POSIBLE NARRATIVA DE LA UE—

Mas allá de los debates sobre los valores europeos sujetos por una defensa desde Bruselas, los cuales casi inevitablemente se producen siguiendo la coyuntura política del momento, en los mismos tratados fundacionales de la UE se encuentran múltiples referencias a un marco institucional-normativo que debería ser respetado tanto por las instituciones comunitarias como sus Estados Miembros. Así, por ejemplo, según el artículo 21 del Tratado de Lisboa, la acción internacional de la UE

---

of life' from migrants is a gift to the far right", The Guardian, 13 de septiembre de 2019.

12 KÜHN, A.: "'Zeitenwende': El debate sobre la política de seguridad y defensa en la República Federal de Alemania después de la invasión rusa de Ucrania", en Instituto Español de Estudios Estratégicos (IEEE) (ed.), Estrategias de Seguridad Nacional - La competencia entre grandes potencias, IEEE, Madrid, 2023, pp. 191-207, cita p. 194.

> "se basará en los principios que han inspirado su creación, desarrollo y ampliación y que pretende fomentar en el resto del mundo: la democracia, el Estado de Derecho, la universalidad e indivisibilidad de los derechos humanos y de las libertades fundamentales, el respeto de la dignidad humana, los principios de igualdad y solidaridad y el respeto de los principios de la Carta de las Naciones Unidas y del Derecho internacional" (art. 21 Tratado Unión Europea, TUE).

El espíritu de esta narrativa fundacional se manifiesta en el preámbulo del Tratado de la UE. En él se afirma que, "recordando la importancia histórica de que la división del continente europeo haya tocado a su fin y la necesidad de sentar unas bases firmes para la construcción de la futura Europa", la UE estaría "confirmando su adhesión a los principios de libertad, democracia y respeto de los derechos humanos y de las libertades fundamentales y del Estado de Derecho" con el objetivo "de fomentar la paz, la seguridad y el progreso en Europa y en el mundo" (preámbulo TUE). Los valores defendidos por la UE también aparecen en los aportados respectos a la ampliación del club (art. 49), la política de la vecindad (art. 8), la Política Exterior y de Seguridad Común (PESC, art. 32) y la política de desarrollo como de comercio (principio de condicionalidad).

La experiencia histórica de la Segunda Guerra Mundial, la *Shoa*, los millones de muertos de guerra, la destrucción masiva de ciudades sigue inspirando la imagen propia de una alianza que se fundó principalmente para evitar que se repitiera lo que ha llevado al continente europeo al borde del abismo: el autoritarismo, el imperialismo y los conflictos armados. Tal como establece el artículo 24 TUE, los principios anteriormente mencionados deben condicionar la labor de la UE, especialmente en el ámbito de la PESC. Y es que parece que los ciudadanos de la unión identifican estos principios y normas básicas de la organización, de hecho, como uno de sus pilares más fuertes: casi cuatro de diez europeos creen que la democracia, los derechos humanos y el Estado de Derecho son los principales activos de la UE (véase gráfico 1).

Gráfico 1. Las principales fortalezas de la UE

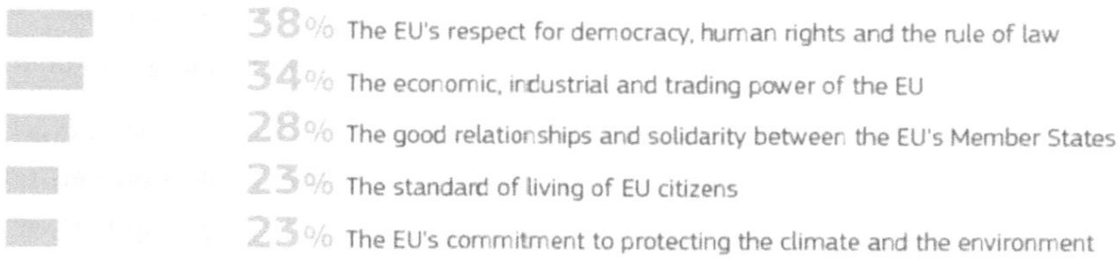

38 % The EU's respect for democracy, human rights and the rule of law
34 % The economic, industrial and trading power of the EU
28 % The good relationships and solidarity between the EU's Member States
23 % The standard of living of EU citizens
23 % The EU's commitment to protecting the climate and the environment

Fuente: Eurobarometer EU Challenges and Priorities, 3232 / FL550, julio de 2024.
Pregunta: "En su opinión, ¿cuáles son los principales puntos fuertes de la UE?" (selección de hasta tres opciones).

No obstante, la UE, con sus propios intereses políticos y económicos, mantiene relaciones con Estados que no solo incumplen estos valores, sino que además trabajan efectivamente en subvertirlos. Durante un tiempo, la estrategia empleada en el trato con actores autoritarios —sean grandes Estados cohesionados como China y Rusia, sean *warlords* que operan en la zona de vecindad— parece inspirarse, otra vez, en la historia propia de la integración europea. Como aprendizaje de la experiencia de la Primera Guerra Mundial con la subsiguiente desindustrialización y la "humillación" del imperio alemán en Versalles se decidió pasar de la confrontación a la cooperación entre Estados. La cuestión política del control e integración de la derrotada Alemania en el concierto europeo después de la Segunda Guerra Mundial buscó, por lo tanto, dos objetivos principales: (re) establecer un orden político de posguerra y garantizar la estabilidad del sistema económico. Al carecer las potencias vencedoras de un consenso sobre el modelo político de la posguerra, Occidente buscó establecer la interconexión económica de las industrias clave del carbón y del acero, y, más tarde, una creciente integración económica.

Para salvaguardar el funcionamiento interno de una alianza de Estados con una necesidad de regulación cada vez más alta y compleja, la UE se ha dotado con una serie de instrumentos. Así, los tratados de la UE imponen obligaciones a los Estados miembros[13]. El núcleo

13 Esta parte del ensayo se basa en KÜHN, A. y MANNEWITZ, T., "La Unión Europea 'post-Ucrania'. Entre poder normativo y autonomía estratégica", en GRA-

lo constituye el artículo 2 del Tratado de la Unión Europea, que exige a los Estados cumplir con una serie de principios:

> "el respeto de la dignidad humana, libertad, democracia, igualdad, Estado de derecho y respeto de los derechos humanos, incluidos los derechos de las personas pertenecientes a minorías. Estos valores son comunes a los Estados miembros en una sociedad caracterizada por el pluralismo, la no discriminación, la tolerancia, la justicia, la solidaridad y la igualdad entre mujeres y hombres" (art. 2 TUE).

Cabe preguntarse, ¿qué derecho, o más exactamente, qué credibilidad tiene la UE para actuar como "defensora de la democracia"?

Y es que según el centro de investigación V-Dem, la UE se enfrenta a una auténtica ola de autocratización desde hace una década[14]. Mientras que Malta, Rumanía y Eslovaquia han hecho recientemente grandes avances en términos de calidad democrática, no menos de seis de los 27 Estados miembros de la UE (es decir, un 20 por 100) se movieron en la dirección opuesta. Además de los "principales autocratizadores del mundo" (*top autocratizers in the world*), Polonia y Hungría, se ven afectados Croacia, la República Checa, Eslovenia y Grecia. La pretensión de la UE de constituir una comunidad de valores fundada democráticamente lleva algunos años erosionándose debido a las evidentes tendencias autocráticas en sus propias filas y de las limitadas posibilidades jurídicas y políticas de sanción en este sentido.

Otro problema democrático de la UE podría esbozarse del siguiente modo: no existe una democracia europea porque no existe un "pueblo europeo unificado como sujeto de legitimidad"[15]. Este hecho se ve reflejado claramente en el sistema de partidos. Los partidos europeos sólo tienen importancia para la delimitación de los grupos supranacionales en el Parlamento Europeo: por ejemplo, el Par-

---

TIUS, S. y RIVERO, Á. (eds.), Democracias y autocracias frente a la guerra en Ucrania, Tecnos, Madrid, 2023, pp. 212-229.

14 BOESE, V., *Autocratization Changing Nature? Democracy Report 2022. Varieties of Democracy Institute* (V-Dem), V-Dem, Gothenburg, 2022, pp. 24-25.

15 BUNDESVERFASSUNGSGERICHT, Urteil des Zweiten Senats vom 30. Juni 2009. Recuperado el 1 de septiembre de 2024 en https://www.bundesverfassungsgericht.de/SharedDocs/Entscheidungen/DE/2009/06/es20090630_2bve000208.html.

tido de los Socialistas Europeos (PSE), el Partido Popular Europeo - Demócrata-Cristianos (PPE), el Partido Europeo de los Liberales, Demócratas y Reformistas, etc. Dentro de los grupos parlamentarios europeos predomina la influencia de los partidos nacionales en sus delegaciones, ya que tanto la renovación de la candidatura como la carrera política de los eurodiputados dependen principalmente de la dirección del partido nacional. En concreto, los principales parlamentarios funcionan como agentes de la dirección nacional del partido. Por tanto, se puede constatar una falta de unidad entre los grupos parlamentarios europeos. Respecto al mismo parlamento europeo constataba el politólogo alemán Graf Kielmansegg, "el principal órgano legislativo europeo surge de una secuencia continua de elecciones en los Estados miembros que nunca tienen que ver con el nombramiento de dicho órgano legislativo. Por lo tanto, hay límites a la transferencia de legitimidad"[16], lo que supone que la UE tenga más el carácter de una organización internacional que de una democracia apoyada en un *demos*.

Tampoco se puede hablar de una "esfera pública europea". No existen foros públicos para intercambiar opiniones y argumentos sobre la política de la UE más allá de las barreras lingüísticas. Las causas más profundas hay que buscarlas en la ausencia de un pueblo europeo, de una conciencia comunitaria que estabilice el sistema político. Falta una auténtica identidad europea —el requisito previo para poder hablar de un sujeto político colectivo— porque no existe una comunidad en materia de comunicación continua, experiencia vivida y memoria compartida.

En el plano institucional, sin embargo, los criterios de Copenhague para la admisión en la UE, fijados en el año 1993, exigen, entre otras cosas, un orden democrático basado en el Estado de Derecho, el respeto de los derechos humanos y el respeto y la protección de las minorías. El artículo siete del Tratado de la UE sobre la protección de los valores fundamentales de la UE (introducido por el Tratado de Ámsterdam en 1997) incluye dos mecanismos: medidas preventivas en caso de riesgo claro de violación grave de los valores de la

---

16 Graf KIELMANSEGG, P., *Wohin des Wegs, Europa? Beiträge zu einer überfälligen Debatte*, Nomos, Baden-Baden, 2015, p. 64.

UE establecidos en el artículo 2, y sanciones si tal violación ya se ha producido. Las sanciones incluyen, como *última ratio*, la suspensión del derecho de voto del Estado Miembro. Otro instrumento es el Mecanismo de la UE para el Estado de Derecho, que se puso en marcha en 2014. Su objetivo era institucionalizar el diálogo entre la UE y aquellos gobiernos que supuestamente han interferido en el Estado de Derecho. Pero no fue hasta 2021 cuando este "tigre sin dientes" se convirtió en un instrumento razonablemente eficaz, integrando de hecho el procedimiento del artículo siete al abrir la posibilidad de sanciones financieras. Desde 2020, el mecanismo se complementa con un informe de la UE sobre el Estado de Derecho en los países miembros. Este seguimiento ha recogido sugerencias del mundo académico, en el sentido de que pretende constatar en el futuro, ya en fase temprana, desarrollos indeseables en el ámbito del Estado de Derecho en todos los Estados de la alianza europea.

Y aunque la UE a menudo no actúa ni comunica de manera coherente, ha ideado formas y medios para ser percibida con más fuerza que en el pasado como actor en la política exterior, y como una comunidad que valora no sólo la paz y la seguridad, sino también a la democracia y el Estado de Derecho, tanto en sus propias filas como en el exterior.

Este enfoque "condicional" es, aparte del diálogo, el segundo pilar en el trato con las (semi)autocracias y los países en vías de democratización. Se expresa a través de medidas de apoyo a las transiciones democráticas (por ejemplo, en Europa del Este, el Magreb y América Latina), una cooperación económica condicionada al respeto de los derechos humanos, los derechos democráticos básicos y el Estado de derecho; pero también en el hecho de que actores de la sociedad civil nacionales encuentren a menudo un socio en la UE, que así busca promover la apertura de regímenes cerrados.

4. EN MODO DE CONCLUSIÓN

"¿Qué es Europa?", "¿qué es europeo?" y dónde están sus fronteras en términos geográficos y culturales son preguntas "clásicas" que seguramente nos ocuparán durante mucho tiempo. La organización *Unión Europea* como proyecto político en busca de si mismo y de su configuración final solo puede dar una respuesta limitada a estas cuestiones. Mientras que la integración política y el crecimiento en miembros a lo largo del tiempo han confirmado la vigencia del proyecto europeo entendido como entidad basada en valores, la UE ha conseguido convertirse en *norm-setter* a nivel internacional en determinadas áreas. Lo conseguido, por lo tanto, no es poco. El futuro de la UE como proyectora de valores tanto *ad intra* como *ad extra* dependerá en larga medida de la capacidad de las instituciones y de los ciudadanos de actuar y entenderse como parte de una sociedad europea en sentido amplio.

LA SEGURIDAD Y LA DEFENSA COMÚN EN PERSPECTIVA HISTÓRICA

PABLO GUERRERO GARCÍA[1]

1. RAZONES PARA LA ADOPCIÓN DE UNA PERSPECTIVA HISTÓRICA

Abordar el estudio de la seguridad y la defensa europeas mediante el empleo de lo que tautológica y convencionalmente se denomina "perspectiva histórica", constituye hoy un quehacer no ya conveniente, sino perentorio. Dicha urgencia obedece a nuestro juicio a tres poderosas razones interrelacionadas, las cuales condicionan de manera inevitable el presente europeo y cuya importancia resulta imposible de soslayar.

La primera de ellas es la realidad sustantiva que es hoy la Europa unida, en la cual las primigenias realizaciones en forma de supresión de aranceles interiores y, posteriormente, de barreras no arancelarias, forjadoras todas ellas de un mercado único provisto de una moneda y de una política comercial comunes, se han visto complementadas por el establecimiento de un entramado institucional que aúna los principios de supranacionalidad y de intergubernamentalismo. Una estructura que, si para algunos adolece de un déficit de representatividad[2], para otros representa un ejemplo admirable de gobernanza multinivel y de separación de poderes[3]. En definitiva, el Viejo

---

1 Profesor ayudante doctor Historia de Occidente en la Universidad Francisco de Vitoria. pablo.guerrero@ufv.es

2 WEILER, J. H. H., "Van Gend en Loos: The individual as subject and object and the dilemma of European legitimacy", *International Journal of Constitutional Law*, vol. 12, nº 1, enero 2014, pp. 94-103. https://doi.org/10.1093/icon/mou011

3 MORAVCSIK, A., "In Defence of the 'Democratic Deficit': Reassessing Legitimacy in the European Union", *Journal of Common Market Studies*, vol. 40, nº 4., 2002, pp. 603-624.

Mundo ha asistido en las últimas siete décadas a una colosal empresa tanto económica como política que, empero, se encuentra *in fieri*, no solamente por el carácter intrínsecamente teleológico del Tratado de Roma ("una unión cada vez más estrecha entre los pueblos de Europa"), sino también porque a fecha de hoy las políticas de seguridad y defensa, situadas en la entraña misma del principio de soberanía y cuya compartición y delegación resulta complejas en extremo[4], siguen siendo eminentemente intergubernamentales. Es decir, se trata de políticas que se rigen por el principio de cooperación entre los veintisiete Estados-nación que integran la Unión Europea (UE). No son pocos los que defienden que la gradual cesión y compartición de soberanía en materia de seguridad y defensa resulta un requisito indispensable para la compleción de una unión genuinamente federal, quedando de esta manera definitivamente superado el Estado-nación y alcanzándose el ambicioso y definitivo objetivo de unidad europea anhelado en los años cincuenta del siglo XX por los padres fundadores de las Comunidades Europeas.

La segunda de las razones que induce precisamente ahora a pensar históricamente acerca de las políticas europeas de seguridad y de defensa es el advenimiento de un tiempo nuevo entre cuyas características definitorias se cuentan la existencia de un sistema internacional multipolar regido crecientemente por el principio del equilibrio de poder, la imparable reasunción por las sociedades políticas en Occidente de principios pétreos y de considerable fuerza movilizadora como la autoridad, el nacionalismo o el populismo[5], y, en fin, la transformación de la Federación Rusa en amenaza a la paz y a la estabilidad del área euro-atlántica[6]. Periclitada la ensoñación posthistórica que emanó de la renuncia de las autoridades soviéticas a la lucha ideológica y del ulterior hundimiento del comunismo

---

4 MILLER, L., "Differentiated Integration in European Defence Policy and the Economic and Monetary Union", Robert Schuman Centre for Advanced Studies, European University Institute, 2022, p. 8.

5 RENO, R. R., *Return of the Strong Gods. Nationalism, Populism and the Future of the West*, Washington DC, Regnery Gateway, 2019, p. xii.

6 NATO 2022 Strategic Concept, p. 3. Recuperado el 31/3/2024 de https://www.nato.int/strategic-concept/.

sucesivamente en Europa oriental y en la misma Unión Soviética[7], tanto los jefes de Gobierno de la mayoría de los Estados miembros como las principales autoridades de la UE advierten hoy sin ambages de que Europa debe aprestarse para librar una guerra con Rusia[8]. Y estar a la altura de los tiempos, ahora precisamente que se percibe la existencia de una amenaza común y cuando los incentivos para reforzar la Política Común de Seguridad y Defensa (PCSD) son acaso mayores que nunca, exige escudriñar nuestro pasado para extraer de él, concretamente del periodo histórico que se inicia con la derrota definitiva del Eje en 1945, las continuidades y discontinuidades que han jalonado desde entonces las iniciativas europeas de cooperación (y de integración) en el ámbito de la seguridad y la defensa.

Se trata por tanto de emplear la historia en su sentido más depuradamente occidental de "ciencia de los porqués" o de "ciencia de la vida"[9] a fin de extraer lecciones que contribuyan a la creación, en el plazo más corto posible, de una arquitectura de seguridad europea que, aunque descanse primordialmente en la cooperación intergubernamental, posea asimismo mecanismos e instituciones supranacionales. Faena empero abrumadora, puesto que, y aquí reside la tercera y última razón que obliga al análisis histórico del fenómeno, Europa se encuentra en el momento de escribirse estas líneas deficientemente preparada para ocuparse de su propia defensa. En efecto, y a pesar de la acerba retórica belicista imperante, Europa en su conjunto sigue destinando un magro porcentaje de su PIB al gasto en defensa[10] y se enfrenta a acuciantes dificultades para atraer

---

7 FUKUYAMA, F, *The End of History and the Last Man*, The Free Press, Nueva York, 1992.

8 RAINSFORD, S. y KIRBY, P., "War a real threat and Europe not ready, warns Poland's Tusk", *BBC News*, 29/3/2024. Recuperado de https://www.bbc.com/news/world-europe-68692195; "Speech by President von der Leyen at the European Parliament Plenary on strengthening European defence in a volatile geopolitical landscape", Comisión Europea, 28/2/2024. Recuperado el 31/03/2024 de https://neighbourhood-enlargement.ec.europa.eu/news/speech-president-von-der-leyen-european-parliament-plenary-strengthening-european-defence-volatile-2024-02-28_en.

9 SÁNCHEZ-ALBORNOZ, C., *España. Un enigma histórico*. Edhasa, Barcelona, 2021, p. 110.

10 "Europe faces a painful adjustment to higher defence spending", *The Economist*, 22/2/2024. Recuperado el 1/4/2024 de https://www.economist.com/finance-

y retener tropas profesionales[11], circunstancia que está obligando a reintroducir o expandir, dependiendo de los casos, el servicio militar obligatorio. No es mejor el panorama en lo que atañe a capacidades militares básicas. Así, los ejércitos europeos, incluido el británico, adolecen de una pobre capacidad de despliegue y cuentan con un número escaso de aviones de transporte y de satélites, además de carecer de los medios indispensables para ejercer adecuadamente el mando y control de las operaciones sobre el terreno[12]. Insuficiencias que acaso se ven exacerbadas por la descoordinación cuando se trata de abordar los asuntos de política exterior y de seguridad que han mostrado ocasionalmente las instituciones de la UE, y en particular la actual presidente de la Comisión Europea y el Alto Representante de la Unión para Asuntos Exteriores y Política de Seguridad[13], así como por el hundimiento de la economía y producción industrial alemanas de resultas de la imposición de sanciones a la Federación Rusa y de la subsiguiente ruptura de la alianza estratégica entre Berlín y Moscú.

Abordemos pues la defensa y la seguridad europeas tanto desde la historia como en la historia, y procedamos a ello no buscando la mera evasión ni tampoco movidos por una curiosidad meramente arqueológica o academicista, sino pertrechados de dos ideas de elevada densidad racional y empíricamente demostradas: que ocuparse del pasado es pasado es ocuparse del presente[14] y que la integración europea no es en rigor una instauración, sino la restauración de la primigenia unidad de nuestra civilización común[15].

---

and-economics/2024/02/22/europe-faces-a-painful-adjustment-to-higher-defence-spending.

11 KAYALI, L., y POSANER, J., "Europe's soldiers keep quitting, just when NATO needs them", *Politico*, 18/3/2024. Recuperado el 1/4/2024 de https://www.politico.eu/article/nato-russia-ukraine-war-defense-france-germany-soldiers-army/.

12 "Is Europe ready to defend itself?", *The Economist*, 22/2/2024.

13 FONCILLAS, A., "Borrell subraya que la Comisión no fija la política exterior de la UE tras el alineamiento de Von der Leyen con Israel", *El Periódico*, 14/10/2023. Recuperado el 1/4/2024 de https://www.elperiodico.com/es/internacional/20231014/borrell-von-der-leyen-israel-politica-exterior-ue-93329320.

14 ZUBIRI, X. *Naturaleza, Historia, Dios*, Editora Nacional, Madrid, 1963, p. 316.

15 ORTEGA Y GASSET, J., *Meditación de Europa*, Ediciones de la Revista de Occidente, Madrid, 1966, pp. 89, 91 y 97; DAWSON, C., *The Making of Europe*, Meridian Books, Nueva York, 1956, p. 20.

2. COOPERACIÓN EN LA INMEDIATA POSGUERRA. DEL TRATADO DE BRUSELAS A LA UEO

Si optamos por una solución tan convencional como eficaz desde el punto de vista del razonamiento como es la exposición cronológica, el primer hito en el ámbito de la defensa al que asistió Europa occidental tras la segunda guerra mundial y que merece una atención preferente a cargo del historiador es el Tratado de Dunkerque. Rubricado por Francia y el Reino Unido el 4 de marzo de 1947, consagraba la asistencia mutua entre los dos países, y en su artículo I, además de invocar la Carta de la Organización de las Naciones Unidas, establecía que el propósito del acuerdo era impedir que Alemania volviese a suponer una amenaza para la paz[16]. Se trataba de un acuerdo puramente bilateral, pero la ruptura entre los aliados occidentales y la Unión Soviética a propósito de la administración de la Alemania ocupada, que se consumó mediado el año 1948 en la Conferencia de Londres, así como el golpe de Estado perpetrado por el Partido Comunista checo en Praga en febrero de ese mismo año, indujeron al Reino Unido a establecer una alianza defensiva mediante la extensión del Tratado de Dunkerque a los países del Benelux.

El resultado de esta iniciativa británica fue el Tratado de Bruselas de marzo de 1948, el cual, si bien no dotaba a los países signatarios de nuevas capacidades militares, introducía en su artículo IV una cláusula de defensa mutua que se formulaba en términos provistos de mayor fuerza vinculante incluso que los que se emplearían un año más tarde en el Tratado de Washington[17]. Nacía así una organización defensiva multilateral, la Unión Europea Occidental (UEO), erigida como valladar frente a Alemania y fundada en el principio de defensa colectiva, aunque desprovista de órganos permanentes (úni-

---

16 Treaty of Alliance and Mutual Assistance between the United Kingdom and France (Dunkirk, 4 March 1947), Luxembourg Centre for Contemporary and Digital History, Universidad de Luxemburgo. Recuperado el 2/4/2024 de https://www.cvce.eu/en/obj/treaty_of_alliance_and_mutual_assistance_between_the_united_kingdom_and_france_dunkirk_4_march_1947-en-1fb9f4b5-64e2-4337-bc78-db7e1978de09.html.

17 The Brussels Treaty (17 March 1948), *ibid.* Recuperado el 2/4/2024 de https://www.cvce.eu/en/obj/the_brussels_treaty_17_march_1948-en-3467de5e-9802-4b65-3076-778bc7d164d3.html. También MILLER, L., *op. cit.*, p. 10.

camente se instituyó un Consejo Consultivo) y que no se planteaba como objetivo la creación de un ejército europeo integrado. Significativamente, y si bien el avance de la influencia soviética en Europa central y oriental constituyó un poderoso incentivo para la creación de la UEO, el Tratado aludía tanto en el preámbulo como en su artículo VII, en efecto, a la posibilidad de que Alemania reasumiera "una política agresiva"[18]. Sea como fuere, la UEO se vería reducida a la irrelevancia en abril de 1949 con la fundación de la Organización del Tratado del Atlántico Norte (OTAN), la cual, además de reunir en su seno a los cinco miembros fundadores de la UEO, integraba decisivamente y por primera vez en tiempos de paz a los Estados Unidos en una alianza defensiva.

3. ¿UN PRECEDENTE SUPRANACIONAL VÁLIDO?: LA COMUNIDAD EUROPEA DE DEFENSA

Al doblar la década de los cuarenta, el Gobierno francés había asumido que el único medio posible para resolver el "problema alemán" era integrar a la República Federal en una comunidad políticamente dominada por Francia y provista de una autoridad supranacional. Una solución que satisfacía plenamente los intereses de la República Federal, cuyo canciller, Konrad Adenauer, sabía muy bien que el ingreso en una entidad supranacional era el medio idóneo para que Bonn se incorporara al bloque occidental en pie de igualdad con sus demás miembros. Adenauer habría preferido unirse a una unión amplia que incluyera al Reino Unido, pero a la postre aceptó las condiciones francesas expuestas en la Declaración Schuman (mayo de 1950) a fin de obtener el apoyo de París a su objetivo esencial, que no era otro que recuperar para Alemania Occidental la soberanía perdida tras la segunda guerra mundial[19]. De suerte que cabe considerar la citada Declaración Schuman, así como sus frutos inmediatos, es decir, el Tratado de París de 1951 y la creación de la Comunidad Europea del Carbón y del Acero (CECA), como un tratado de paz

---

18 The Brussels Treaty (17 March 1948), *loc. cit.*, pp. 3 y 6.

19 JUDT, T., *A Grand Illusion? An Essay on Europe*. New York University Press, Londres y Nueva York, 2011, p. 15.

de facto entre Francia y la República Federal[20]. Acuerdo en virtud del cual se institucionalizaban una interdependencia económica entre los países, restringida empero aún a las industrias del carbón y del acero, y se instituía una Alta Autoridad de naturaleza supranacional.

En cualquier caso, ni la Declaración Schuman ni el Tratado de París formulaban disposición alguna en materia de defensa europea. El mismo Jean Monnet admitió en sus memorias que hasta comienzos de los cincuenta "nunca había pensado en abordar el problema de Europa desde el ángulo de la defensa", puesto que no consideraba los asuntos militares fuesen el móvil más poderoso ni el más determinante de la unidad europea[21]. Ahora bien, la intensificación de la Guerra Fría tras el estallido de la Guerra de Corea y en particular una vez acaecido el bloqueo de Berlín (junio de 1948-mayo de 1949), parecía abocar a Europa occidental a un enfrentamiento armado directo con la Unión Soviética. Ello indujo a las cancillerías europeas a preguntarse si resultaría viable emplear a soldados alemanes en la defensa del territorio de sus países en caso de agresión soviética, en un momento en el que la remilitarización de Alemania Occidental aún no se contemplaba formalmente[22]. Y fue precisamente debido a la oposición que París mostraba por entonces a la creación de un Ejército nacional alemán susceptible de incorporarse a un sistema europeo de defensa, por lo que el Gobierno francés, por conducto del Plan Pleven[23], propuso como alternativa la inclusión de soldados alemanes en una Comunidad Europea de Defensa (CED) supranacional. Robert Schuman describió en 1954 el propósito esencial de la CED con rotunda claridad:

> Lo más importante es conseguir que Alemania participe en la organización de este singular ejército integrado sin la reconstitución de una

---

20 *Ibid.*, p. 17.

21 MONNET, J., *Memorias*, Siglo XXI de España Editores, Madrid, 1985. Traducción de José M. Martínez García, p. 331.

22 MILLER, L., *op. cit.*, p. 11.

23 PLEVEN, René, "Statement by René Pleven on the establishment of a European army" (24/10/1950), Luxembourg Centre for Contemporary and Digital History, Universidad de Luxemburgo. Recuperado el 24 de abril de 2024 de https://www.cvce.eu/obj/statement_by_rene_pleven_on_the_establishment_of_a_european_army_24_october_1950-en-4a3f4499-daf1-44c1-b313-212b31cad878.html

> *Wehrmacht* autónoma, que reciba órdenes de un Gobierno alemán y sea el instrumento de una política estrictamente alemana. Se entremezclarían divisiones compuestas únicamente por oficiales y soldados alemanes con divisiones francesas, italianas, belgas y holandesas, instruidas según los mismos principios, mandadas por los mismos jefes y usando los mismos servicios de intendencia, transporte y telecomunicaciones[24].

Firmado en París por los seis mismos países que habían rubricado el año anterior el Tratado fundacional de la CECA, el Tratado por el que se instituía la CED aludía explícitamente en su artículo primero al carácter supranacional de la organización y al advenimiento en su seno de unas instituciones, presupuesto y fuerzas armadas comunes[25]. El Tratado, en efecto, era ambicioso, puesto que además de versar sobre amplias cuestiones de seguridad y defensa, dotaba a la CED de su propio Consejo, Asamblea, Comisión y Tribunal de Justicia. La inclusión de un tribunal obligaba a los países signatarios a comprometerse firmemente a generar y compartir capacidades militares, lo cual contrastaba agudamente con los débiles compromisos en esta materia contraídos en el seno de la UEO. En cuanto a los recursos que los Estados miembros estaban obligados a poner a disposición de la Comunidad y en cuanto a la naturaleza de su entramado de instituciones, la CED resultaba indiscutiblemente supranacional. Ahora bien, la República Federal de Alemania era el único miembro cuyas Fuerzas Armadas quedaban plenamente integradas en las Fuerzas Europeas de Defensa. El resto se valdría de ese "ejército europeo" para completar sus contingentes nacionales[26], tal como quedaba establecido en el artículo décimo del Tratado.

---

24 SCHUMAN, R., "La integración europea. Obstáculos y avances". (discurso pronunciado en la Universidad de Harvard, 11/6/1954). Reproducido en *Por Europa*, Instituto Universitario de Estudios Europeos y Ediciones Encuentro, Madrid, 2006, p. 128. Traducción de Lidia Kraemer Lang.

25 "Traité instituant la Communauté européenne de défense (Paris, le 27 mai 1952)", Luxembourg Centre for Contemporary and Digital History, Universidad de Luxemburgo. Recuperado el 24 de abril de 2024 de https://www.cvce.eu/en/education/unit-content/-/unit/803b2430-7d1c-4e7b-9101-47415702fc8e/a7641383-37b2-40b1-a694-c77769074358/Resources#2af9ea94-7798-4434-867a-36c4a256d0af_en&overlay.

26 MILLER, L., *op. cit.*, p. 11.

No obstante, y cuando los cinco otros Estados miembros ya habían ratificado el documento, la Asamblea Nacional Francesa, con el voto negativo de gaullistas y comunistas y con los diputados socialistas del SFIO decisivamente divididos, rechazó por un estrecho margen la CED. Se trataba del mismo Parlamento que poco antes había ratificado el Tratado de la CECA, lo cual revelaba que la inclusión de la República Federal en la arquitectura defensiva occidental, así como la ampliación del principio de supranacionalidad a las políticas de defensa, distaban de gozar de un respaldo mayoritario en el seno de la clase política francesa[27]. Monnet confesaría que los europeístas habían "menospreciado la fuerza de la corriente nacionalista"[28], pero cualesquiera que fuesen las razones del fracaso de la CED, el hecho indiscutible es que Europa occidental en 1954, tan dispuesta como estaba a avanzar en la integración económica (Francia era de hecho el mayor partidario de la creación de un mercado agrícola común, el cual se materializaría una vez aprobado el Tratado de Roma en 1957), no estaba en absoluto madura para dotarse de estructuras supranacionales en el ámbito de la defensa. Es más, el malogro de la CED supuso la preterición hasta las negociaciones a propósito del Tratado de Maastricht de cualquier iniciativa de índole supranacional en el ámbito de la seguridad y la defensa.

En cuanto a los proyectos intergubernamentales, la UEO, tal como se expondrá en el siguiente epígrafe, languidecerá hasta los años ochenta, mientras que los dos Planes Fouchet (1961-1962), planteados por Francia como una unión intergubernamental entre los seis Estados fundadores de las Comunidades Europeas para la coordinación de sus políticas exterior y de defensa, tampoco resultarán fructíferos. Rechazados a la postre por los socios comunitarios de París, que los juzgaban como un medio que el presidente francés, Charles de Gaulle, iba a emplear tanto para diluir el carácter supranacional de las Comunidades como para desvincular a Europa occidental de la OTAN y de los intereses estratégicos estadounidenses, los fallidos Planes Fouchet atestiguan la enorme dificultad que históricamente ha revestido la erección de estructuras destinadas a la compartición

---

[27] HAAS, E. B., *The Uniting of Europe*, University of Notre Dame Press, Notre Dame, 2004, pp. 124-126.

[28] MONNET, J., *op. cit.*, p. 331.

de soberanía en política exterior y de defensa[29]. Ahora bien, la lección histórica que encierran resulta difícil de establecer. ¿Atestigua aquella iniciativa gaullista (cuyo fracaso ni impediría que fuese reciclada bilateralmente en el Tratado franco-alemán de 1963, diluido en extremo antes de su ratificación por el *Bundestag*) la imposibilidad practica de dotar a Europa de una política común de defensa sobre la base de la cooperación intergubernamental? ¿O significa por el contrario que la cooperación en dicho ámbito, por tímida que sea, permite sentar las bases de una ulterior integración de las capacidades y medios militares? Aquellos que consideran que la unidad europea en seguridad y defensa es hoy apremiante, extraerán sin duda la segunda de dichas conclusiones, y esgrimirán como argumento los logros tangibles que se han alcanzado desde el Tratado de Maastricht hasta el presente. Procedamos a examinarlos.

4. REACTIVACIÓN DE LA UEO Y REEMERGENCIA DE LA "CUESTIÓN ALEMANA"

En octubre de 1954, una vez fracasado el proyecto de la CED y cuando la República Federal de Alemania, cuya remilitarización se encontraba en marcha, se había unido como miembro fundador a la CECA, el Tratado de Bruselas se vio dotado de un protocolo adicional que consagraba la incorporación a la UEO tanto de Alemania como de Italia. El Tratado de Bruselas Modificado comprensiblemente eliminaba de su articulado toda referencia a la hipotética adopción de una política agresiva por Alemania y la reemplazaba por una explicita mención a la unidad e integración progresivas del continente europeo[30]. Asimismo, instituía un Consejo permanente cuyas decisiones debían adoptarse por unanimidad y, en su artículo IV, a fin de

---

29 TEASDALE, A., "The Fouchet Plan: De Gaulle's Intergovernmental Design for Europe", LSE 'Europe in Question' Discussion Paper Series, nº 117/2016, octubre de 2016, pp. 2-4. Recuperado el 24/4/2024 de https://www.lse.ac.uk/european-institute/Assets/Documents/LEQS-Discussion-Papers/LEQSPaper117.pdf

30 Text of Modified Brussels Treaty (Paris, 23 October 1954), p. 11, Luxembourg Centre for Contemporary and Digital History, Universidad de Luxemburgo. Recuperado el 8/4/2024 de https://www.cvce.eu/en/obj/modified_brus-

evitar duplicidades, el texto establecía que la UEO se subordinaría a la OTAN para obtener información sobre asuntos de índole militar[31]. Por tanto, el Tratado de Bruselas Modificado no hacía sino ratificar el carácter subalterno de la UEO, que la organización, siempre desprovista de capacidades propias y basada en la cooperación intergubernamental, conservaría hasta que en 2011 sus funciones serían íntegramente asumidas por la UE. La UEO devino una institución "de reserva", que resultó no obstante útil como foro para el tratamiento de asuntos como la adhesión del Reino Unido a las Comunidades Europeas o la devolución del Sarre a la República Federal de Alemania, así como para facilitar el desarrollo del pilar europeo de la OTAN[32]. Además, desempeñó un papel apreciable como vínculo entre la Alianza Atlántica y el Gobierno francés una vez que en 1966 el presidente De Gaulle dispuso la retirada de Francia del mando militar integrado de la OTAN.

Fue en virtud de la conocida como "declaración de Roma", aprobada por el Consejo de Ministros de la UEO en octubre de 1984, cuando la hasta entonces estéril organización experimentó una cierta reactivación. Tras comprometerse en dicho documento a promover activamente la integración progresiva de Europa y a fomentar la cooperación entre los Estados miembros y otras organizaciones internacionales, en 1987 el Consejo de Ministros fijó como objetivo explícito de la UEO el convertirse en el pilar europeo en materia de seguridad y defensa dentro de la OTAN[33]. No se trataba de convertir a la UEO en el embrión de una organización de defensa mutua europea destinada a suplir a la Alianza Atlántica. La entonces primera ministra británica, Margaret Thatcher, siempre celosa de la "relación especial" de Londres con Washington, lo expuso con claridad meridiana en el célebre discurso que pronunció ante el Colegio de Europa el 20 de septiembre de 1988: "debemos desarrollar la UEO,

---

sels_treaty_paris_23_october_1954-en-7d182408-0ff6-432e-b793-0d1065ebe695.html.

31 *Ibid.*, pp. 6-7.

32 MILLER, L., *op. cit.*, p. 10.

33 ALCÁRAZ ALBERO, F., "La configuración del marco defensivo europeo tras la II GM: el pacto de la UEO", Documento marco, Instituto Español de Estudios Estratégicos, 29/6/2011, p. 10. Recuperado el 9/4/2024 de https://www.ieee.es/Galerias/fichero/docs_marco/2011/DIEEEM07-2011ElPapelDeUEO.pdf.

no concibiéndola como una alternativa a la OTAN, sino como un medio de reforzar la contribución de Europa a la defensa común de Occidente"[34].

No obstante, el derribo del muro de Berlín y la ulterior reunificación de Alemania convulsionaron la geopolítica europea al reactivar la secular "cuestión alemana". En efecto, la anexión de la República Democrática Alemana por la República Federal volvía a situar a una Alemania, devenida en potencia económica y hasta entonces perfectamente integrada en el seno de las Comunidades Europeas, en un factor de potencial desestabilización en el centro mismo de Europa[35]. Algunos, especialmente en París y Londres, temían que esa Alemania ampliada optase por abandonar la OTAN y que, al hacerlo, subvirtiera la arquitectura de seguridad transatlántica, abocando a Europa occidental en su conjunto a la "finlandización" e induciendo a Francia a aislarse estratégicamente, al amparo de lo que un autor denominó su "línea Maginot nuclear"[36]. Se creía posible, en suma, que la reemergencia de la cuestión alemana sirviera como pretexto para la edificación de la "casa común europea" que entonces propugnaba el líder reformista soviético, Mijaíl Gorbachov. Una iniciativa de cooperación que, si bien no excluía a los Estados Unidos, pues planteaba el establecimiento a largo plazo de una vasta zona económica que habría de extenderse desde el continente americano hasta los montes Urales, sí reconocía, en palabras textuales de su eminente propugnador, el derecho de cualquier país o grupo de países a "ocuparse de su seguridad de la manera que estimasen más conveniente"[37]. Ahora bien, la reaparición de la cuestión alemana no solamente era motivo

---

34 "Speech to the College of Europe ("The Bruges Speech"), 20/9/1988, Margaret Thatcher Foundation. Recuperado el 9/4/2024 de https://www.margaretthatcher.org/document/107332.

35 MINC, A., *La gran ilusión. La Europa comunitaria y la Europa continental*, Editorial Planeta, Barcelona, 1990. Traducción por Jaime Liarás García y Janine Muls de Liarás, p. 7.

36 *Ibid.*, p. 14.

37 "Speeches pronounced before the Parliamentary Assembly by President Gorbachev and members of special guest delegations during the Second and Third Parts of the 41st Ordinary Session (3 to 7 July and 21 to 29 September 1989)", Estrasburgo, 7/11/1989, D(36)89, Archives of the Council of Europe. Traducción del autor.

de honda preocupación para los aliados europeos de Bonn, sino que también alarmaba a la Unión Soviética. Por esa razón, Moscú no solamente se avino a la postre a permitir la integración de la República Democrática en la República Federal, sino que asimismo aceptó que los antiguos distritos de la Alemania comunista se incluyeran en el área de actuación de la OTAN, siempre y cuando en dicho territorio solamente se desplegasen tropas alemanas y con la condición, ofrecida a Gorbachov por el secretario de Estado estadounidense James Baker en febrero de 1990, de que la OTAN no se ampliaría "ni una pulgada" al este de la línea Óder-Neisse[38].

5. LAS AMBIGÜEDADES DE MAASTRICHT

Mas la permanencia de la Alemania reunificada en la OTAN no bastaba para restablecer el equilibrio de poder en una Europa aún dividida. Era menester vincular a Alemania asimismo a un proyecto de unión política, que, además de avanzar hacia una económica y monetaria, se dotase de una defensa común, si bien esta debería forzosamente basarse en el principio intergubernamental. Solución que suscitaba recelos en el Gobierno británico, siempre temeroso ante la ampliación del principio de supranacionalidad y ante la forja de un eje París-Bonn cuya consolidación podría menoscabar la alianza transatlántica[39]. El resultado de esa necesidad imperiosa de neutralizar la reaparición de la cuestión alemana fue el Tratado de Maastricht y el advenimiento de la UE. Provista esta de una estructura en tres pilares, al segundo de ellos, que contenía la política exterior y de seguridad, iba la UEO a realizar, dada la falta de una alternativa viable, una digna contribución.

Fue precisamente la estructura tripartita de la UE instituida por el Tratado de Maastricht una solución de compromiso propuesta por el Gobierno francés, a fin de conciliar la postura radicalmente favorable a la unión política que abrigaba Alemania y el rechazo frontal a la

---

[38] SAROTTE, M. E., *Not one Inch. America, Russia and the Making of the Post-Cold War Stalemate*, Yale University Press, New Haven & Londres, 2021, p. 55.

[39] THATCHER, M., *The Downing Street Years*, HarperCollins Publishers, Londres, 1993, pp. 759 y 814.

ampliación del ámbito de la supranacionalidad esgrimido por el Gobierno británico. Desde el inicio de las negociaciones del nuevo Tratado, las propuestas planteadas por la Comisión Europea, presidida a la sazón por Jacques Delors, tal como someter la UEO a la autoridad del ejecutivo comunitario, fueron rechazadas por franceses y británicos. El establecimiento de una estructura en tres pilares suponía vincular a la Unión tanto la política exterior y de seguridad como los asuntos de justicia e interior, aunque supeditando todos ellos no a la autoridad de la Comisión, del Parlamento o del Tribunal de Justicia, sino únicamente a la del Consejo Europeo. Una institución de naturaleza puramente intergubernamental. La división tripartita resultante guardaba por tanto algunas similitudes con los Planes Fouchet planteados por el general De Gaulle tres décadas antes[40].

A propósito de la política de defensa, las negociaciones de Maastricht versaron sobre el papel a desempeñar por la UEO en el segundo pilar de las Comunidades Europeas. *Grosso modo* existían sobre el particular tres posiciones de partida distintas. La primera de ellas era la que defendía el Reino Unido, con la cual se alinearon Países Bajos, Portugal, Dinamarca, así como la históricamente neutral República de Irlanda. Todos estos países se mostraban partidarios de establecer un vínculo exclusivamente simbólico o consultivo entre las Comunidades y la UEO. Alemania encabezó un segundo grupo, del que formaban parte Italia, Grecia y Luxemburgo, que propugnaba la gradual transformación de la UEO en el brazo armado de la UE. Sin embargo, estos Gobiernos no deseaban en ningún caso ni atribuir a la UEO competencias absolutas en materia de seguridad y defensa ni permitir solapamiento alguno entre aquella y la OTAN. Por último, Francia, secundada en esta ocasión por la Comisión Europea, se mostraba partidaria de emplear la UEO para instituir una arquitectura de defensa europea capaz de complementar a la OTAN, que poseyera genuinas capacidades ofensivas y en virtud de la cual la UEO se integrase con rapidez en las Comunidades, si bien el Gobierno francés nunca aclaró cómo podía alcanzarse un objetivo tan ambicioso. Ahora bien, ni siquiera París osó desafiar abiertamente a la OTAN,

---

40 MORAVCSIK, A., *The Choice for Europe*, Cornell University Press, Nueva York, 1998, p. 450.

optando en cambio por estrechar los vínculos bilaterales con Bonn[41]. A la postre, lo acordado en Maastricht en lo tocante a política exterior y de defensa, que quedaba recogido en el Título V del Tratado bajo la fórmula de Política Exterior y de Seguridad Común (PESC), esencialmente supuso el triunfo de las tesis británicas. La Comunidad Europea se tuvo que conformar con la competencia de formular requerimientos no vinculantes a la UEO y con la inclusión en el texto definitivo de una declaración exhortativa según la cual lo previsto en el Tratado podía derivar con el paso del tiempo en el establecimiento de la una defensa común. Si el primer ministro británico, John Major, se mostró conforme con lo acordado en Maastricht en materia de seguridad y defensa, otros jefes de Gobierno definieron el entramado institucional resultante como "irrelevante y desprovisto de verdadera sustancia". La Comisión empleó el término "minimalista", y Delors en privado se lamentó de que "las ambigüedades de Maastricht" impedirían seguir avanzando tanto en la seguridad como en la política exterior[42]. Juicios que atestiguan la inexistencia a la sazón de un consenso acerca de cuestiones esenciales como la relación que debía existir entre la UE, con Francia planteando la instauración de una defensa europea susceptible de coexistir con la OTAN, o a propósito del medio para institucionalizar la política exterior, con Francia y el Reino Unido mostrándose abiertamente contrarios a reforzar los poderes de la Comisión o del Tribunal de Justicia en este ámbito.

El problema fundamental era que Europa se embarcó en el ambicioso proyecto de Maastricht sin estar convencida de la conveniencia de dotarse de una nueva identidad en el terreno de la defensa. Además, la posibilidad de estrechar los vínculos en dicha política sin el concurso del Reino Unido jamás estuvo sobre la mesa. Poseedora de un puesto permanente en el Consejo de Seguridad de las Naciones Unidas, dotada de su propio arsenal nuclear y de unas Fuerzas Armadas robustas y competentes, Gran Bretaña era vista con razón como

---

41 *Ibid.*, p. 451.

42 "Entretien de Jacques Delors avec Willem Van Eekelen, secrétaire général de l'UEO (Bruxelles)", 2/04/1992, Jacques Delors JD-490, Historical Archives of the European Union, European University Institute.

un socio indispensable en la adopción de cualquier iniciativa paneuropea en el ámbito de la política exterior o de la defensa[43].

6. LECCIONES DEL INTERGUBERNAMENTALISMO LIBERAL

El Tratado de Maastricht evidenció la función decisiva que desempeñan los Gobiernos nacionales cuando se trata de promover, acordar y, asimismo, de interrumpir si es preciso, el proceso de integración. En efecto, y tal como establece la teoría del intergubernamentalismo liberal, la cesión o compartición de soberanía a cargo los Estados miembros siempre obedece a decisiones racionales adoptadas por los Gobiernos y destinadas a promover los intereses nacionales, primordialmente los de índole económica. De acuerdo con dicha teoría, las decisiones de los Gobiernos no responden ni a consideraciones geopolíticas ni a un pensamiento ideológico, sino a la existencia de incentivos crecientes para profundizar en los intercambios económicos, especialmente en los de naturaleza intraindustrial y en los movimientos de capitales. Los grupos de presión económica condicionan las políticas públicas, así como el proceso de integración europea, en mucha mayor medida que las cuestiones de seguridad o los planteamientos ideológicos esgrimidos en el seno de la clase política o por la opinión pública. Por consiguiente, la capacidad de la Comisión Europea para promover la integración ha sido históricamente insignificante, excepción hecha del Acta Única Europea (1986), tal como se puso de manifiesto en las negociaciones del Tratado de Maastricht, y especialmente, en el fracaso absoluto de la Comisión para integrar entonces más estrechamente a la UEO en el aparataje institucional comunitario[44].

De los postulados de esta teoría a propósito del proceso de integración europea, que sin duda contribuye a explicar la tradicional preterición de las políticas de seguridad y defensa, cabe extraer dos conclusiones de indiscutible vigencia en el presente. La primera de ellas es que el advenimiento de un genuino mercado interior, de una moneda común, de la primacía del Derecho europeo o de un Par-

---

43 *The Choice for Europe*, p. 451.

44 *Ibid.*, pp. 5-7 y 18.

lamento Europeo dotado de plenas atribuciones legislativas no ha erradicado la *realpolitik* del viejo solar europeo. En efecto, y si bien es cierto que los intereses de Estados miembros de la UE están tan estrechamente unidos que el empleo entre ellos del recurso a la guerra o la imposición de sanciones económicas resultan inconcebibles, lo cierto es que la interdependencia en el seno de la Unión reviste un carácter asimétrico[45] y que los Estados provistos de una mayor influencia, tales como Francia o Alemania, se sirven de la UE como medio para proseguir sus intereses nacionales, fundamentalmente los de naturaleza económica y comercial y, subsidiariamente, los de índole estratégica.

La segunda de las conclusiones que se desprenden del intergubernamentalismo liberal es la enorme dificultad que supone extender la integración, esto es, ceder o compartir soberanía, en lo relativo a la seguridad y a la defensa, pues el interés último de defender y promover los intereses nacionales inclina forzosamente a los Estados a conservar la última palabra en el ejercicio de ambas políticas. Ahora bien, el estrechamiento de la cooperación en el terreno de la seguridad y la defensa alcanzado en las tres décadas transcurridas desde la entrada en vigor del Tratado de Maastricht, la asunción por la UE de las capacidades de la UEO y, en fin, la institución de una Política Común de Seguridad y Defensa (PCSD) demuestran que, intergubernamentalmente, es posible dotar a Europa de capacidades militares que empero distan de ser suficientes para que la UE adquiera genuina autonomía estratégica. Veámoslo.

7. LAS MISIONES PETERSBERG

En junio de 1992, los ministros de Asuntos Exteriores y Defensa de la UEO se reunieron en Bonn con objeto de definir el débil vínculo que el Tratado de Maastricht establecía entre dicha organización y la UE. En el documento final emanado de aquella reunión, conocida como la Declaración de Petersberg, el Consejo de Ministros de la UEO acordó ampliar las funciones de la UEO a fin de incluir entre ellas la planificación y la ejecución de un amplio conjunto de

---

45 *Ibid.*, p. 485.

misiones de paz. Concretamente, la declaración estipulaba que unidades militares de los Estados miembros de la UEO, actuando bajo la autoridad de la organización, eran susceptibles de emplearse en misiones humanitarias o de rescate y en tareas de mantenimiento de la paz con fuerzas de combate desplegadas sobre el terreno[46]. A partir de ese momento, dichas operaciones se designaron popularmente como "misiones Petersberg". Ahora bien, estas no suponían la creación de una fuerza militar en el seno de la UEO, sino la asunción del compromiso por los Estados miembros de poner a disposición de la organización cuando fuese menester unos recursos militares organizados intergubernamentalmente. Sea como fuere, en los años subsiguientes, el desempeño de la UEO en la gestión de esas tareas se enjuició como decepcionante. Únicamente se llevaron a cabo misiones policiales de escaso alcance, como la desplegada en la ciudad Bosnia de Mostar en 1994 como parte de la Administración de la Unión Europea o el Elemento Multinacional de Asesoramiento Policial, que la UEO desplegó en Albania tres años más tarde[47]. Las diferencias entre los Estados miembros a propósito de las aportaciones concretas a estas operaciones y de su ulterior gestión se revelaron persistentes. Así, mientras el Gobierno francés deseaba que las tropas fueran perfectamente identificables como fuerzas de la UEO y el Ejecutivo británico prefería que poseyeran una doble pertenencia, tanto a la UEO como al Estado miembro que las ponía a disposición de esta, Alemania buscaba servirse de las misiones Petersberg para reducir el oneroso gasto que la *Bundeswehr* representaba para un país que acababa de completar su reunificación.

No es de extrañar por tanto que la disparidad de posturas se tradujera en múltiples formas de cooperación, con Alemania y Francia colaborando en el ámbito del Eurocuerpo (instituido en la cumbre franco-alemana de La Rochela, celebrada en mayo de 1992), ampliado este con posterioridad a otros Estados de Europa occidental (España se unió en 1994), y con el Reino Unido, en cambio, limitándose

---

46 PAGANI, F., "A New Gear in the CFSP Machinery: Integration of the Petersberg Tasks in the Treaty on European Union", *European Journal of International Law*, vol. 9, 1998, p. 737.

47 *Ibid.*, p. 738.

a ofrecer las capacidades militares existentes a la UEO[48]. Inevitablemente, mediada la década de los noventa arreciaron las críticas a la UEO y a la ejecución de las misiones Petersberg, reproches que se hicieron extensivos al desarrollo de la PESC en general y al débil vínculo entre la UE y la UEO en particular[49]. Todo ello a pesar de que paralelamente la UEO sí lograba estrechar los lazos con la OTAN. Lo hizo concretamente en virtud de la Declaración de Kirchberg, acordada por su Consejo de Ministros en mayo de 1994, que suponía la aceptación por la UEO del principio, aprobado a su vez por el Consejo del Atlántico Norte en enero de aquel año, por el cual los medios y capacidades colectivas de la Alianza Atlántica podían ponerse bajo el mando operativo de la UEO. Con ello se perseguía no solamente fortalecer el pilar europeo de la OTAN, sino también coadyuvar a la difícil transformación de la UEO en el principal componente defensivo de la UE[50].

8. HITO EN SAINT-MALO

Ahora bien, fue preciso esperar hasta diciembre de 1998, coincidiendo no por casualidad con la crisis de Kosovo, para que aconteciera el hito indiscutible en la lenta y hasta entonces frustrante integración de las capacidades de la UEO en la UE. Nos referimos a la declaración franco-británica de Saint-Malo, en la cual explícitamente se señalaba la necesidad de que la Unión, a fin de responder con presteza y con los medios adecuados a las crisis internacionales, pudiese actuar "de manera autónoma" y empleando para ello "fuerzas militares creíbles"[51]. En efecto, y en virtud de ese acuerdo estrictamente bilateral, el Reino Unido abandonaba por fin su negativa a otorgar atribuciones militares a la UE y aceptaba la creación de una estructura de defensa en el seno de la UE, si bien debían evitarse las "duplicidades innecesarias". Por su parte, Francia admitía que la

---

48 MILLER, L., *op. cit.*, p. 16.

49 PAGANI, F., *op. cit.*, p. 739.

50 ALCÁRAZ ALBERO, F., *op. cit.*, p. 12.

51 RUTTEN, M. (Comp.), *From St-Malo to Nice. European defence: core documents*, Institute for Security Studies, Western European Union, París, mayo de 2001, p. 8.

iniciativa se llevaría a cabo "de conformidad con nuestras obligaciones respectivas con la OTAN" y de tal manera que se coadyuvase al robustecimiento de la Alianza Atlántica[52]. Por último, la declaración constaba las capacidades ya existentes en el seno de la UEO y hacía hincapié en que las capacidades militares de la UE debían desarrollarse en el marco de la PESC y de acuerdo a un procedimiento intergubernamental.

¿Qué indujo a franceses y muy especialmente a británicos a suscribir tan trascendental acuerdo? La causa inmediata hay que encontrarla en el citado conflicto de Kosovo, el cual evidenció, tal como había sucedido en Bosnia-Herzegovina unos pocos años antes, tanto la incapacidad de los europeos para ocuparse de su seguridad y de la de su vecindad inmediata como la inutilidad de la UEO como instrumento para devolver la paz a los Balcanes Occidentales. Asimismo, no parecía que el fortalecimiento de la PESC contemplado en el Tratado de Ámsterdam (rubricado en octubre de 1997 y que entraría en vigor en mayo de 1999) fuese a dotar a la UE a corto plazo de un instrumento militar propio. Y como causas mediatas de aquella histórica declaración es menester aludir tanto al interés adquirido por el Reino Unido de compensar su voluntaria exclusión de la Unión Económica y Monetaria con la adquisición de influencia y liderazgo en el ámbito de la seguridad y la defensa, políticas donde existía un margen inmenso para el estrechamiento de la cooperación, como a la personalidad de los líderes británico y francés del momento, Tony Blair y Jacques Chirac respectivamente, resueltos ambos a tomar decisiones audaces y a trascender las posiciones del pasado[53]. Años más tarde y una vez surgida la amenaza directo que suponía el terrorismo yihadista-salafista, Blair defendió sin ambages la necesidad de que Europa se dotase de capacidades militares propias:

> Europa debe crear una genuina política de defensa orientada al desarrollo de capacidades de combate. Europa debe ser capaz de despegar un número apreciable de tropas, dotadas del necesario apoyo logístico y

---

[52] BAILES, A. JK. y MESSERVY-WHITING, G., "Death of an Institution: The end for Western European Union, a future for European defence?", Egmont Institute, 2011, p. 39. Recuperado el 18/4/2024 de https://www.jstor.org/stable/resrep06710.7.

[53] *Ibid.*, p. 40.

> tecnológico, y de acompañarlas de la voluntad, el deseo y la habilidad de hacer frente a este nuevo tipo de insurgencia y de actividad terrorista. Ello requiere no solamente organización y cooperación, sino también un debate en el seno de nuestras sociedades acerca la ejecución de esas acciones militares, y concretamente acerca de las bajas que inevitablemente sufriremos si entramos en combate[54].

Sea como fuere, tras Saint-Malo la defensa devino *de facto* en el cuarto pilar de la UE. Los intentos hasta entonces fútiles de utilizar la UEO para instituir una Identidad Europea de Seguridad y Defensa (IESD) circunscrita a la OTAN, se vieron reemplazados por la institución en el transcurso de la primera década del siglo XXI de una Política Europea de Seguridad y Defensa (PESD)[55].

9. BENDICIÓN CONDICIONADA DE WASHINGTON A LA PESD

En cualquier caso, las bases de la PESD se sentaron en las postrimerías de la década, concretamente en tres cónclaves sucesivos de singular trascendencia celebrados en 1999, a saber: la cumbre de la OTAN celebrada en Washington en abril de aquel año, el Consejo Europeo reunido en Colonia en el mes de junio y el Consejo Europeo de Helsinki de diciembre. Ahora bien, igualmente importante fue la aceptación condicionada del lanzamiento de la PESD a cargo de los Estados Unidos de América por conducto de Madeleine Albright, a la sazón secretaria de Estado. En un artículo devenido histórico publicado en el *Financial Times* el 7 de diciembre de 1998, Albright subrayaba que los Estados Unidos deseaban una Europa dotada de fuerzas militares modernas y flexibles, capaces de "sofocar incendios en el patio trasero de Europa", pues ello, lejos de entorpecer la presencia militar estadounidense en el Viejo Continente, la facilitaba. Ahora bien, la aceptación estadounidense de Saint-Malo y de la PESD se supeditaba al cumplimiento de tres condiciones de índole negativa, las cuales Albright enunciaba como las "tres des": no desenganche (*decoupling*), no duplicidad (*duplication*) y no discrimi-

---

54 BLAIR, T., *A Journey*, Hutchinson, Londres, 2010, p. 678. Traducción del autor.

55 MILLER, L, *op. cit.*, p. 17.

nación (*discrimination*). Tres requisitos cuyo significado explícito era que Washington bendecía la creación de estructuras intergubernamentales de defensa en el seno de la UE siempre y cuando la toma de decisiones se subordinara a lo que dispusiera la OTAN, se evitara el solapamiento con la Alianza Atlántica en lo tocante a planificación, gestión de las estructuras de mando y adquisición de material, y, en fin, se evitase cualquier forma de discriminación hacia aquellos Estados miembros de la OTAN que no pertenecían a la UE[56].

La admonición estadounidense dirigida a los europeos surtió el efecto deseado, y pocos cuestionarán que, casi un cuarto de siglo después de su formulación expresa, aquella continúa informando la actitud de Washington ante las iniciativas destinadas a estrechar la cooperación europea en seguridad y defensa, al mismo tiempo que desincentiva el planteamiento de las medidas más audaces en dicho ámbito, susceptibles de dotar a la UE, sin llegar a poner a la OTAN en entredicho, de "autonomía estratégica abierta"[57].

10. LIQUIDACIÓN DE LA UEO

Huelga decir que la institucionalización de la PESD abocaba a la UEO a la extinción formal. La funciones propias del Consejo de la UEO, de sus correspondientes comités, del Comité Militar y de la Célula de Planeamiento (introducida en 1993 como Estado Mayor de la Organización) iban a ser asumidas por los siguientes órganos equivalentes creados *ad hoc* en el entramado institucional de la UE: el Comité Político y de Seguridad (CPS, instituido en virtud del Tratado de Ámsterdam y formado por los embajadores de los Estados miembros en Bruselas), el Comité Militar de la UE (CMUE, integrado en el Consejo de Ministros) y el Estado Mayor de la UE (EMUE, adscrito a la secretaría del Consejo). Con objeto de que la transición fuese lo más natural posible, se decidió que Javier Solana, hasta entonces se-

---

56 ALBRIGHT, M., "The Right Balance Will Secure NATO's future", *Financial Times*, 7/12/1998. Reproducido en RUTTEN, M. (Comp.), *op. cit.*, pp. 10-12.

57 BILBAO CONTRERAS, C., "La Autonomía Estratégica Abierta como instrumento de integración de la Unión Europea", *Revista de Estudios Europeos*, nº 83, 2024, pp. 285-304. https://doi.org/10.24197/ree.83.2024.285-304

cretario general de la OTAN y elegido en 1999 Alto Representante de la Unión para Asuntos Exteriores y Política de Seguridad (cargo creado asimismo por el Tratado de Ámsterdam), ocupase también la secretaría general de la UEO[58]. Las medidas ulteriores han sido descritas elocuentemente por algunos de los autores que han estudiado la extinción de la UEO como "deconstrucción", "hundimiento brutal" o "eutanasia política". A toda costa quería evitarse que la sempiterna debilidad de la UEO "se contagiara" a la prometedora PCSD. Los trabajos del Consejo de la UEO llegaron a su fin en la reunión ministerial celebrada en Marsella el 13 de noviembre de 2000. Y en 2004, con la creación de la Agencia Europea de Defensa (AED) en virtud de una decisión del Consejo, la UE asumió la tarea de promover la cooperación entre los Estados miembros para que estos mejoren sus capacidades de defensa. La AEA se dotaba de amplias competencias, que iban desde la investigación a la supervisión de la producción conjunta de armamentos, y estaba destinada a aglutinar todas las iniciativas de cooperación existentes en el ámbito de la defensa, hasta entonces dispersas[59]. Finalmente, en 2008 la Asamblea de la UEO pasó a denominarse Asamblea Europea de Seguridad y Defensa, la cual continuó reuniéndose dos veces al año para tratar exclusivamente cuestiones relativas al Tratado de Bruselas Modificado. Dos años más tarde, la presidencia española, actuando en nombre de los diez Estados miembros del Tratado de Bruselas, anunció la decisión colectiva de abandonar el Tratado y de liquidar la Organización no más tarde de junio de 2011[60]. El 30 de junio de aquel año la UEO dejaba de existir.

Paralelamente al desmantelamiento de la venerable UEO, una Convención Constitucional discutía y aprobaba un proyecto de Tratado Constitucional para la UE, a la postre nonato, que debía contemplar, nada menos, que una cláusula de defensa mutua, medida que

---

58 BAILES, A. JK. y MESSERVY-WHITING, G., *op. cit.*, p. 46.

59 *Ibid.*, p. 48.

60 "Declaración de la Presidencia del Consejo Permanente de la UEO en nombre de las Altas Partes Contratantes del Tratado de Bruselas Modificado - Alemania, Bélgica, España, Francia, Grecia, Italia, Luxemburgo, Países Bajos, Portugal y Reino Unido", Ministerio de Asuntos Exteriores y de Cooperación, 19/12/2011. Recuperado el 30/04/2024 de http://www.maec.es/es/MenuPpal/Actualidad/NoticiasMAEC/Paginas/20100331_not1.aspx.

gozaba del respaldo de los ministros de Exteriores francés y alemán, y a la que se oponían los Estados miembros de tradición neutralista. La cuestión pasó a la correspondiente Conferencia intergubernamental, donde la citada cláusula, debido a la oposición tanto de los Estados neutralistas como de los más comprometidos con el vínculo transatlántico, fue objeto de una apreciable dilución, al punto de que la expresión "defensa mutua" se reemplazó por la obligación de prestar ayuda y asistencia a cualquier Estado miembro[61]. En cualquier caso, fue necesario esperar a la entrada en vigor del Tratado de Lisboa (diciembre de 2009) para que dicha cláusula, en su formulación más tímida (artículo 42.7 del Tratado de Funcionamiento de la UE, sin menoscabo ni de la OTAN ni de la posición neutralista propia de algunos Estados) se incorporara al Derecho primario de la UE. Asimismo, dicho Tratado, concretamente en su título V, instituía la Política Común de Seguridad y Defensa (PCSD), a cuya cabeza situaba al Alto Representante de la Unión para Asuntos Exteriores y Política de Seguridad, y a la cual sometía a la autoridad de las dos instituciones paradigmáticamente intergubernamentales: el Consejo Europeo y el Consejo de la Unión Europea[62].

11. LA DEFENSA COMÚN COMO NECESIDAD DE LOS ESTADOS EUROPEOS

Mas la cooperación europea en lo tocante a la seguridad y la defensa, en tanto que iniciativa radicalmente intergubernamental, jamás ha avanzado en el vacío ni tampoco impulsada por un federalismo de índole puramente ideológica, acaso del agrado de la Comisión Europea. En absoluto. El estrechamiento de la cooperación siempre obedece a la decisión racional de los Gobiernos para maximizar sus intereses objetivos y para incrementar sus capacidades de defensa al advertir el surgimiento de nuevas amenazas a su seguridad. Ello se

---

61 MILLER, L., *op. cit.*, p. 24

62 "La política común de seguridad y defensa", Fichas temáticas sobre la Unión Europea, Parlamento Europeo. Recuperado el 23/4/2024 de https://www.europarl.europa.eu/factsheets/es/sheet/159/la-politica-comun-de-seguridad-y-defensa.

evidenció con rotunda claridad en torno al año 2016, debido a la conjunción de tres acontecimientos de hondo impacto en la seguridad europea[63]. En primer lugar, la anexión de la península de Crimea por la Federación Rusa, consumada dos años antes, y la ulterior prestación de ayuda militar y logística de Moscú a los separatistas prorrusos en la región del Donbás. En segundo lugar, el temor fundado a que tras la llegada de Donald Trump a la Casa Blanca los Estados Unidos procedieran a desentenderse de la defensa de Europa, con el consiguiente debilitamiento de la OTAN. Y, finalmente, el inesperado triunfo del *Brexit* en el referéndum vinculante celebrado en junio de 2016, que abocaba al Reino Unido a abandonar la UE y por tanto a desvincularse de la PCSD.

Objetivamente, el *Brexit* suponía un duro revés para la defensa y la seguridad europea, por mucho que algunos sostuvieran que con la salida del Reino Unido de la UE desaparecía el principal obstáculo a la integración de las políticas de seguridad y defensa. Si bien Londres venía oponiéndose a la creación de un cuartel general permanente para el brazo militar de la UE, por entender que suponía una duplicación de las capacidades propias de la OTAN, lo cierto es que el Reino Unido poseía el mayor presupuesto de defensa de todos los Estados miembros, además de aportar alrededor del 20% de todas las fuerzas militares en el seno de la UE[64]. Al hallarse fuera de la Unión, por su parte, el Reino Unido, además de estrechar todo lo posible la "relación especial" con los Estados Unidos y de hacer valer su condición de potencia nuclear en el seno de la OTAN, no tenía otra alternativa que explotar las iniciativas de cooperación existentes al margen del entramado institucional de la UE. Fundamentalmente los Tratados franco-británicos de Lancaster House (rubricados en 2010 y que incluyen un acuerdo de colaboración en materia nuclear[65]),

---

63 MILLER, L., *op. cit.*, p. 24

64 MILLS, C. y SMITH, B., "End of Brexit transition: implications for defence and foreign policy cooperation", House of Commons Library, Briefing Paper, nº 9117, 19/1/2021, p. 6. Recuperado el 23/04/2024 de https://researchbriefings.files.parliament.uk/documents/CBP-9117/CBP-9117.pdf.

65 MILLS, C. y BROOKE-HOLLAND, L., "UK-French defence cooperation: A decade on from the Lancaster House treaties", House of Commons Library, Research Briefing, nº 974, 15/3/2023, p. 4. Recuperado el 23/04/2024 de https://researchbriefings.files.parliament.uk/documents/CBP-9743/CBP-9743.pdf.

así como la Iniciativa Europea de Intervención, que el presidente de la República Francesa, Emmanuel Macron, planteó en septiembre de 2017. Mecanismos cuya coexistencia con una PCSD en el seno de la cual existe desde ese mismo año una Cooperación Estructurada Permanente (CEP), a la cual se han incorporado todos los Estados miembros salvo Dinamarca y Malta, no resulta en absoluto clara.

Tal como se ha enunciado en el primer epígrafe del presente capítulo, la invasión rusa de Ucrania, con el subsiguiente abandono por Suecia y Finlandia de su tradicional neutralidad y el ingreso de ambos países en la OTAN, constituye un poderoso estímulo para el reforzamiento de la cooperación europea en el ámbito de la seguridad y la defensa, entendida esta inevitablemente como medio para reforzar el denominado pilar europeo de la Alianza Atlántica. La tarea por delante es hercúlea, pero el requisito indispensable para su compleción se ha enunciado repetidamente en las líneas precedentes: la voluntad expresa y racional de Gobiernos nacionales democráticamente elegidos.

12. CONCLUSIONES

La aplicación de lo que comúnmente se conoce como "perspectiva histórica" a cualquier hito o sucesión de hechos pretéritos es un saludable ejercicio intelectual mediante el cual evidenciamos la vigencia del pasado en el presente. Nos permite constatar la radical historicidad de las empresas humanas, desde la vida puramente individual al devenir histórico de los pueblos y de las civilizaciones. Al pensar "históricamente" a propósito de la política europea de seguridad y defensa comprobamos la existencia de continuidades y discontinuidades, de abruptas aceleraciones, así como de prolongados estancamientos.

Es cierto que, en el momento de escribirse estas líneas, existe una densa arquitectura institucional bajo la cual los Estados miembros de la UE cooperan en materia de seguridad de defensa con una intensidad desconocida hasta muy poco tiempo. Mas supondría un grave error deducir de ello que los avances logrados hasta la fecha son irreversibles y que Europa progresa inexorablemente hacia la adopción de unas fuerzas armadas multinacionales provistas de un Estado mayor supranacional. La percepción de que la Federación Rusa es una amenaza y la posibilidad real de que Moscú se anexione de manera efectiva vastos territorios al este y al sur del río Dniéper han galvanizado el interés por instituir una genuina defensa común. Además, la guerra de Ucrania ha obligado al Reino Unido, sin menoscabo de su relación "especial" (devenida necesidad estratégica imperiosa para Londres tras el *Brexit*) con los Estados Unidos, a implicarse decididamente en la defensa europea, si bien empleando para ello mecanismos puramente intergubernamentales y sin promover en ningún caso la creación de estructura alguna susceptible de devenir alternativa a la OTAN.

Sea como fuere, el hecho de que esta coyuntura crítica para Europa y la UE pueda juzgarse simultáneamente como un momento propicio para un reforzamiento de la cooperación en defensa tanto dentro como fuera del aparataje institucional de la UE, no implica ni que la historia de dicha cooperación demuestre un progreso constante y sostenido ni tampoco que la ansiada asunción de políticas comunes resulte inevitable. Hemos visto cómo la cesión de soberanía es una decisión racional y calculada a cargo de los Estados y también lo renuentes que estos se han mostrado históricamente a compartir sus capacidades militares. La CED constituye un precedente indiscutiblemente valioso, mas al mismo tiempo equívoco. Muy poco faltó en 1954 sin duda para que Europa occidental se dotase de un Ejército multinacional y de instituciones de defensa supranacionales, pero las disensiones existentes a la sazón en el seno de la clase política francesa malograron aquel proyecto. Hoy, es posible que franceses y alemanes pudiesen ponerse de acuerdo en una iniciativa semejante, pero ¿podría instituirse en el seno de la una UE compuesta por 27 miembros, no todos los cuales están dispuestas a ceder soberanía en un ámbito tan sensible como es la defensa? Si dicha empresa, que forzosamente debería contar con el visto bueno de Washington (tal como sucedió con la PESD), se planteara al margen de los Tratados constitutivos, ¿podría entonces sobrevivir la UE al surgimiento de un aparato institucional paralelo circunscrito a las políticas de seguridad y defensa? No parece probable. Y el advenimiento en Washington de una administración aislacionista dispuesta a desvincular a los Estados Unidos de la defensa europea, ¿podría servir de empujón definitivo para que Europa asumiera la faena de defenderse a sí misma? Difícilmente, pues la retirada estadounidense supondría el retorno al Viejo Mundo en toda crudeza de la *realpolitik* y del principio del equilibrio de poder. Los cuales, tal y como ha quedado expuesto en el presente capítulo, subyacen aletargados en una Europa que advierte ahora, tras tres décadas de autocomplacencia, el retorno abrupto de la historia. En realidad, jamás se fue.

BIBLIOGRAFÍA

Albright, M. (1998, 7 de diciembre). *The right balance will secure NATO's future. Financial Times.*

Alcázar Albero, F. (2011, 29 de junio). *La configuración del marco defensivo europeo tras la II GM: el pacto de la UEO* [Documento marco]. Instituto Español de Estudios Estratégicos. Recuperado de https://www.ieee.es/Galerias/fichero/docs_marco/2011/DIEEEM07-2011ElPapelDeUEO.pdf

Bailes, A. J. K., & Messervy-Whiting, G. (2011). *Death of an institution: The end for Western European Union, a future for European defence?* (pp. 39-50). Egmont Institute. Recuperado de https://www.jstor.org/stable/resrep06710.7

Bilbao Contreras, C. (2024). *La autonomía estratégica abierta como instrumento de integración de la Unión Europea. Revista de Estudios Europeos*, 83, 285-304. https://doi.org/10.24197/ree.83.2024.285-304

Blair, T. (2010). *A journey*. Hutchinson.

Dawson, C. (1956). *The making of Europe*. Meridian Books.

Fukuyama, F. (1992). *The end of history and the last man*. The Free Press.

Haas, E. B. (2004). *The uniting of Europe*. University of Notre Dame Press.

Judt, T. (2011). *A grand illusion? An essay on Europe*. New York University Press.

Miller, L. (2022). *Differentiated integration in European defence policy and the Economic and Monetary Union*. Robert Schuman Centre for Advanced Studies, European University Institute.

Mills, C., & Smith, B. (2021, 19 de enero). *End of Brexit transition: Implications for defence and foreign policy cooperation* [Briefing Paper, nº 9117]. House of Commons Library. Recuperado el 23 de abril de 2024 de https://researchbriefings.files.parliament.uk/documents/CBP-9117/CBP-9117.pdf

Mills, C., & Brooke-Holland, L. (2023, 15 de marzo). *UK-French defence cooperation: A decade on from the Lancaster House treaties* [Research Briefing, nº 974]. House of Commons Library. Recuperado el 23 de abril de 2024 de https://researchbriefings.files.parliament.uk/documents/CBP-9743/CBP-9743.pdf

Minc, A. (1990). *La gran ilusión. La Europa comunitaria y la Europa continental* (J. Liarás García & J. Muls de Liarás, Trad.). Editorial Planeta.

Monnet, J. (1985). *Memorias* (J. M. Martínez García, Trad.). Siglo XXI de España Editores.

Moravcsik, A. (1998). *The choice for Europe*. Cornell University Press.

Moravcsik, A. (2002). In defence of the 'democratic deficit': Reassessing legitimacy in the European Union. *Journal of Common Market Studies*, 40(4), 603-624.

Ortega y Gasset, J. (1966). *Meditación de Europa*. Ediciones de la Revista de Occidente.

Pagani, F. (1998). A new gear in the CFSP machinery: Integration of the Petersberg tasks in the Treaty on European Union. *European Journal of International Law*, 9, 737-749.

Pleven, R. (1950, 24 de octubre). *Statement by René Pleven on the establishment of a European army*. Luxembourg Centre for Contemporary and Digital History. Recuperado el 24 de abril de 2024 de https://www.cvce.eu/obj/statement_by_rene_pleven_on_the_establishment_of_a_european_army_24_october_1950-en-4a3f4499-daf1-44c1-b313-212b31cad878.html

Reno, R. R. (2019). *Return of the strong gods. Nationalism, populism and the future of the West*. Regnery Gateway.

Rutten, M. (Comp.). (2001, mayo). *From St-Malo to Nice. European defence: Core documents*. Institute for Security Studies, Western European Union.

Sánchez-Albornoz, C. (2021). *España. Un enigma histórico*. Edhasa.

Sarotte, M. E. (2021). *Not one inch. America, Russia and the making of the post-Cold War stalemate*. Yale University Press.

Schuman, R. (2006). *La integración europea. Obstáculos y avances* [Discurso pronunciado en la Universidad de Harvard, 11 de junio de 1954]. En *Por Europa* (L. Kraemer Lang, Trad.). Instituto Universitario de Estudios Europeos y Ediciones Encuentro.

Teasdale, A. (2016, octubre). *The Fouchet plan: De Gaulle's intergovernmental design for Europe* [LSE "Europe in Question" Discussion Paper Series, nº 117/2016]. Recuperado el 24 de abril de 2024 de https://www.lse.ac.uk/european-institute/Assets/Documents/LEQS-Discussion-Papers/LEQS-Paper117.pdf

Thatcher, M. (1988, 20 de septiembre). *Speech to the College of Europe (The Bruges Speech)*. Margaret Thatcher Foundation. Recuperado el 9 de abril de 2024 de https://www.margaretthatcher.org/document/107332

Thatcher, M. (1993). *The Downing Street years*. HarperCollins Publishers.

Weiler, J. H. H. (2014). Van Gend en Loos: The individual as subject and object and the dilemma of European legitimacy. *International Journal of Constitutional Law,* 12(1), 94-103. https://doi.org/10.1093/icon/mou011

Zubiri, X. (1963). *Naturaleza, historia, Dios.* Editora Nacional.

EL CONCEPTO DE SEGURIDAD EN LA UNIÓN EUROPEA

NUNO PEREIRA DE MAGALHÃES[1]

1. INTRODUCCIÓN

La Unión Europea (en adelante UE) ha ido conformando un concepto de seguridad durante varias décadas, y ha definido claramente objetivos y estrategias basados en esa conceptualización. No existe un concepto formal de seguridad, sino más bien un grupo de documentos que presentan lo que la UE considera su propia seguridad y cómo promoverla. El ámbito tradicional de la defensa sigue siendo promovido por el Tratado de la Organización del Atlántico Norte (OTAN) y la UE ha construido un mandato que se centra principalmente en las amenazas y riesgos no tradicionales, de naturaleza estatal y no estatal. Con ese propósito, la UE ha venido desarrollando un conjunto de capacidades de carácter civil y militar, pero sigue siendo relativamente débil en lo que respecta a este último tipo de capacidades, las más determinantes, teniendo en cuenta que la UE y sus miembros operan en un sistema anárquico en el que el poder es, en última instancia, una función de las capacidades militares[2]. Bruselas no ha logrado desarrollar tales capacidades y, por lo tanto, sigue teniendo una capacidad limitada de proyección de poder. Además, esa capacidad de proyección de poder se ve aún más dañada porque la toma de decisiones sigue siendo ineficaz debido al requisito de unanimidad y a la falta de centralización institucional. En este sentido, la seguridad ha sido ampliamente conceptualizada por la UE, pero la falta de capacidades y la ineficiencia en la toma de decisiones

---

1 Vicedecano de internacionalización, Universidad Francisco de Vitoria. E-Mail: nuno.pereira@ufv.es

2 Véase MEARSHEIMER, J., *The Tragedy of Great Power Politics*, W. W. Norton & Company, Nueva York, 2001.

impiden a Bruselas y a los Estados miembros perseguir con firmeza la seguridad europea de forma independiente.

El proceso de cooperación en materia de seguridad en el marco de la integración europea comenzó casi desde el principio. La integración europea comenzó en 1951 con la Comunidad Europea del Carbón y del Acero, un proceso muy específico de cooperación que involucró al carbón y al acero, dos bienes industriales y militares esenciales, y en 1952 pasó rápidamente a un ambicioso proceso de integración de la defensa, llamado Comunidad Europea de Defensa. La medida fue tan audaz que se estrelló en la Asamblea Nacional francesa en 1954 y creó un hiato de décadas en el que la integración europea y la cooperación en materia de seguridad permanecieron institucionalmente distanciadas. La Comunidad Económica Europea (CEE) de 1957 estaba estrechamente relacionada con la Unión Europea Occidental (UEO) y la OTAN, y había un mecanismo de cooperación política en la CEC que incluía la seguridad, pero la integración y la seguridad solo se combinarían formalmente cuando se creara la UE. Fue en este momento cuando se pueden rastrear los orígenes de una conceptualización explícita de la seguridad conectada con la integración europea.

El Tratado de Maastricht se pronunció sobre las ambiciones de seguridad de la organización y la Política Exterior y de Seguridad Común (PESC) formalizó la inclusión institucional de la seguridad en el proceso de integración europea. La inestabilidad posterior a la Guerra Fría impulsó la integración europea hacia el ámbito de la seguridad, aunque quedaría dolorosamente claro que la PESC era insuficiente. Los conflictos en los Balcanes eran el problema fundamental, y aunque algunos confiaban en que era "la hora de Europa, no la hora de los estadounidenses"[3], esos conflictos mostraban que la UE era una potencia económica que, sin embargo, seguía siendo un "enano político y un gusano militar"[4]. La UE se vio empujada a re-

---

3 POOS, J., ex ministro de Asuntos Exteriores de Luxemburgo y presidente del Consejo de Ministros de Asuntos Exteriores, citado en WINTZ, M., *Transatlantic Diplomacy and the Use of Military Force in the Post-Cold War Era*, Palgrave Macmillan, Nueva York, 2010, p. 33.

4 EYSKENS, M., ex ministro de Relaciones Exteriores de Bélgica, citado en WHITNEY, C. R., *Guerra en el Golfo: Europa; Los combates en el Golfo rompen la frágil unidad*

forzar la cooperación en materia de seguridad por esos escandalosos conflictos y el posterior menor nivel de compromiso de los Estados Unidos con respecto a conflictos que no eran esenciales para su interés nacional. Los Estados miembros de la UE tuvieron que ir más allá de las amplias referencias del Tratado de Maastricht y acabaron dando músculo militar a la PESC, con la fijación de la Política Europea de Seguridad y Defensa (PESD) en 1999, a la que siguió la Política Común de Seguridad y Defensa (PCSD) de 2007. Estas políticas abrirían la puerta a una estrategia de la UE que constituiría el pilar principal de su concepto de seguridad.

El propósito de este capítulo es, precisamente, trazar y hacer una evaluación crítica del proceso de construcción de un concepto de seguridad europeo multidimensional que incluya perspectivas tradicionales y no tradicionales, centrándose en estas últimas y dejando el grueso de la seguridad tradicional a la OTAN. Mi argumento es que la conceptualización de la seguridad se ha promovido gradualmente con éxito, pero en la práctica la UE sigue siendo demasiado vulnerable debido a las deficiencias de capacidad y toma de decisiones. Como resultado, la UE ha sido incapaz de promover eficazmente su mandato de seguridad no tradicional y sigue dependiendo de los EE.UU. para los grandes desafíos de seguridad, especialmente los planteados por Rusia, China y focos de inestabilidad más severos en los flancos sur y este.

2. COOPERACIÓN EN MATERIA DE SEGURIDAD EN EL MARCO DE LA PESC

Los miembros de la Comunidad Económica Europea (CEE) abordaron las cuestiones de política exterior a través del mecanismo de la Cooperación Política Europea (CPE), pero no había una política integrada en los tratados, por no hablar de las referencias a la cooperación militar. El Tratado de la Unión Europea (TUE), es decir, Maastricht, fue más allá de ese marco informal, dotando a la UE de

de los europeos, *The New York Times*, 25 de enero de 1991. Recuperado de https://www.nytimes.com/1991/01/25/world/war-in-the-gulf-europe-gulf-fighting-shatters-europeans-fragile-unity.html?pagewanted=1

una política exterior y de seguridad, además de abrir la puerta a una futura cooperación militar dentro del proyecto de integración europea. El pilar de la PESC de la UE fue innovador ya que permitió legitimar las decisiones formales de las políticas exterior y de seguridad, incluso reconociendo la posibilidad de una política de defensa común. Más concretamente, a partir de ese momento también se promovió formalmente la conceptualización de la seguridad en el proceso de integración en la UE.

La cooperación en materia de seguridad se enmarcó en la PESC, pero la política de defensa siguió estando ausente, junto con los recursos militares fundamentales necesarios para promover eficazmente la seguridad. La Unión Europea Occidental (UEO) fue la encargada de enmarcar la cooperación europea a tal nivel, dependiendo de la OTAN, incluida la gestión de conflictos, como forma de proyección militar. No obstante, la referencia a una eventual defensa común en el Tratado de Maastricht fue innovadora. La política de defensa se había desvinculado formalmente del proyecto de integración europea desde el colapso de la CDE en 1954, por lo que la mera referencia a la cooperación a ese nivel era una legitimación sobresaliente de la UE como actor militar, aunque en Maastricht no se atribuyeran realmente competencias militares a la organización[5]. En palabras de Helmut Kohl en el Bundestag el 13 de diciembre de 1991, los miembros de la UE se comprometieron a "desarrollar una identidad europea independiente de seguridad y defensa", utilizando la UEO como "puente entre la Alianza Atlántica y la UE"[6]. Los Estados miembros y los equipos de la Comisión dirigidos por Jacques

---

5 Véase RUANE, A., *Auge y caída de la Comunidad Europea de Defensa*, 2003. CRESWELL, M. & TRACHTENBERG, M., "Francia y la cuestión alemana, 1945-1955", *Revista de Estudios de la Guerra Fría*, vol. 5, no. 3, 2003, pp. 5-28. SMITH, M. E., *Europe's Foreign and Security Policy: The Institutionalization of Cooperation*, Cambridge University Press, Cambridge, 2003. DUKE, S., *La elusiva búsqueda de la seguridad europea: de la EDC a la PESC*, Palgrave Macmillan, Basingstoke, 2000.

6 KOHL, H., "Discurso pronunciado por Helmut Kohl sobre los resultados del Consejo Europeo de Maastricht", 13 de diciembre de 1991, pp. 7. Recuperado de https://www.cvce.eu/obj/address_given_by_helmut_kohl_on_the_outcome_of_the_maastricht_european_council_bonn_13_december_1991-en-12090399-dc71-42ee-8a3d-daf2420c0a9a.html

Delors (1985-1995) y Jacques Santer (1995-1999)[7] impulsarían este camino a través de la consolidación de la PESC.

La PESC representó el primer paso formal en la conceptualización de la seguridad en la UE. Esa política otorgó a la UE el mandato de perseguir cinco objetivos generales: i) salvaguardar los valores comunes, los intereses fundamentales y la independencia de la UE; ii) reforzar la seguridad de la UE y de sus Estados miembros, iii) preservar la paz y reforzar la seguridad internacional, de conformidad con los principios de las Naciones Unidas y la OSCE; iv) promocionar la cooperación internacional; v) desarrollar y consolidar la democracia y el Estado de Derecho, así como los derechos humanos y las libertades fundamentales[8]. En cuanto a la conceptualización de la seguridad, sólo se hace referencia al fortalecimiento de la seguridad de la UE, sin especificar qué es realmente.

La cooperación militar era una herramienta importante para perseguir los objetivos generales de la PESC, y Maastricht no tuvo reparos en presentar grandes planes para la defensa europea. En su preámbulo y en su artículo B, el tratado hacía referencia a una "eventual formulación de una política de defensa común, que con el tiempo podría conducir a una defensa común"[9]. Esta referencia supuso un avance político, teniendo en cuenta que, tras el fracaso de la CED, la cooperación militar europea se produjo en paralelo a través de la UEO, Finabel y la Organización de Cooperación Conjunta en materia de Armamento, junto con las organizaciones regionales asociadas de defensa y seguridad, a saber, la OTAN y la OSCE[10]. La defensa

---

7 COMISIÓN EUROPEA, *Former Colleges of Commissioners*, consultado el 28 de marzo de 2020. Recuperado de https://ec.europa.eu/info/former-colleges-commissioners_en

8 UE, *Tratado de la Unión Europea*, Bruselas, 1992, artículo J.1.

9 Ibíd., Preámbulo y Artículo B.

10 GOWAN, R. & BATMANGLICH, S., *¿Demasiadas instituciones? La cooperación europea en materia de seguridad después de la Guerra Fría*, en JONES, B. D., FORMAN, S. & GOWAN, R. (ed.), *Cooperating for Peace and Security: Evolving Institutions and Arrangements*, Cambridge University Press, Cambridge, 2010, pp. 80-97. DYSON, K., *Realismo neoclásico y reforma de la defensa en la Europa posterior a la Guerra Fría*, 2010, pp. 60-66. DYSON, K. & KONSTADINIDES, T., *Cooperación europea en materia de defensa en el derecho de la UE y la teoría de las relaciones internacionales*, 2010, pp. 7-34.

permaneció formalmente separada de la integración europea debido a la preocupación por la pérdida de soberanía. Esta preocupación fue sentida especialmente por los Estados que eran reacios al riesgo que suponía a la integración política: "aquellos que se sienten incómodos con la dinámica integracionista de la UE también temen que la "puesta en común" de ese primer y último bastión de la soberanía nacional (...) conducirá, *ipso facto*, a un federalismo cada vez más intensivo"[11].

Al mismo tiempo que acordaron establecer la PESC, y hacer esas referencias a la defensa, los miembros de la UE salvaguardaron sus políticas y compromisos nacionales con la OTAN, así como permitieron la cooperación bilateral o multilateral entre miembros con ideas afines: "La política de la Unión de conformidad con este artículo no afectará el carácter específico de la política de seguridad y defensa de determinados Estados miembros y respetará las obligaciones de determinados Estados miembros en virtud del Tratado del Atlántico Norte y de la Unión. Ser compatibles con la política común de seguridad y defensa establecida en dicho marco", y las "disposiciones del presente artículo no impedirán el desarrollo de una cooperación reforzada entre dos o más Estados miembros a nivel bilateral, en el marco de la UEO y de la Alianza Atlántica, siempre que dicha cooperación no sea contraria o obstaculice la prevista en el presente título".[12]

A pesar de esos avances en la cooperación en materia de seguridad, la ausencia de un mandato militar concreto en la UE era una laguna política que evidentemente era una deficiencia en la integración europea, como reconoció Kohl en el mismo discurso al afirmar que "la política en otros campos, como los asuntos exteriores y la seguridad, tendrá que realizarse paso a paso en los próximos años"[13]. Al final, el TUE legitimó la cooperación en materia de defensa, pero no se atribuyó un mandato concreto para desarrollar y desplegar recursos militares cuando el gran número de conflictos en la vecindad de la UE exigía funciones de gestión de conflictos que implicaran el

---

11 HOWORTH, J., *Política de seguridad y defensa*, 2007, p. 57.

12 UE, *Tratado de la Unión Europea*, artículo J.4 (4 y 5), Bruselas, 1992.

13 KOHL, H., "Dirección", *Discurso pronunciado por Helmut Kohl sobre los resultados del Consejo Europeo de Maastricht*, 13 de diciembre de 1991, p. 5.

despliegue de operaciones militares. A ese nivel, el TUE autorizó a la UEO a actuar militarmente en nombre de la UE y, en la posterior revisión de Amsterdam, a ejecutar sus decisiones que tuvieran implicaciones militares. Este resultado reflejó un pacto de la UE entre las preferencias francesas y alemanas más ambiciosas, por un lado, y las británicas escépticas, por el otro:

> el gobierno alemán había apoyado durante mucho tiempo el fortalecimiento del mecanismo EPC y veía con buenos ojos los esfuerzos para profundizar la cooperación europea en materia de defensa, siempre y cuando no desafiaran directamente a la OTAN. En enero de 1988, Francia y Alemania acordaron crear un Consejo Franco-Alemán de Seguridad y Defensa, así como una brigada franco-alemana. Las posiciones en política exterior y de defensa que Francia y Alemania acordaron en marzo y abril de 1990 estaban compuestas por propuestas alemanas de larga data[14].

Desde el lado británico, había una oposición conservadora contraria a combinar la integración europea y la cooperación militar. Aun así, el gobierno de John Major estaba dispuesto a llegar a un acuerdo minimalista, que estaba ligado a las negociaciones en otras áreas de política. El Reino Unido "señaló una clara voluntad de considerar compromisos en cuestiones geopolíticas centrales como la política exterior, el Parlamento Europeo e incluso la defensa, pero amenazó con vetar el acuerdo sobre cuestiones más económicas, incluida la legislación laboral, la política de inmigración, la política social y la UEM"[15].

A pesar de esas limitaciones y de la débil conceptualización de la seguridad antes mencionada, Bruselas se adentró en la gestión de conflictos que podrían representar costes potenciales para la seguridad de los Estados miembros. La UE se implicó formalmente en la gestión de conflictos a través de la UEO y sus misiones de Petersberg. A pesar del plazo de caducidad de 50 años, establecido en el artículo X del Tratado de Bruselas de 1948[16], la UEO fue revitalizada en 1984 por la Declaración de Roma como plataforma de cooperación

---

14 MORAVCSIK, A., *La elección*, 2001, p. 391.

15 Ibíd., 427.

16 WESTERN UNION, *Tratado de Bruselas*, Bruselas, 1948.

europea[17] y adaptada al entorno de seguridad posterior a la Guerra Fría. La Declaración de Petersberg del 19 de junio de 1992 reflejó esa adaptación estratégica, que abarcaba "las tareas humanitarias y de rescate, las tareas de mantenimiento de la paz y las tareas de las fuerzas de combate en la gestión de crisis, incluido el establecimiento de la paz", al margen del compromiso tradicional con la defensa colectiva[18]. Esas misiones, que van desde la "prevención de conflictos hasta las sólidas operaciones militares de gestión de crisis"[19], se vincularon estrechamente con la UE, a raíz de la Declaración sobre la UEO. La UE podría pedir a la UEO, parte integrante del desarrollo de la Unión, "que elabore y aplique las decisiones y acciones de la Unión" que tengan "implicaciones en materia de defensa", y que el Consejo adopte las "disposiciones prácticas" necesarias de acuerdo con la UEO[20]. La declaración afirmaba que la UEO se "desarrollaría como el componente de defensa de la Unión Europea y como un medio para fortalecer el pilar europeo de la Alianza Atlántica" y "formularía la política europea común de defensa y trabajaría en su implementación concreta a través del desarrollo adicional de su propio papel operativo"[21]. Por el contrario, la UE no estaba facultada para tomar decisiones directas en el ámbito de la política de defensa[22].

El Tratado de Ámsterdam de 1997 acercó a Bruselas a una cooperación militar real. Además de seguir haciendo referencias a una defensa común, el tratado incorporó las tareas de Petersberg. La referencia a una "definición progresiva de una política de defensa común" todavía estaba consagrada en el tratado, esta vez en el ar-

---

17 UEO, *Declaración de los Ministros de Asuntos Exteriores y de Defensa de la UEO*, Roma, 27 de octubre de 1984. Esto siguió a un intento infructuoso de promover la política exterior y la integración de la seguridad a través del Proyecto de Acta Europea presentado en 1981 por los Gobiernos de la RFA e Italia (el llamado Plan Genscher-Colombo) que, sin embargo, influiría en el Acta de Seguridad Europea de 1986 y el Tratado de Maastricht. Alemania (RFA) e Italia, "Proyecto de Acta Europea", *Boletín de las Comunidades Europeas*, nº 11, noviembre (1981): 87-91; Biscop, "La defensa del Reino Unido y Europa", 1299.

18 UEO, *Declaración de Petersberg*, Bonn, 1992, artículo II (4).

19 FAHRON-HUSSEY, C., *Operaciones militares de gestión de crisis de la OTAN y la UE: el proceso de toma de decisiones*, Wiesbaden, Springer VS, 2019, p. 43.

20 UE, *Tratado de la Unión Europea*, artículo J.4 (2).

21 UE, *Declaración sobre la UEO*, Bruselas, 1992, artículo 2.

22 Véase UE, *Tratado de la Unión Europea*, artículo J.4, apartado 3.

tículo J.7 (1); En el apartado 1 del artículo J.7, se consideró que la UEO era "parte integrante del desarrollo de la Unión"; y el párrafo 1 del artículo J.3 establecía que el Consejo Europeo debía "definir los principios y las orientaciones generales de la política exterior y de seguridad común, incluidos los asuntos con repercusiones en materia de defensa"[23]. El tratado incorporaba las misiones de Petersberg en el artículo J.7 (2), aunque establecía, en el artículo J.7 (3), que la UE "se valdría de la UEO para elaborar y aplicar las decisiones y acciones de la Unión que tuvieran implicaciones en materia de defensa"[24].

El respaldo de Amsterdam otorgó más autoridad política a Bruselas que la "solicitud" de Maastricht, modificando la forma en que la UE pedía a la UEO que elaborara y aplicara decisiones[25]. En efecto, también amplió la UEO al permitir la participación de todos los miembros de la UE. No obstante, el mandato militar concreto seguía en manos de la UEO y, por lo tanto, la cooperación militar seguía estando ausente, en sentido estricto, de la UE. Esto significa que las preferencias nacionales no han cambiado fundamentalmente desde Maastricht. Según Andrew Moravcsik y Kalypso Nicolaïdis:

El espectro de visiones fue definido, por un lado, por gobiernos con aspiraciones paneuropeas, como Francia, que favorecían firmemente la profundización de la integración de la Unión Europea Occidental (UEO) con la UE y, por otro, por gobiernos como Gran Bretaña, con una política unilateral creíble y comprometida con la OTAN, que se oponían rotundamente a cualquier política de este tipo que no estuviera coordinada con la OTAN. Alemania, que tradicionalmente había representado un punto medio, se situó públicamente del lado de Francia en los asuntos de la UEO, pero su grado de compromiso en relación con su propuesta común puede ser cuestionado.[26]

En este contexto, es probable que la UEO se utilice en apoyo de la OTAN o en conflictos menores que no sean prioritarios para la alianza transatlántica. Las Fuerzas Responsables de la UEO (FAWEU)

---

23 UE, *Tratado de la Unión Europea*, artículo J.7, apartado 1.

24 Ibíd., párrafos 2 y 3 del artículo J.7.

25 DYSON, K. y KONSTADINIDES, T., *Cooperación Europea en Defensa*, 2000, p. 63.

26 MORAVCSIK, A. y NICOLÀIDIS, K., *Explicando el Tratado de Ámsterdam*, p. 64.

constituyeron los recursos a disposición de esta organización, designada a partir del Consejo de Petersberg, "el Cuerpo Europeo (o Eurocuerpo), la Fuerza Anfibia del Reino Unido/Países Bajos, y luego la división multinacional (Centro)", así como "el Grupo Aéreo Europeo (EAG) franco-británico, creado por el Acuerdo de Chartres del 18 de noviembre de 1994 y posteriormente abierto a otros países, y también Eurofor o Euromarfor (1995), el Estado Mayor del primer cuerpo germano-holandés (1997) y la fuerza anfibia hispano-italiana (1997)"[27]. El despliegue de estas fuerzas se enmarcó inicialmente en la Identidad Europea de Seguridad-Defensa (ESDI) formada en 1994 en el marco de la OTAN[28] y de acuerdo con el concepto de Fuerza de Tarea Conjunta Combinada (CJTF), lo que refleja un compromiso europeo más fuerte y flexible bajo el patrocinio de la alianza transatlántica[29]. El Acuerdo de Berlín de la OTAN de junio de 1996 puso aún más de relieve esa dimensión europea al prometer que la ESDI sería operativa[30].

La UEO desplegó varias misiones individuales y conjuntas, entre las que cabe destacar una operación naval conjunta con la OTAN en el mar Adriático (Operación Sharp Guard), de 1993 a 1996, destinada a imponer sanciones económicas y militares de las Naciones Unidas contra la República Federativa de Yugoslavia (RFY); un contingente policial en Mostar (Bosnia y Herzegovina) de 1994 a 1996; el Elemento Policial Consultivo Multinacional en Albania de 1997 a 2001; la Misión de Asistencia para la Remoción de Minas a Croacia

---

27 CVCE.eu, *Operational Forces of WEU*, consultado el 12 de julio de 2017, recuperado de https://www.cvce.eu/en/recherche/unit-content/-/unit/72d9869d-ff72-493e-a0e3-bedb3e671faa/d316bc8e-c6eb-4fc8-9e59-bf9d4a1d3e2f.

28 OTAN, *Declaración de los Jefes de Estado y de Gobierno de la Alianza Atlántica*, Bruselas, 11 de enero de 1994.

29 Cf. HOWORTH, J., *Integración europea y defensa: el último desafío*, EUISS-WEU Chaillot Paper nº 43, noviembre, 2000, p. 4; BUONANNO, L. y NUGENT, N., *Políticas y procesos políticos de la Unión Europea*, Basingstoke, Palgrave Macmillan, 2013, p. 277.

30 FARRELL, T., RYNNING, S. y TERRIFF, T., *Transformando el poder militar desde la Guerra Fría: Gran Bretaña, Francia y Estados Unidos, 1991-2012*, Cambridge, Cambridge University Press, 2013, p. 214.

de 1999 a 2001; y una misión de vigilancia de la seguridad general en Kosovo en 1998-1999[31].

Al final, la UEO actuó como representante militar de la UE, una simbiosis que se haría aún más evidente años más tarde cuando, entre 1999 y 2009, el cargo de Secretario General de la UEO pasó a ser ocupado también por el Alto Representante de la UE, Javier Solana[32]. En las secciones siguientes se explica por qué la UEO adquirió la facultad de desplegar operaciones militares después del final de la Guerra Fría y por qué se prefirió esa solución a la atribución de un mandato directo a la UE. Los años siguientes demostrarían que era necesaria una mayor cooperación, incluida una conceptualización de la seguridad de la UE que fuera más allá de la constatación banal de que la PESC tenía el objetivo de fortalecerla.

3. COOPERACIÓN EN MATERIA DE SEGURIDAD EN EL MARCO DE LA PESD

La aparición de la PESD fue fundamental para la cooperación en materia de seguridad en la UE y consolidó la conceptualización de la seguridad que se centraba tanto en la defensa tradicional como en la no tradicional. Basada en una división del trabajo en la que la primera seguiría siendo una prerrogativa de la OTAN y la segunda una tarea de los europeos, iniciando una transferencia de mandato de la UEO a la UE. En cuanto a las capacidades y la toma de decisiones, en la era de la PESD se produjo un impulso definitivo de las primeras y se reforzó la toma de decisiones mediante una mayor institucionalización, aunque las capacidades seguían siendo limitadas y las decisiones seguían dependiendo de la unanimidad.

El primer paso importante hacia una cooperación en materia de seguridad más fuerte, que incluía el empoderamiento militar

---

31 SEAE, *Shaping of a Common Security and Defence Policy*, consultado el 12 de julio de 2017, recuperado de https://eeas.europa.eu/topics/common-security-and-defence-policy-csdp/5388/shaping-of-a-common-security-and-defence-policy-_en.

32 CVCE.eu, "*Javier Solana*", consultado el 2 de noviembre de 2018, recuperado de https://www.cvce.eu/en/obj/javier_solana-en-7fb3e9f5-34ed-44bd-99ad-7b66b6e72536.html.

de la UE, se produjo con Saint-Malo. Algunos lo consideran una "revolución"[33] que constituyó la eliminación de "un bloqueo que, durante décadas, había impedido a la Unión Europea abrazar (...) la defensa como ámbito político"[34]. En la Declaración de Saint-Malo, París y Londres concluyeron que la UE necesitaba "tener la capacidad de acción autónoma, respaldada por fuerzas militares creíbles, los medios para decidir utilizarlas y la disposición a hacerlo, con el fin de responder a las crisis internacionales"[35].

El comportamiento del Reino Unido fue especialmente destacado, teniendo en cuenta que el gobierno de Tony Blair estaba optando por una estrategia de defensa distinta a las de los gobiernos anteriores, liderados por Margaret Thatcher y su predecesor, John Major, cuyo gobierno se encontraba en una posición tan frágil que los demás miembros de la UE estaban prácticamente esperando a que cayera antes de concluir las negociaciones de Amsterdam[36]. Un año después de Ámsterdam, la posición pionera de Blair en Saint-Malo se enfrentó obviamente a la oposición de los conservadores. Por ejemplo, en diciembre de 1999 Thatcher volvió a advertir contra cualquier intento de separar a "Gran Bretaña de la estrategia de la OTAN liderada por Estados Unidos en apoyo de una 'ambición francesa de larga data' de poner fin a la hegemonía militar estadounidense en Europa"[37]. Otro ejemplo vino del sucesor de John Major como líder del Partido Conservador, William Hague, quien en noviembre del 2000 criticó la fuerza de reacción rápida de la UE equiparándola a un peligroso ejército de la UE que dañaría los intereses británicos, rechazando la posición de Robin Cook, Secretario de Relaciones Exteriores del Reino Unido en ese momento:

---

33 HOWORTH, J., *Política de seguridad y defensa*, Madrid, Editorial Catarata, 2020, p. 33.

34 Ibíd., 36.

35 FRANCIA y REINO UNIDO, *Declaración de St. Malo*, 4 de diciembre de 1998, recuperado de http://www.cvce.eu/obj/franco_british_st_malo_declaration_4_december_1998-en-f3cd16fb-fc37-4d52-936f-c8e9bc80f24f.html.

36 WALLACE, W., *El colapso de la política exterior británica*, *Revista de Política Internacional*, vol. 34, no 2, 2003, p. 54.

37 WHITE, M., *Thatcher decries European army*, *The Guardian*, 8 de diciembre de 1999, recuperado de https://www.theguardian.com/world/1999/dec/08/eu.politics.

> Si se trata de una fuerza militar reunida exclusivamente por países europeos, dirigida por la Unión Europea, que lleva insignias en las armas que dicen que son de la Unión Europea, entonces ¿qué es? Si se parece a un elefante y suena como un elefante, es un elefante. Y esto suena y parece un ejército europeo, por mucho que el señor Cook intente negarlo. Creemos que es una amenaza para el futuro de la OTAN[38].

A pesar de las críticas internas, el gobierno de Blair estaba convencido de que la cooperación militar dentro de la UE promovía los intereses británicos y, por lo tanto, siguió adelante. Debido a la conjugación de las estrategias británicas y francesas, Saint-Malo se convirtió en un trampolín de la cooperación militar en la UE, que se hizo realidad al año siguiente en la figura de la PESD. Se trata de una política importante que permite el despliegue de operaciones de gestión de crisis y el desarrollo de las capacidades necesarias para ello, aunque la unanimidad en la adopción de decisiones y un mandato restrictivo la mantuvieron limitada[39]. Adaptando las palabras de Pohl, la PESD siguió a la PESC en su "esfuerzo consciente por mantener a raya la influencia de las instituciones supranacionales"[40]. Además, como señala Howorth, la PESD "no pretendía convertirse en un 'ejército europeo' responsable de la defensa territorial colectiva", ya que fue "concebida como una *capacidad* —política, civil y militar— que amplía la gama de instrumentos que dispone la UE para la gestión de crisis esencial en la vecindad inmediata de la Unión y, en cierta medida, más allá"[41]. En esta sección se identifican las principales características de la PESD, se examina el modelo general de gestión de conflictos en el marco de la PESD y se ofrece una visión general de las operaciones militares iniciadas durante ese período.

---

38 BBC, *Troops pledge to new EU force*, 20 de noviembre de 2000, recuperado de http://news.bbc.co.uk/2/hi/uk_news/politics/1031846.stm.

39 HAGMAN, H.-C., *European Crisis Management and Defense: The Search for Capabilities*, Londres: Routledge, 2002, pp. 15-33; DYSON, K. y KONSTADINIDES, T., *Cooperación Europea en Defensa*, pp. 56-67.

40 POHL, D., *Política exterior de la UE*, pp. 29-30.

41 HOWORTH, J., *Política de Seguridad y Defensa*, p. 12; véase también KING, A., *The Transformation of Europe's Armed Forces: From the Rhine to Afghanistan*, Cambridge: Cambridge University Press, 2011, pp. 20-21; KUROWSKA, X. y SEITZ, T. R., *El papel de la UE en la gestión de crisis internacionales: modelo innovador o guión emulado*, en *Prevención de conflictos y gestión de crisis de la UE: funciones, instituciones y políticas*, ed. E. Gross y A. E. Juncos, Abingdon: Routledge, 2011, p. 17.

La PEOT se estableció formalmente en el Consejo Europeo de Colonia de los días 3 y 4 de junio de 1999, en cuyas conclusiones se hizo referencia a una "política europea común en materia de seguridad y defensa"[42]. Recuperando los postulados de la Declaración de Saint-Malo, en esas conclusiones se afirmaba que, con esa política, "el Consejo de la Unión Europe a podría así tomar decisiones sobre toda la gama de instrumentos políticos, económicos y militares de que dispone para responder a situaciones de crisis"[43]. Más concretamente, en las conclusiones se afirmaba que los esfuerzos de la organización se centrarían en "garantizar que la Unión Europea tenga a su disposición las capacidades necesarias (incluidas las capacidades militares) y las estructuras adecuadas para una toma de decisiones eficaz de la UE en materia de gestión de crisis en el ámbito de las tareas de Petersberg"[44].

En cuanto a la toma de decisiones, las conclusiones reconocieron la necesidad de una mayor institucionalización, reconociendo la necesidad de reuniones periódicas del Consejo de Asuntos Generales con la presencia de ministros de defensa, así como de la posible creación del Comité Político y de Seguridad (CPS), un Comité Militar, un Estado Mayor, un Centro de Satélites y un Instituto de Estudios Estratégicos[45]. Las conclusiones especificaban que "las decisiones relativas a las tareas de gestión de crisis, en particular las decisiones que tengan implicaciones militares o de defensa, se tomarán de conformidad con el artículo 23 del Tratado de la Unión Europea", y los Estados miembros conservarán "en todas las circunstancias el derecho a decidir si se despliegan sus fuerzas nacionales y cuándo"[46].

En Colonia no se hizo referencia directa a las capacidades necesarias para desplegarse en esas operaciones, a pesar de que se reconoció que los Estados miembros necesitaban "desarrollar más fuerzas

---

42 UE, *Conclusiones de la Presidencia del Consejo Europeo de Colonia*, 3 y 4 de junio de 1999, Parte IV, N° 55 y N° 56, recuperado de http://www.europarl.europa.eu/summits/kol1_en.htm.

43 Ibíd., Anexo III *Informe de la Presidencia sobre el fortalecimiento de la política europea común en materia de seguridad y defensa*, n° 2 recuperado de http://www.europarl.europa.eu/summits/kol2_en.htm.

44 Ibíd., N° 2.

45 Ibíd., N° 3.

46 Ibíd.

(incluido el cuartel general) que también sean adecuadas para las operaciones de gestión de crisis"[47]. Una referencia directa a estas capacidades sólo se incluiría en el mandato de la UE en el próximo Consejo Europeo, que se celebró en Helsinki los días 10 y 11 de diciembre de 1999. Ese Consejo estableció el Objetivo Principal de Helsinki 2003 (HG 2003), que aspiraba a crear una fuerza de respuesta rápida para desplegarla en operaciones de gestión de crisis. Subrayó la "determinación de desarrollar una capacidad autónoma para tomar decisiones y, cuando la OTAN en su conjunto no esté comprometida, lanzar y llevar a cabo operaciones militares dirigidas por la UE en respuesta a crisis internacionales" y que dicho proceso "evitaría duplicaciones innecesarias y no implica la creación de un ejército europeo"[48]. Los Estados miembros acordaron que:

> los Estados miembros, que cooperen voluntariamente en operaciones dirigidas por la UE, deberán ser capaces, para 2003, de desplegarse en un plazo de 60 días y mantener durante al menos 1 año fuerzas militares de hasta 50.000-60.000 personas capaces de realizar toda la gama de tareas de Petersberg; se crearán nuevos organismos y estructuras políticos y militares en el seno del Consejo para que la Unión pueda garantizar la orientación política y la dirección estratégica necesarias para dichas operaciones, respetando al mismo tiempo el marco institucional único; se desarrollarán modalidades para la plena consulta, cooperación y transparencia entre la UE y la OTAN, teniendo en cuenta las necesidades de todos los Estados miembros de la UE; Se definirán las disposiciones adecuadas que permitan, respetando al mismo tiempo la autonomía decisoria de la Unión, que los miembros europeos de la OTAN no pertenecientes a la UE y otros Estados interesados contribuyan a la gestión militar de crisis de la UE[49].

Se hicieron más referencias al proceso de toma de decisiones, empoderando al Consejo de Ministros como órgano central de lo que en ese momento se denominó la Política Europea Común de Seguridad y Defensa (PESD) y confirmando el futuro establecimiento del CPS, el Comité Militar y el Estado Mayor. La OTAN siguió siendo una

---

47 Ibíd., N° 4.

48 Unión Europea, *Conclusiones de la Presidencia*, Consejo Europeo de Helsinki, 10 y 11 de diciembre de 1999, II N° 28, recuperado de http://www.europarl.europa.eu/summits/hel1_en.htm#b.

49 Ibídem.

organización socia fundamental, y se hace referencia a la coordinación y el apoyo continuos entre las dos organizaciones[50].

Al año siguiente, las conclusiones del Consejo Europeo de Santa Maria da Feira, celebrado los días 19 y 20 de junio del 2000, reflejaron la consecución de los objetivos fijados en Colonia y Helsinki, además de hacer hincapié en la dimensión civil de la gestión de crisis, la cooperación con terceros países, la cooperación entre la UE y la OTAN y la necesidad de introducir modificaciones a nivel de los tratados[51]. Después de Feira, el Consejo de Niza, del 7 al 10 de diciembre de 2010, hizo referencias específicas a una "política europea de seguridad y defensa", y se comprometió a tomar una decisión sobre la puesta en marcha de la CESDP en 2001, a más tardar en el Consejo de Laeken a finales de ese año[52].

Tras las cumbres de los Consejos Europeos de Colonia, Helsinki, Feira y Niza, el Tratado de Niza de 26 de febrero de 2001 consagró la cooperación militar de la UE a nivel de tratado. Mantuvo las referencias a la definición progresiva de una política de defensa común, al respeto de las especificidades de determinadas políticas nacionales y de los compromisos con la OTAN, así como a la cooperación en el ámbito de los armamentos[53]. La defensa territorial sigue estando ausente de la PESD, ya que sigue siendo una prerrogativa de la UEO y de la OTAN. En lo que respecta al desarrollo de capacidades, Niza no se refirió al HG. Se limitó a mantener en el apartado 1 del artículo 17 la misma referencia a una posible cooperación en el ámbito de los armamentos que se hacía en el apartado 1 del artículo J.7 del Tratado de Amsterdam. La diferencia fundamental con respecto a Amsterdam era que la dimensión militar de las misiones de gestión

---

50 Unión Europea, *Informe de situación de la Presidencia al Consejo Europeo de Helsinki sobre el refuerzo de la política europea común de seguridad y defensa*, anexo 1 del anexo IV de las conclusiones del Consejo Europeo de Helsinki, 10 y 11 de diciembre de 1999, http://www.europarl.europa.eu/summits/hel2_en.htm.

51 Unión Europea, *Conclusiones de la Presidencia* del Consejo Europeo de Feira, 19 y 20 de junio de 2000, http://www.europarl.europa.eu/summits/fei1_en.htm.

52 Unión Europea, *Conclusiones de la Presidencia*, Consejo Europeo de Niza, III, N° 11, 7 a 10 de diciembre de 2000, http://www.europarl.europa.eu/summits/nice1_en.htm.

53 UE, *Tratado de Niza*, Bruselas, 2001, artículo 17 (1)

de crisis estaba ahora en manos de la UE y no de la UEO[54]. Tras el Tratado de Niza, la PESD siguió reforzándose mediante las reuniones del Consejo Europeo y las decisiones del Consejo.

El Consejo de Gotemburgo de los días 15 y 16 de junio de 2001 consagró el término PESD y reiteró el compromiso europeo de hacer operativa la política a corto plazo[55]. Además, los Estados miembros utilizaron las decisiones del Consejo para crear las instituciones mencionadas en las conclusiones de Colonia, necesarias para la puesta en marcha de la PESD. El CPS fue creado por la Decisión 2001/78/PESC del Consejo; el Comité Militar de la UE (CMUE) fue creado por la Decisión 2001/79/PESC del Consejo; y más tarde, en 2005, se creó el Estado Mayor de la UE (EMUE) mediante la Decisión 2005/395/PESC del Consejo. Estas instituciones militares funcionaban junto a las civiles, como es el caso de las funciones de asesoramiento del EUMC y del Comité de Aspectos Civiles de la Gestión de Crisis (CIVCOM)[56] para el CPS. Además de los órganos directamente implicados en la política ejecutiva a nivel militar, los Estados miembros también han creado instituciones en el marco de la PESC relacionadas con la cooperación militar en los niveles de recopilación de información, investigación y formación, a saber, el Centro de Satélites de la UE (EUSC) y el Instituto de Estudios Estratégicos de la UE (EUISS)[57]. En última instancia, los Estados miembros y la Secretaría del Consejo, encabezada en ese momento por el Alto Representante, Javier Solana, constituían el núcleo de la PESD[58].

Como seguimiento de la HG 2003, los miembros de la UE establecieron un Plan de Acción para las Capacidades Europeas (ECAP) en noviembre de 2001, en el que se definen un conjunto de cuatro principios generales: una mayor eficacia y eficiencia de los esfuerzos europeos en materia de capacidades militares; un enfoque ascenden-

---

54 Ibíd., párrafo 2 del artículo 17.

55 UE, *Conclusiones de la Presidencia* del Consejo Europeo de Gotemburgo, 15 y 16 de junio de 2001, http://aei.pitt.edu/43342/.

56 Establecido por la Decisión 2000/354/PESC del Consejo, de 22 de mayo de 2000.

57 A través de la Acción Común 2001/554/PESC del Consejo, la Acción Común 2001/555/PESC y la Acción Común 2005/575/PESC, respectivamente

58 Grevi, G., *Instituciones, Revista de Relaciones Internacionales*, vol. 10, no 2, 2006, pp. 23.

te basado en la participación voluntaria en proyectos nacionales y multinacionales que abordan las deficiencias de capacidad; la coordinación entre los Estados miembros y la cooperación con la OTAN; la importancia de un amplio apoyo público[59]. Un mes más tarde, en el Consejo de Laeken, los días 15 y 16 de diciembre de 2001, la PESD fue declarada definitivamente operativa[60].

A la institucionalización de la PESD siguió la definición de una gran estrategia que podría orientar esa política. El 12 de diciembre de 2003, la UE presentó un documento que sirvió de marco para la cooperación en materia de seguridad: el SEE. El documento no utiliza el término concepto de seguridad, pero en la práctica define claramente cuáles son los pilares de esa seguridad, incluidas las preocupaciones sobre la seguridad tradicional y no tradicional, aunque claramente "delega" la primera en la OTAN.

Reconociendo que los Estados de la UE no podían hacer frente individualmente a los complejos problemas a los que se enfrentaban[61], el EES identificó cinco amenazas clave que deberían estar en el centro de la cooperación: el terrorismo, la proliferación de armas de destrucción masiva, los conflictos regionales, el fracaso de los Estados y la delincuencia organizada[62]. Como señalan Murial Asseburg y Ronja Kempin, el EES fue "un paso crucial para la UE en el proceso de definición de posiciones estratégicas en materia de seguridad internacional"[63]. En consecuencia, la cooperación militar en el marco de la PESD se orientó explícitamente hacia estas amenazas, tanto en términos de producción como de despliegue de recursos, aunque el SEE no era explícito en lo que respecta al uso de la fuerza, limitándose a hacer referencia al uso de los instrumentos militares

---

59 Unión Europea, *Declaración sobre el mejoramiento de las capacidades militares europeas*, 19 y 20 de noviembre de 2001, Nº 10 (http://europa.eu/rapid/press-release_PRES-01-414_en.htm.

60 Unión Europea, *Conclusiones de la Presidencia* del Consejo Europeo de Laeken, 14 y 15 de junio de 2001, http://aei.pitt.edu/43344/.

61 UE, *Estrategia Europea de Seguridad*, Bruselas, 2003, pp. 1.

62 Ibíd., 3-5.

63 Asseburg, M., y Kempin, R., "Introducción", en *Política exterior y de seguridad de la UE: Enfoques y desafíos*, Asseburg, M., y Kempin, R. (eds.), *Política exterior y de seguridad de la UE: Enfoques y desafíos*, 2ª ed., Cambridge University Press, Cambridge, 2020, p. 10.

necesarios para restablecer el orden[64]. La PESD estaba relacionada con otras políticas destinadas a estabilizar las zonas vecinas de la UE: su llamada vecindad (la zona que la limita geográficamente) y el África subsahariana. La PEV fue una de esas políticas, "establecida como marco para regir las relaciones de la UE con 16 de los vecinos orientales y meridionales de la UE con el fin de lograr la asociación política más estrecha posible y el mayor grado posible de integración económica"[65]. Otra iniciativa que buscó estabilizar las regiones vecinas fue el Fondo para la Paz Africana de 2004, "la principal fuente de financiación para apoyar los esfuerzos de la Unión Africana y de las Comunidades Económicas Regionales Africanas en el área de la paz y la seguridad"[66].

Meses después de la presentación de la EES, los Estados miembros la perfeccionaron aprobando un nuevo objetivo de desarrollo de capacidades: el HG 2010. El documento fue aprobado por el Consejo de Asuntos Generales y Relaciones Exteriores el 17 de mayo de 2004 y refrendado un mes después por el Consejo Europeo de los días 17 y 18 de junio. El HG 2010 identificó los objetivos militares de las misiones de la UE y especificó aún más el tipo de capacidades necesarias para promoverlos:

> Los Estados miembros han decidido comprometerse a ser capaces de responder para 2010 con una acción rápida y decisiva, aplicando un enfoque plenamente coherente a todo el espectro de operaciones de gestión de crisis cubiertas por el Tratado de la UE. Esto incluye tareas humanitarias y de rescate, tareas de mantenimiento de la paz, tareas de las fuerzas de combate en la gestión de crisis, incluido el establecimiento de la paz. Como se indica en la Estrategia Europea de Seguridad, esto también podría incluir operaciones conjuntas de desarme, el apoyo a terceros países en la lucha contra el terrorismo y la reforma del sector de la seguridad[67].

---

64 Norheim-Martinsen, M., *La Unión Europea y la Fuerza Militar: Gobernanza y Estrategia*, Cambridge University Press, Cambridge, 2013, pp. 45-46.

65 SEAE, *European Neighbourhood Policy (EVP)*, consultado el 30 de marzo de 2018, https://eeas.europa.eu/diplomatic-network/european-neighbourhood-policy-enp/330/european-neighbourhood-policy-enp_en.

66 Comisión Europea, *African Peace facility*, International Cooperation and Development, consultado el 30 de diciembre de 2017, https://ec.europa.eu/europeaid/regions/africa/continental-cooperation/african-peace-facility_en.

67 UE, *Headline Goal 2010*, Bruselas, 2004, nº 2.

Los grupos de batalla se consagraron en el HG 2010 como el tipo preferido de fuerza militar para ser desplegada en operaciones ESDP, una fuerza de respuesta que se basaba en "una rápida toma de decisiones y planificación, así como en un rápido despliegue de fuerzas"[68]. Lo ideal sería que las agrupaciones tácticas de la UE tuvieran el tamaño de un batallón, que pudieran desplegarse en un plazo de cinco días a partir de la decisión del Consejo, que pudieran empezar a ejecutar la misión en un plazo de diez días tras ese lanzamiento y que fueran sostenibles durante al menos 30 días. En cuanto al control operativo, algunos Estados miembros ya propusieron, sin éxito, la creación de una sede central de la UE en 2003. En la "Cumbre de los Cuatro", organizada por los belgas el 29 de abril de 2003, Francia, Alemania, Bélgica y Luxemburgo propusieron la creación de una "capacidad de planificación colectiva que se pusiera a disposición de la UE para la gestión autónoma de crisis" —que se acercaba lo más posible a la sensible palabra "cuartel general"—, pero el Reino Unido no estuvo de acuerdo, ya que consideraba que "establecer una sede separada de la UE duplicaría innecesariamente las capacidades de los Estados miembros y amenazaría el vínculo de la UE con la OTAN"[69]. La solución terminó llegando en forma de la propuesta británica de una célula permanente de la UE en el Cuartel General Supremo de las Potencias Aliadas en Europa (SHAPE) en la OTAN. Esto bloqueó la creación de un cuartel general independiente de la UE, pero al mismo tiempo permitió que el Consejo decidiera basándose "en la capacidad colectiva del EMUE" cuando no se identificó un cuartel general nacional, lo que le daría la responsabilidad de "generar la capacidad de planificar y ejecutar la operación"[70].

Un mes después de la definición de la HG 2010, se produjo otro acto de cooperación relevante: la creación de la AED a través de la Acción Común 2004/551/PESC de 12 de julio de 2004. La misión general de la AED era "apoyar al Consejo y a los Estados miembros en sus esfuerzos por mejorar las capacidades de defensa de la UE en el ámbito de la gestión de crisis y mantener la PESD tal como

---

68 Ibíd., N° 3.

69 MACE, C., *Operación Concordia: ¿desarrollo de un enfoque 'europeo' para la gestión de crisis?*, *International Peacekeeping*, vol. 11, no 3, 2004, pp. 484-485.

70 Ibíd., 485-486.

está ahora y se desarrolla en el futuro"[71]. Se reconoció que la misión de la AED se desarrollaría "sin perjuicio de las competencias de los Estados miembros en materia de defensa"[72]. El Consejo adoptaba sus decisiones políticas por unanimidad y la AED funcionaba bajo su supervisión[73]. La preocupación por las capacidades militares fue lo suficientemente fuerte como para establecer la EDA a pesar de las diferentes perspectivas sobre el papel de la defensa de la UE[74]. Unos años más tarde, esa preocupación también se reflejó en la Estrategia para la Base Tecnológica e Industrial de Defensa Europea, de mayo de 2007.

Sobre el terreno, la UE ha pasado de ser una organización cuya participación en la gestión de conflictos se basaba en una combinación de poder normativo y una política de ayuda pragmáticamente interesada[75], ejecutada militarmente por la UEO, a convertirse en una organización capaz de desplegar sus propias operaciones civiles y militares. Entre 2003 y 2008, la UE desplegó un total de 23 operaciones de gestión de crisis: 16 operaciones civiles, seis militares y una civil. El número de operaciones de gestión de conflictos aumentó

---

71 UE, *Acción Común 2004/551*/PESC, art. 2, nº 1.

72 Ibídem., Art. 2, No. 2.

73 UE, *Acción Común 2004/551*/PESC, artículo 4.

74 Cf. WHITMAN, R., *El Reino Unido y la PESD*, en KARAMPEKIOS, N., OIKONOMOU, I. (eds.), *La Agencia Europea de Defensa: Armando a Europa*, Routledge, Abingdon, 2015, p. 47; MAWDSLEY, J., "Francia, el Reino Unido y la EDA", en KARAMPEKIOS, N., OIKONOMOU, I. (eds.), *La Agencia Europea de Defensa: Armando a Europa*, Routledge, Abingdon, 2015, pp. 139-154; SHEPHERD, A. J. K., "El desarrollo de la capacidad militar de la UE y la EDA: ideas, intereses e instituciones", en KARAMPEKIOS, N., OIKONOMOU, I. (eds.), *La Agencia Europea de Defensa: Armar a Europa*, Routledge, Abingdon, 2015, p. 74; DYSON, T., "El liderazgo limitado de Alemania en la EDA: las limitaciones internacionales y nacionales de la cooperación en materia de defensa", en KARAMPEKIOS, N., OIKONOMOU, I. (eds.), *La Agencia Europea de Defensa: Armar a Europa*, Routledge, Abingdon, 2015, p. 155.

75 Cf. GRIMM, S., MATHIS, O. L., *¿Democratización a través de la ayuda? La promoción de la democracia en los Balcanes Occidentales por parte de la Unión Europea 1994-2010*, *Política de la Unión Europea*, vol. 19, no 1, 2017, pp. 163-184; ZANGER, S. C., "Good Governance and European Aid: The Impact of Political Conditionality", *European Union Politics*, vol. 1, no 3, 2000, pp. 293-317; DEL BIONDO, K., "La condicionalidad de la ayuda de la UE en los países ACP: explicación de la inconsistencia en la práctica de sanciones de la UE", *Journal of Contemporary European Research*, vol. 11, no 3, 2011, pp. 380-395.

constantemente desde el despliegue de la Operación MPUE en Bosnia y Herzegovina en enero de 2003. Solo cinco años después, en 2008, la UE desplegó simultáneamente 14 operaciones (11 civiles y tres militares), casi tantas como las 17 operaciones desplegadas por las Naciones Unidas durante ese año[76]. Las operaciones militares se centraron en conflictos en la Antigua República Yugoslava de Macedonia, la República Democrática del Congo, Bosnia y Herzegovina, Chad/RCA y Somalia. El lanzamiento de estas misiones se llevó a cabo en cooperación con organizaciones asociadas, que también estaban presentes en el teatro de operaciones, a saber, las Naciones Unidas (Artemisa, EUFOR RD Congo, EUFOR Chad/RCA y EU NAVFOR Atalanta), la OTAN (Concordia, Althea y EU NAVFOR Atalanta) y la AU (EU NAVFOR Atalanta)[77]. Además, algunos miembros de la UE, especialmente Francia, continuaron participando en operaciones nacionales desplegadas en el continente, como lo demuestran las operaciones *Épervier* en Chad y *Boali* en la República Centroafricana.

En términos institucionales, a finales de 2004, los Estados miembros utilizaron la Constitución Europea —firmada el 29 de octubre— para mejorar la PESD. Es decir, lo utilizaron para consagrar la AED a nivel de tratados[78], para crear una cláusula de defensa mutua[79], una cláusula de solidaridad[80] y para establecer el mecanismo de cooperación estructurada permanente a nivel de defensa[81]. Sin embargo, los resultados negativos de los referendos constitucionales celebrados en Francia y los Países Bajos —el 29 de mayo y el 1 de junio de 2005, respectivamente— provocaron el colapso de la Constitución y, como resultado, la cooperación militar en la UE permaneció inalterada hasta que dos años más tarde se hizo realidad una nueva revisión del tratado, estableciendo la PCSD.

---

76 Anexo K.
77 Véase Mauro, Krotz y Wright, *EU's Global Engagement*.
78 UE, *Constitución Europea*, artículos I-41 (3) y III-311.
79 Ibíd., artículo I-41 (7).
80 Ibíd., artículos I-43 y III-329.
81 Ibíd., artículos I-41 (6) y III-312 (1).

4. COOPERACIÓN EN MATERIA DE SEGURIDAD EN EL MARCO DE LA PCSD

La conceptualización de la seguridad se reforzó con el establecimiento del CDSP, las actualizaciones del SEE hasta la Estrategia Global de la UE (EUGS), la Estrategia de la Unión Europea para la Seguridad (EUSUS) y la reciente elaboración de la Brújula Estratégica para la Seguridad y la Defensa (SCSD). La forma en que la UE percibe la seguridad se ha vuelto cada vez más detallada con esos documentos, pero la tendencia se mantuvo similar, con la continua división del trabajo con la OTAN. Además, las capacidades seguían siendo insuficientes para que la UE garantizara su propia seguridad, y la toma de decisiones seguía siendo ineficiente.

La PCSD es la actual plataforma política de la UE y se estableció en el Tratado de Lisboa, firmado el 13 de diciembre de 2007, y entró en vigor el 1 de diciembre de 2009. Esa política no fue revolucionaria por varios motivos, como la aprobación de los avances anteriores, el mantenimiento de la cláusula de defensa mutua de la UE subordinada a las políticas nacionales y de la OTAN, y el no fortalecimiento de la AED[82]. Sin embargo, la PCSD contribuyó a la consolidación institucional de la cooperación militar en la UE, basada principalmente en la Constitución Europea, el SEE y la experiencia temprana de la PESD[83]. En las siguientes subsecciones se examinan las mejoras más notables introducidas por la PCSD, el modelo de gestión de conflictos en el marco de la PCSD y las operaciones militares desplegadas en el marco de dicha política entre 2009 y 2018.

La PCSD no aportó ni la toma de decisiones supranacional ni la potencial política común de defensa a la que se refieren los tratados, pero hubo cambios institucionales notables que potenciaron aún más a la organización. Fundamentalmente, la PCSD modificó

---

82 SHEPHERD, A. J. K., *El desarrollo de la capacidad militar de la UE y la EDA: ideas, intereses e instituciones*, en KARAMPEKIOS, N., OIKONOMOU, I. (ed.), *La Agencia Europea de Defensa: Armando a Europa*, Routledge, Abingdon, 2015, pp. 74; cf. VLACHOS-DENGLER, K., "La EDA y la colaboración armamentística", en KARAMPEKIOS, N., OIKONOMOU, I. (ed.), *La Agencia Europea de Defensa: Armando a Europa*, Routledge, Abingdon, 2015, pp. 99.

83 GREVI, G., "Instituciones", en *Política Exterior de la Unión Europea: De la Guerra Fría al Siglo XXI*, 59.

la PESD en los siguientes niveles: ampliación de la naturaleza de las misiones expedicionarias; la inclusión de la AED en el tratado; la integración de la cláusula de defensa mutua; inclusión de la cláusula de solidaridad; aumento de la flexibilidad a través del mecanismo de la CEP; y la modificación del estatuto de el Alto Representante.

En primer lugar, se amplió el contenido de las misiones en el artículo 41, apartado 3, del TUE. Las misiones incluyen "operaciones conjuntas de desarme, tareas humanitarias y de rescate, tareas de asesoramiento y asistencia militar, tareas de prevención de conflictos y mantenimiento de la paz, tareas de las fuerzas de combate en la gestión de crisis, incluido el establecimiento de la paz y la estabilización después de los conflictos"[84]. Además, todas esas tareas "pueden contribuir a la lucha contra el terrorismo, incluso apoyando a terceros países en la lucha contra el terrorismo en sus territorios"[85].

En segundo lugar, el tratado consagró la AED, principalmente a través del párrafo 3 del artículo 42 y el artículo 45. En el párrafo 1 del artículo 45 se definen las tareas de la AED como la determinación de los objetivos de capacidad militar de los miembros y la evaluación del cumplimiento de los compromisos a ese nivel; la promoción de la armonización de las necesidades operacionales, así como la adopción de métodos de contratación eficaces y compatibles; proponer proyectos multilaterales, asegurar la coordinación de los programas ejecutados por los miembros y gestionar los programas de coordinación; promover la investigación; contribuyendo al fortalecimiento de la base industrial y tecnológica del sector de la defensa y a la eficacia del gasto militar. De conformidad con el párrafo 3 del artículo 42, las decisiones primarias se seguían adoptando por unanimidad en el Consejo, aunque el párrafo 2 del artículo 45 define el carácter voluntario de la participación en la AED y establece que el Consejo puede modificar su estatuto, su sede y sus normas de funcionamiento por mayoría cualificada[86]. Además, se introduce la noción de "política europea de capacidades y armamento"[87], y el tratado espera que la

---

84 UE, *Tratados consolidados*, artículo 41, apartado 3.
85 Ibíd., párrafo 3 del artículo 42 y artículo 43.
86 Ibíd., párrafo 3 del artículo 42 y párrafo 2 del artículo 45.
87 Ibídem.

AED trabaje con la Comisión[88], reflejando un enfoque más holístico y multiinstitucional de la cooperación militar en la UE que otorgue más autonomía a las instituciones europeas. Como señala Norheim-Martinsen, "a lo largo de los años, la EDA se ha convertido en una especie de fijador de agenda independiente y en una voz en el debate sobre las capacidades"[89]. "Ha producido un número sustancial de políticas y recomendaciones, y se ha visto que se ha "constituido como un foro privilegiado donde los ministros de defensa nacional y los directores de armamento, la Comisión, el Consejo y la industria se reúnen y armonizan sus puntos de vista"[90].

En tercer lugar, la cláusula de defensa mutua simbolizó la absorción definitiva de las competencias de la UEO por parte de la UE, lo que llevó a la virtual "incorporación" de la primera[91]. En la práctica, la UE se convirtió en el pilar de defensa de la OTAN que representaba la UEO, aunque no todos los miembros de la UE fueran miembros de esas organizaciones[92]. La cláusula, que se encuentra en el artículo 42 (7) del TUE, estipula que los miembros de la UE están obligados a ayudar y asistir a un miembro que sea víctima de una agresión armada, de acuerdo con las normas de la ONU[93]. Ello sin perjuicio del carácter específico de la política de seguridad y defensa de los distintos Estados y de manera coherente con los compromisos contraídos en el marco de la OTAN, que sigue siendo la base de la defensa colectiva de sus miembros que forman parte de la UE[94]. En este contexto, la UE no solo reconoce la primacía normativa de las Naciones Unidas, sino también la preponderancia estratégica de la OTAN y la salvaguardia de las políticas nacionales de defensa, especialmente en

---

88 Ibídem.

89 NORHEIM-MARTINSEN, P., *La Unión Europea y la Fuerza Militar: Gobernanza y Estrategia*, Cambridge University Press, Cambridge, 2013, pp. 126.

90 Ibídem.

91 Consejo Europeo de Relaciones Exteriores, *Article 42.7: An explainer*, Commentary, 19 de noviembre de 2015, https://www.ecfr.eu/article/commentary_article_427_an_explainer5019.

92 DYSON, K., KONSTADINIDES, T., *Cooperación Europea en Defensa*, Palgrave Macmillan, Basingstoke, 2007, pp. 67-68.

93 Ibídem.

94 UE, *Tratados consolidados*, artículo 42, apartado 7.

el caso de los países neutrales[95]. En cuanto a su activación, la cláusula de defensa mutua es automática, en el sentido de que no existe un procedimiento de toma de decisiones establecido explícitamente para obligar a los Estados miembros a actuar en virtud de ella, y se espera que la OTAN actúe en defensa del Estado atacado. En la práctica, esto significa que las decisiones son individuales y, como tal, una decisión general de la UE requiere unanimidad. Tras el atentado terrorista en París el 13 de noviembre de 2015, Hollande activó la cláusula de defensa mutua en el Consejo de Asuntos Exteriores del 17 de diciembre de 2015. En concreto, en palabras del ministro de Defensa, Jean-Yves Le Drian, Francia esperaba "una cooperación en capacidades para las intervenciones francesas en Siria e Irak, o para el socorro o el apoyo en otras operaciones"[96]. Hollande "tuvo cuidado al pedir el artículo 42.7 en lugar del artículo 222 del Tratado de la UE (la llamada 'cláusula de solidaridad')"[97]. Esta última allanó el camino para una mayor participación de las instituciones de la UE, mientras que la primera fue una solución intergubernamental que permitió a París desempeñar un papel más importante[98].

En cuarto lugar, la cláusula de solidaridad implica el despliegue de fuerzas de los Estados miembros dentro de la UE para hacer frente a dos escenarios de inseguridad interna: el terrorismo y las catástrofes. El artículo 222, apartado 1, del TFUE establece que "la Unión y sus Estados miembros actuarán conjuntamente con espíritu de solidaridad si un Estado miembro de la UE es objeto de un atentado terrorista o víctima de una catástrofe natural o de origen humano"[99]. Además, la UE "movilizará todos los instrumentos a su disposición,

---

95 Italia propuso la inclusión de esa salvaguardia en 2003 en el marco de las negociaciones de la Constitución Europea. "Los Estados miembros neutrales de la UE están abiertos a una nueva propuesta común de defensa", *Euractiv*, 11 de diciembre de 2003, http://www.euractiv.com/section/security/news/neutral-eu-member-states-open-to-new-common-defence-proposal/.

96 MAURICE, E., *La UE activa la cláusula de defensa mutua para Francia*, *EU Observer*, 17 de noviembre de 2015, https://euobserver.com/foreign/131151.

97 VALERO, J., *Francia 'en guerra' inaugura la cláusula de defensa mutua de la UE*, *Euractiv*, 17 de noviembre de 2015, https://www.euractiv.com/section/justice-home-affairs/news/france-at-war-inaugurates-eu-s-mutual-defence-clause/.

98 Ibídem.

99 UE, *Tratados consolidados*, artículo 222, apartado 1.

incluidos los recursos militares puestos a disposición por los Estados miembros"[100]. Más concretamente, el artículo 222, apartado 1 bis, establece que la movilización puede tener lugar para "prevenir la amenaza terrorista en el territorio de los Estados miembros; proteger las instituciones democráticas y a la población civil de cualquier ataque terrorista; ayudar a un Estado Miembro en su territorio, a petición de sus autoridades políticas, en caso de atentado terrorista."[101] En cuanto a los desastres, el mismo artículo en la sección b) establece que los miembros de la UE pueden "ayudar a un Estado miembro en su territorio, a petición de sus autoridades políticas, en caso de desastre natural o provocado por el hombre"[102]. Según Tom Dyson y Theodore Konstadinides, la cláusula de solidaridad "prevé la movilización de recursos militares duros con el fin de prevenir amenazas tales como el terrorismo, y proteger y ayudar a los Estados miembros, que lo soliciten"[103]. Esta cláusula contribuye a la normalización del despliegue de fuerzas militares extranjeras en los territorios de cada Estado miembro, generando una evidente tensión entre la solidaridad dentro de una comunidad interestatal y la soberanía nacional[104]. El apartado 2 del artículo 222 estipula que "en caso de que un Estado miembro sea objeto de un atentado terrorista o víctima de una catástrofe natural o provocada por el hombre, los demás Estados miembros le prestarán asistencia a petición de sus autoridades políticas. A tal fin, los Estados miembros se coordinarán entre sí en el Consejo."[105]. El apartado 3 del artículo 222 establece que "las modalidades de aplicación de la cláusula de solidaridad por parte de la Unión se definirán mediante una decisión adoptada por el Consejo, a propuesta conjunta de la Comisión y del Alto Representante de la Unión para Asuntos Exteriores y Política de Seguridad"[106]. Además, el Consejo "actuará de conformidad con el apartado 1 del artículo 31 del Tratado de la

---

100 Ibídem.

101 Ibíd., artículo 222 1a).

102 Ibíd., artículo 222 1b).

103 DYSON, T. y KONSTADINIDES, T., *Cooperación Europea en Defensa*, 68.

104 VON ONDARZA, N. y PARKES, R., *La UE frente al desastre: Implementación de la Cláusula de Solidaridad del Tratado de Lisboa, Comentarios del SWP No. 9*, 2010, pp. 2-3.

105 UE, *Tratados consolidados*, artículo 222, apartado 2.

106 Ibíd., párrafo 3 del artículo 222.

Unión Europea cuando la presente decisión tenga repercusiones en el ámbito de la defensa" y "se informará al Parlamento Europeo"[107].

En quinto lugar, la Cooperación Estructurada Permanente se consagró en el apartado 6 del artículo 42 del TUE, especificándose en el Protocolo nº 10 "Sobre la Cooperación Estructurada Permanente establecido por el artículo 42 del Tratado de la Unión Europea"[108]. El apartado 6 del artículo 42 establece que "los Estados miembros cuyas capacidades militares respondan a criterios más estrictos, y que hayan contraído compromisos más vinculantes entre sí en este ámbito, con vistas a las misiones más exigentes establecerán una cooperación estructurada permanente en el marco de la Unión"[109]. La decisión de optar por la CEP se toma a nivel del Consejo por mayoría cualificada, y no requiere un umbral en términos de miembros mínimos, a diferencia de la cooperación reforzada, que requiere un mínimo de un tercio de los Estados miembros[110]. Como señalan Dyson y Konstadinides, la inclusión de una cooperación estructurada permanente a nivel de defensa permite "abordar los déficits de capacidad al presionar a los Estados miembros para que posean la capacidad de suministrar fuerzas de combate"[111]. Como tal, "está diseñado para mejorar la coherencia, aunque con reglas legales vagas cuya aplicación depende de la voluntad política (o la falta de ella) en los Estados miembros"[112]. El Protocolo nº 10 establece las condiciones sustantivas en las que se desarrolla la CEP, a saber, a nivel de la creación de capacidades coordinada a través de la AED y a nivel de los grupos de combate utilizados en las misiones[113], lo que tiene implicaciones evidentes en el impulso de la capacidad de la UE como gestora de

---

107 Ibídem.

108 Ibíd., párrafo 6 del artículo 42.

109 El Tratado de Niza era abierto a la cooperación reforzada en el ámbito de la PESC, pero prohibía la aplicación de la cooperación reforzada a "asuntos que tuvieran implicaciones militares o de defensa". UE, *Tratado de Niza*, artículo 27 ter.

110 UE, *Tratados consolidados*, artículo 46.

111 DYSON, T. y KONSTADINIDES, T., *Cooperación Europea en Defensa*, 73.

112 Ibídem.

113 UE, *Tratados Consolidados*, Protocolo Nº 10, artículo 1.

conflictos[114]. La CEP se estableció en 2017 y hasta 2019 llevó a cabo 47 proyectos de cooperación, con la participación de 25 Estados miembros (todos los miembros excepto el Reino Unido, Dinamarca y Malta)[115].

Por último, en sexto lugar, el Tratado de Lisboa modificó la posición del Alto Representante. La primera modificación fue de forma, pasando el título de Alto Representante de la PESC a Alto Representante de la Unión para Asuntos Exteriores y Política de Seguridad. Aunque esto no fue tan ambicioso como predijo el título de Ministro de Asuntos Exteriores de la Unión en la Constitución Europea, Mallard y Foucault señalan que esto "inició un proceso de federación de Ministerios de Relaciones Exteriores y no se puede decir que refleje una arquitectura intergubernamental estricta"[116]. El segundo cambio se refería a la afiliación conjunta del Alto Representante al Consejo y a la Comisión, ya que el Alto Representante pasó a ser Vicepresidente de la Comisión, sustituyendo así a la figura del Comisario Europeo de Asuntos Exteriores[117]. Ese cambio fue un "cambio radical"[118] en comparación con la posición anterior, ya que la doble función del Alto Representante significa que la Comisión pasó a participar oficial y directamente en la adopción de decisiones militares. En tercer lugar, el Alto Representante no solo presidió la FAC, sino que también se convirtió en el jefe del recién creado SEAE[119]. Como señala Sven Biscop a propósito de la entonces Alta Representante, Catherine As-

---

114 FIOTT, D., MISSIROLI, A. y TARDY, T., *Cooperación Estructurada Permanente: ¿qué hay en un nombre?*, EUISS Chaillot Paper nº 142, noviembre, 2017, pp. 28-31.

115 SEAE, *Cooperación en materia de defensa: el Consejo pone en marcha 13 nuevos proyectos de la CEP*, 12 de noviembre de 2019, https://www.consilium.europa.eu/en/press/press-releases/2019/11/12/defence-cooperation-council-launches-13-new-pesco-projects/#.

116 MALLARD, G. y FOUCAULT, M., *El proceso fractal de la integración europea: una teoría formal de la recursividad en el campo de la seguridad europea*, *French Politics, Culture & Society*, vol. 29, núm. 2, 2011, p. 83.

117 UE, *Tratados consolidados*, artículo 17, apartado 4.

118 BUONANNO, L. y NUGENT, N., *Políticas y procesos políticos de la Unión Europea*, Palgrave Macmillan, Basingstoke, 2013, p. 280.

119 SEAE, *Alta Representante / Vicepresidenta*, 11 de enero de 2017, https://eeas.europa.eu/headquarters/headquarters-homepage/3598/high-representativevice-president_en.

hton, su posición reforzada debería haber dado un "nuevo impulso a la toma de decisiones"[120].

Aparte de los cambios en los tratados, otras iniciativas favorecieron la eficiencia de la UE como gestora de conflictos militares[121]. Por ejemplo, los gobiernos de Nicolas Sarkozy y David Cameron firmaron el 2 de noviembre de 2010 los tratados franco-británicos sobre defensa y seguridad, así como la declaración sobre seguridad y defensa en la Cumbre Reino Unido-Francia del 31 de enero de 2014[122]; el SEE se revisó en 2008 a través de un informe de ejecución, complementado por la Estrategia de Seguridad Interior en 2010, y sustituido en 2016 por la Estrategia de Seguridad Interna de la UE[123]; el Plan de Desarrollo de Capacidades (PDC) se elaboró en 2008; la Dirección de Gestión de Crisis y Planificación (CMPD) se estableció en 2009[124]; el Centro de Operaciones de la UE para apoyar las misiones de la PCSD en el Cuerno de África se activó en 2012[125]; la declaración conjunta de la UE y la OTAN en 2016 y la cooperación posterior "a través de invitaciones mutuas a cumbres y otras reuniones de alto nivel para

---

120 BISCOP, S., *De la PESD a la PCSD: es hora de una estrategia*, Diploweb.com, 16 de enero de 2010, https://www.diploweb.com/From-ESDP-to-CSDP-Time-for-some.html.

121 MERAND, F., "Bricolage", en *La política exterior de la Unión Europea*, ed. F. MERAND, P. I. HASSEN, L. LEE, Routledge, Londres, 2014. HOWORTH, J., *Política de Seguridad y Defensa*, 2ª ed., Editorial Complutense, Madrid, 2017. NORHEIM-MARTINSEN, M., *La Unión Europea y la Fuerza Militar: Gobernanza y Estrategia*, Cambridge University Press, Cambridge, 2013. BECKER-ALON, S., *La dimensión comunitaria de la política exterior y de seguridad común de la Unión Europea*, Nomos Publishers, Baden-Baden, 2011.

122 Reino Unido y Francia, *Tratado entre el Reino Unido de Gran Bretaña e Irlanda del Norte y la República Francesa de Cooperación en Defensa y Seguridad*, 2 de noviembre de 2010, https://assets.publishing.service.gov.uk/government/uploads/system/uploads/attachment_data/file/238153/8174.pdf; Reino Unido y Francia, *Declaración sobre Seguridad y Defensa*, 31 de enero de 2014, https://assets.publishing.service.gov.uk/government/uploads/system/uploads/attachment_data/file/277167/France-UK_Summit-Declaration_on_Security_and_Defence.pdf.

123 UE, *Informe sobre la aplicación de la Estrategia Europea de Seguridad*, Bruselas, 2008. UE, *Estrategia de seguridad interior para la Unión Europea: Hacia un modelo de seguridad europeo*, Bruselas, 2010. UE, *Visión Compartida*, Bruselas, 2003.

124 Véase SEAE, *CMPD*, consultado el 12 de enero de 2017, http://www.eeas.europa.eu/csdp/structures-instruments-agencies/cmpd/index_en.htm.

125 Decisión 2012/173/PESC del Consejo, de 23 de marzo de 2012.

cooperar en 74 proyectos en siete áreas políticas"[126]; y la creación del FED en 2017[127].

Más recientemente, el EUSUS para 2020-2025 y el SCSD en 2022 reflejan una mayor precisión conceptual de la seguridad en la UE, con el fin de impulsar una mejor toma de decisiones y capacidades. El ESUS se centra en la lucha contra el terrorismo y la delincuencia organizada; promover un entorno de seguridad preparado para el futuro centrado en las infraestructuras críticas, el ciberespacio y los espacios públicos; un ecosistema de seguridad más fuerte; y hacer frente a las amenazas en evolución, como las híbridas[128]. En cuanto al SCSD, como su nombre indica, estableció una brújula para la acción de la UE a raíz de la guerra en Ucrania. Este documento mejora los pilares fundamentales establecidos a través del SEE y el EUGS, conceptualizando la seguridad de la UE como la integridad de los Estados miembros frente a las amenazas a nivel de inteligencia y comunicación; amenazas híbridas; el acceso a dominios estratégicos fundamentales; terrorismo; desarme, no proliferación y control de armamentos; cambio climático, desastres y emergencias[129]. La Brújula también buscó promover la inversión en términos de orientaciones estratégicas, capacidades y conocimientos, junto con socios internacionales, principalmente la OTAN. A pesar de esta brújula y de los llamamientos políticos de personas como Emmanuel Macron hacia las capacidades comunes de la UE, la guerra en Ucrania que influyó en ella fue la misma que se utiliza para demostrar la persistente debilidad europea en términos de toma de decisiones, lo que se refleja en las divisiones sobre Rusia, y en términos de capacidades, dada la evidente dependencia de EE.UU. y, hasta cierto punto, el Reino Unido, para seguir apoyando la resistencia militar de Kiev.

La UE sigue involucrada en operaciones de gestión de conflictos, pero teniendo en cuenta su debilidad de capacidad y sus divisiones políticas, no puede operar con la misma libertad que una gran po-

---

126 SZECZYK, B. M. J., *Cooperación operativa*, en LINDSTROM, G., TARDY, T. (ed.), *La UE y la OTAN: los socios esenciales*, EUISS, París, 2019, pp. 21.

127 Véase FIOTT, D., *Strategic Investment: Making geopolitical sense of the EU defence industrial policy*, EUISS Chaillot Paper nº 156, diciembre de 2019.

128 UE, *Sobre la Estrategia de la Unión de la Seguridad de la UE*, Bruselas, 2020.

129 UE, *Una brújula estratégica para la seguridad y la defensa*, Bruselas, 2022, pp. 33-41.

tencia capaz de influir de manera significativa en conflictos importantes como el de Ucrania. En general, las operaciones de la PCSD se han centrado más en la lucha contra el terrorismo y las externalidades migratorias de los conflictos en África, pero no se ha producido un cambio estratégico radical en el propósito de las misiones militares de la UE en comparación con la PESD. La atención se centró en conflictos de menor intensidad y en intervenciones enmarcadas en mandatos poco ambiciosos. Por lo tanto, a pesar de la conceptualización más avanzada de la seguridad y el despliegue de varios recursos en la búsqueda de ese objetivo, la brecha entre las expectativas de la UE y su capacidad y capacidad de decisión para cumplir[130] sigue viva.

5. CONCLUSIÓN

La UE es una organización que abraza plenamente la seguridad en su multidimensionalidad, como se refleja en su conceptualización de la seguridad, basada en la PESC, PESD, ESS, EUGS, EUSUS y SCDC. Existe una identificación entre lo tradicional y lo no tradicional que es esencial para promover su seguridad, por lo que en ese sentido la conceptualización es evidente y positiva para los intereses de los Estados miembros, todas las pequeñas y medianas potencias del sistema internacional, que por lo tanto requieren una cooperación más estrecha para asegurar sus regímenes, recursos, población y territorio. En esa conceptualización, el mandato de la UE ha seguido siendo menos autónomo con respecto a la seguridad tradicional, que se refiere esencialmente a la defensa frente a otros Estados. A este nivel, la UE sigue estrechamente vinculada a EE.UU. a través de la OTAN, lo que en la práctica genera una dependencia respecto a la seguridad tradicional. Ese mandato se centró principalmente en la seguridad no tradicional, que entrañaba riesgos y amenazas planteados por actividades y procesos como el terrorismo, la inestabilidad regional, los ciberataques o las redes delictivas. A este nivel, la sofisticada concep-

---

130 HILL, C., *La brecha entre la capacidad y las expectativas, o la conceptualización del papel internacional de Europa*, Journal of Common Market Studies, vol. 31, no. 3, 1993, pp. 305-328. NORHEIM-MARTINSEN, M., *La Unión Europea*, Cambridge University Press, Cambridge, 2013, pp. 103-135.

tualización de la UE no se vio satisfecha de forma equivalente por su eficiencia, debido a la falta de capacidades y procedimientos de toma de decisiones adecuados.

A pesar de la institucionalización del desarrollo de capacidades a través de la EDA, no ha habido un cambio militar significativo, en el sentido de que no hay fuerzas armadas integradas en la UE y, de hecho, las nacionales agregadas no están a la altura de las estadounidenses y, hasta cierto punto, de las chinas. Estas deficiencias se reflejan en la incapacidad de la UE para, por sí sola, apoyar a Ucrania en su guerra contra Rusia. Incluso en un nivel estratégico más bajo, en términos de gestión de conflictos, las expectativas de la UE siguen sin verse satisfechas por sus capacidades, teniendo en cuenta que las operaciones militares de la PCSD requieren el apoyo de EE.UU. a través de la OTAN o se despliegan con mandatos que no implican fuerzas militares robustas.

Desde el punto de vista político, el proceso de adopción de decisiones sigue siendo intergubernamental, basado en la unanimidad. En lugar de avanzar hacia un proceso más eficaz de toma de decisiones —la institución supranacional totalmente centralizada—, las decisiones en el marco de la PCSD siguen dependiendo fundamentalmente de un acuerdo común. Dado que los intereses de seguridad son delicados y con frecuencia implican juegos de suma cero, es común que los Estados difieran y lleguen a un punto muerto cuando se trata de tomar una decisión. Las divergencias sobre Irak, Libia o Ucrania son ejemplos de ello, y la proyección del poder sigue siendo limitada no solo debido a las capacidades relativamente débiles, sino también a la toma de decisiones. Los problemas que se observan en términos de gestión de conflictos son un ejemplo de ello.

¿Desarrollará la UE adecuadamente sus capacidades y realizará los cambios adecuados en términos de toma de decisiones? Se pueden plantear tres hipótesis distintas basadas en los efectos económicos indirectos, la identidad colectiva y el equilibrio de poder. Una primera hipótesis puede sugerir que cuando los Estados alcanzan un cierto nivel de poder económico tienden a promover un poderío militar equivalente para garantizar su seguridad de manera independiente, por lo que es probable que los miembros de la UE hagan lo mismo, especialmente cuando la integración económica ha sido tan eficiente. Una segunda hipótesis es que la identidad colectiva a través de los Estados-nación impulsa un proceso de institucionalización común que sustituye gradualmente a las instituciones nacionales, consideradas menos apropiadas desde el punto de vista normativo. Es probable que un sentido de identidad colectiva prevalezca sobre el nacional y, por lo tanto, conduzca a una transferencia de soberanía, que incluiría la política de defensa, tanto en términos de desarrollo de capacidades como de toma de decisiones. Por último, una tercera hipótesis puede sugerir que los Estados sólo aceptan acumular capacidades comunes y centralizar la toma de decisiones cuando existe una amenaza tan grave que los costes estratégicos de mantener las capacidades y la toma de decisiones nacionalizadas son mayores que los costes de volverse menos independientes estratégica y políticamente.

En primer lugar, parece claro que no es probable que se produzca un desbordamiento funcionalista de la integración económica a la militar. Incluso cuando el Reino Unido formaba parte de la UE y la economía de esta última era más cercana a la estadounidense, no se tradujo en capacidades militares equivalentes. Hoy en día, con una reducción de la huella económica de la UE como resultado del Brexit y, especialmente, en el actual período de inestabilidad económica, parece aún más improbable que tal cambio ocurra alguna vez. Esto también se relaciona con el hecho de que la tendencia a traducir los recursos económicos en recursos militares se produce en los Estados y no en bloques de Estados.

En segundo lugar, en lo que respecta a la identidad, no hay un sentido de europeidad que impulse a las élites y las poblaciones a gastar más en capacidades y a transferir la soberanía de la toma de decisiones de la capital nacional a Bruselas. El sentimiento de nacionalismo se ha mantenido fuerte y los recientes problemas con la inmigración lo han hecho más sólido, como se refleja en el éxito de los partidos populistas y de extrema derecha en toda la UE, lo que hace políticamente imposible, sobre la base de un sentido de identidad europea, defender más gasto militar y dejar de lado la soberanía en una política tan central.

Se puede sugerir que la tercera hipótesis es la más realista. Parece que, al final, se necesitaría una amenaza tremenda para que los miembros de la UE acepten el traspaso de recursos civiles basados en el bienestar a recursos militares y promuevan la integración real por mayoría o en la toma de decisiones supranacional. Cabe dudar de que una amenaza de este tipo llegue a ser percibida como lo suficientemente grave como para conducir a una renuncia de la soberanía nacional en el ámbito de la defensa. Si la Unión Soviética, la asertiva Rusia de hoy y una China en ascenso no han sido lo suficientemente fuertes como para empujar a la UE hacia la integración en materia de defensa, es cuestionable que cualquier amenaza llegue a empujarla hacia tal escenario. La OTAN ha sido lo suficientemente sólida como para impedir que esas amenazas se perciban como lo suficientemente graves como para hacer que los gobiernos acepten una pérdida soberana de magnitud considerable. No obstante, en mi opinión, la situación puede cambiar potencialmente en un mundo que se está volviendo cada vez más multipolar y continuará estirando las capacidades estadounidenses en su búsqueda de promover los objetivos de Washington en todo el mundo, al menos para contener el aumento de posibles hegemones en otras regiones.

Hasta ahora, la OTAN ha sido lo suficientemente fuerte como para mantener a la UE a salvo frente a un ataque de Moscú, y no se ha producido ningún movimiento hacia la integración tras el colapso de la EDC, a pesar de los llamamientos ocasionales a la construcción de fuerzas armadas europeas. Sin embargo, el deterioro del conflicto en Ucrania y el continuo ascenso de China probablemente harán que Estados Unidos se sienta sobrecargado. Un escenario futuro en el que China que supere a EE.UU. a nivel estructural, combinado con la reaparición de países como India y la expansión de los Estados con capacidad nuclear, probablemente cambiará la postura estadounidense y alejará la utilidad esperada de la OTAN.

A la Casa Blanca le resultará más difícil seguir presionando para que se fortalezca el gasto militar europeo en una lógica de subordinación estratégica a Estados Unidos. Cuanto más se presione a los miembros de la UE para promover su seguridad en un mundo cada vez más multipolar, más probable será que adquieran mayor capacidad de defensa autónoma, a menos que la UE acepte un papel de apoyo permanente hacia Washington, gastando más en capacidades europeas y aceptando hacerlo de una manera que no garantice su independencia estratégica de Estados Unidos. La mayor dispersión de los recursos de Washington dejará a la UE cada vez más expuesta a actores como Rusia y China, que requerirán capacidades y decisiones comunes, en lugar de nacionales, dada la cada vez menor relevancia estructural de países como Francia y Alemania, por no hablar de sus socios más débiles. Por lo tanto, si la UE quiere obtener un mandato más fuerte en términos de defensa tradicional, junto con capacidades más sólidas y una toma de decisiones más centralizada, la tercera hipótesis parece el escenario más probable.

LA UNIÓN EUROPEA EN EL CONTEXTO DE LA COMPETICIÓN ENTRE LAS GRANDES POTENCIAS ¿Y ESPAÑA?

ANDRÉS DE CASTRO[1]

1. INTRODUCCIÓN

En la literatura "científica" observamos una tendencia a considerar a la Unión Europea como un actor en las Relaciones Internacionales. Lo anterior es consecuencia de múltiples factores. Y también un ejemplo de cómo una falsa creencia o mito puede extenderse y reproducirse, incluso en contextos académicos, aminorando el nivel tanto de la docencia cómo de la investigación que se desarrolla en las universidades[2].

Lo anterior tiene un impacto especialmente importante en España, resultado de dos factores: en primer lugar, la propia tradición del país, en relación con la "europeización" de España desde la década de los 80. Y, en segundo lugar, un cierto desprecio hacia nuestra propia naturaleza, que se resume en la aportación de Ortega: España como problema y Europa como solución (1910). Y a nuestra propia historia, destacando en ella nuestro pasado dictatorial, supuestamente invalidante.

Lo anterior nos ha ocasionado una doble pérdida: en primer lugar, abandonándonos en los brazos de un supuesto actor internacional bajo la premisa de que España estaría mejor cuidada por otros que por nosotros mismos, lo que encajaría en la definición jurídica

---

1 Profesor de Relaciones Internacionales de la Universidad Nacional de Educación a Distancia (UNED)

2 BRAVO, J. M., & DE CASTRO GARCÍA, A., *Falsedades y mitos en los estudios sobre migraciones: consecuencias para las Relaciones Internacionales*, Revista UNISCI / UNISCI Journal, vol. 65, 2024, pp. 163-185. https://doi.org/10.31439/UNISCI-206

de daño emergente. Y, en segundo lugar, el lucro cesante. Llevamos muchas décadas de retraso, a falta de una mejor definición técnica, durante los que no hemos considerado que tomar las riendas del Estado y del destino de la Nación sea algo importante. Nuestras "élites" no son conscientes de su responsabilidad. Siguiendo esa línea de pensamiento, el gobierno no corresponde a los españoles sino a entes de integración regional y a las instituciones internacionales que velan por la hegemonía liberal y en la que algunos españoles han sido destacados artífices y partícipes.

Dicho eso, y más allá del lucro personal que esa situación haya conllevado para algunos, la Unión Europea no es un actor de las Relaciones Internacionales. Y no lo es por una razón fundamental. Se trata de un proyecto que tiene dos líderes y veinticinco actores más y que no es capaz, en consecuencia, de construir una política exterior común[3]. En ese contexto, además, hay algunos de ellos que, como España, han aceptado su condición de Estado vasallo (*vassal state*) y otros que, de manera transitoria, están explorando opciones y reevaluando la situación aunque, en ocasiones, tomen partido por el *bandwagoning*[4]. En el primer y segundo caso, percibimos un nivel dispar de entusiasmo sobre esa condición; algunos Estados miembros intuyen que no tienen otra opción mientras que otros, como España, lo aceptan de manera acrítica y están conformes con la situación. Un ejemplo de lo anterior es que, en la campaña a las elecciones europeas de 2024, el lema del Partido Socialista Obrero Español (PSOE) fuera "Más Europa"[5].

Sin embargo, lo más sorprendente no es que haya un Estado que decida tomar decisiones contrarias a su propio interés nacional. Eso no es noticia. Ya que, aunque lo anterior contravenga el argumento de Mearsheimer y Rosato[6], los actores muchísimas veces se compor-

---

3 BAQUÉS, J., *La construcción de una política exterior y de seguridad común en Europa: ¿por qué es tan problemática?*, Catarata, Madrid, 2023.

4 MEARSHEIMER, J. J., *The tragedy of great power politics*, W. W. Norton & Company, Nueva York, 2001.

5 PARTIDO SOCIALISTA OBRERO ESPAÑOL (PSOE), *Más Europa, más PSOE*, Recuperado de https://maseuropamaspsoe.eu/

6 MEARSHEIMER, J. J., & ROSATO, S., *How States Think: The Rationality of Foreign Policy*, Yale University Press, 2023. https://doi.org/10.2307/jj.5666733

tan de manera irracional. Lo más innovador, por tanto, es que en el desarrollo de la historia hemos comprobado cientos de años de vasallaje y de *bandwagoning*, pero que fueron siempre observadas en relaciones con actores. La innovación intelectual de este caso de estudio viene porque existan relaciones de vasallaje y de *bandwagoning* con un no-actor.

Parte de lo anterior se explica, sin embargo, por la relación de los países miembros de la Unión Europea con un actor trasatlántico que lleva más de un siglo como potencia hegemónica. Esa relación, además, ha generado una gran atención en la Academia y ha fluctuado por distintos momentos que tienen relación, en los últimos años, con la importancia del debate sobre la autonomía estratégica. Y que Diesen califica de relación de vasallaje[7], como también lo hizo el presidente Macron en 2023[8] o el presidente Putin ese mismo año[9]. Además del *think tank* liberal *European Council of Foreign Relations*[10]. ¿Podría sobrevivir la UE a un EE.UU. que pierda mucho poder en el mundo? ¿Y a un Estados Unidos más aislacionista y que descreme sus ambiciones de expandir la hegemonía liberal? ¿Y una menor creencia en las bondades del libre mercado?

En este sentido, el presente capítulo de libro tiene como objetivo contestar esas preguntas, a través del análisis de la situación de la UE en contexto de la competición entre las grandes potencias. Observando su evolución y, en paralelo, el aparente cambio de la distribución del poder internacional; en una lógica realista. Posteriormente, se valorarán los escenarios futuros y el impacto que toda esta situación tiene y puede tener para España.

---

7 DIESEN, G., *The Ukraine war and the Eurasian World Order*, Clarity Press, Atlanta, 2024.

8 FRANCE 24, *Macron insists EU should not be US vassal: Is the French president isolated?*, Recuperado el 28 de abril de 2023 de https://www.france24.com/en/tv-shows/talking-europe/20230428-macron-insists-eu-should-not-be-us-vassal-is-the-french-president-isolated

9 REUTERS, *Russia says EU is becoming vassal of NATO*, Recuperado el 11 de enero de 2023 de https://www.reuters.com/world/europe/russia-says-eu-is-becoming-vassal-nato-2023-01-11/

10 PUGLIERIN, J., & SHAPIRO, J., *The art of vassalisation: how Russia's war on Ukraine has transformed Transatlantic Relations*, Policy Brief, European Council of Foreign Relations (ECFR), 2023.

2. LA UNIÓN EUROPEA: DEL MOMENTO BIPOLAR AL UNIPOLAR Y LA TENSIÓN DEL MULTIPOLAR

La Unión Europea es fruto de la integración regional de una serie de Estados del continente europeo que, tras la Segunda Guerra Mundial y de manera escalonada, decidieron buscar escenarios que fueran positivos para todos, destacando sobre todo los aspectos económicos. Hay que recordar, además, que lo anterior se desarrolló en un contexto bipolar, de Guerra Fría, en la que el continente, que había sido el principal escenario de la Guerra, seguía siendo el lugar en el que se produjo la separación entre los dos imperios a través del telón de acero y fue el objeto también de los esfuerzos de competición ideológica, diseñados por ambos bloques y fomentados a través de la utilización de medios diplomáticos y/o de inteligencia.

Así, Estados Unidos tenía un gran interés en que hubiera ciertos elementos de control que permitieran que sus aliados en Europa (Occidental) pudieran resistir la batalla y tuvieran la oportunidad de influir en los Estados de la parte oriental del continente. En esa etapa se completó la integración de los miembros occidentales, algunos de ellos salidos pocos lustros antes de dictaduras militares. Se completa así, por tanto, un proceso, fomentado por EEUU y descrito por Huntington en la tercera ola de la democratización (1991)[11].

Sin embargo, tras la caída del Muro, el momento unipolar cambió los elementos del poder, disolvió la frontera interna en Europa y produjo que Estados Unidos sobrevalorara su capacidad y sus opciones de poder a medio y largo plazo. Tomó, en ese contexto, la decisión de expandir su poder y su influencia hacia el este del continente, a áreas de tradicional influencia rusa[12]. Lo anterior no es ni positivo ni negativo. Ni legítimo ni ilegítimo. Pero tuvo implicaciones para un gran número de actores. Algunos ganaron, mientras otros perdieron. Así, un análisis de las implicaciones futuras puede disuadir al que tiene la idea y toma decisiones en base a una ideología y no

---

11 HUNTINGTON, S., *The Third Wave: Democratization in the Late Twentieth Century*, University of Oklahoma Press, 1991.

12 MEARSHEIMER, J. J., *Why the Ukraine Crisis Is the West's Fault: The Liberal Delusions That Provoked Putin*, Foreign Affairs, vol. 93, no 5, 2014, pp. 77-89. http://www.jstor.org/stable/24483306

en base a la realidad. Para que, en el caso en el que su capacidad de poder no sea la necesaria como para cumplir con éxito la misión, pueda reevaluarlo.

Lo que observamos, en este sentido, es que ciertos Estados de Europa del Este, antiguos miembros del Pacto de Varsovia, se integraron en la Unión Europea y en la Organización del Tratado del Atlántico Norte (OTAN) al mismo tiempo. No sorprende, ya que, en el momento unipolar, Estados Unidos ostentó el poder global más relevante que ha tenido una gran potencia en la historia. Consecuencia directa de la tecnología y la globalización.

Lo anterior no fue óbice para que una larga serie de errores de conceptualización y de valoración destruyeran la hegemonía estadounidense, dejando a Europa en un contexto cuanto menos, difícil, que empieza a aparecer en el año 2014 con el advenimiento del momento multipolar en el que el poder en el mundo se redistribuye. Si bien existe una gran discusión en la literatura frente al año en el que ha tenido lugar el cambio del momento unipolar al multipolar[13] en este capítulo se toma el año 2014 por ser el año en el que Estados Unidos muestra su debilidad tanto en el escenario sirio, donde amenaza al presidente Bashar Al Assad pero no cumple su amenaza, como resultado de la protección que Rusia decidió brindarle. Y, en segundo lugar, la invasión de Crimea por parte de Rusia en el mismo año, que evidencia la incapacidad de Estados Unidos para asegurar la integridad territorial de su subordinado *proxy*. En este caso Ucrania. El hecho de que tras dos años y medio de guerra (febrero 2022-julio 2024) Ucrania haya perdido más territorio, evidencia esa situación de debilidad.

3. POSIBLES ESCENARIOS FUTUROS

Más allá de poder ahondar en los distintos elementos de los tres momentos de distribución de poder y sus causas, que han sido en su

---

13 BRAVEBOY-WAGNER, J. A., *Introduction: The Global South and the Multipolar Moment*, en Braveboy-Wagner, *J. A. (eds.), Diplomatic Strategies of Rising Nations in the Global South*, Palgrave Macmillan, Cham, 2024. https://doi.org/10.1007/978-3-031-52629-9_1

mayoría ampliamente descritas por la literatura, consideramos interesante hacer una valoración de los posibles escenarios futuros que pueden plantearse. Redactados en julio de 2024, pueden tener mucho interés para que, una vez que pasen los años, pueda explicarse qué se pensaba y cómo se observaba esa realidad.

Y se hace desde la premisa de que Estados Unidos y sus aliados, a través del diseño y la implementación de la ideología liberal han destruído su propia hegemonía. Y, lo que es más interesante a nivel científico, es la responsabilidad de los liberales, que se puede establecer en ambos lados del espectro político. Es decir, de los *modus vivendi liberals* y de los *progressive liberals,* ambos descritos por Mearsheimer[14]. Es decir, y por simplificar, los *neocon* que consideraron que llevar la guerra a Afganistán e Iraq (entre otros) y expandir allí la democracia iba a ser el principio del fin de la conflictividad, siguiendo la teoría de la paz democrática[15]. Y también a los liberales de izquierdas que, centrados también en el individuo, pusieron el énfasis de la política exterior en las cuestiones de minorías y políticas de identidad. Convirtiendo al Estado en una maquinaria más cercana a una Organización No Gubernamental (ONG). Desnaturalizando el Estado. Y tratando de llevar la bandera del feminismo y las cuestiones LGTBI a lejanos países sustentados por una sociedad tradicional.

Es en esa lógica, que la crítica al modelo y la explicación de esa situación, nos van a ir llevando por una serie de preguntas y, en ocasiones, respuestas a las mismas.

3.1. ¿Abandonará EEUU Europa?

Estados Unidos ha tenido una presencia militar muy destacada y permanente en Europa desde la Segunda Guerra Mundial. Que incluye, además, un centenar de armas nucleares. Lo anterior se explica en el contexto de la guerra y de la bipolaridad, en la que Europa

---

14 MEARSHEIMER, J. J., *Great Delusion: Liberal Dreams and International Realities,* Yale University Press, 2018. https://doi.org/10.2307/j.ctv5cgb1w

15 BAKKER, F. E., *Hawks and doves. Democratic peace theory revisited,* Leiden University, 15 de mayo de 2018.

era el contexto más importante de guerra ideológica y de potencial conflicto entre la OTAN y el Pacto de Varsovia.

Con el advenimiento del momento unipolar, sin embargo, podría haber cambiado la necesidad de mantener presencia en Europa, pero se decide tener una presencia global. El hecho de que la guerra de los Balcanes coincida con el principio del momento unipolar y que para las guerras de Afganistán e Iraq se necesite tener una infraestructura relevante en el continente, también explica lo anterior.

Sin embargo, en el contexto anterior a las elecciones de Estados Unidos de 2024, existe el debate sobre si mantener o no la presencia militar estadounidense en Europa. Ya que hay visiones contradictorias entre demócratas y republicanos sobre cuál es la manera más eficiente de mantener la hegemonía, o lo que queda de ella.

En este sentido, destaco una interesante contribución del profesor David Schultz[16] en la que destaca una serie de elementos, que incluyen que Estados Unidos no tiene la capacidad de mantener dos guerras al mismo tiempo y que, si bien su capacidad de gasto militar es muy alta, no tiene la capacidad de obligar a tantos actores a hacer tantas cosas como estaban acostumbrados. El colapso de la doctrina Truman, el cansancio de décadas de guerras inútiles y la división política interna que hace que Europa y los estados pequeños tengan que prepararse para un escenario "post-US-led" (2022:64).

En términos prácticos, la primera parte de la discusión se basa en saber en qué momento Estados Unidos va a abandonar a Ucrania a su suerte. Si Donald Trump ganara las elecciones, el escenario más probable sería el del final de la financiación para mantener la guerra en Ucrania. Y, al tratarse de una guerra *proxy*, las opciones de que algunos Estados europeos mantengan un nivel superior de ayuda es casi imposible. Si fuéramos a ese escenario de fin de las hostilidades, el mensaje mandado a Europa y al resto del mundo sería que Estados Unidos no es un actor fiable, pues no tiene la capacidad de hacer ganar las guerras a sus aliados. Ni siquiera en un contexto *proxy* contra un actor mucho más débil que él, con 14.390 dólares *per capita* en

---

16 SCHULTZ, D., PŪRAITĖ, A., & GIEDRAITYTĖ, V., (eds.), *Europe Alone: Small State Security Without the United States*, Rowman & Littlefield, Lanham, MD, 2022.

2024, frente a los 85.370 de Estados Unidos. Con además el doble de población 333 millones frente a 145.

Sin embargo, ya que hay que cambiar el rumbo político para no seguir desgastándose y desgastando a sus aliados europeos, un triunfo demócrata probablemente significaría la continuación de las hostilidades y llevaría más tiempo resolver ese problema, que tendría, además mayores implicaciones.

Dicho de otra manera, un triunfo de Trump significaría una salida rápida de Europa, para centrarse en otros lugares del mundo de mayor interés. Siendo más conscientes del cambio de elementos de poder de las Relaciones Internacionales, buscando cerrarse algo más en sí mismos y concentrar el poder.

Los demócratas, por su parte, sería muy sencillo que mantuvieran la estrategia actual. Buscando una apariencia de normalidad, que los podría llevar al colapso en relativamente pocos años. Con una China y Rusia en una situación de alianza, compartida con actores medios como Irán, que buscarían la ampliación del conflicto y la perpetua amenaza.

Para los Estados de Europa esto tendría un impacto clave. Y éstos podrían dividirse entre aquellos que ya tienen planes de contingencia y aquellos para los que —como España— es imposible imaginar una salida de Estados Unidos de Europa. Probablemente, uno de los actores que más incentivo tiene en esa salida es Alemania, que necesita reestablecer el flujo de gas ruso y no puede hacerlo mientras se tenga lugar una guerra *proxy* en el territorio. Además, partidos políticos muy relevantes del país son muy reacios a la presencia de Estados Unidos en el país, a la que vinculan con su pérdida de poder político y económico. En especial Alternative für Deutschland (AfD) a la derecha y una escisión de Die Linke (*Bündnis Sahra Wagenknecht)* a la izquierda.

El caso francés también precisa ser analizado, sobre todo a partir de que la Alianza Nacional fuera el partido más votado en las elecciones legislativas de Francia en 2024 y en las elecciones europeas que tuvieron lugar el mismo año. Lo que nos lleva al siguiente epígrafe.

3.2. ¿Desmembramiento de la Unión?

La Unión Europea, y en sus distintas denominaciones anteriores, fue un proyecto que buscaba mantener la paz en el continente a través del desarrollo económico y el libre mercado. Sin embargo, se observa que, en varias partes del proceso, cuando se amplía la burocracia, se genera el incentivo habitual a que siga ampliándose en un tema que ha sido tratado de manera recurrente por la literatura[17] [18] [19].

Lo anterior ha generado, además, una desconexión económica, social y política entre la élite de Bruselas y la de los Estados miembros. Sobre todo, aquellos que tienen un poder adquisitivo menor. Si a eso le añadimos la sobre-burocratización y el incentivo de creación de estructuras mayores, vemos el origen de muchas de las problemáticas.

Además, en la Unión conviven varias civilizaciones, en el contexto de lo sistematizado por Huntington[20] y varias formas de entender la política nacional e internacional. En el momento en el que el incentivo de mantenerse dentro de la organización es superior al de no hacerlo, la respuesta es bastante racional. Pero, a lo largo de los últimos años hemos observado el Brexit, así como ciertos elementos disruptores frente a la expansión de la hegemonía liberal dentro de la Unión[21] que han hecho tensionar el sistema.

Además, se ha puesto de manifiesto que para la mayor parte de las estructuras es más importante el liberalismo como ideología que la

---

17 PEGAN, A., *The Bureaucratic Growth of the European Union,* Journal of Contemporary European Research, vol. 13, no. 2, 2017, pp. 1208-1234.

18 POPESCU, I., *The Expansion of European Bureaucracy,* CES Working Papers, Centre for European Studies, Alexandru Ioan Cuza University, vol. 3, no. 3, septiembre de 2011, pp. 415-428.

19 YORDANOVA, N., KHOKHLOVA, A., ERSHOVA, A., SCHMIDT, F. D., & GLAVAŠ, G., *Curb EU enthusiasm: how politicisation shapes bureaucratic responsiveness,* West European Politics, 2024, pp. 1-26. https://doi.org/10.1080/01402382.2024.2318998

20 HUNTINGTON, S. P., *The clash of civilizations and the remaking of world order,* Touchstone, Nueva York, 1997.

21 DE CASTRO GARCÍA, A., "Unión Europea y hegemonía liberal en los tiempos de la covid-19", en *Reflexiones sobre las estrategias de seguridad de la UE y otros estudios en el ámbito de la seguridad internacional,* UNED - Universidad Nacional de Educación a Distancia, 2022, pp. 23-38.

democracia. Lo anterior lo observamos en algunas estructuras de la Unión, que no siguen la lógica de los sistemas democráticos. Lo que supone una contradicción cuando hablamos de hegemonía liberal. Ya que busca expandir la democracia fuera, debilitándola dentro. Lo anterior llama mucho la atención en el caso de la presidencia rotatoria del Consejo por parte de Hungría en el segundo semestre del año 2024. En especial en un doble aspecto: el primero, la cantidad de presiones y ataques que está sufriendo el primer ministro Orban por ir en contra de ciertos consensos de otros actores y, en segundo lugar, por los viajes que ha realizado y las reuniones que ha mantenido con el presidente Zelensky, el presidente Putin, el presidente Xi y el expresidente Trump.

Lo anterior evidencia, ciertamente, que la Unión Europea es incompatible con la integración política. Frente al argumento liberal de que se trata de un proceso en construcción. Y que tiene problemas que pronto se van a solucionar. Lo anterior no hace sino poner en riesgo las pocas ventajas del proyecto europeo, la unión aduanera y la libre circulación de bienes y capitales. Que, podría argumentarse, supone un incentivo para la competitividad y genera la posibilidad de poder comprar bienes y servicios a precios competitivos y de una calidad adecuada. En base a la competición que existe en el mercado.

Queda por ver si ese interés por forzar las situaciones va a generar que se rompan también los procesos basales que han beneficiado a varios actores en el proceso de integración[22].

En ese sentido existe la posibilidad de que se produzca el desgranamiento de ciertos actores, que serían coaccionados por parte de Bruselas antes de producirse el proceso y, también después. Para desincentivar que otros lo hicieran. Si el poder relativo de la institución cayera mucho, lo anterior tendría menos efecto.

También es posible que simplemente se mantenga la estructura, pero sin la capacidad política actual. Manteniendo las complejidades del modelo y creando estructuras burocráticas innavegables, sin poder efectivo.

---

22 DE CASTRO GARCÍA, A., *Europa frente a la geopolítica mundial*, Cuadernos de estrategia, vol. 224, 2024, pp. 215-238, Instituto Español de Estudios Estratégicos (IEEE).

El mejor escenario para —casi— todos sería renunciar a la integración política. Mantener lo que es objetivamente positivo para todos. Es, sin embargo, el escenario menos probable.

3.3. Ampliación y otras medidas psicotrópicas

En las discusiones que se producen entre una élite burocrática desligada de la realidad internacional, se debate permitir la entrada de Albania, Bosnia y Herzegovina, Moldavia, Montenegro, Macedonia del Norte, Serbia, Turquía, Ucrania, Georgia e incluso un no-Estado, la provincia serbia de Kosovo.

¿En qué escenario puede planificarse el ingreso de un territorio soberano de otro Estado en una estructura como la de la Unión Europea? La explicación viene dada por el vasallaje al que se ven sujetos ciertos actores dentro de la Unión y, más allá, en el vasallaje de la estructura frente a Estados Unidos.

El caso de la provincia serbia de Kosovo es el que mejor permite explicar esta realidad internacional, ya que, tras la guerra de los Balcanes, el incentivo de Estados Unidos de castigar a Serbia, por su especial relación con la recién creada Federación Rusa, a través del reconocimiento de una parte de su territorio como Estado soberano, fue muy alto. Pero nos recuerda el momento unipolar y la sensación de impunidad clásica a la que se ven expuestos algunos Estados, algunas instituciones y algunos individuos cuando perciben su poder y no prevén el final de este.

Sin embargo, en la situación actual, la candidatura de una provincia dentro de un Estado soberano, que además no es reconocida por todos los Estados miembros, sorprende.

La Unión Europea tiene problemas de distinto tipo; uno de los más importantes es la heterogeneidad de sus miembros. Añadir más Estados, sobre todo del Este y de los Balcanes solamente contribuiría a añadir más inestabilidad y menos rigor democrático y "valores europeos" que no queda muy claro cuáles son, incidiendo en ese componente de heterogeneidad religiosa, cultural y étnica.

El objetivo tras la expansión es "ganar terreno" a Rusia y ocupar sus espacios de influencia para que estén bajo control occidental. La idea en el escenario actual de poder es nefasta. Pero el problema fundamental no es ese. Rusia utilizará sus medios híbridos para destruir las pocas estructuras viables que tuvieran esos Estados (o provincias de Estados). Haciendo que fueran una carga aún mayor de la que podría preverse.

La hipótesis de este trabajo es que no se producirá la adhesión de varios de los miembros de la lista. Y que quizás dé tiempo a que la Unión Europea exista como estructura de integración política para que accedan algunos. En ese caso, lo anterior sería un elemento más de la desintegración política de la Unión. Por lo tanto, cuanto más accedan y antes lo hagan, antes se desintegrará la estructura, que estaba diseñada —de manera no dolosa sino imprudente— para desmoronarse, pero quizás no tan rápido.

3.4. ¿Una tendencia a menos liberalismo y menos democracia?

En los trabajos de Mearsheimer[23][24] se puede observar que la crítica de este autor a la democracia no es al modelo en sí. Sino a su expansión a lugares en los que ese sistema político y social resulta completamente ajeno a su cosmovisión. Durante muchas décadas ha estado recordándonos que la hegemonía liberal tendría como resultado menos liberalismo en casa. Y ha ocurrido.

El hecho de que hayamos diseñado estructuras de poder en las que hemos subordinado nuestra cooperación a temas relativos a la implementación de la democracia en lugares como Afganistán o Iraq ha conllevado la perversión del modelo y la destrucción de estructuras de poder funcionales, conocidas y aceptadas por la población. Eso ha generado, entre otros escenarios, una migración masiva hacia Occidente, de personas que no comparten los valores propios de la democracia y del liberalismo, cambiando los escenarios políticos y sociales de Occidente. Cuestionando, por tanto, las estructuras sociales, de poder y la cultura imperante. Haciendo menos viable un

---

23 MEARSHEIMER, J. J., *The tragedy of great power politics*, W. W. Norton & Company, Nueva York, 2001.

24 MEARSHEIMER, J. J., *Great Delusion: Liberal Dreams and International Realities*, Yale University Press, 2018. https://doi.org/10.2307/j.ctv5cgb1w

sistema, el democrático, que se basa en la confianza. Y que, una vez que se pierde, es difícilmente recuperable.

Además, la hegemonía occidental ha permitido que, durante décadas, haya habido una gran popularización de la democracia liberal como sistema, que se ha expandido tanto a través del *soft power* de Hollywood y otros medios de comunicación de masas. Además de la financiación de Organizaciones No Gubernamentales (ONG) que han tratado de influir en audiencias no occidentales, creando estructuras complejas que supuestamente trataban de hacer ingeniería social en lugares donde el dinero era bien recibido, no así las ideas, que causaban mucha repulsión. Sin embargo, el pagador, imbuido por su propia ideología, no podía imaginar que alguien se opusiera a aquello, o que solamente estuviera trabajando en esas estructuras por el aspecto económico. Lo vimos en Afganistán de manera clara. Aquellos que no consiguieron para sí y sus familias un visado para residir en Occidente, volvieron a su antigua vida. La que conocen, la de siempre. Y los que están en Occidente, como hemos visto en párrafos anteriores, suponen un porcentaje cada vez más relevante de incrédulos del sistema.

En el contexto actual, en un proceso que ya lleva décadas, y que en España se pudo seguir de cerca durante la presidencia de Correa (2007-2017), muchos actores han encontrado alternativa a la financiación hegemónica que condicionaba las ayudas económicas a las reformas liberales. En el caso del presidente Correa, consiguió evitarlas a través de los vínculos con China. Un Occidente cegado en esa época no fue capaz de ver que si hay actores que buscan alternativas, hay que hacer una evaluación certera de dónde está el problema. El Ecuador de aquella época merece una gran atención por el desarrollo que se consiguió, pese a haber sido un Estado que no era una democracia liberal en sentido occidental. La situación que vino después (2017-2024) fue mucho peor en casi todas las categorías.

3.5. *¿Mayor prevalencia de conflictos?*

La multipolaridad se caracteriza por una mayor prevalencia de conflictos. En el momento bipolar existen los pesos y contrapesos. Y en la Guerra Fría observamos algunos conflictos *proxy* con actores no hegemónicos enfrentándose entre sí y apoyados por los dos poderes (guerra Irán-Iraq), guerras en las que había un actor proxy y otro de las grandes potencias como en Vietnam (con Estados Unidos directamente involucrado y la Unión Soviética apoyando al presidente Hồ Chí Minh) o Afganistán (Unión Soviética participando en las hostilidades y Estados Unidos apoyando a los talibanes). Sin embargo, no apreciamos una confrontación directa. Entre otros motivos por la disuasión nuclear.

En el momento unipolar, observamos grandes errores, guerras de intervención en lugares irracionales y grandes errores de alianzas y de planificación. Pero ningún actor tiene el suficiente poder como para plantear grandes intervenciones ni grandes conflictos.

Sin embargo, en el momento multipolar se "abre la veda" para el inicio de movimientos en zonas variadas del mundo en la que los otros actores pueden tener intereses estratégicos. Ejemplo de lo anterior puede ser la presencia rusa o china en África o el interés cada vez mayor por Iberoamérica, lo que puede suponer el inicio de ciertas revueltas, hostilidades o incluso guerras. En aquellos escenarios en ellos que Estados Unidos no esté dispuesto a ceder espacios de poder, es mucho más probable que se inicien conflictos. Además, por la propia racionalidad de muchos actores, lo más probable es que de manera escalonada y proporcional a la pérdida de poder de Occidente, actores "intermedios" vayan posicionándose a favor de China y Rusia o, incluso, traten de ser muy cautos y no se posicionen. Teniendo, por tanto, una estrategia basada en la espera o, incluso, en la no alineación. Perjudicando más a Occidente, que busca mucho más un comportamiento basado en subordinación constante, fruto del pasado unipolar.

3.6. *¿Empobrecimiento y desigualdad?*

Hasta la guerra de Ucrania, Occidente había asumido que era posible tener un alto nivel de vida, que, en el caso de ciertos Estados de la Unión Europea, iba acompañado de un Estado de bienestar que garantizaba sus necesidades de formación, sanidad y desempleo, permitiendo una vida digna para una gran parte de la población.

El escenario inflacionista que ha surgido en el continente a partir de la guerra en Ucrania ha hecho tambalear lo anterior. El precio de los bienes básicos se ha incrementado incluso en dos cifras anuales. El precio de la energía ha sido muy fluctuante, pero la gasolina y el diesel han superado los dos euros por litro por primera vez en la historia. El precio de la vivienda tanto en propiedad como en alquiler ha observado grandes subidas, por lo que se ha tensionado mucho la calidad de vida de las personas que pertenecen a clases sociales más bajas y a jóvenes. Reduciendo la clase media y generando una mayor desigualdad.

Además, en el escenario anterior a la guerra, Estados Unidos había pedido a la mayoría de Estados de la OTAN que gastara más en defensa. Se generaba, así, un curioso escenario por el que los europeos criticaban el modelo estadounidense, con menor capacidad estatal para garantizar el nivel de vida de las clases más desfavorecidas, a la vez que se beneficiaba de la presencia militar estadounidense en Europa y del paraguas de defensa que ese actor proporcionaba. No entendía, por tanto, que en la lógica de los cañones y la mantequilla, Estados Unidos estaba renunciando a ofrecer a su propia población sanidad universal a cambio de poder tener unas relaciones de vasallaje en Europa (y otros lugares) a cambio de ofrecer protección en el paraguas de la OTAN. Los europeos, no entendían, en este sentido, que estaban cambiando, en definitiva, su soberanía a cambio de su Estado de bienestar.

Una paradoja que ha cambiado la propia guerra de Ucrania, que nos ha recordado que hay que elegir entre cañones y mantequilla, en un escenario muy probable de retirada estadounidense del Viejo Continente, y muy probable de finalización del conflicto en Ucrania, lo que nos deja con una frontera terrestre con Rusia, solos, desunidos porque no hay una alternativa de unión y frente a un oso enfadado. De nuevo, nuestras "élites" pastoreándonos por los peores campos.

4. ¿Y ESPAÑA?

España adolece de una falta de élites capaces de liderar el país. Lo anterior se basa, entre otros motivos, en que no tenemos un sistema de educación superior capaz de identificarlas y formarlas.

Hemos masificado el acceso a la educación superior y no tenemos la capacidad de filtrar quién accede a la universidad bajo un principio de mérito y capacidad. El porcentaje de personas que aprueban el ingreso a la universidad desde nuestros colegios e institutos ha sido del 96,84% en la convocatoria de junio de 2024.

Las universidades españolas no tienen recursos para formar a tantos estudiantes por dos motivos principales, la sobre presencia de alumnos universitarios y la poca financiación que se dedica a nuestros campus. Lo último impacta en la capacidad de contratación y retención del talento en nuestro personal docente e investigador, que tiene unos sueldos muy inferiores a los que podrían tener en otros entes públicos y privados. Y que les obliga a buscar otras fuentes de financiación, algunas no directamente relacionadas con su función docente. Incluso investigadora. Y también en buscar estructuras de financiación, como, por ejemplo, las que ofrece la Unión Europa a aquellas personas que quieran fomentar los "valores europeos" y otro tipo de cuestiones ajenas a las que deberían estar presentes en campus universitarios de una democracia liberal avanzada que tenga los medios y la financiación que puedan garantizar la independencia necesaria de su profesorado.

Uno de los resultados de lo anterior es que no tenemos en nuestros campus a los mejores universitarios, muchos de los que han sido contratados por organismos internacionales y empresas privadas, o incluso entes estatales. Por lo tanto, es más posible que se trate de personas que no tengan la capacidad crítica de cuestionar las verdades oficiales y sean muy proclives a repetir la propaganda que escuchan de manera acrítica. Con escasa capacidad de formar personas que tengan una mente amplia, capaz de buscar alternativas innovadoras a los problemas de nuestro momento histórico.

A lo anterior no ayuda, en el campo de las Relaciones Internacionales, la presencia hegemónica del idealismo/liberalismo. Cuya simpleza lo hace tan atractivo a personas a las que se les presentan ideas baratas de fácil consumo. En vez de poder plantear la complejidad del mundo en el que vivimos, y la importancia que eso tiene en los casi cincuenta millones de vidas de España.

Es necesario, por tanto, reinventar nuestro sistema universitario. Quizá a través de la creación de Escuelas Nacionales con un examen nacional de ingreso, que pueda asegurar la generación de unas élites que puedan liderar el país. Aprovechar un recurso al que Francia acaba de renunciar y que, diseñado e implementado de manera correcta, puede ser un lugar en el que la élite académica del país, de varias universidades, forme a aquellos que, con independencia de su origen social y asegurado por un sistema de becas, puedan tener acceso a una formación universitaria de alta calidad.

Paradójicamente, se trataría de democratizar el acceso a la educación superior, fomentar el principio de mérito y capacidad, desterrando cualquier elemento de políticas de identidad: género, preferencias sexuales, raza... para que se cumpla una igualdad real que permita que la sociedad reconozca el valor de un título y las capacidades para liderar, generar estructuras limpias y que permitan competir en un mundo tan complejo como el de hoy. Lo anterior podría también servir de ejemplo a otro tipo de estructuras, teniendo así lo que los metodólogos llaman un grupo de control.

Además, es necesario elevar el nivel de nuestra población, si queremos ser una democracia liberal plena. Explicar en nuestros medios de comunicación debates complejos, conseguir que la ciudadanía esté involucrada en ellos y no cooptada por los intereses de otros actores. Esa sería la única forma de luchar contra la desinformación.

Nuestro modelo territorial también plantea muchos retos que son difícilmente abordables en el escenario actual.

También hay que generar planes alternativos que nos preparen para una potencial caída de la Unión Europea y del euro. A muchos españoles les sorprenderá esto y no creerán que la mayoría de los ministerios de muchos Estados de la Unión cuentan con estos planes de contingencia. No significa, necesariamente, que vayan a ser necesarios. Aunque este autor está plenamente convencido de que lo será.

En definitiva, España necesita hacer una gran evaluación, resurgir de sus cenizas y prepararse para décadas de gran complejidad, en las que probablemente se sienta mucho más sola de lo que podría haberse imaginado.

5. CONCLUSIONES

La Unión Europea, que ha decidido avanzar hacia un camino de integración política, sigue sin ser un actor estratégico. Y no puede serlo por su propia configuración. Lo anterior podría haberse ocultado durante décadas en un escenario unipolar, al cumplir esta organización una función de vasallaje al antiguo hegemón. Sin embargo, en el momento actual de multipolaridad y de competición entre las grandes potencias, es cada vez más evidente que caminamos hacia un escenario que nos ofrece dos opciones, la desintegración o la modificación de la estructura hacia una menor ambición de integración, fortaleciendo la parte económica y comercial y dejando los elementos propios de la hegemonía liberal y de la integración política. En ese escenario, este capítulo ha hecho una serie de apreciaciones sobre el pasado, presente y futuro que pueden ser útiles para la reflexión en los años venideros.

También se ha prestado atención a España, que se encuentra en una situación de debilidad extrema y que no cuenta con élites, en especial en el aspecto de la política exterior, ni con un espacio para formarlas, lo que se une a la debilidad del modelo territorial y la creencia ciega y acrítica en la pervivencia universal de la Unión Europea y sus valores. Se auguran tiempos difíciles.

BIBLIOGRAFÍA

Bakker, F. E. (2018, May 15). Hawks and doves. Democratic peace theory revisited. Leiden University.

Baqués, J. (2002). La Política Europea de Seguridad y Defensa: déficits actuales y perspectivas de futuro. *Revista CIDOB d'Afers Internacionals, 57/58,* 139-157. http://www.jstor.org/stable/40585916

Baqués, J. (2021). India como actor estratégico. Global Strategy.

Baqués, J. (2023). La construcción de una política exterior y de seguridad común en Europa: ¿por qué es tan problemática? Madrid: Catarata.

Braveboy-Wagner, J. A. (2024). Introduction: The Global South and the Multipolar Moment. In: Braveboy-Wagner, J. A. (eds) Diplomatic Strategies of Rising Nations in the Global South. Palgrave Macmillan, Cham. https://doi.org/10.1007/978-3-031-52629-9_1

Bravo, J. M., & De Castro García, A. (2024). Falsedades y mitos en los estudios sobre migraciones: consecuencias para las Relaciones Internacionales.

Revista UNISCI / UNISCI Journal, 65, 163-185. https://doi.org/10.31439/UNISCI-206

de Castro García, A. (2022). Unión Europea y hegemonía liberal en los tiempos de la covid-19. En *Reflexiones sobre las estrategias de seguridad de la UE y otros estudios en el ámbito de la seguridad internacional* (pp. 23-38). UNED - Universidad Nacional de Educación a Distancia.

de Castro García, A. (2024). Europa frente a la geopolítica mundial. *Cuadernos de estrategia, 224*, 215-238. Instituto Español de Estudios Estratégicos (IEEE).

Diesen, Glenn (2024). The Ukraine war and the Eurasian World Order. Clarity Press: Atlanta.

Huntington, S. (1991). The Third Wave: Democratization in the Late Twentieth Century. University of Oklahoma Press.

Huntington, Samuel P. (1997). The clash of civilizations and the remaking of world order. New York: Touchstone.

Mearsheimer, J. J. (2001). The tragedy of great power politics. New York: W. W.

Mearsheimer, J. J. (2014). Why the Ukraine Crisis Is the West's Fault: The Liberal Delusions That Provoked Putin. *Foreign Affairs, 93*(5), 77-89. http://www.jstor.org/stable/24483306

Mearsheimer, J. J. (2018). Great Delusion: Liberal Dreams and International Realities. Yale University Press. https://doi.org/10.2307/j.ctv5cgb1w

Mearsheimer, J. J., & Rosato, S. (2023). How States Think: The Rationality of Foreign Policy. Yale University Press. https://doi.org/10.2307/jj.5666733

Ortega y Gasset, José. (1910). La pedagogía social como programa político. Imprenta José Núñez, Bilbao.

Pegan, A. (2017). 'The Bureaucratic Growth of the European Union', Journal of Contemporary European Research. 13(2), 1208-1234

Popescu, I, 2011. "The Expansion Of European Bureaucracy," CES Working Papers, Centre for European Studies, Alexandru Ioan Cuza University, vol. 3(3), pages 415-428, September.

Puglierin, J & Shapiro, J. (2023). The art of vassalisation: how Russia's war on Ukraine has transformed Transatlantic Relations. Policy Brief. European Council of Foreign Relations (ECFR).

Schultz, D. Aurelija Pūraitė and Vidmantė Giedraitytė, eds. 2022. Europe Alone: Small State Security Without the United States Lanham, MD: Rowman & Littlefield.

Yordanova, N., Khokhlova, A., Ershova, A., Schmidt, F. D., & Glavaš, G. (2024). Curb EU enthusiasm: how politicisation shapes bureaucratic responsiveness. West European Politics, 1-26. https://doi.org/10.1080/01402382.2024.2318998

AUTONOMÍA ESTRATÉGICA ABIERTA Y RELACIÓN TRANSATLÁNTICA: LA COOPERACIÓN ENTRE LA OTAN Y LA UE EN UN MOMENTO DE GUERRA EN EUROPA

GUSTAVO PALOMARES[1]

1. INTRODUCCIÓN

El objetivo de la seguridad colectiva europea es claro, también su peso dentro de la seguridad global. Son numerosas las formas y manifestaciones —viejas y nuevas— que constituyen la amenaza más directa para la seguridad de nuestros ciudadanos y para la paz y prosperidad internacionales. La competencia estratégica global y regional, la inestabilidad generalizada y las crisis recurrentes definen un entorno de seguridad más amplio en donde la Alianza, como señala Vilna, proyectará sus objetivos: los conflictos en Europa y Asia, la fragilidad y la inestabilidad en África y Oriente Medio, así como las ambiciones declaradas de actores como China y Rusia que añaden tensión y políticas coercitivas en distintos escenarios. Por no hablar de las nuevas amenazas asimétricas, guerras híbridas, así como al uso malicioso de las nuevas tecnologías emergentes y perturbadoras.

---

[1] Director del Instituto Universitario General Gutiérrez Mellado, Catedrático Europeo en la UNED y profesor en la Escuela Diplomática del MAEUEC de España. Ha sido Decano de la Facultad de Ciencias Políticas y Sociología de la UNED, y presidente del Instituto de Altos Estudios Europeos. De 1988 a 1992 fue gerente del Consejo Federal Español del Movimiento Europeo, y de 2000 a 2006, director del proyecto europeo de investigación "Seguridad Exterior e Interior". Con posterioridad, 2007 y 2008, fue el coordinador del área sexta sobre PESC/PESD en el *Grupo de Expertos "Horizonte Europa 2030"* del Consejo Europeo.

La ocupación militar de Ucrania por parte de Putin el 24 de febrero de 2022 desencadenó la crisis más grave en Europa desde la Segunda Guerra Mundial y trastocó el orden internacional posterior a la Guerra Fría, de tal forma que existe un gran consenso entre especialistas en estar viviendo el momento más álgido de intento de transformación del orden preexistente, expresión más plausible de un cambio de "régimen internacional".

La agresión rusa ha puesto de manifiesto la necesidad de una transformación de los métodos de la seguridad colectiva y de la disuasión por parte de OTAN y de la UE en el escenario europeo, y ha puesto a las claras la necesidad de una nueva reordenación de la seguridad transatlántica y de la propia cooperación interna, principalmente entre aliados europeos y americanos dentro de una inevitable nueva arquitectura de la Alianza occidental[2]. Probablemente muy vinculada a la solución que, antes o después, se pueda dar para la superación de este conflicto y a las consecuencias que ello pueda tener en las transformaciones de ambos socios transatlánticos.

> Ante esta situación, las decisiones que se adopten serán difíciles, pero deben fortalecer a ambos actores. Para ello, es inevitable afianzar los ámbitos compartidos entre ambos socios y fortalecer el pilar europeo dentro de la Organización, en donde la Autonomía Estratégica Abierta es un instrumento de consolidación, acorde a la idea de que un fortalecimiento de la parte europea en el ámbito disuasorio defensivo fortalecerá las capacidades reales de la Alianza y posibilitará los objetivos globales compartidos en la búsqueda de una gobernanza global[3].

---

2 En este sentido es clarificador de los cambios imprescindibles lo recogido en los puntos 6, 7, 8 y 9 de la Declaración Final de la Cumbre de la OTAN en Washington el 10 de julio de 2024.

3 La idea prospectiva de la complementariedad entre el fortalecimiento defensivo de la UE y su repercusión, tanto en el pilar europeo, como en el conjunto de la Alianza, no es nueva; ya se encontraba dentro de las aportaciones del *Grupo de Reflexión sobre el futuro de la UE en 2030* del Consejo Europeo. Puede encontrarse en *La Unión Europea ante los grandes retos del siglo XXI: Aportaciones al Grupo de Reflexión del Consejo Europeo* (2010) Fundación Alternativas /Marcial Pons Eds. (Prólogo de Diego López Garrido /Felipe González). En esta dirección de fortalecimiento recíproco, véase Palomares, Gustavo /Arteaga, Félix. "La Unión Europea y su Acción Exterior: *Agenda* 2020-2030" en *Política Exterior*. julio-agosto 2010. pp. 26-48.

La naturaleza de las amenazas también ha cambiado, los Estados Unidos y sus aliados se enfrentan a peligros cada vez mayores derivados de las operaciones de influencia informativa, los ciberataques, las operaciones de influencia política, las finanzas armadas y la coerción económica. Los nuevos tipos de guerra tecnológica, de guerra híbrida y conflictos en la zona gris, no son totalmente nuevos, pero lo novedoso es la fase que estamos viviendo en la globalización del multi y del metaverso y su efecto en las comunicaciones digitales. Todo ello, ha creado nuevas vulnerabilidades que se suelen afrontar desde un balanceo, no muy equilibrado, entre nuevos y viejos instrumentos. La era del dominio tecnológico occidental exclusivo y su aplicación a los nuevos tipos de guerra y seguimiento de los conflictos ha acabado y los competidores, Rusia y especialmente China, están ocupando cada vez espacios estratégicos más decisivos.

Tras la publicación en 2022 del Concepto Estratégico de la OTAN[4] y la Cumbre de Vilna de la OTAN de 2023[5], parece imprescindible establecer los principales retos a corto y largo plazo para la Alianza Transatlántica, y su priorización en un marco temporal de cinco a diez años. Para ello, es necesario proporcionar un marco estratégico cohesionado capaz de establecer principios rectores básicos y una visión para el futuro de la seguridad europea; también, ofrecer recomendaciones concretas que Estados Unidos, la Unión Europea (UE) y la OTAN deberían implementar a corto y medio plazo para alcanzar una visión estratégica conjunta a largo plazo[6].

---

4 Se puede encontrar en https://www.nato.int/nato_static_fl2014/assets/pdf/2022/6/pdf/290622-strategic-concept.pdf

5 Texto íntegro de la Declaración Cumbre de Vilna en https://www.nato.int/cps/en/natohq/official_texts_217320.htm

6 Sobre esta nueva visión estratégica y disuasoria prospectiva partiendo del nuevo concepto estratégico consultar ALBERQUE W. (2022). *The new NATO Strategic Concept and the end of arms control*. En International Institute for Strategic Studies, https://www.iiss.org/blogs/analysis/2022/06/the-new-nato-strategic-concept-and-the-end-of-arms-control; THE ALPHEN GROUP (TAG) (2022). *The TAG NATO Shadow Strategic Concept 2022: Preserving Peace, Protecting People. A Report for the Secretary General on the 2022 NATO Strategic Concept*, https://www.gmfus.org/sites/default/files/2022-02/TAG%20-%20NATO%20Strategic%20Concept%20-%20NONPRINT.pdf; también BECKER J / DUDA M / LUTE D. (2022). From context to concept: "History and strategic environment for NATO's 2022 strategic concept". *Defence Studies*, 22(3), 489-497 https://www.

En este nuevo marco estratégico, la interacción de la OTAN con sus vecindades meridionales se fundamenta en la convicción tradicional de los Aliados de que su seguridad está estrechamente vinculada a la del norte de África, Oriente Medio, el Sahel y otras regiones. Treinta años después de la creación del Diálogo Mediterráneo de la OTAN y dos décadas después de la puesta en marcha de la Iniciativa de Cooperación de Estambul, la cooperación y la proximidad de la UE y de la Alianza con estas regiones tiene potencial para seguir creciendo a través de nuevos enfoques, nuevas vías y el acercamiento a otras regiones[7].

Algunas preguntas necesarias

1. **La seguridad europea**. La guerra en Ucrania es la expresión más tangible de la crisis en la arquitectura de seguridad europea posterior a la Guerra Fría y el proceso de cambio en el "régimen internacional" ¿Cómo deben Estados Unidos, la UE y la OTAN reforzar su capacidad de disuasión y prevenir futuras amenazas?
2. **La cohesión de la Alianza**. ¿Cómo puede la Alianza mitigar los desacuerdos sobre el reparto de cargas, el papel de defensa de la UE y el alcance de la misión de la OTAN? La amenaza inmediata de Rusia para la seguridad europea compite con el reto a largo plazo del ascenso de China. ¿Cómo debería la Alianza equilibrar estas prioridades, disuadiendo, y a la vez cimentando una acuerdo —al menos de mínimos— entre Moscú y Pekín?
3. **La configuración del orden internacional**. ¿Cómo afectan estas nuevas prioridades a otras regiones, donde pueden chocar los imperativos de las respectivas seguridades nacionales con los intereses colectivos regionales e interregionales? ¿Cuáles son las implicaciones de esta dinámica cambiante para el orden internacional?

---

tandfonline.com/doi/abs/10.1080/14702436.2022.2082959; BUCHANAN E. (2022). Cool change ahead? NATO's Strategic Concept and the High North. *NATO Defense College, NDC policy Brief No. 7*, https://www.ndc.nato.int/news/news.php?icode=1680

7 En este idéntico sentido se expresa el *Informe final. Grupo de expertos independientes de apoyo al proceso de reflexión global en profundidad de la OTAN sobre la vecindad meridional* (mayo 2024) https://media.realinstitutoelcano.org/wp-content/uploads/2024/07/informe-final-grupo-de-expertos-independientes-otan-vecindad-meridional.pdf

En esta nueva etapa en la relación UE-OTAN existe la necesidad imperiosa de una actualización a los cambios y riesgos del actual sistema internacional, muy probablemente los responsables políticos de la mayoría de los países occidentales habían trabajado partiendo del supuesto erróneo de que Rusia y China convergían con Occidente en cuestiones básicas de orden mundial y que, finalizado el enfrentamiento bipolar, los países trabajarían juntos en retos comunes mientras que las viejas rivalidades geopolíticas importarían mucho menos. Lejos de querer encajar en un orden internacional liderado por Occidente en retraimiento global progresivo, los líderes rusos y chinos consideraron que era necesario iniciar un proceso de sustitución progresiva del orden internacional actual y del pacto liberal que lo mantiene; desde esta consideración, las democracias occidentales que son consideradas inevitables, pero en decadencia progresiva según sus planteamientos, son una amenaza existencial para sus regímenes y sus ambiciones de futuro[8]. Ante esta nueva realidad, los países occidentales no se dieron cuenta de la profundidad de este desacuerdo que trae como consecuencia la búsqueda del liderazgo chino en la agenda global[9].

---

8 Esta visión por parte de la alianza chino rusa sobre la necesaria sustitución del orden Occidental incluso antes del conflicto en Ucrania en KACZMARSKI, Marcin (2016) *Russia-China Relations in the Post-Crisis International Order,* Routledge Eds; en el momento actual Jamal QAISER, Jamal / DRIPKE, Andreas / NGUYEN, Hang (2024) *When China and Russia join forces: The Challenge for the Free World,* Diplomatic Council E. V. Eds.; sobe la alianza de conveniencia temporal frente a Occidente véase KIRCHBERGER, Sara / Svenja SINJEN / Nils WORMER (2024) *Russia-China Relations: Emerging Alliance or Eternal Rivals?,* Springer EDS.; la búsqueda de un orden internacional alternativo liderado por China y lo que debería aprender Estados Unidos y Occidente en ECONOMY, Elizabeth (2024) "China's Alternative Order And What America Should Learn From It" in *Foreign Affairs.* May-Jun; en la misma publicación e idéntico número, MEDEIROS, Evan. S. "The Delusion of Peak China America Can't Wish Away Its Toughest Challenger". Algunas reflexiones sobre lo que China se juega en UCRANIA, incluso en su predominio futuro, puede encontrarse en FIX, Liana / KIMMAGE, Michael (2023) "How China Could Save Putin's War in Ukraine. The Logic —and Consequences— of Chinese Military Support for Russia" in *Foreign Affairs.* April, 26. 2023.

9 La nueva "guerra fría" diferente a la anterior, el deseo decidido de liderazgo chino y su efecto en la agenda global, véase NYE, Joseph (2023), *Not destined for war* in Project Syndicate, October 2023.

La *Estrategia de Seguridad Nacional* de los Estados Unidos desplazó, tardíamente, el foco estratégico del terrorismo global a los riesgos de la ambición china y rusa en el sistema internacional[10]. Junto con ello, la política estadounidense carecía del peso geoeconómico necesario para hacer frente a la dependencia de la cadena de suministro y al auge tecnológico de China. La tardía aceptación de los nuevos riesgos para Occidente en el sistema internacional también supuso una tardía adaptación del Concepto Estratégico de la Alianza a los nuevos riesgos y amenazas; a lo que es necesario sumar la división de los socios europeos en el permanente debate *hamletiano* sobre la Europa de la Defensa; fiel reflejo, no sólo de los distintos modelos enfrentados respecto a la seguridad colectiva europea, sino también de las distintas formas de entender la relación con los Estados Unidos. Todos estos factores determinaron la respuesta —no suficiente y mal orientada, desde algunas consideraciones[11]— en 2014 al reto que supuso la ocupación militar de Crimea, lo que propició la idea de tener una tentadora oportunidad por parte del Kremlin para lanzar un órdago militar abierto sobre Ucrania que, bajo su supuesta superioridad geoestratégica y la debilidad atlántico-europea, sería rápido y quedaría sin respuesta.

Sin embargo, estos dos años de guerra han demostrada la falta de cálculo de Putin, no sólo en el desarrollo del conflicto sino también porque la agresión militar ha propiciado procesos de unidad dentro de los socios transatlánticos y también dentro de la Unión impensables tan sólo meses antes. No obstante, este cambio coyuntural puede ser claramente reversible. La indignación ante la agre-

---

10 La primera referencia a ciertos riesgos por parte de China y Rusia se encuentran recogidos en la NSS de 2010 durante la administración Obama, https://obamawhitehouse.archives.gov/sites/default/files/rss_viewer/national_security_strategy.pdf; la actual de 2022 que presenta a Estados Unidos como principal garante de los valores occidentales frente a los principales riesgos que suponen China y Rusia —por ese orden— https://www.whitehouse.gov/wp-content/uploads/2022/11/8-November-Combined-PDF-for-Upload.pdf

11 *Responding to the Russian Invasion of Crimea: Policy Recommendations for US and European Leaders* en European View 13(1) June 2014.143-152; la evolución de la respuesta en 2014 y sus consecuencias en el conflicto actual en: FLOYD, Rita / WEBBER, Mark in *International Affairs*, Volume 100, Issue 3, May 2024, Pages 1149-1169.

sión rusa reforzó inicialmente la cohesión transatlántica y de esta con los respectivos gobiernos de los 27, pero esta cohesión inicial, a pesar del compromiso a largo plazo adoptado en la última Cumbre de Washington de julio de 2024[12], puede correr el riesgo de deshilacharse en países donde los votantes y las élites creen que la guerra ha resultado demasiado costosa o inútil. Por no hablar del posible giro determinante por parte de Estados Unidos como consecuencia de la elección presidencial de noviembre de 2024. Llegados a este punto, no es obvio señalar, que una vuelta a la normalidad con China y Rusia complacería a muchas partes interesadas en los países occidentales. Frente a ello, la amistad entre Putin y Xi Jiping es firme, como quedó patente en la última Cumbre entre ambos líderes en mayo de 2024.

Sin embargo, de la crisis surge la oportunidad. Al igual que la destrucción de la Segunda Guerra Mundial allanó el camino para la reconciliación y la integración en la Europa Occidental, y que el proceso de descomposición de la URSS y la atomización de la Europa central y oriental —germen de la guerra en la antigua Yugoslavia— fue a la vez, también el origen de uno de los mayores avances en el ámbito de la política de seguridad y defensa dentro de la que era Comunidad Europea, en este momento, la conmoción de la invasión rusa de Ucrania ofrece la posibilidad de revitalizar la visión occidental e introducir cambios significativos en el sistema de defensa colectiva dentro y fuera de la Alianza. El éxito o el fracaso a la hora de aprovechar este momento histórico de unidad, definirá, no sólo la seguridad europea, sino también el futuro de las relaciones de los Estados Unidos y los aliados europeos en las principales dinámicas derivadas de las transformaciones del "régimen internacional".

---

12 El único anexo a la *Declaración de Washington* 10 de julio de 2024 se denomina: *Pledge of Long-Term Security Assistance for Ukraine*. En él los aliados se comprometen a mantener una asistencia militar por un valor aproximado de 40.000 millones de euros anuales. Los aliados también ponen a disposición de Ucrania su capacidad industrial de defensa para satisfacer sus necesidades.

2. GUERRA EN EUROPA Y ESCENARIOS DE PAZ

La UE por primera vez en su historia —de forma especial desde el Tratado de Maastricht que le dio origen—, estrena unidad entre sus socios en los ámbitos de seguridad y defensa. Por otra parte, la OTAN celebra su 75 aniversario con la histórica reciente adhesión de Finlandia y Suecia, lo que la hace más fuerte y segura, incluso en el Alto Norte y el Mar Báltico, con una forma renovada de entender el compromiso de sus miembros en una combinación adecuada de capacidades de defensa nuclear, convencional y antimisiles, complementada con capacidades espaciales y cibernéticas. Se trata de emplear herramientas militares y no militares de manera proporcionada, coherente e integrada para disuadir todas las amenazas a la seguridad de Europa y a la de sus socios.

Antes de 2022, incluso en este momento, crecían y crecen las dudas sobre el compromiso de Estados Unidos con la seguridad europea a la luz de su "pivote" hacia Asia que es, *a priori,* una prioridad incontestable de su política exterior económica y de seguridad. Aún con todo, la guerra ha obligado a Estados Unidos a volver a mirar de forma prioritaria a la Alianza y a Europa con la centralidad en sus objetivos políticos y militares perdida en algunos momentos anteriores, para contener con paciencia y firmeza el agresivo protagonismo ruso y el buscado liderazgo chino[13]. Todo este proceso, también ha supuesto el freno a la caída progresiva en su liderazgo global[14] ; un

---

13 Sobre el liderazgo chino el mejor y más profundo análisis científico en SHAMBAUGH, David (2021) *China's Leaders: From Mao to Now*, Cambridge, UK: Polity Press; también BELLO, W (2023). "From Partnership to Rivalry: China and the USA in the Early Twenty-First Century" in *Journal of Contemporary Asia, 53*(5), 828-851; GARLICK, J (2023). *Advantage China: Agent of change in an era of global disruption.* Bloomsbury Academic; THOMAS, N. (2023, July 24). Xi Jinping is trying to adapt to failure. Foreign Policy; el análisis más reciente sobre la utilización de la guerra de Ucrania por parte china en la búsqueda de un liderazgo global puede encontrarse en LEONI, Zeno / STRINA, Veronica (2024) "China: New Hegemonic Power after the War in Ukraine?" in *Revista de Estudios en Seguridad Internacional* (RESI). Vol. 10, No. 1, pp. 69-88.

14 Sobre la evolución de la política exterior de los Estados Unidos en su relación con Asia y Europa y su pérdida progresiva de liderazgo global desde 2003 puede consultarse: PALOMARES LERMA, Gustavo / GARCÍA CANTALAPIEDRA, David (2019) *IMPERIUM. La política exterior de los Estados Unidos del XX al XXI*;

retraimiento y decadencia universal estadounidense que las élites en ese país iban poco a poco asumiendo. Esta guerra por delegación ha colocado a los Estados Unidos nuevamente como el principal "guardián entre el centeno" del histórico modelo dominante occidental, puesto en entredicho por las dos grandes potencias orientales en Asia y Europa[15].

En consonancia con esa revitalización del liderazgo estadounidense, tal como señala la administración saliente Biden y recoge la *Estrategia de Seguridad Nacional* presentada en octubre de 2022: *America is back; America's resurgence is real.* La contestación a la agresión de Putin ha propiciado lo que Estados Unidos no había conseguido en ningún momento histórico posterior a la II GM, dentro de la Alianza o fuera de ella: un liderazgo tan amplio, firme e indiscutible entre los aliados europeos como con el que cuenta ahora; ni tan siquiera en los momentos más calientes durante la Guerra Fría.

Analizaremos en un próximo epígrafe el escenario previsible en caso de un cambio en la presidencia de los EE.UU. fruto de las elecciones en noviembre de 2024, pero nunca hubiera podido soñar el poder estadounidense ni en la mejor circunstancia con una OTAN fortalecida que tuviera en su seno y sin restricciones, no sólo a todos los países del anterior bloque soviético, sino también a los dos Estados nórdicos más grandes rompiendo con ello su auto impuesta y emblemática neutralidad histórica; el proceso de "finlandización" habría acabado 75 años después.

Sin embargo, la guerra también ha puesto de manifiesto la fragilidad de la seguridad colectiva europea. La respuesta estadounidense ha sido tan crucial que ha dejado al descubierto lo que es evidente desde su nacimiento en 1949: la desproporcionada dependencia

---

Madrid, Tirant lo Blanch. (Capítulos. IX y X); también se puede seguir en McKEEVER, Robert / DAVIES. Philip, (2019) *Politics USA. NY,* Routledge

15 El análisis más amplio y crítico respecto al liderazgo estadounidense y su relación con los distintos conflictos, desde 1945 hasta la guerra de Ucrania se puede encontrar en *PETRAEUS*, David; ROBERTS, Andrew (2023) *Conflict. The Evolution of Warfare from 1945 to Ukraine*, William Collins; un análisis crítico al estudio de Petraeus y Roberts, especialmente en su vinculación a la guerra en Ucrania, puede leerse en PALOMARES LERMA, Gustavo (2024), "La guerra, el liderazgo estratégico por otros medios" en *Política Exterior*, May-Jun. Pp. 35-43.

europea de la seguridad estadounidense. Los interrogantes que se plantean los europeos sobre la sostenibilidad de ese compromiso y del apoyo militar occidental a Ucrania a largo plazo son urgentes. Estas líneas, en consonancia con el compromiso de ayuda a largo plazo adoptado en la Cumbre de Washington de 2024, debe presentar propuestas para avanzar, ampliar y, probablemente, introducir cambios significativos en la búsqueda de una complementariedad entre los socios transatlánticos. Esta complementariedad entre OTAN y UE debe plantearse desde la cooperación y no, como históricamente ha sido, desde la subordinación[16]. Para ello, la UE debe dar un paso adelante fruto de la voluntad política y desde la lógica autonomía estratégica[17] , para fortalecer el pilar europeo transatlántico. La UE necesita a una OTAN transformada y la Alianza necesita una Europa más poderosa.

Por ello, a corto y medio plazo, tanto durante la guerra, como en las negociaciones presentes y futuras, la Alianza y la UE —desde su espacio de complementariedad reflejado en sus numerosas declaraciones[18]— no sólo deben asegurarse de que Ucrania tenga una salida

---

16 La búsqueda de esa complementariedad desde una “comprehensive approach” con distintos enfoques, todos ellos coincidentes en el plano de cooperación puede verse en una obra colectiva LINSTROM, Gustav / THARDY, Thierry (eds.) (2019) *THE EU AND NATO The essential partners*, EU Institute for Security Studies; formas para encajar esa complementariedad y no la duplicación de esfuerzos en las siguientes obras: NOVAKY, Niklas A Unique Opportunity to Strengthen EU-NATO Cooperation en *Euractiv.com*, 17 December 2021; también BAUER, Anne L’OTAN se dit prêt à coopérer sur une nouvelle stratégie avec l’Union européenne, *LES ECHOS*, 24 octobre 2021; sobre la duplicidad insostenible en situación de conflicto, véase DASSÙ, Marta.(2021) Four Ways Europeans Can Help Refocus NATO, *European Council on Foreign Relations (ECFR)*, July; de lo mejor escrito sobre complementariedad y su efecto en una visión colectiva para Europa y Occidente en GÖZKAMAN, Armagan (2024) “Complementarity between the EU and NATO in light of the war in Ukraine: an analysis from the perspective of collective securitization theory” en *Journal of Southeast European and Black Sea Studies*, May 2024; pp. 1-27;

17 Una visión de complementariedad OTAN-UE desde la Autonomía Estratégica de la UE puede encontrarse en HOWORTH, Jolyon (2019) *Strategic Autonomy and EU-NATO Cooperation: A Win-Win Approach*, en L’Europe en Formation, n° 389; pp. 85 à 103; en esta misma dirección ya avanzado el conflicto en Ucrania ver el trabajo de TARDY, Thierry (2023) *The New European Defence and Security Agenda* en European Liberal Forum Policy Brief No 5 | May 2023;

18 Puede verse en los siguientes documentos: *NATO SECRETARY GENERAL ANNUAL REPORT* (2024), https://www.nato.int/nato_static_fl2014/assets/

digna, sino también en conseguir un nuevo marco de relaciones estable con Rusia para el postconflicto[19]. Este será el factor determinante —probablemente el más— para el futuro de la Alianza y para la seguridad colectiva en el nuevo orden europeo[20].

Por ello, es importante hablar de ese deseable modelo de Paz cuando nos referimos al futuro de la Alianza y de la UE junto con ella. Cuanto antes se trabaje en el "modelo de Paz" que se desea, menor será el riesgo de divisiones en el seno de la Alianza. Sin embargo, independientemente del plazo en el que se alcance el consenso aliado sobre sus aspiraciones de integración de Ucrania en la OTAN, ese país debe recibir garantías de seguridad creíbles[21]. Y necesitará ayuda para la creación de instituciones, capacidad de defensa e inversión en la base industrial de defensa, para que con ese país podamos incrementar la interoperabilidad futura entre UE y la Alianza en espacios estratégicos vitales en el mar Negro y en el mar de Azov.

La Alianza estaba de acuerdo en gran medida en Madrid (2022) y Vilna (2023) sobre la conducción de la guerra y los resultados deseados: una equlibrio militar y político que deje al Kremlin incapaz de

---

pdf/2024/3/pdf/sgar23-en.pdf; por parte de la UE: COUNCIL OF THE EUROPEAN UNION (2024) 3 june, *Ninth progress report on the implementation of the common set of proposals endorsed by EU and NATO,* Doc. 10471/24. 3 june 2024; en esta misma dirección también del COUNCIL OF THE EUROPEAN UNION (2024) *Conclusions on EU Security and Defence ST 9223/24 COPS 207 POLMIL 137 CIVCOM 105 EUMC 195 INDEF 22 HYBRID 56 DISINFO 58 CYBER 131 ESPACE 39 POLMAR 14 TRANS-211 PESCO 1 FIN 459 CFSP/PESC 620 CSDP/PSDC 282,* Doc. 9225/24, 27 May 2024.

19 Sobre el futuro lugar de Rusia en el continente europeo con posterioridad al conflicto de Ucrania puede consultarse KAEDING, Michael/ POLLAK, Johannes y SCHMIDT, Paul. Eds. (2024), Springer. Eds; también desde otro tipo de consideraciones, KOTKIN, Stephen (2024) *The Five Futures of Russia. And How America Can Prepare for Whatever Comes Next* Foreign Affairs, May/June, analiza cuatro escenarios posibles en ese futuro de Rusia y el papel de EE.UU.;

20 VIMONTA, Pierre (2024) *A new security order for Europe* in Schuman Paper, n°733 23rd January 2024; también importante para entender el conflicto y el futuro de Europa, CASIER, Tom (2023) *The EU and Russia: The War that Changed Everything* en Journal Common Market Studies 2023 Volumen 61; pp. 31-44.

21 Sobre las distintas posibilidades en la salida al conflicto y las seguridades para Ucrania, es muy interesante el artículo de GRYGIEL, Jakub (2024) *The Right Way to Quickly End the War in Ukraine Instead of Abandoning Kyiv, Washington Should Give It the Tools to Win* en Foreign Affairs, July 25.

lanzar otro ataque; el pleno restablecimiento de la integridad territorial ucraniana; garantías de seguridad, seguidas de una rápida adhesión a la OTAN y luego a la UE. Llegados a este punto del conflicto, parece claro que estos resultados no se van a dar[22] . En primer lugar, un colapso militar ruso, o de una guerra de desgaste que allane el camino a las negociaciones con Rusia desde una posición de fuerza de Ucrania y de los intereses occidentales, parecen difícilmente alcanzables. Pero como mínimo, Occidente debe garantizar unos umbrales que permitan una salida aceptable para Ucrania. En términos prácticos, esto significaría un resultado aceptable desde una posición de interés geoestratégico vital[23]: que Ucrania sea soberana (capaz de unirse a la UE y a largo plazo a la OTAN), económicamente sostenible (con acceso a sus puertos) y militarmente defendible (con una combinación de retirada militar rusa y garantías de seguridad occidentales).

Un Acuerdo de este tipo implicaría compromisos dolorosos para todas las partes. Rusia tendría que aceptar un mayor peso de la OTAN y de la UE hacia oriente, algo que ahora describe como una enorme violación occidental de sus intereses fundamentales de seguridad. Ucrania sólo podría aceptar recuperar el territorio aún ocupado por Rusia por medios diplomáticos y políticos, nunca militares. Los países occidentales tendrían que aceptar que están directa e irrevocablemente implicados en la protección de la seguridad ucraniana. Su fe en la disuasión tendría que pesar más que su temor a una escalada del conflicto. Este planteamiento, o alguna versión de este, podría resolver el problema ruso de Ucrania a corto plazo. Pero lo más importante es que no sólo no resolvería el problema ruso de la OTAN a largo plazo, sino que lo agravaría.

---

22 Todas las razones en WONG, E. / JAKES, L (2022), *NATO Won't Let Ukraine Join Soon.* Here's Why, 13.01.2022; https://www.nytimes.com/2022/01/13/us/politics/nato-ukraine.html; en esta misma dirección SELDIN, J (2022). *Ukraine Eyes Fast-Tracked NATO Membership; US Pushes Back*, 30.09.2022, https://www.voanews.com/a/ukraine-pushes-for-fast-tracked-nato-membership-us-pushes-back-/6770904.html (18.11.2022);

23 El estudio más amplio desde esta visión geoestratégica vital para Ucrania y el futuro de Europa en BÁLINT, Madlovics, / BÁLINT Magyar. Eds. (2023) *Russia's Imperial Endeavor and Its Geopolitical Consequences;* Central European University Press.

Lo que preocupa especialmente es la capacidad de Rusia para amenazar a los países bálticos de Estonia, Letonia y Lituania[24] . A pesar de la ampliación de la OTAN para incluir a Finlandia y Suecia, la posición geográfica de los Estados bálticos crea problemas inusualmente difíciles para la defensa y la disuasión. Las antiguas deficiencias en la escala del conflicto, las dificultades en el refuerzo y los inadecuados arsenales no se remediarán rápidamente. La OTAN debe gestionar también el riesgo de que se extienda a otros teatros de operaciones, como el Atlántico Norte, el Ártico y el Pacífico Norte.

Es evidente que el "problema ruso" no tiene fácil encaje y son muchos los planteamientos que se decantan por volver nuevamente a la práctica de la teoría de la contención geoestratégica, señalando que la era de la complacencia a Moscú debe llegar a su fin. Recuerda mucho al famoso cable de George Kennan a Harry Truman en el 48 que sentaba las bases de la Guerra Fría y fue el origen de la propia Alianza[25]. Según estos presupuestos, no se puede volver a la situación habitual con Rusia de concesiones y apaciguamiento a corto o medio plazo; ni siquiera cuando Putin ya no esté en el Kremlin. Sin embargo, una solución soportada sobre un acuerdo de Paz "tipo Yalta" de contención militar y disuasión nuclear con fronteras infranqueables establecidas, probablemente sólo suponga la postergación nuevamente de un conflicto inevitable, en donde el acuerdo de hoy que pone fin a un conflicto encierra el germen del siguiente[26].

---

24 Así lo consideran también CANCIAN, Mark F. / MONAGHAN, Sean / FATA, Daniel (2023), *Strengthening Baltic Security: Next Steps for NATO* in Center for Strategic and International Studies *(CSIS)*, jun, 2023; en esta misma dirección BANCA, Andris (2024*) The Baltic predicament in the shadow of Russia's war in Ukraine*. Orbis, Eds; sobre el miedo compartido entre Alianza y opinión pública en los bálticos, véase DAPKUS, Liudas / RITTER, Karl (2022) *Ukraine Attack Leaves Baltics Wondering: Are We Next?* in AP, Feb., https://apnews.com/article/russia-ukrainerussia-estonia-race-and-ethnicity-soviet-union187f098422b7a3170143de238865b526

25 Este cable que dirigió G. Kennan al secretario de estado y de Defensa, George Marshall, dentro de sus responsabilidades diplomáticas fue la base de la arquitectura política, de seguridad y defensa de los aliados en los años 50 y 60. Puede encontrarse una reproducción y facsímile del telegrama en PALOMARES LERMA, Gustavo (2019) *Imperium. La política exterior de los Estados Unidos*...pp. 293.

26 En este mismo sentido se expresa THEIL, S., (2023) *Is Russia's Future a Forever War?* en Foreign Policy, dic. 2023; también sobre las condiciones del futuro

Está claro que dicho Acuerdo, cuando se produzca, condicionará de forma directa la nueva arquitectura de la seguridad colectiva en Europa y el futuro inmediato de la Alianza. Por lo tanto, sería el momento de modificar los métodos de contención y disuasión históricos, no sólo modificando el concepto estratégico atlantista —como se hizo en la Cumbre de Madrid en 2022— para hacerlo más completo geoestratégicamente desde una nueva visión más amplia e integral de la seguridad, sino también optar por un acuerdo de Paz "tipo Helsinky" fruto de una Conferencia, como en aquella ocasión de 1975, en donde se pudiera acordar un Acta con un mínimo *modus operandi* entre los estados europeos y Rusia, incluyendo también a los Estados Unidos y Canadá. Desde una visión estratégica prospectiva, sólo con una iniciativa así, es posible una salida negociada al conflicto en Ucrania que pudiera suponer la puesta en marcha de una mega tendencia ordenadora del sistema internacional[27] .

3. CONVERGENCIAS Y DIVERGENCIAS OTAN-UE

Ideas fuerza

- La guerra de Rusia en Ucrania ha puesto de manifiesto la dependencia del sistema de seguridad colectiva europea con los Estados Unidos y

---

Acuerdo JUNG, K (2023) *A new concert for Europe: security and order after the war* Washington quaterly, 46 (1), 25-43.

27 En este sentido PALOMARES LERMA, G., (2023) *Ucrania, guerra y paz, un año después: la Conferencia de Helsinki como inspiración* en Huffington Post. 19/02/23; en esta dirección se orienta el *Joint Communiqué on a Peace Framework adopted at the Summit on Peace in Ukraine* del Consejo Europeo posterior a la reunión de Suiza los días 15 y 16 de junio de 2024 para potenciar un *Diálogo de alto nivel sobre las vías hacia una paz global, justa y duradera para Ucrania.* Una aproximación desarrollada a partir del estudio de bastantes variables respecto a las condiciones de Paz y el establecimiento de una mesa de negociación se puede encontrar en: BEEBE, George / LIEVEN, Anatole (2024) *The Diplomatic Path to a Secure Ukranie* en Paper Quincy Institute, 16/02/2024 también *War, peace and the International System after Ukranie* en Talbot Paper 22/02/2023; de igual forma SCHEFFER, David (2023) *The Role of Justice and Accountability in a Negotiated Peace* en Just Security 25/09/2023. En la literatura en español también SANAHUJA PERALES, Jose Antonio (2024) *Guerras del interregno: la invasión rusa de Ucrania y el cambio de época europeo y global* en Documentos CEIPAZ

con la Alianza subrayando su necesaria complementariedad desde un plano de inevitable cooperación a corto y medio plazo.

- El actual conflicto subraya la necesidad de avanzar en los objetivos de la "Brújula Estratégica" como mejor método para asegurar una autonomía estratégica abierta de la UE: hacia dentro —a partir de los 27 socios—, y también hacia fuera —del pilar europeo con el resto de los socios de la Alianza—. La opcionalidad sustitutiva o la versión superpuesta de las apuestas defensivas debilita la seguridad cooperativa de la posición occidental.
- Es imprescindible establecer una nueva estructura marco de relación europea respecto a Estados Unidos, en donde la "autonomía estratégica" sea compatible con la "responsabilidad estratégica", dentro de una asociación estrecha pero más igualitaria con Estados Unidos, la priorización del gasto y las capacidades de defensa —en cantidad y en calidad selectiva de la ejecución presupuestaria—, así como en el aprovechamiento de los puntos fuertes no militares de la UE.
- El corazón geopolítico del continente europeo se ha desplazado hacia el este y el norte, otorgando más influencia a los socios de Europa Central y Oriental, los países nórdicos y bálticos, lo que requiere una especial atención por parte de la UE y de la Alianza.
- Mantener una percepción compartida de la amenaza a largo plazo que supone Rusia para la seguridad europea es vital. Para no volver a una ineficaz disuasión, es necesario un esfuerzo compartido desde la nueva doctrina que supone el *Concepto Estratégico* establecido en la Cumbre de Madrid de 2022, en donde se vinculan la amenaza que supone Putin para la seguridad colectiva europea y los nuevos instrumentos y herramientas de la cooperación militar.

Los aliados europeos no podrían haber evitado una derrota ucraniana sin la ayuda de Estados Unidos y de la Alianza, tampoco los socios transatlánticos podrían haber soportado solos durante los meses de difícil consenso interno en el Senado de los Estados Unidos, o de las grandes lagunas en los suministros operativos sobre el terreno, sin el apoyo militar de la UE y del pilar europeo de la Alianza, liderados ambos por Alemania.

La invasión a gran escala de Ucrania por parte de Rusia ha cimentado, por tanto, el liderazgo de Estados Unidos, la inevitable necesidad de la OTAN. Pero también ha acentuado la imperiosa necesidad de aprovechar la unidad lograda dentro de la PESC y de la PESD para institucionalizar dicha unidad avanzando en la seguridad cooperativa, en nuevas posiciones y acciones comunes en relación con la Europa de la Defensa. Establecer una división del trabajo productiva y equilibrada entre Estados Unidos y sus aliados europeos, y entre la UE y la OTAN, como se ha vivido en estos dos últimos años, no supone la muerte de la autonomía estratégica de la UE sino todo lo contario: una complementariedad más efectiva entre los objetivos defensivos de Estados Unidos, de sus socios europeos, dentro y fuera de la Alianza.

Hacer de la debilidad de la seguridad colectiva europea virtud es aprovechar la unidad en el rechazo del expansionismo autoritario de Putin, y el nuevo protagonismo germano en sintonía con Washington, para avanzar en mecanismos rápidos de cooperación solidaria en materia de seguridad y defensa entre aquellos socios que así lo consideren, dándole a la vez naturaleza jurídica acorde con el artículo 44 del Tratado de la Unión. Es insostenible seguir manteniendo el criterio de la unanimidad —más o menos matizada— en el proceso de toma de decisiones, ni tampoco una Europa de la defensa al menú de 27 comensales con sus respectivos intereses y pasados nacionales[28].

El actual debate sobre la necesaria transformación de la UE, a raíz de los distintos *informes*, tanto el Informe Draghi como el Informe Letta[29] , coloca la necesaria construcción de la *Europa de la Defensa* como uno de los principales motores de la reforma. Este enfoque va tomando cada vez más fuerza en las instituciones europeas, e incluso fue una de las propuestas más claras, recogidas y demandadas por la ciudadanía europea en la Conferencia para el Futuro de Europa[30] .

---

28 Sobre las sucesivas reformas en el proceso de toma de decisiones en este ámbito de la PESC y PESD de la UE puede hacerse un seguimiento en PALOMARES LERMA, Gustavo (2018) *Relaciones Internacionales en el siglo XXI.* Tecnos Eds. (Segunda edición revisada y ampliada. Capítulo VI. La política exterior y de seguridad común. pp. 115-133). El necesario paso adelante en la Europa de la Defensa aprovechando la unidad ante la agresión a Ucrania en *La Europa de la Defensa: ser o no ser* diario El Mundo 30/08/2023

29 El denominado *Informe Draghi* puede encontrarse en https://commission.europa.eu/topics/strengthening-european-competitiveness/eu-competitiveness-looking-ahead_en#paragraph_47059; por su lado el *informe Letta* se encuentra en: https://www.consilium.europa.eu/media/ny3j24sm/much-more-than-a-market-report-by-enrico-letta.pdf

30 Es interesante ver la necesidad acuciante en *El enfoque integral adoptado por la Unión Europea en relación con los conflictos y las crisis exteriores*". (Comisión Europea y Alta Representante de la UE, 2013). Véase a este respecto, Comisión de Asuntos Exteriores (2014), *Informe sobre el enfoque integral de la UE y sus implicaciones para la coherencia de la acción exterior de la UE* (2013/2146(INI)), Parlamento Europeo, Unión Europea.

El actual conflicto en Ucrania ha puesto de manifiesto el "falso debate" permanentemente repetido a la hora de optar entre el objetivo irrenunciable de la denominada autonomía estratégica abierta de los europeos[31], enfrentada a la exigible lealtad plena con los objetivos y medios atlantistas. Todo ello, como es evidente, en función de las distintas formas en la que los socios europeos entienden dicho vínculo transatlántico y, en consecuencia, a la relación de cada uno con los EE. UU[32]. La UE necesita la Alianza ante su precariedad estratégica defensiva, pero, por otro lado, sólo será posible robustecer el vínculo transatlántico si somos capaces de fortalecer su pilar europeo desde planos de igualdad entre los socios[33] , y abriendo los ámbitos de cooperación a otros escenarios del sur global; en el sentido de lo apuntado por el nuevo concepto estratégico.

Como se puede apreciar en la siguiente tabla, estamos hablando de una coincidencia y complementariedad significativa entre los intereses, objetivos, riesgos, amenazas, medios defensivos, y *comprehensive approach* presentados por la Alianza —reflejados ya en el nuevo concepto estratégico 2022—, como de la UE en su conjunto: la búsqueda del equilibrio y complementariedad entre *Brújula* y *Autonomía Estratégica.*

---

31 Una aproximación completa a la denominada "autonomía estratégica abierta" puede encontrarse en LÓPEZ GARRIDO, Diego (2023) *Autonomía Estratégica Abierta de Europa. Geopolítica y geoestrategia en el siglo XXI.* Cuadernos de Trabajo nº 225, Fundación Alternativas; sobre las diferentes denominaciones en relación con la estrategia comunitaria exterior véase HOWORTH, Jolyon (2019). *Autonomy and Strategy: what should Europe want.* Security Policy Brief, (110); En este mismo sentido, PALACIO, Vicente (Dir) (2024) *Autonomía estratégica abierta europea y ciclo electoral 2024. Opciones frente a EEUU y China. Fundación Alternativas. Documento de Trabajo. https://fundacionalternativas.org/wp-content/uploads/2024/06/INTERIOR_AUTONOMIA_ESTRATEGICA_FINAL.pdf*

32 Los dos modelos enfrentados de la defensa europea en este "falso" debate de opción excluyente ya se encontraba en la ratificación del TUE Maastricht. Rec. PALOMARES LERMA, Gustavo (1995) *Presente y futuro de la Política Exterior y de Seguridad Común de la Unión Europea* en Revista de Estudios Políticos. Oct-Nov 1995. Pp. 243-267; del mismo autor (2002) recogiendo la evolución del debate en *Política de seguridad de la Unión Europea: realidades y retos para el siglo XXI* (Prólogo Javier Solana), Tirant lo Blanch.

33 La necesidad de modificar una relación histórica desequilibrada entre aliados y su sustitución por una Alianza entre iguales y que sean igualmente autónomas y solidarias. Cit. AYALA MARÍN, José Enrique. *OTAN: los próximos 60 años* EL PAÍS. 3 abr. 2009

4. ESPACIOS DE COMPLEMENTARIEDAD ENTRE OTAN Y AUTONOMÍA ESTRATÉGICA ABIERTA DE LA UE

Compatibilidad OTAN / UE / Iniciativa *Sorbonne*			
ÁMBITO GENERAL	**INICIATIVA SORBONNE (2024)**	**CONCEPTO ESTRATÉGICO OTAN MADRID (2022)**	**BRÚJULA ESTRATÉGICA UE - Autonomía Estratégica Abierta (2022)**
Marco de seguridad común	Pilar europeo de la OTAN / Marco de seguridad común europeo.	Políticas de defensa nacionales y de la OTAN.	Mayor integración y coordinación de los planes defensivos europeos con la colaboración de sus socios.
Principales amenazas — Entorno estratégico	Rusia como amenaza y China como desafío.	Redefinición de Rusia y China como principales amenazas.	Mundo multilateral y multipolar disputado. Destacan Rusia y China. Trazan su entorno estratégico y definen las amenazas y desafíos (terrorismo, guerra híbrida...)
Construcción de estructuras defensivas	Estructuras defensivas europeas. Escudo antimisiles y de tiro profundo.	Estructuras nacionales de los países que conforman la OTAN.	Destaca en el apartado 3º la coordinación y el desarrollo conjunto de propuestas por parte de la UE.
Construir un concepto estratégico	Concepto estratégico exclusivamente europeo. Ejército francés como modelo de ejército completo.	Concepto estratégico integral, flexible y abierto a escenarios concretos	Estrategia puramente europea que nace de la *Global Strategy*. Refuerzo de la PCSD-2030. Pilar de la Autonomía Estratégica Abierta. Tanteo Artlo. 44. Concepto de la *Seguridad Cooperativa*

Compatibilidad OTAN / UE / Iniciativa *Sorbonne*			
ÁMBITO GENERAL	INICIATIVA SORBONNE (2024)	CONCEPTO ESTRATÉGICO OTAN MADRID (2022)	BRÚJULA ESTRATÉGICA UE - Autonomía Estratégica Abierta (2022)
Armamento nuclear	Piedra angular para la estrategia defensiva de Europa. Base para construir la disuasión europea. Francia como núcleo del proyecto.	*Garantía suprema de la Alianza* —capacidades nucleares estadounidenses. Más la contribución de Reino Unido y Francia.	No hace referencia a su desarrollo ni potencial defensivo ni teórico ni práctico. Aparece dentro de las potenciales amenazas.
Respuestas de intervención	-2ª Iniciativa Europea de Intervención –Fuerza de reacción rápida de 5.000 hombres. Ej.: Grupo Takuba o misión Aspides.	Existe un compromiso de mejora de las capacidades de respuesta y despliegue. Desplegar operaciones militares y civiles.	Muchas medidas dentro del Pilar 2: Actuar Destaca la fuera de despliegue rápido que pasa de 1500-5000 unidades a 2025.
Estrategias regionales de seguridad. (Mediterráneo, África, el Indo-Pacífico, Ártico, etc.)	Desarrollar estrategias exteriores desde el punto de vista exclusivamente europeo.	Desarrollar perspectivas propias de las naciones y el conjunto de la OTAN.	Desarrolladas a través del Pilar 1: Trabajar de manera asociativa. Enfoque multilateral y regional.
Instrucción militar	Creación de una Academia Militar Europea.	Compromiso de mejora tanto de la integración como de la interoperabilidad. Asegurar adiestramiento.	Propuestas de ejercicios en todos los ámbitos. Se encuentran en Pilar 1, 2, 4: Destacan. –Conjuntos con OTAN de inteligencia y movilidad militar –Ejercicios europeos con la Capacidad Militar de Planificación y Ejecución
Marco político para la seguridad y defensa	Continuar con la Brújula estratégica europea.	Concepto Estratégico de Madrid.	Desarrollo de las acciones propuestas hasta 2030. Desarrollo del marco PCSD.

Compatibilidad OTAN / UE / Iniciativa *Sorbonne*			
ÁMBITO GENERAL	**INICIATIVA SORBONNE (2024)**	**CONCEPTO ESTRATÉGICO OTAN MADRID (2022)**	**BRÚJULA ESTRATÉGICA UE - Autonomía Estratégica Abierta (2022)**
Ciberseguridad y ciberdefensa	Capacidad exclusiva europea.	Deseo de profundizar a nivel colectivo.	Propuestas en el Pilar 3, 4 – Destaca el desarrollo de una política de ciberdefensa de la UE.
Ampliación de socios	Ampliación de socios fuera de la UE en la comunidad política europea de seguridad. EJ.: UK	Abiertos a explorar nuevas relaciones ventajosas.	Propuestas en el Pilar 1. –Tratar de ampliar la cooperación bilateral con socios estratégicos (Noruega, Canadá, Japón, UK...)
Industria de defensa	Transformar una industria defensiva europea. –Construir programas industriales europeos –Crear normativa común	Fortalecer y modernizar las fuerzas de la OTAN. Tendencia hacia el incremento 2% presupuestos nacionales.	Propuestas específicas en el Pilar 3 de inversión. –Propuesta de acceso a la financiación privada en la Industria de defensa europea con el Banco Europeo de Inversiones.
Inversión	Aumento sustancial de la inversión en defensa. –Fondo Europeo de Paz –Apoyo al banco Europeo de Inversiones –Préstamos europeos	Animan a realizar un aumento.	Apartado fundamental. 3º Pilar de la Brújula. Tratar de incrementar y optimizar la inversión, subsanar las carencias y reducir dependencias.

Compatibilidad OTAN / UE / Iniciativa *Sorbonne*			
ÁMBITO GENERAL	**INICIATIVA SORBONNE (2024)**	**CONCEPTO ESTRATÉGICO OTAN MADRID (2022)**	**BRÚJULA ESTRATÉGICA UE - Autonomía Estratégica Abierta (2022)**
Diplomacia	Diferenciarse de Occidente. Marca Europa: –Coherencia y unidad en el discurso –Crear estrategias de asociación –Rechazo a la confrontación bipolar –Estrategias diplomáticas regionales europeas	Propia de cada Estado acompañando y en coherencia con los objetivos colectivos de defensa de la Alianza	*Ciberdiplomacia* en el Pilar 4. Escasa referencia sobre la diplomacia en la seguridad y la defensa. Medidas preventivas y sanciones a agentes externos por actividades informáticas malintencionadas contra la Unión en la Unidad Informática Conjunta de la UE.

En el ejercicio de este nuevo equilibrio de complementariedad entre *Autonomía Estratégica* (UE) y nueva *Responsabilidad estratégica* (OTAN), los países de la UE anunciaron aumentos del gasto en defensa por valor de unos 200.000 millones de euros. La UE ha proporcionado una ayuda sustancial a Ucrania, que asciende a 77.000 millones de euros hasta julio de 2024. Esto incluye un fondo hasta ahora poco conocido llamado Fondo Europeo para la Paz que ha proporcionado 12.000 millones de euros en ayuda militar directa.

Junto con ello, la Comisión en el mes de julio de 2024 evaluó positivamente el primer pago regular de cerca de 4.200 millones de euros en el marco del Mecanismo para Ucrania de la UE, destinado a apoyar la estabilidad macrofinanciera de Ucrania y el funcionamiento de su administración pública. Una vez adoptada por el Consejo, esta decisión elevará a 12.000 millones de euros la financiación total de la UE desembolsada a Ucrania desde que el Mecanismo entró en funcionamiento en marzo de este año. En resumen, Ucrania recibirá hasta 50.000 millones de euros en subvenciones y préstamos para el período 2024-2027 en el marco del Mecanismo para Ucrania[34] .

En la necesaria interoperabilidad entre la OTAN y la UE en este ámbito referido a los incrementos en los presupuestos nacionales en defensa, no sólo es importante que los gobiernos europeos gasten más en defensa para alcanzar el objetivo del 2% fijado por la OTAN, sino reconocer que el problema de la defensa colectiva de Europa no es tanto un problema de cantidad como, principalmente, de calidad a la hora de interpretar el nuevo concepto estratégico acorde también con los puntos y prioridades de la agenda europea. No es un problema de umbrales o de establecer cuotas partes más generosas en el gasto, sino principalmente definir en qué se gasta. El gasto en defensa por sí sólo no puede solucionar la excesiva dependencia de la Alianza a los Estados Unidos. Nadie puede asegurar que un incremento del gasto europeo en defensa cambie la naturaleza, funcionamiento y prioridades de una Alianza que, implicada directamente

---

34 Sobre la ayuda financiera a Ucrania consultar Brussels, 17.7.2024 COM (2024) 321 final. *Proposal for a COUNCIL IMPLEMENTING DECISION on establishing the satisfactory fulfilment of the conditions for the payment of the first instalment of the non-repayable financial support and of the loan support under the Ukraine Plan of the Ukraine Facility*

en el enfrentamiento con Rusia y China, necesita más que nunca el apoyo de los Estados de la Unión, especialmente después de la entrada de Suecia y Finlandia en la Organización.

La autonomía estratégica europea es un aporte fundamental en la complementariedad entre OTAN y la UE. Tiene una implicación con todas las áreas políticas, de seguridad y defensa de la Unión. Defender los intereses de la UE en un entorno geopolítico hostil y mitigar la dependencia respecto a cadenas de suministro extracomunitarias, así como el desarrollo progresivo de la "Brújula Estratégica", son elementos centrales de una autonomía estratégica que ha pasado de ser un concepto a ser una capacidad[35] . En cualquier caso, es imprescindible pensar lo que dicha autonomía puede suponer financiera, económica, industrial y operacionalmente, incluso planteado desde este ámbito de la complementariedad[36] para, desde ahí, y a pesar de las dificultades, asumir dicha autonomía estratégica como un hecho político y militar irrenunciable en el proceso integrador.

Dentro de las decisiones fundamentales que se deben tomar, se encuentra el fortalecimiento de la base industrial de la defensa de Europa sobre los principios de coordinación, eficiencia y eficacia. Sólo podremos avanzar en la integración de las bases industriales de la defensa, si partimos de un I+D+i más compartimentado, respetando las diferentes industrias nacionales y sin caer en la tentación de engordar aún más a las grandes multinacionales u oligopolios asociados a intereses nacionales espurios concretos. Parece claro que es necesario incrementar los presupuestos de instituciones como el Fondo Europeo de Defensa, la Agencia Europea de Defensa y la PESCO (Cooperación Estructurada Permanente en materia de Defensa), establecida en 2017 con el objetivo de establecer una cooperación planificada entorno a proyectos conjuntos que hagan crecer de forma coherente nuestras capacidades, en y para la defensa. Todos estos programas, no obstante, deberían insertarse en la lógica de la

---

35 En este sentido una obra completa de colaboración entre distintos autores VV.AA. (2024) *Autonomía estratégica y soberanía europea.* UPV. Eds.,

36 Señalando los límites reales de esta autonomía estratégica véase MARTÍ SEMPERE, Carlos (2021) *¿Es la autonomía estratégica un concepto obsoleto?* En Infodefensa. *com.* Noviembre https://www.infodefensa.com/texto-diario/mostrar/3317423/autonomia-estrategica-concepto-obsoleto

gobernanza multinivel europea para que redunden en el desarrollo territorial de las distintas regiones en Europa[37].

En esta misma dirección por parte de la Alianza —lo que dice mucho de esa complementariedad inevitable—, el punto decimo primero de la Cumbre de Washington de julio 2024 hace referencia a que la cooperación industrial transatlántica en materia de defensa es una parte fundamental de la disuasión y la defensa de la OTAN. El fortalecimiento de la industria de defensa en Europa y América del Norte y la mejora de la cooperación industrial de defensa entre los aliados hace posible cumplir con los requisitos de los planes de defensa de la OTAN de manera oportuna[38]. Para ello, es imprescindible reducir y eliminar, según corresponda, los obstáculos al comercio y la inversión en materia de defensa entre los aliados. Sobre la base del *Plan de Acción de Producción de Defensa* acordado en la Cumbre de Vilna en 2023, existe el compromiso para fortalecer la industria de defensa en toda la Alianza, actuar con urgencia para ofrecer las capacidades más críticas. Con ese fin, culmina la Declaración, se ha acordado el *Compromiso de Expansión de la Capacidad Industrial* de la OTAN[39].

---

37 El documento matriz para ver las líneas de esta coordinación en *A new European Defence Industrial Strategy: Achieving EU readiness through a responsive and resilient European Defence Industry*. COMMUNICATION HIGH REPRESENTATIVE OF THE UNION FOR FOREIGN AFFAIRS AND SECURITY POLICY JOIN (2024) 10 final; sobre la cuestión política de dicha coordinación véase LUISARI, Tommaso (2024) *The New European Defence Industrial Strategy: A Political Matter* en Istituto Affari Internazionale.; también sobre las dificultades en la coordinación de esa industria y los intereses nacionales en MÖLLING, Christian / HELLMONDS, Sören (2023), *Security, Industry, and the Lost European Vision (#EDINA II)*, en DGAP Reports, No. 10 (octubre de 2023), https://dgap.org/en/node/39449; también GRAND, Camille (2024) *Opening Shots: What to Make of the European Defence Industrial Strategy*, in ECFR Policy Alerts, 7 March 2024, https://ecfr.eu/?p=119122.; sobre la fragmentación de la industria en ALVAREZ-COUCEIRO, Paula (2023) *Europe at a Strategic Disadvantage: A Fragmented Defense Industry*, in War on the Rocks, 18 April https://warontherocks.com/?p=28598; en la perspectiva española sobre la incidencia de la PESCO en el incremento de capacidades, también la coordinación en industria de defensa puede consultarse MARTÍ SEMPERE, Carlos (2024) *Una revisión de la Colaboración Estructurada Permanente*, Real Instituto El Cano, colección *Análisis*,

38 Rec. en *Washington Summit Declaration* (2024) punto 11 y ss. https://www.nato.int/cps/en/natohq/official_texts_227678.htm.

39 El desarrollo y las medidas concretas de ese *NATO Industrial Capacity Expansion Pledge* puede encontrarse en https://www.nato.int/cps/en/natohq/official_

Comprender la trayectoria futura de las relaciones UE-OTAN resulta primordial para el futuro de la OTAN y también para el propio proceso de integración en Europa. Más allá de la autonomía estratégica europea y de la cohesión de la Alianza, las relaciones UE-OTAN han resultado con demasiada frecuencia inferiores a la suma de sus partes, a pesar de las ambiciones de incrementar la cooperación. Hay buenas razones para afirmar que el periodo transcurrido desde la invasión rusa a gran escala de Ucrania se ha dado el punto álgido de esa relación con una OTAN que no se ha limitado a su función principal de defender a los aliados, ni tampoco la UE que se ha limitado a hacer el mejor uso posible de sus instrumentos económicos para sancionar a Rusia y ofrecer ayuda humanitaria, financiera y para la reconstrucción de Ucrania. En este período, la ruptura del reparto histórico de papeles en función de sus respectivas fortalezas está siendo muy beneficioso y abre el camino hacia una nueva recomposición de la Alianza.

Frente a los argumentos que plantean la muerte de la autonomía estratégica y del pilar europeo en la Alianza, es evidente que la guerra en Ucrania supone un antes y un después en el reconocimiento de la UE como un actor geoestratégico —cada vez menos complementario— y no sólo en el ámbito de cooperación en la defensa. Desde 2008, la UE ha desempeñado un papel importante y en gran medida exitoso en el refuerzo de la seguridad energética europea, por ejemplo. La capacidad del continente para resistir las interrupciones del suministro de gas por el gasoducto ruso se debe directamente a la mejora del almacenamiento y la interconexión, así como a la diversificación de las rutas de importación. Estos esfuerzos, a menudo infravalorados en Estados Unidos y en UK, pueden considerarse el núcleo de la cada vez más sólida perspectiva geopolítica de la UE.

Desde el otro punto de vista, los temores históricos permanentes de que la UE pretendiera buscar alternativas para suplantar a la OTAN como proveedor esencial y único de defensa colectiva, ha llevado a Estados Unidos y a algunos de los grupos influyentes de pensamiento militar en ese país, en momentos decisivos de avance en el proceso de integración, a tratar de impedir que se celebraran

---

texts_227504.htm

conversaciones sobre seguridad fuera de la Alianza y a ver con cierta distancia iniciativas defensivas biomultilaterales en el seno de la UE o, incluso, entre países de la Unión.

La cuestión de las históricas funciones respectivas en la delimitación vertical de responsabilidades entre la OTAN y la UE ha imposibilitado un concepto estratégico más amplio e inclusivo hasta su nueva definición en la Cumbre de Madrid en 2022. Evidentemente una visión más mixta de la cooperación ha existido, pero siempre de forma excepcional, hasta la *Declaración conjunta sobre la cooperación entre la UE y la OTAN* de enero de 2023. En ella se afirma que, en congruencia tanto con el *Concepto Estratégico* de la OTAN como con la Brújula Estratégica de la UE, la agresión de Putin a Ucrania supone un momento clave para la seguridad y la estabilidad euroatlántica, que demuestra la importancia del vínculo transatlántico y, a la vez, exige una cooperación más estrecha entre la UE y la OTAN[40].

Como señala de forma clara dicha Declaración, la OTAN sigue siendo la base de la defensa colectiva de sus aliados y es esencial para la seguridad euroatlántica. En ella, se reconoce el valor de una defensa europea más fuerte y capaz que contribuya positivamente a la seguridad global y transatlántica y que sea, además, complementaria e interoperable con la OTAN. La OTAN sigue siendo la base de la defensa colectiva de sus aliados y es esencial para la seguridad euroatlántica, pero se reconoce el valor de una defensa europea más fuerte y capaz que contribuya positivamente a la seguridad global, europea y transatlántica, desde una complementariedad e interoperabilidad con la Alianza. La asociación estratégica OTAN-UE, que se refuerza mutuamente, contribuye a fortalecer la seguridad en Europa y más allá de ella. También, ambos actores desempeñan funciones complementarias y coherentes que se robustecen mutuamente en apoyo de la paz y la seguridad internacionales[41].

Aún con todo, a pesar de la Declaración de 2023, la cooperación y el camino hacia la interoperabilidad sobre el terreno ha sido a me-

---

40 La *Joint Declaration on EU-NATO Cooperation*, 10 January 2023, tiene como antecedentes la *Warsaw Joint Declaration* de 2016 y la *Brussels Joint Declaration* de 2018. La de 2023

41 Rec. *Joint Declaration on EU-NATO Cooperation*, 10 January 2023; puntos 8 y 9.

nudo menos estrecha de lo que parece, y con frecuencia se ha visto obstaculizada por mandatos y cadenas de mando diferentes, imperativos institucionales distintos y ambiciones contrapuestas. Nunca ha existido una fórmula consensuada para dirimir cuál de los dos podría dirigir y en qué circunstancias operativas, más allá del territorio de los miembros de la OTAN tampoco ha existido un mecanismo estable para un reparto lógico de tareas en caso de que ambas organizaciones decidan implicarse en una crisis concreta.

Teniendo en cuenta esta nueva combinación de tareas, la OTAN y la UE no sólo necesitan una mejor coordinación, sino de manera imprescindible una mayor cooperación. De hecho, existen áreas en las que la OTAN y la UE pueden desempeñar un papel sustantivo y sinérgico. Por ejemplo, una mayor cooperación en los instrumentos y capacidades defensivas, en la construcción de infraestructuras críticas transnacionales resilientes constituye un buen paso adelante, como demuestran el *Grupo de Trabajo OTAN-UE sobre la Resiliencia de las Infraestructuras Críticas y el Diálogo Estructurado OTAN-UE sobre Resiliencia*[42].

La guerra en Ucrania ha disipado esos históricos temores estadounidenses y la actual administración Biden —sería exagerado en este caso hablar también de los republicanos— acepta esa complementariedad a partir del establecimiento de una interoperabilidad recíproca que está por construir. Prueba de este cambio es la participación del propio Biden en el primer *Foro de Defensa y Futuro UE-EE.UU.* y la realización del tercero en noviembre de 2023[43] , identificado claras vías de complementariedad, coincidentes con las ya recogidas en la *Declaración Conjunta* de enero de 2023, en la que se esbozaba una cooperación ampliada en varias áreas, entre ellas:

- Diseño geoestratégico en áreas prioritarias.
- Resiliencia y protección de infraestructuras críticas

---

42 EU-NATO TASK FORCE ON THE RESILIENCE OF CRITICAL INFRASTRUCTURE (2023) https://commission.europa.eu/document/download/34209534-3c59-4b01-b4f0-b2c6ee2df736_en?filename=EU-NATO_Final%20Assessment%20Report%20Digital.pdf

43 Rec. in Atlantic Council (2023) *Third annual EU-US Defense & Future Forum*. Algunas de las sesiones y resumen de contenidos en https://www.atlanticcouncil.org/event/2023-eu-us-defense-future-forum/

- TED, *Threat Environment Defense*
- Seguridad del Espacio Ultraterrestre
- Cambio climático y sus implicaciones para la seguridad
- Desinformación y guerra híbrida.

La OTAN proporciona a los aliados expuestos en el flanco oriental lo que la UE no puede: defensa, disuasión en múltiples ámbitos y garantías de seguridad. La UE ofrece centralidad operativa, pero también una ayuda que la OTAN no puede proporcionar: apoyo financiero, integración de sistemas energéticos, infraestructuras, ayuda humanitaria y un futuro en una comunidad política europea compartida. Esto es crucial a la hora de habilitar, capacitar e integrar a los socios vecinos (como Ucrania) en el mercado único. La UE no solo ofrece esa complementariedad militar junto con una centralidad operativa, también dispone de palancas que la OTAN no tiene, ni debe tener, como las sanciones económicas o el mecanismo de posiciones comunes en el ámbito político y diplomático.

La cooperación entre la UE y la OTAN es fundamental cuando se habla de retos compartidos, como las amenazas cibernéticas y otras amenazas híbridas en las que las capacidades de disuasión y resiliencia de la UE resultan especialmente útiles. La OTAN y la UE deberían crear sinergias y mecanismos de interoperabilidad en este ámbito. Las infraestructuras críticas constituyen otra área clave de cooperación en la que la financiación de la UE podría apoyar los esfuerzos de planificación de la OTAN.

Otro ejemplo del éxito de esta cooperación práctica es *The Multinational Multi-Role Tanker*, con sede en las bases aéreas de Eindhoven y Colonia. La flota pertenece y es gestionada por la OTAN, pero la iniciativa es liderada por la Agencia Europea de Defensa desde hace más de 15 años con éxitos como son: el Airbus A330 MRTT; Sistema de pértiga ARBS (*Aerial Refuelling Boom System*); el Pods de reabastecimiento Cobham 805 y 905E para reabastecer a aeronaves equipadas con sonda y también el UARRSI (*Universal Aerial Refuelling Receptacle System Installation*)[44].

---

[44] Una explicación detallada del proyecto *Multi-Role Tanker* puede encontrarse en CHOMÓN PÉREZ, Juan Manuel (2022) *The Multinational Multi-Role Tanker Transport Fleet Programme Relevant for NATO-EU Military Air Transport?* En el Jour-

Sin embargo, el inevitable nuevo marco de relación se ve agravado por el hecho de que la cooperación entre la UE y la OTAN a veces impide el progreso o tiende al bloqueo, aunque sólo sea porque su funcionamiento interno permanece "herméticamente sellado" entre sí. La creación de instituciones no basta por sí sola para abordar los retos que se plantean, sobre todo porque los beneficios de unas relaciones de trabajo más estrechas entre las instituciones tienen sus límites. La suposición lógica de que una relación más fuerte es un fin o un "bien" en sí mismo todavía no ha calado de forma suficiente entre ambas instituciones, pero marcan el trabajo futuro.

La idea largamente establecida en determinadas reflexiones de que la OTAN y la UE eran más fuertes cuando se ceñían a sus habituales líneas de trabajo se ha acabado. Por eso, el punto de partida hacia la cohesión debería ser siempre preguntarse ¿qué queremos conseguir? La forma más eficaz de avanzar parece ser una división racional del trabajo acorde a los nuevos paradigmas del concepto estratégico, evitando la duplicación de esfuerzos y recurriendo a una nueva interoperabilidad.

5. LA OTAN Y LA UE ANTE LOS ACTUALES Y PREVISIBLES ESCENARIOS GLOBALES

Ideas Fuerza

- El corazón geopolítico del continente europeo se ha desplazado hacia el este y el norte debido a la invasión rusa de Ucrania, dando más influencia a los socios de Europa central y oriental, así como a los Estados bálticos y nórdicos. Por ello, parece imprescindible reforzar la presencia geoestratégica y acciones operativas en dichas regiones, pero relativizando algunas peticiones por parte de esos gobiernos que puedan ser desequilibradoras y fuera de la necesaria prudencia estratégica.
- La estrategia rusa de un conflicto de desgaste y de larga duración en Ucrania debe conllevar el mantenimiento y la ampliación de la estrategia militar de la UE y de a OTAN hacia dos Organizaciones más in-

nal of Joint Air Power Competence Centre (JAPCC), nº. 32. Summer https://www.japcc.org/articles/the-multinational-multi-role-tanker-transport-fleet-programme/

clusivas, capaces y eficaces en defensa. Este enfoque exige más tropas basadas permanentemente a lo largo de la frontera rusa; más integración de los planes de guerra de Estados Unidos, la OTAN y la UE; no sólo más gasto militar, sino también una mayor y mejor división del trabajo en medios humanos y materiales con los socios europeos dentro y fuera de la Unión; y requisitos más específicos para los aliados, incluyendo tipos de fuerzas y equipos para luchar (incluyendo planes preasignados).

- Un cambio en la Administración de los Estados Unidos respecto a los objetivos, competencias, estatus y distinta vinculación dentro los socios europeos y transatlánticos pueden afectar muy negativamente las relaciones con los socios europeos y sería un obstáculo para la consecución de los distintos objetivos militares, funcionamiento de los Mandos y marcos de interoperabilidad, lo que supone una pérdida de la capacidad operativa y disuasoria.
- Como consecuencia del cambio climático, la remilitarización del Ártico por parte de Rusia y la adhesión de Finlandia y Suecia a la OTAN, el impacto de la región ártica sobre la seguridad europea seguirá creciendo.
- La seguridad del mar Negro dependerá en gran medida del resultado de la guerra en Ucrania, y la alianza necesita tener una estrategia adecuada hacia la región. Esto debe incluir la imposición de la libertad de acceso y de comercio en el mar Negro, incluido el mar de Azov.
- La OTAN y su pilar europeo también tiene que estar al tanto de la presencia e influencia rusa y china en el Norte de África y el África Subsahariana, y siempre que sea posible, establecer elementos de disuasión y cooperación con los Estados receptores para intentar mantener un equilibrio estabilizador.
- La distinta intensidad y los diferentes matices a la hora de gestionar la alianza chino-rusa en su objetivo para provocar con las actuales *guerras proxi* un desgaste acelerado del modelo occidental dominante en el sistema internacional parece necesarios; no sólo por la estrategia del divide y vencerás, sino también porque no se deben exagerar los lazos de unión en esta alianza entre Putin y Xi Jiping cuyo principal y único punto de unión es tener en Occidente y en la OTAN un enemigo común.

5.1. Escenario Europeo y el temor ruso[45]

Tras la anexión ilegal de Crimea por parte de Rusia y la invasión del Dombás en 2014, la OTAN adoptó en su Cumbre de Gales de 2014 el Plan de Acción de Preparación. Las medidas de adaptación para los cambios a largo plazo en la estructura de fuerzas y mando de la OTAN incluían una Fuerza de Respuesta de la OTAN (NRF) reforzada, una nueva Fuerza de Tarea Conjunta de Muy Alta Disponibilidad (VJTF) bajo el paraguas de la NRF que engloba a unos 5.000 efectivos y algunos contarán con elementos listos para su despliegue en 48 horas. Además, los aliados se comprometieron a reforzar las ciberdefensas nacionales, reconociendo el ciberespacio como un nuevo dominio operativo.

Además, los aliados añadieron seis centros C2 multinacionales de la OTAN para facilitar el despliegue rápido de la VJTF y de las unidades de las fuerzas de seguimiento aliadas. En la Cumbre de Varsovia

---

45 GOTTEMOELLER, R (2023) *NATO and the future of arms control and strategic stability in Europe, a speech at the Hoover Institution.* Apr 19. https://www.hoover.org/research/nato-and-future-arms-control-and-strategic-stability-europe; también muy interesante sobre la futura arquitectura europea DITRYCH, Ondřej / LARYŠ, Martín (2024) *What can European security architecture look like in the wakeof Russia's war on Ukraine?* En EUROPEAN SECURITY april 2024; ALESSANDRI, E. (2023). *Beyond the war: the future of European security* en GLOBSEC. Jul 11. https://www.globsec.org/what-we-do/commentaries/beyond-war-future-european-security?__cf_chl_tk=M9xqXXFtbbPxn8QxemOewubotqR2GG6xz3y46G5SizM-1722413361-0.0.1.1-3967; BOND, I / SCAZZIERI, L (2022) *The EU, NATO and European security in a time of war* en Centre for European Reform. Aug 5. https://www.cer.eu/publications/archive/policy-brief/2022/eu-nato-and-european-security-time-war; COOK, E (2023) *Russia's 'elite' units might not be so elite,* Newsweek. Mar 3. https://www.newsweek. com/russia-elite-units-naval-infantry-brigade-ukraine-1785047; COOLEY, A / NEXON, D (2020) *Exit from hegemony.* New York: Oxford University Press.
DITRYCH, O (2018) *Global prohibition security regimes: operations of power* en. International politics, 55 (3-4), special issue; JONES, P. (2022) *European security architecture: against Russia, or with it?* En *Royal United Service Institute.* Dec 14. https://www.rusi.org/explore-our-research/publications/commentary/european-security-architecture-against-russia-or-it; también sobre los previsibles escenarios véase: JONSSON, M / NORBERG, J (2022) *Russia's war against Ukraine: military scenarios and outcomes* en Survival, 64 (6), 91-122; en este mismo enfoque de los riesgos y los acuerdos necesarios: JUNG, K (2023) *A new concert for Europe: security and order after the war* Washington quaterly, 46 (1), 25-43.

de 2016, los aliados se comprometieron a reforzar la *Presencia Avanzada* (eFP) con cuatro grupos de combate multinacionales en Estonia, Letonia, Lituania y Polonia, de carácter multinacional y listos para el combate. Estos grupos de combate fueron en su momento el mayor refuerzo de la defensa colectiva de la OTAN y dieron lugar a una importante revitalización de la postura de disuasión de la OTAN durante una generación. La Alianza también desarrolló una *Presencia Avanzada Adaptada* (tFP) en Bulgaria y Rumanía. En la Cumbre de la OTAN de 2022 en Madrid, los aliados acordaron ampliar los grupos de combate multinacionales de tamaño, pudiendo pasar de batallón a brigada, donde y cuando sea necesario. Los aliados están ejercitando ahora la capacidad de desplegar refuerzos disponibles rápidamente para ampliar los grupos de combate a formaciones del tamaño de una brigada[46] .

La combinación adecuada de los enfoques táctico-técnico (adiestramiento de las fuerzas) y político-estratégico (mensajes políticos, disuasión y planificación de la defensa) es crucial para que la OTAN refuerce la disuasión.

Las medidas de disuasión convencionales, acordadas en Vilna en julio 2023[47] , marcan los caminos que debe recorrer la Alianza para conseguir una nueva arquitectura defensiva disuasoria y la cooperación e interoperabilidad entre la OTAN y UE ante los riesgos previsibles en el escenario europeo e incluían, en primer lugar:

- Tres nuevos planes regionales para defender a los aliados de la OTAN en todos los flancos, junto con nuevas disposiciones de Mando y Control C2.
- Los ocho grupos de combate *eFP Presencia Avanzada mejorada* (que incluyen los cuatro grupos de combate acordados en la Cumbre de Varsovia de 2016) "ya están en marcha" y se mantiene la ambición de ampliarlos a unidades del tamaño de brigadas "donde y cuando sea necesario". Antes de la cumbre, Ca-

46 Sobre el refuerzo presente y futuro de la Alianza en el frente oriental consultar VV.AA. (2024) *NATO's military presence in the east of the Alliance, jul.2024 https://www.nato.int/cps/en/natohq/topics_136388.htm*

47 *Vilnius Summit Communiqué* (2023) https://www.nato.int/cps/en/natohq/official_texts_217320.htm

nadá ofreció duplicar su contingente en Letonia, añadiendo 1.200 efectivos, mientras que Alemania confirmó que enviaría una brigada permanente de hasta 4.000 efectivos a Lituania en el futuro.

- Se introdujeron mejoras en la postura de *Defensa Integrada Antiaérea y Antimisiles (IAMD)* de la OTAN, incluyendo la rotación de modernos sistemas de defensa antiaérea por el flanco oriental y el aumento de su grado de preparación. Para reforzar aún más las maniobras y actividades aéreas Estonia, Letonia y Lituania firmaron una *Declaración de Cooperación* sobre gestión del espacio aéreo transfronterizo.
- Esto supone una mayor concentración de la OTAN y de su pilar europeo en las fuerzas militares convencionales en el ámbito estratégico. La Alianza está reforzando su defensa avanzada con un aumento de las fuerzas de combate desplegadas hacia delante. Algunos de los actuales grupos de combate multinacionales pasarán a ser unidades del tamaño de brigadas, pero sólo "donde y cuando sea necesario". Esas brigadas estarán apoyadas por refuerzos creíbles y rápidamente disponibles, equipos reposicionados y un C2 mejorado. El compromiso también prevé que Estados Unidos aumente sus fuerzas en el flanco oriental, lo que incluye una brigada de combate en Rumanía y nuevos despliegues rotatorios en el Báltico.

En segundo lugar, la Cumbre de Vilna puso en marcha una transformación de la NRF (*Nato Response Force*). Este modelo de fuerzas consiste en dos niveles de fuerzas de alta disponibilidad: 100.000 fuerzas con 10 días o menos de disponibilidad para el despliegue (frente al modelo anterior de 40.000 con 15 días), y otras 200.000 fuerzas con 30 días o menos.

En esta misma dirección, la UE orienta su iniciativa para establecer una *Capacidad de Despliegue Rápido* (2022/2145(INI)) y, a pesar de que se indica que es una iniciativa que debe asignarse exclusivamente a la Unión, también se debe resaltar que el Alto Representante de la Unión para Asuntos Exteriores y Política de Seguridad de la UE y vicepresidente de la Comisión (AR/VP) debe desempeñar un papel destacado en la sincronización de las acciones con la OTAN para que las ambiciones de la Unión no estén influidas por la OTAN y viceversa. Esto incluye, entre otras acciones, la adaptación de las categorías de disponibilidad de la Capacidad de Despliegue Rápido de la UE y del modelo de fuerzas de la OTAN. En este sentido, acoge con satisfacción la tercera declaración conjunta sobre la cooperación UE-OTAN y subraya la importancia de adoptar nuevas medidas que profundicen esta asociación, basándose en la Brújula Estratégica de la Unión, el nuevo Concepto Estratégico de la OTAN y en acciones concretas para seguir fortaleciendo dicha cooperación.

Por primera vez desde la Guerra Fría, la OTAN y la UE están planificando fuerzas preasignadas para defender a aliados específicos. Estas fuerzas se entrenarán y ejercitarán en los países en los que estén preasignadas para ser desplegadas en tiempos de crisis. Esto les permitirá aprender a operar conjuntamente con las fuerzas de origen estacionadas en el respectivo Estado miembro. A largo plazo, los aliados mejorarán sus planes de contingencia y su interoperabilidad y reforzarán su capacidad para defender y proteger a todos los aliados, incluidos los de la parte oriental de la alianza.

En tercer lugar, los aliados acordaron posicionar con antelación equipos militares, reservas de suministros militares e instalaciones en los países de primera línea y complementarlos con capacidades desplegadas hacia delante, incluyendo unidades de defensa antiaérea, un C2 reforzado y fuerzas preasignadas. Además del refuerzo, se está ultimando un nuevo conjunto de planes —regionales, de dominio y para toda el *Área de Responsabilidad (AOR)* del *Comandante Supremo Aliado en Europa (SACEUR)*. El objetivo es elaborar planes ejecutables con las fuerzas apropiadas asignadas para disuadir y defender todo el territorio de la OTAN.

Las medidas para disuadir las amenazas híbridas no militares incluyen: nuevos objetivos de resiliencia; un nuevo *Centro Marítimo para la Seguridad de las Infraestructuras Submarinas Críticas*; un nuevo concepto de ciberdefensa y una *Capacidad Virtual de Apoyo ante Incidentes Cibernéticos*; un *Centro de Excelencia Espacial* de la OTAN en Francia; y un compromiso para proteger las infraestructuras energéticas y asegurar el suministro de energía a las fuerzas militares. La OTAN también inauguró un nuevo *Centro de Excelencia para el Cambio Climático y la Seguridad* en Montreal (Canadá).

5.2. Escenario de cambio en la Casa Blanca[48]

La OTAN y la UE debe prepararse para un posible cambio en la Casa Blanca[49] . Sería caer en alto riesgo para la seguridad y para el mantenimiento del apoyo a Ucrania si, con la guerra abierta —probablemente en el momento más crítico en la posición defensiva de ese país— toca a la vez administrar una crisis dentro de la OTAN y con una posible Administración republicana, como la que se produjo a lo largo del mandato de Trump, especialmente durante sus visitas a Europa en 2017 y 2018. La crisis más profunda en el seno del pacto transatlántico y la de mayor distancia con Washington desde 2003.

Basta dar un repaso a los principales actos en las primarias republicanas y a las propuestas de su candidato para descubrir el apoyo que cosecha en grupos ultras y aislacionistas que se oponen a la implicación estadounidense en un conflicto europeo, con un discurso que ve en Putin a ese gran líder nacionalista de esa magnífica nación en Europa que es Rusia —la única capaz, en medio siglo, de mantenerle la mirada a Estados Unidos—, enfrentada a

---

48 El programa de la Plataforma Republicana 2024 y de la candidatura de Trump puede encontrarse en: https://www.presidency.ucsb.edu/documents/2024-republican-party-platform y también https://rncplatform.donaldjtrump.com/?_gl=1*1i94r3h*_gcl_au*NjkxNjExOTMxLjE3MjI0MTg0NjI.&_ga=2.193874093.1644053632.1722418463-1812897552.1722418463; sobre el cambio en la Casa Blanca y su efecto en NATO y EU, desde distintas perspectiva: VONDANIELS, Laura / MAJOR, Claudia /VON ONDARZA, Nicolai (2024) *How Europe is preparing for Trump II European Perspectives on potentialconsequencesand thepolicy areas mostaffected* en Research division the americas, international security and eu/europe, 2024, march; SPERLING, James / WEBBER, Mark (2019). *Trump's foreign policy and NATO: Exit and voice* en Review of International Studies. 45. 511-526; OLSEN, Gorm (2021). *Donald Trump and NATO: Limitations on the Power of an Unpredictable President* en ATTINÀ, Fluvio (ed.), *World Order Transition and the Atlantic Area,* Global Power Shift Eds., pp. 129-141; sobre las garantías nucleares a la OTAN ante la llegada de Trump interesante HOROVITZ, L/ SUH, E (2024). *Trump II and US nuclear assurances to NATO: policy options instead of alarmism.* (SWP Comment, 17/2024). Berlin: Stiftung Wissenschaft und Politik —SWP— Deutsches Institut für Internationale Politik und Sicherheit

49 La preparación obligada ante la llegada de Trump por parte de la UE puede encontrarse en PALOMARES LERMA, Gustavo (2024) *La UE y Ucrania si gana Trump* en EL MUNDO, 17 abril de 2024.

la otra Europa: la que históricamente vive a costa de los estadounidenses que pagan su seguridad y mantiene gran parte de sus organizaciones.

En el contexto de polarización que vive la sociedad estadounidense, el apoyo a Ucrania es uno de los puntos que en mayor medida separa a los muy previsibles candidatos en liza para el próximo mes de noviembre. El choque perfecto entre la idea del *America First Again,* frente al *America is Back* de Estados Unidos en el desorden global. Y todo ello, envuelto en un ambiente enrarecido que encuentra en la desigualdad y el desencanto un buen caldo de cultivo para el éxito de las posiciones más *anti-establishment* y provocadoras frente al poder político en Washington. Esa atmósfera es muy propicia a permitir un cambio en la Casa Blanca y, sin duda, el mejor escenario que podría esperar Putin para llegar a una potencial negociación de Paz desde la mejor posición militar, política y geoestratégica. De hecho, el candidato republicano ya ha señalado que: "no dará ni un centavo en la guerra entre Ucrania y Rusia; los europeos no pueden financiar esta guerra por sí solos, y entonces la guerra terminará", ha repetido en sus mítines y debates de primarias.

El candidato republicano no sólo piensa presionar para que Ucrania negocie el fin de la guerra con Rusia, sino que está considerando reducir los compromisos estadounidenses con algunos miembros de la OTAN. Entre las posibles medidas en su segundo mandato, se maneja la posibilidad de una Alianza estructurada en dos niveles, donde el Artículo 5, la respuesta militar colectiva ante el ataque a uno de sus miembros se aplicaría solo a los Estados que alcancen objetivos de gasto en defensa, planteando nuevos aranceles a los países que se encuentre rezagados en el incremento de sus presupuestos de defensa. Se dejaría fuera de esta decisión a Finlandia y Suecia, países recién incorporados. Semejantes iniciativas, de llevarse a cabo, alterarían décadas de política estadounidense, fracturando una alianza de defensa que ha dado forma a la seguridad europea desde la Guerra Fría.

Algunos socios europeos están intentando adelantarse a este posible vacío por parte de Estados Unidos, incluso el presidente Macron proponía el envío de tropas a Ucrania frente al desconcierto de la mayor parte de los socios transatlánticos. Sin embargo, pocos tienen algo asimilable a la capacidad que Estados Unidos puede ofrecer. La producción colectiva de artillería de Europa es de aproximadamente 50.000 proyectiles al mes, de los cuales no todos van a Ucrania. Los funcionarios ucranianos, sin embargo, han advertido que necesitan 200.000 proyectiles al mes. Por lo tanto, parece difícil que los socios europeos puedan cubrir el paso atrás previsible, si existe un cambio en la Casa Blanca, en el apoyo a Ucrania o buscar alternativas a los nuevos planes de paz del candidato republicano una vez elegido presidente.

El pilar europeo dentro de la OTAN y la propia UE, como principales socios de Estados Unidos, son elementos de estabilidad, coherencia y continuidad en las políticas transatlánticas —especialmente en el apoyo a Ucrania— frente a los riesgos que suponen los cambios bruscos en el liderazgo estadounidense y las tensiones que ello puede provocar en el conjunto de la Organización. Para ello, parece imprescindible que los socios europeos, en sus respectivos ámbitos nacionales de forma coordinada dentro de la Unión, y también de forma paralela en el pilar europeo de la Alianza, sean capaces de dar un paso adelante en la institucionalización de esta unidad para caminar hacia una Europa de la Defensa.

Un plan de paz presentado en dos meses desde su toma de posesión, como ha prometido el candidato republicano, eliminar podría provocar, incluso, más derramamiento de sangre. Una potencial Administración republicana puede creer genuinamente que sus llamamientos a la negociación y sus advertencias sobre el recorte de la ayuda conducirán al fin del conflicto. Pero todo parece indicar que, por el contrario, se puede producir un encarnizamiento de los combates por ambas partes. "Sería ridículo que empezáramos a negociar con Ucrania sólo porque se está quedando sin municiones; las posibles negociaciones no son una pausa para rearmar a Kiev, sino una conversación seria con garantías de seguridad para Moscú" dijo el presidente ruso en una entrevista con medios de comunicación nacionales. Sin embargo, a pesar de mostrar su voluntad de estar abierto a las negociaciones, un documento filtrado sobre sus términos para la paz a finales de 2023 sugiere un precio que Ucrania no podría pagar; el objetivo sigue siendo el mismo: convertir a Ucrania en un Estado neutralizado permanentemente, con el Dombás bajo una soberanía limitada o compartida y vulnerable al control militar ruso.

5.3. Escenario Nórdico y Báltico[50]

El ingreso en la OTAN de Finlandia y Suecia no es simplemente liquidar el equilibrio histórico de la seguridad colectiva europea desde Yalta, basado en el concepto de "finlandización" (neutralidad voluntaria u obligada vs. Rusia), sino un cambio en todo el marco de la seguridad del noreste de Europa. Los cinco aliados nórdico-bálticos del norte de Europa (Estonia, Letonia, Lituania, Suecia y Finlandia), junto con el peso pesado de la defensa regional, Polonia, comparten percepciones muy similares de la amenaza rusa. La incorporación de Finlandia y Suecia a la alianza permitirá un control integrado de la región y mejorará la defensa de los países bálticos. Aportará nuevas y valiosas capacidades, incluyendo aviones y submarinos avanzados adicionales. También configura la responsabilidad, el reparto de cargas y el poder de decisión sobre futuros desarrollos (mejora de la presencia avanzada, desarrollo e implementación de planes regionales, etc.).

Bielorrusia está aislada de la arquitectura de seguridad europea. Pero su papel como amenaza regional va en aumento. Aunque Bielorrusia se ha abstenido hasta ahora de utilizar sus propias fuerzas en la guerra de Rusia en Ucrania, Rusia utilizó a su vecino como plataforma de invasión, y ahora está empezando a estacionar armas nucleares allí.

5.4. Escenario Cáucaso y mar Negro

El mar Negro[51] es un centro de operaciones de gran importancia estratégica y militar que afecta a la libertad de navegación, las amenazas híbridas e, incluso, a la estabilidad de los Estados ribereños. En la Cumbre de Varsovia de 2016, la OTAN dio prioridad a la región del mar Báltico desplegando grupos de combate *eFP* en Estonia, Letonia, Lituania y Polonia, al tiempo que aplicaba medidas tFP para Ruma-

50 GOULD-DAVIES, N (2022). *Belarus, Russia, Ukraine: three lessons for a post-war order* en Survival, 64 (5), 39-46.

51 BRUSYLOVSKA, Olga /, DUBOVYK, Volodymyr /, KOVAL, Igor (2020). *Black Sea Region in World Policy: Actors, Factors, and Scenarios of the Future.*

nía y Bulgaria. El *tFP* incluía un enfoque más *ad hoc* para mejorar el mando de las misiones, la policía aérea regional y los ejercicios. Con ello se pretendía reforzar los sistemas de radar costeros, establecer nuevos cuarteles generales para las fuerzas terrestres y ampliar las capacidades estadounidenses en la base aérea rumana de Mihail Kogălniceanu.

La diferente priorización entre las regiones del Báltico y del mar Negro constituyó un esfuerzo asimétrico de disuasión del flanco oriental por parte de la Alianza. Rusia podría haber percibido esto como una oportunidad. Uno de los objetivos de la guerra de Rusia en Ucrania es maximizar su acceso y control del mar Negro, en el que Crimea es clave. El objetivo original de Moscú en 2022 era apoderarse de toda la costa ucraniana del mar Negro y crear un puente terrestre hacia la Transnistria separatista ocupada por Rusia. Este país sigue limitando el acceso ucraniano al mar Negro[52] .

Mientras Rusia se toma su tiempo para reconstituir sus fuerzas, la OTAN tiene la oportunidad de aumentar su presencia en el mar Negro y en la región del Cáucaso/Asia Central. La seguridad del mar Negro dependerá en gran medida del resultado de la guerra en Ucrania, y la Alianza necesita tener una estrategia adecuada hacia la región. Esto debe incluir la imposición de la libertad de acceso y comercio en el mar Negro, incluido el mar de Azov.

5.5. El escenario Ártico y el Alto Norte[53]

Como resultado del cambio climático, la remilitarización del Ártico por parte de Rusia y la adhesión de Finlandia y Suecia a la OTAN, el impacto de la región ártica en la seguridad europea seguirá creciendo. El único país ártico no perteneciente a la OTAN es Rusia,

---

52 En este sentido AYBARS, Kilicer / OĞUZ, KöK. (2024). *Is the Black Sea Already a NATO Sea?* En Atlântica. 5.

53 Una obra muy completa sobre la competencia entre NATO y Rusia por la influencia en el Ártico es: KAUSHA, Sidharth / BYRNE, James / BYRNE, Joseph / PILLI, Giangiuseppe / SOMERVILLE, Gary (2022) *The Balance of Power Between Russia and NATO in the Arctic and High North*, RUSI, Whitehall Paper.Eds.

que se describe a sí misma como un país de "civilización ártica" e "hiperbóreo". Rusia sigue ampliando su presencia en el Ártico.

En la última década, Rusia ha aumentado su presencia militar, ha reabierto y modernizado instalaciones militares cerradas hace tiempo. En 2021, la Flota del Norte fue reorganizada y modernizada para convertirse en el quinto distrito militar de Rusia, y en agosto de 2022, Rusia anunció una nueva doctrina naval que enfatizaba la importancia del Ártico.

El futuro de la gobernanza del Ártico sigue estando limitado por la exclusión de Rusia del Consejo Ártico tras su invasión a gran escala de Ucrania, así como por la ausencia de un foro dedicado a debatir cuestiones de seguridad militar.

5.6. El escenario Norte de África y Mediterráneo[54]

Rusia y otros actores radicalizados, principalmente islamistas, se han convertido en actores importante en el Mediterráneo oriental en los últimos 20 años, estableciendo, en el caso ruso, una presencia militar en el norte de África y Siria que incluye instalaciones navales y puntos de acceso en toda la región. Esta presencia repercute en la percepción de amenaza sobre el flanco sur de la UE y de la OTAN. Al mismo tiempo, la guerra en Ucrania ha llevado a la alianza a desplazar su principal foco de atención hacia el flanco oriental.

A pesar de ello, Putin sigue manteniendo una presencia y una influencia significativas en el Mediterráneo y Norte de África. Esto es evidente, sobre todo esta última, donde las organizaciones paramili-

---

54 Un estudio amplio y detallado en *Strategic foresight analysis regional perspectives report on North Africa and the SAHEL*. NATO publications, (2023) https://www.act.nato.int/wp-content/uploads/2023/05/NU_SFA_Report_North_Africa_and_the_Sahel_SACT_approved_final_edited_version.pdf; también desde diferentes consideraciones estratégicas LESSER, Ian / BRANDSMA, Charlotte /. BASAGNI, Laura / LÉTÉ, Bruno (2018) *The Future of NATO's Mediterranean Dialogue*, en The German Marshall Fund of the United States (GMF) https://www.nato.int/nato_static_fl2014/assets/pdf/pdf_2018_07/20180720_180713-GMF-future-med-dialog.pdf

tares y mercenarias rusas siguen desempeñando un papel notable[55]. La OTAN y la UE tendrán que vigilar las amenazas que se ciernen sobre el flanco sur. Para ello deberá mejorar sus capacidades disuasorias, incluyendo el intercambio de inteligencia, el conocimiento de los dominios y los ejercicios de libertad de navegación, entre otros. La OTAN y su pilar europeo también tiene que estar al tanto de la presencia e influencia rusa y china en el Norte de África y el África Subsahariana, y siempre que sea posible, establecer elementos de disuasión y cooperación con los Estados receptores para intentar mantener un equilibrio estabilizador.

5.7. Sur Global[56]

El nuevo *Concepto Estratégico* aprobado en la Cumbre de Madrid en 2022, ha supuesto un significativo gesto de apertura de la Alianza en la búsqueda de seguridad en otros escenarios estratégicos del denominado Sur Global; una parte de ellos, en relación muy directa con puntos trascendentales de la "Agenda de la UE" como es el caso de la vecindad meridional. Sin embargo, los objetivos planteados en esta dirección son claramente insuficientes[57].

---

55 Una recopilación completa sobre la presencia rusa en norte de África y Mediterráneo en AVERRE, Derek (2024) "Bibliography". *Russian strategy in the Middle East and North Africa*, Manchester: Manchester University Press, 2024, pp. 211-264; también GASIMOV, Zaur (2022) *Russia under Putin in the Eastern Mediterranean: The Soviet Legacy, Flexibility, and New Dynamics* en Comparative Southeast European Studies, vol. 70, no. 3, 2022, pp. 462-485.

56 AZUBALIS, Audronius (2024) *NATO and the Global South* en NATO Parliamentary Assembly Documents https://www.nato-pa.int/document/2024-nato-and-global-south-report-azubalis-055-pcnp; SIMON, Luis (Eds.) (2021) *NATO and the South: a tale of three futures, RIE, monografías.;* también muy interesante Luis SIMÓN / Pierre MORCOS (2022) *NATO and the South after Ukraine* en Center for Strategic and International Studies (CSIS) https://www.csis.org/analysis/nato-and-south-after-ukraine

57 En este idéntico sentido se expresa el *Informe final. Grupo de expertos independientes de apoyo al proceso de reflexión global en profundidad de la OTAN sobre la vecindad meridional* (mayo 2024) https://media.realinstitutoelcano.org/wp-content/uploads/2024/07/informe-final-grupo-de-expertos-independientes-otan-vecindad-meridional.pdf

Parece claro la distancia, por no decir rechazo, de los países del Sur Global respecto a la Alianza y a la "causa occidental" en el actual conflicto de Ucrania, incluidas algunas de las mayores democracias del mundo: Brasil, India, Indonesia, Nigeria y Sudáfrica. En muchos de estos países, los costes de la guerra, especialmente su efecto sobre el abastecimiento de alimentos se perciben con dureza, mientras que su estallido se atribuye a la búsqueda de un nuevo equilibrio justo por parte de Putin ante la permanente presión de la OTAN y sus aliados del centro de Europa.

Detrás de esta distancia respecto a la causa por Ucrania y las posiciones occidentales está la percepción de un doble rasero por parte de Occidente. Los responsables de la toma de decisiones en el Sur Global tienen una doble valoración respecto a críticas por las violaciones rusas de los derechos humanos, aparentemente discretas, frente al encendido rechazo —en esta situación— de los intereses comerciales, de reconstrucción y de tráfico de armas occidentales. Las actitudes hacia los países de la OTAN y Occidente en general se caracterizan, en diferente medida, por la decepción, el escepticismo o la hostilidad abierta

Estas actitudes se deben, entre otras cosas, al legado de las antiguas potencias coloniales en África, Asia y América Latina[58] ; las guerras fallidas de Irak y Afganistán y las secuelas de la "Guerra Global contra el Terrorismo"; la respuesta inadecuada al cambio climático, especialmente a la hora de cumplir los compromisos de financiación de la lucha contra el cambio climático en virtud del Acuerdo de París; la débil respuesta a la pandemia de COVID-19 en términos de distribución de vacunas; la falta de urgencia y generosidad en el alivio de la deuda, así como el "proteccionismo de los países ricos"; o la escasa representación del Sur Global en las organizaciones internacionales, especialmente en el Fondo Monetario Internacional y el Banco Mundial.

58 KUZIO, Taras (2023) *Vladimir Putin's anti-colonial posturing should not fool the Global South*, Atlantic Council, nov 16. https://www.atlanticcouncil.org/blogs/ukrainealert/vladimir-putins-anti-colonial-posturing-should-not-fool-the-global-south/

La insatisfacción del Sur Global con Occidente crea un terreno fértil para las operaciones de información rusas y chinas. Estos esfuerzos propagandísticos no necesitan promover explícitamente las virtudes, reales o no, de los sistemas políticos dirigidos desde Moscú y Pekín. Tanto Rusia como China están diseñando explícitamente el espacio informativo para mostrar que Occidente y sus valores están en declive: ponen en relieve el fracaso y la hipocresía occidentales, especialmente en materia de violaciones de los derechos humanos, y los vinculan a los agravios locales. En este sentido, Rusia y China están jugando en el Sur Global una apuesta a más largo plazo y de mayor complejidad que el jugado por Occidente[59].

Occidente compite con Rusia y China en una gran parte (en términos de población, la mayoría) de un mundo que está cada vez más distante del sentimiento occidental. Entre los países que rechazan explícitamente los modelos occidentales se encuentran países tan diferentes e incluso tan enfrentados como son Arabia Saudí e Irán, y países africanos autoritarios como la República Centroafricana (RCA) y también, al menos en términos de cierta retórica pública y política, en Turquía aunque sea uno de los socios destacados en la Alianza.

---

59 Sobre la utilización del sur global por parte de China y Rusia, consultar BAEV, Pavel K. / GORENBURG, Dimitry / LEWIS, David / HERD, Graeme (2023) *Russia End State: China and the Global South* en George C. Marshall. European Center for Security Studies, Strategic Competition Seminar Series #2, November 21, 2023; también ISHIKAWA, Yohei (2024) *Russia woos Global South in push for new world order. Gambit to curb Western influence hinges on outcome of Ukraine war,* en Nikkei Asia. July 11; bien interesante el Informe del Parlamento Europeo sobre la presencia de Rusia en África (2024) *Russia in Africa: An atlas.* European Parliament Eds.
https://www.europarl.europa.eu/RegData/etudes/BRIE/2024/757654/EPRS_BRI(2024)757654_EN.pdf En este mismo sentido, interesante SABANADZE, Natalie (2024), *Russia is using the Soviet playbook in the Global South to challenge the West - and it is working*, en Chatam House, may 16. https://www.chathamhouse.org/2024/05/russia-using-soviet-playbook-global-south-challenge-west-and-it-working

5.8. El escenario de cambio hegemónico: la alianza chino-rusa[60]

La especial relación entre Putin y Xi Jiping es la base de esta alianza —proxi— que coopera en objetivos comunes, especialmente para erosionar el poder y la influencia de Estados Unidos y de la UE. Ambos ven a Estados Unidos y a la Alianza como su desafío más importante en materia de seguridad.

Es importante comprender el papel de la guerra en Ucrania en la relación chino-rusa. A China no le gusta la guerra de Ucrania por razones tanto prácticas como de principios. Se siente incómoda con la flagrante violación de la soberanía y la integridad territorial de Ucrania por parte de Putin. Las subidas de los precios del combustible, los alimentos y los fertilizantes son una carga inoportuna para una economía china que aún se está recuperando de la pandemia. La austera doctrina nuclear de Pekín es lo contrario al ruido de sables de Putin. El partido-Estado teme que incluso un apoyo limitado de China a la guerra de Rusia pueda poner en peligro sus preciados lazos con Europa. China también deplora el posible efecto unificador de la guerra sobre occidente y sus alianzas en Europa y el Indo-Pacífico, y le molesta que la temeridad de Putin haya complicado su objetivo de reunificar Taiwán con el continente.

---

60 Esta visión por parte de la alianza chino rusa sobre la necesaria sustitución del orden Occidental incluso antes del conflicto en Ucrania en KACZMARSKI, Marcin (2016) *Russia-China Relations in the Post-Crisis International Order,* Routledge Eds; en el momento actual QAISER, Jamal / DRIPKE, Andreas / NGUYEN, Hang (2024) *When China and Russia join forces: The Challenge for the Free World,* Diplomatic Council E.V. Eds.; sobe la alianza de conveniencia temporal frente a Occidente véase KIRCHBERGER, Sarah / SINJEN, Svenja/ WORMER, Nils (2024) *Russia-China Relations: Emerging Alliance or Eternal Rivals?,* Springer EDS.; la búsqueda de un orden internacional alternativo liderado por China y lo que debería aprender Estados Unidos y Occidente en Elizabeth ECONOMY (2024) *China's Alternative Order And What America Should Learn From It* in Foreign Affairs. May-Jun; en la misma publicación e idéntico número, Evan S. MEDEIROS. *The Delusion of Peak China America Can't Wish Away Its Toughest Challenger.* Algunas reflexiones sobre lo que China se juega en UCRANIA, incluso en su predominio futuro, puede encontrarse en FIX, Liliana/ Michael KIMMAGE (2023) *How China Could Save Putin's War in Ukraine. The Logic —and Consequences— of Chinese Military Support for Russia* in Foreign Affairs. April, 26. 2023.

Aún con todo, Xi Jiping es consciente de que la situación de guerra actual pone a Occidente, siguiendo su discurso, *ante el espejo de su modelo decadente y dividido,* probablemente el momento más complicado para Estados Unidos y sus socios desde el final de la Guerra Fría que China pretende aprovechar para acelerar el cambio hegemónico en este sistema multipolar. Incluso, algunas posiciones y análisis militares estadounidenses manejan la posibilidad de que China no dudaría en una intervención directa en el conflicto si la derrota rusa, en algún momento, pareciera inevitable. Desde este punto de vista, el resultado del actual conflicto en Ucrania supone el principio del fin, o la continuidad, del modelo occidental como posición dominante del sistema internacional.

Sin embargo, si una alianza militar chino-rusa en toda regla representa y seguirá representado una grave amenaza para la seguridad de Estados Unidos y sus aliados. Moscú y Pekín no son aliados históricos —todo lo contrario— y probablemente no se convertirán en aliados de futuro. Su relación no se basa en una visión común del mundo, ni en valores compartidos, ni en una profunda confianza. Por ello, los socios europeos dentro de la Alianza y de la UE deben dosificar el equilibrio entre la crítica y la cooperación con China para evitar un enfrentamiento que parece inevitable en el cambio de ciclo hegemónico que se está viviendo en el sistema internacional. Responder a la amenaza que representan Rusia y China individualmente y en conjunto supone una prueba para el arte de gobernar de Occidente y, en última instancia, para la cohesión y unidad de la OTAN.

Moscú y Pekín consideran a Estados Unidos como su principal desafío en materia de seguridad, y ambos buscan erosionar el poder y la influencia estadounidenses; por otro lado, la *Estrategia de Seguridad Nacional* de los Estados Unidos, ya fuera con Obama, Trump o Biden, señalan a China y Rusia como los principales riesgos a los intereses estadounidenses y a los valores occidentales. De igual forma, las distintas Estrategias de Seguridad Nacional europeas —Francia y Alemania, aunque también UK— señalan en la misma dirección, pero con distinta intensidad, valoración específica y matices.

La distinta intensidad y los diferentes matices a la hora de gestionar la alianza chino-rusa parecen necesarios, y no sólo por la estrategia del divide y vencerás que siempre ha dado tan buenos resultados a los Estados Unidos en la gestión de los regímenes autoritarios en

Pekín y Moscú, sino también porque no se debe exagerar los lazos de unión en esta alianza de interés. Aunque comparten objetivos tácticos y un enfoque ampliamente antioccidental, no comparten objetivos geoestratégicos a medio y largo plazo. Su asociación no se basa en una visión global del mundo, ni en valores compartidos, ni en una profunda confianza. Ambos son actores estratégicos autónomos. Compiten entre sí y se espían mutuamente. Los dos países no confían el uno en el otro, no actúan como una fuerza plenamente coordinada en la política internacional, y menos aún tratan de influir en la toma de decisiones del otro. Sus intereses fundamentales son diferentes: Rusia es un perturbador del orden mundial internacional; China busca la paridad, o el dominio, dentro de él. Se trata de una relación entre grandes potencias a la vieja usanza, sin sentimentalismos, clara y despiadada, basada en el cálculo estratégico y la *realpolitik*.

6. MATRIZ DE PROPUESTAS DE CARÁCTER ESTRATÉGICO Y OPERATIVO

- El nuevo concepto estratégico (2022) establece una ampliación de objetivos en el escenario europeo y global que debe suponer una transformación en los instrumentos, herramientas y compromisos entre los socios transatlánticos acorde a los nuevos riesgos y amenazas establecidos.
- La guerra en Ucrania, y sus antecedentes desde 2014, han puesto de manifiesto algunos desajustes disuasorios en la Alianza ante su falta de adecuación a la propia evolución de los distintos actores, escenarios y nuevas dinámicas, lo que determina la necesidad de una nueva reordenación de la seguridad transatlántica desde ámbitos cooperativos y de Inter operatividad (Anexo I).
- La ambición global de China, así como la alianza militar chino-rusa en distintos escenarios —principalmente en la guerra en Ucrania—, representa y seguirá representado una grave amenaza para la seguridad de Alianza y de todos sus socios. Moscú y Pekín no son aliados históricos —todo lo contrario— y probablemente no se convertirán en aliados de futuro. Por ello, los socios europeos dentro de la Alianza y de la UE deben

dosificar el equilibrio entre la crítica y la cooperación con China para evitar un enfrentamiento que parece inevitable en el cambio de ciclo hegemónico que se está viviendo en el sistema internacional.

- El actual conflicto en Ucrania ha puesto de manifiesto la necesaria complementariedad entre la autonomía estratégica abierta de los europeos y la exigible lealtad plena con los objetivos y medios atlantistas. La UE necesita a la Alianza ante su precariedad estratégica defensiva, pero, por otro lado, sólo será posible robustecer el vínculo transatlántico si somos capaces de fortalecer su pilar europeo desde valores de igualdad y no de subordinación, llenando de contenido y abriendo a otros escenarios del sur global el nuevo concepto estratégico.
- Los socios europeos dentro de la Alianza y, sobre todo, de forma coordinada dentro de la Unión, deben ser capaces de dar un paso adelante en la institucionalización de la unidad coyuntural difícilmente sostenible en el tiempo, para hacerla estructural en su voluntad política decidida y liderazgo. Aprovechar el Artículo 44 referido a la "asociación cooperativa" (cooperación reforzada) para consolidar lo hasta ahora logrado e incrementar algunos de los mecanismos en los que se está trabajando, como los referidos a la capacidad de despliegue rápido, coordinación en la industria de defensa, nuevas y más amplias competencias en la Agencia Europea de Defensa.
- La disuasión mediante la negación, la disuasión mediante la resistencia, la disuasión mediante la imposición directa y colectiva de costes, la disuasión en el ámbito de las operaciones de información y la disuasión adaptada a toda la gama de nuevas y viejas amenazas potenciales, todas ellas, son fundamentales para que los países de la OTAN tengan una ventaja sobre sus competidores y enemigos.
- La guerra que se está librando en Ucrania ejemplifica la importancia de la innovación y la adaptación a la hora de desarrollar, integrar y utilizar nuevas tecnologías en la guerra, incluyendo los sistemas comerciales y de doble uso.
- Es necesario ampliar los mecanismos convencionales y de seguridad colectiva en los escenarios tradicionales y, sobre todo,

en los nuevos como son: el Norte de África y Mediterráneo, el Sahel, el Nórdico y Báltico, el Cáucaso y el mar Negro, también en el escenario Ártico y del Norte. La cooperación y estrechamiento de relaciones de la Alianza con el Sur Global es imprescindible para no ampliar el espacio de disputa, distintos valores y de falta de entendimiento que les separa.

BIBLIOGRAFÍA

Alberque W. (2022). "The new NATO Strategic Concept and the end of arms control". En *International Institute for Strategic Studies,* June, pp. 23-34.

Alessandri, E. (2023)." Beyond the war: the future of European security" en *GLOBSEC.* Jul 11

Alvarez-Couceiro, Paula (2023) "Europe at a Strategic Disadvantage: A Fragmented Defense Industry", in *War on the Rocks,* 18 April.

Armas, Pilar; Manrique, Marta /Millaruelo de Lafuente, Antonio (2021). "La autonomía estratégica abierta de la U.E. *Boletín Económico del Banco de España,* marzo, 32-33.

Arteaga, Félix (2017): "La autonomía estratégica y la defensa europea". Real, Instituto Elcano. (76), 1-8.

ATLANTIC COUNCIL (2023) *Third annual EU-US Defense & Future Forum.*

Averre, Derek (2024) "Bibliography". *Russian strategy in the Middle East and North Africa,* Manchester: Manchester University Press.

Ayala Marín, José Enrique. "OTAN: los próximos 60 años" *EL PAÍS.* 3 abr. 2009.

AYBARS, Kilicer / OĞUZ, Kök. (2024). *Is the Black Sea Already a NATO Sea?* En *Atlântica.* 5

Azubalis, Audronius (2024) "NATO and the Global South" en NATO Parliamentary Assembly Documents.

Baev, Pavel K. / Gorenburg, Dimitry / Lewis, David / Herd, Graeme (2023) *Russia End State: China and the Global South* en George C. Marshall. European Center for Security Studies, Strategic Competition Seminar Series #2, November 21

Bálint, Madlovics, / Bálint Magyar. Eds. (2023) *Russia's Imperial Endeavor and Its Geopolitical Consequences;* Central European University Press.

Banca, Andris (2024) *The Baltic predicament in the shadow of Russia's war in Ukraine.* Orbis, Eds.

Bauer, Anne (2021) "L'OTAN se dit prêt à coopérer sur une nouvelle stratégie avec l'Union européenne" en *LES ECHOS,* 24 octobre.

Becker J / Duda M / Lute D. (2022). From context to concept: "History and strategic environment for NATO's 2022 strategic concept". *Defence Studies*, 22(3), 489-497

Beebe, George / LIEVEN, Anatole (2024) "The Diplomatic Path to a Secure Ukranie" *en Paper Quincy Institute.*

Bello, W (2023). "From Partnership to Rivalry: China and the USA in the Early Twenty-First Century" in *Journal of Contemporary Asia, 53*(5).

Bond, I / Scazzieri, L (2022) "The EU, NATO and European security in a time of war" en *Centre for European Reform.* Aug 5.

Brusylovska, Olga /, Dubovyk, Volodymyr /, Koval, Igor (2020). *Black Sea Region in World Policy: Actors, Factors, and Scenarios of the Future.*

Buchanan e. (2022). Cool change ahead? NATO's Strategic Concept and the High North. *NATO Defense College, NDC policy Brief No. 7.*

Cancian, mark f. / monaghan, sean / fata, daniel (2023), "Strengthening Baltic Security: Next Steps for NATO" in *Center for Strategic and International Studies (CSIS),* jun.

Casier, Tom (2023) "*The EU and Russia: The War that Changed Everything*" en *Journal Common Market Studies* 2023 Volumen 61.

Conclusions on EU Security and Defence ST 9223/24 COPS 207 POLMIL 137 CIVCOM 105 EUMC 195 INDEF 22 HYBRID 56 DISINFO 58 CYBER 131 ESPACE 39 POLMAR 14 TRANS-211 PESCO 1 FIN 459 CFSP/PESC 620 CSDP/ PSDC 282, Doc. 9225/24, 27 May 2024.

Cook, E (2023) "Russia's 'elite' units might not be so elite", *Newsweek.* Mar 3.

Cooley, A / Nexon, D (2020) *Exit from hegemony.* New York: Oxford University Press

Council of the European Union (2024) 3 june, *Ninth progress report on the implementation of the common set of proposals endorsed by EU and NATO,* Doc. 10471/24. 3 june.

Council of the European Union (2024) *Joint Communiqué on a Peace Framework adopted at the Summit on Peace in Ukraine*

Chomón Pérez, Juan Manuel (2022) *The Multinational Multi-Role Tanker Transport Fleet Programme Relevant for NATO-EU Military Air Transport?* En el *Journal of Joint Air Power Competence Centre* JAPCC, nº. 32. Summer

Dapkus, Liudas / Ritter, Karl (2022) "Ukraine Attack Leaves Baltics Wondering: Are We Next?" in *AP,* Feb

Dassù, Marta. (2021) *Four Ways Europeans Can Help Refocus NATO, European Council on Foreign Relations (ECFR),* 6 July

DECLARACIÓN FINAL DE LA CUMBRE DE LA OTAN EN WASHINGTON el 10 de julio de 2024.

Ditrych, Ondřej / Laryš, Martín (2024) "What can European security architecture look like in the wakeof Russia's war on Ukraine? En *EUROPEAN SECURITY* April.

——— (2018) "Global prohibition security regimes: operations of power" en. *International politics,* 55 (3-4)

Economy, Elizabeth (2024) "China's Alternative Order and What America Should Learn from It" in *Foreign Affairs.* May-Jun.

EU-NATO TASK FORCE ON THE RESILIENCE OF CRITICAL INFRASTRUCTURE (2023)

Fix, Liana / Kimmage, Michael (2023) "How China Could Save Putin's War in Ukraine. The Logic —and Consequences— of Chinese Military Support for Russia" in *Foreign Affairs.* April, 26.

Floyd, Rita / Webber, Mark in *International Affairs,* Volume 100, Issue 3, May.

Garlick, J (2023). *Advantage China: Agent of change in an era of global disruption.* Bloomsbury Academic.

Gasimov, Zaur (2022) "Russia under Putin in the Eastern Mediterranean: The Soviet Legacy, Flexibility, and New Dynamics" en *Comparative Southeast European Studies,* vol. 70, no. 3

Gottemoeller, R (2023) *NATO and the future of arms control and strategic stability in Europe, a speech at the Hoover Institution.* Apr 19.

Gould-davies, N (2022). "Belarus, Russia, Ukraine: three lessons for a post-war order" en *Survival,* 64 (5),

Gözkaman, Armagan (2024) "Complementarity between the EU and NATO in light of the war in Ukraine: an analysis from the perspective of collective securitization theory" en *Journal of Southeast European and Black Sea Studies,* May.

Grand, Camille (2024) "Opening Shots: What to Make of the European Defence Industrial Strategy", in *ECFR Policy Alerts,* 7 March.

Grygiel, Jakub (2024) "The Right Way to Quickly End the War in Ukraine Instead of Abandoning Kyiv, Washington Should Give It the Tools to Win" en *Foreign Affairs,* July 25.

Horovitz, L/ Suh, E (2024). "*Trump II and US nuclear assurances to NATO: policy options instead of alarmism*" Berlin: Stiftung Wissenschaft und Politik —SWP— *Deutsches Institut für Internationale Politik und Sicherheit,* (SWP Comment, 17).

Howorth, Jolyon (2019). "Autonomy and Strategy: what should Europe want". *Security Policía Brief,* (110). L'Hotellerie-Fallois

——— (2019) "Strategic Autonomy and EU-NATO Cooperation: A Win-Win Approach", en *L'Europe en Formation,* n° 389

INFORME FINAL. GRUPO DE EXPERTOS INDEPENDIENTES DE APOYO AL PROCESO DE REFLEXIÓN GLOBAL EN PROFUNDIDAD DE LA OTAN SOBRE LA VECINDAD MERIDIONAL (2024).

Ishikawa, Yohei (2024) *Russia woos Global South in push for new world order. Gambit to curb Western influence hinges on outcome of Ukraine war,* en Nikkei Asia. July 11

Jones, P. (2022) *European security architecture: against Russia, or with it?* En *Royal United Service Institute.* Dec 14.

Jonsson, M / Norberg, J (2022) "Russia's war against Ukraine: military scenarios and outcomes" en *Survival,* 64 (6)

Jung, K (2023) "A new concert for Europe: security and order after the war" *Washington Quaterly,* 46 (1),

Kaczmarski, Marcin (2016) *Russia-China Relations in the Post-Crisis International Order,* Routledge Eds

Kaeding, Michael/ POLLAK, Johannes y SCHMIDT, Paul. Eds. (2024), Springer. Eds.

Kaczmarski, Marcin (2016) *Russia-China Relations in the Post-Crisis International Order,* Routledge Eds

Kausha, Sidharth / Byrne, James / Byrne, Joseph / Pilli, Giangiuseppe / Somerville, Gary (2022) *The Balance of Power Between Russia and NATO in the Arctic and High North,* RUSI, Whitehall Paper.Eds.

Kirchberger, Sara / Svenja Sinjen / Nils Wormer (2024) *Russia-China Relations: Emerging Alliance or Eternal Rivals?,* Springer EDS.

Kotkin, Stephen (2024) "The Five Futures of Russia. And How America Can Prepare for Whatever Comes Next" *Foreign Affairs,* May/June.

Kuzio, Taras (2023) *Vladimir Putin's anti-colonial posturing should not fool the Global South,* Atlantic Council, nov 16.

Leoni, Zeno / STRINA, Veronica (2024) "China: New Hegemonic Power after the War in Ukraine?" in *Revista de Estudios en Seguridad Internacional* (RESI). Vol. 10, No. 1, pp. 69-88.

Lesser, Ian / Brandsma, Charlotte /. Basagni, Laura / Lété, Bruno (2018) "The Future of NATO's Mediterranean Dialogue ", en *The German Marshall Fund of the United States (GMF)*

Linstrom, Gustav / Thardy, Thierry (eds.) (2019) *THE EU AND NATO The essential partners,* EU Institute for Security Studies.

López Garrido, Diego / González Márquez, Felipe. Eds. (2010) *La Unión Europea ante los grandes retos del siglo XXI: Aportaciones al Grupo de Reflexión del Consejo Europeo,* Fundación Alternativas /Marcial Pons Eds.

López Garrido, Diego (2023) *Autonomía Estratégica Abierta de Europa. Geopolítica y geoestrategia en el siglo XXI*. Cuadernos de Trabajo nº 225, Fundación Alternativas.

Luisari, Tommaso (2024) "The New European Defence Industrial Strategy: A Political Matter" en *Istituto Affari Internazionale*

Martí Sempere, Carlos (2021) *¿Es la autonomía estratégica un concepto obsoleto?* En *Infodefensa.com*. Noviembre

——— (2024) *Una revisión de la Colaboración Estructurada Permanente*, Real Instituto El Cano, colección *Análisis*

McKeever, Robert / Davies. Philip, (2019) *Politics USA. NY,* Routledge

Medeiros, Evan. S (2024) "The Delusion of Peak China America Can't Wish Away Its Toughest Challenger" *Foreign Affairs*. May-Jun.

Molina garcía, María José / BENEDICTO SOLSONA, Miguel Angel (2020). "Autonomía estratégica bajo el prisma de la Estrategia Global Europea: directrices de su marco regulatorio", Cuadernos Europeos de Deusto. (62), 59-98.

Mölling, christian / hellmonds, sören (2023), "Security, Industry, and the Lost European Vision en *DGAP Reports*, No. 10

NATO SECRETARY GENERAL ANNUAL REPORT (2024)

Novaky, Niklas (2021) "A Unique Opportunity to Strengthen EU-NATO Cooperation" en *Euractiv.com,* 17 December.

Ntousas, Vassilis. (2021). "Facing the risks: strategic autonomy in practice", *The Progressive Post: Strategic Autonomy: opportunities and pitfalls,* (17).

Nye, Joseph (2023), "Not destined for war" in *Project Syndicate,* October.

Olsen, Gorm (2021). "Donald Trump and NATO: Limitations on the Power of an Unpredictable President" en ATTINÀ, Fluvio (ed.*), World Order Transition and the Atlantic Area,* Global Power Shift Eds.

Palomares Lerma, Gustavo / García Cantalapiedra, David (2019) *IMPERIUM. La política exterior de los Estados Unidos del XX al XXI*; Madrid, Tirant lo Blanch

Palomares, Gustavo /Arteaga, Félix. (2010) "La Unión Europea y su Acción Exterior: *Agenda* 2020-2030" en *Política Exterior.* Julio-agosto 2010. pp. 26-48.

Palomares Lerma, Gustavo (2024) "La guerra, el liderazgo estratégico por otros medios" en *Política Exterior,* May-Jun. Pp. 35-43.

——— (2023) "Ucrania, guerra y paz, un año después: la Conferencia de Helsinki como inspiración" en *Huffington Post.19.02.*

——— (2023) "La Europa de la Defensa: ser o no ser" en *El Mundo* 30/08/2023

——— (2018) *Relaciones Internacionales en el siglo XXI.* Tecnos Eds. (Segunda edición revisada y ampliada)

——— (2002) *Política de seguridad de la Unión Europea: realidades y retos para el siglo XXI* (Prólogo Javier Solana), Tirant lo Blanch

——— (1995) "Presente y futuro de la Política Exterior y de Seguridad Común de la Unión Europea" en *Revista de Estudios Políticos.* Oct-Nov

Petraeus, David; Roberts, Andrew (2023) *Conflict. The Evolution of Warfare from 1945 to Ukraine,* William Collins.

PROPOSAL FOR A COUNCIL IMPLEMENTING DECISION ON ESTABLISHING THE SATISFACTORY FULFILMENT OF THE CONDITIONS FOR THE PAYMENT OF THE FIRST INSTALMENT OF THE NON-REPAYABLE FINANCIAL SUPPORT AND OF THE LOAN SUPPORT UNDER THE UKRAINE PLAN OF THE UKRAINE FACILITY (2024)

Qaiser, Jamal / Dripke, Andreas / Nguyen, Hang (2024) *When China and Russia join forces: The Challenge for the Free World,* Diplomatic Council E.V. Eds.

RUSSIA IN AFRICA: AN ATLAS (2024) European Parliament Eds.

Sabanadze, Natalie (2024), *Russia is using the Soviet playbook in the Global South to challenge the West - and it is working,* en Chatam House, may 16.

Sanahuja Perales, Jose Antonio (2024) "Guerras del interregno: la invasión rusa de Ucrania y el cambio de época europeo y global" en *Documentos CEIPAZ*

Sanahuja Perales José Antonio / VERDES MONTENEGRO, Francisco Javier (2018). "Estrategias de seguridad y desarrollo: discursos de seguridad en la Unión Europea, Estados Unidos y España". *Anuario CEIPAZ 2017-2018.*

Scheffer, David (2023) "The Role of Justice and Accountability in a Negotiated Peace" en *Just Security*

Schulz, Martin (2014). "Un nuevo comienzo para una Europa mejor". *Política Exterior.* 28 (159), 32-37.

Seldin, J (2022), *Ukraine Eyes Fast-Tracked NATO Membership;* US Pushes Back,

Shambaugh, David (2021) *China's Leaders: From Mao to Now,* Cambridge, UK: Polity Press.

Simón, Luis / Morcos, Pierre (2022) *NATO and the South after Ukraine* en Center for Strategic and International Studies (CSIS)

Sperling, James / Webber, Mark (2019). "Trump's foreign policy and NATO: Exit and voice" en *Review of International Studies.* 45.

Strategic foresight analysis regional perspectives report on North Africa and the SAHEL. NATO publications, (2023)

Tardy, Thierry (2023) "The New European Defence and Security Agenda" en *European Liberal Forum Policy* Brief No 5 | May.

The Alphen Group (TAG) (2022). *The TAG NATO Shadow Strategic Concept 2022: Preserving Peace, Protecting People. A Report for the Secretary General on the 2022 NATO Strategic Concept*

Theil, Stefan (2023) *Is Russia's Future a Forever War?* en *Foreign Policy,* Dic.

Thomas, N. (2024). Xi Jinping is trying to adapt to failure. *Foreign Policy,* July

Verdes Montenegro, Francisco Javier (2022). "La autonomía estratégica de la Unión Europea: ¿en qué lugar queda América Latina?". *Documentos de Trabajo, Fundación Carolina,* (65), 1-25.

Vilnius Summit Communiqué (2023)

Vimonta, Pierre (2024) "A new security order for Europe" in *Schuman Paper,* n°733 23rd January

Vondaniels, Laura / Major, Claudia /Von Ondarza, Nicolai (2024) "*How Europe is preparing for Trump II European Perspectives on potentialconsequencesand thepolicy areas mostaffected"* en *Research division the americas, international security and eu/europe,* 2024, march

VV.AA. (2014) "Responding to the Russian Invasion of Crimea: Policy Recommendations for US and European Leaders" en *European View* 13(1) June.

VV.AA (2024) *Autonomía estratégica y soberanía europea.* UPV.Eds.

VV.AA (2024) *NATO's military presence in the east of the Alliance,* Jul.

Wong, E. / Jakes, L (2022), NATO Won't Let Ukraine Join Soon. *Here's Why,* 13.01

EL FUTURO DE LA RELACIÓN TRASATLÁNTICA DESDE UNA PERSPECTIVA REALISTA

ENRIQUE FOJÓN LAGOA[1]

Para los artífices de la Europa moderna, la ampliación territorial de la Unión ha sido tan importante como su nivel de integración. Las Comunidades Europeas admitieron a Grecia con la esperanza de mantener su frágil democracia después del fin del régimen militar; España y Portugal siguieron su ejemplo poco después. Al finalizar la Guerra Fría, con la formación de la Unión Europea (UE), los estados poscomunistas con instituciones apreciablemente fiables y democráticas han sido admitidos, y otros, sin presencia esas credenciales, también. El ambicioso proyecto de crear una unión monetaria entre Francia y Alemania se amplió, mediante la reducción de los requisitos de admisión, para incluir a la mayoría de los miembros de la UE. El principal e inalienable requisito para ser miembro del "club europeo" ha sido la voluntad de formar parte de él.

Desde que acabó la Guerra Fría, el idealismo europeísta se ha ido modulando progresivamente influido por la conducta asertiva rusa y el ejercicio de poder a de China, lo que se ha traducido en: el regreso de tensiones y al enfrentamiento militar en los límites de Europa; el cambio en la perspectiva estratégica de los Estados Unidos al Indo-Pacífico; el declive del "orden mundial liberal occidental" y los desafíos internos que afectan a la cohesión de Europa.

La denominada "autonomía estratégica" de Europa ha constituido un tópico importante desde la década de 1990. Hay que resaltar que, en puridad, por autonomía estratégica se entiende el efecto re-

---

1 Coronel del Cuerpo de Infantería de Marina (R). Analista del Centro de Seguridad Internacional, Universidad Francisco de Vitoria

sultante de la interacción del empleo del poder político, lo que se traduce en la libertad de acción.

En relaciones internacionales, desde la diplomacia hasta la consolidación de la paz o la guerra, cada efecto resultante implica necesariamente la interacción. Esta característica no se ha valorado durante el largo debate europeo sobre la autonomía estratégica, al no tratarse esta como el efecto de una interacción. Para entender la autonomía es necesario conocer cómo actúa el actor, pues es parte de su identidad. Para ello se reconoce que, en lugar de simplemente "existir" en el vacío, las entidades políticas coexisten con, e influyen en otras, independientemente de cuán diferentes sean sus organizaciones y su representación en los diversos sistemas políticos.

1. UN VATICINIO

En 1996, el gran europeísta Tony Judd, escribió su famoso ensayo: "A great illusion?", en el que señalaba: "Soy un europeo entusiasta; ninguna persona formada podía desear seriamente retornar al círculo de naciones agresivas y mutuamente antagonistas, naciones sospechosas e introvertidas que fue el continente europeo en el pasado reciente. Pero una cosa es pensar un resultado deseable y otra suponer que es posible. En mi opinión, una Europa verdaderamente unida es lo suficientemente poco probable y contraproducente para insistir en ello. Soy así, supongo que un euro-pesimista"[2].

2. ENMARCANDO EL DEBATE

En la última década, la "autonomía estratégica" se ha convertido en una herramienta clave para la acción exterior de la UE. El papel central del concepto que, a su vez se conforma por ambición, objetivo, proceso o incluso un método, arroja nueva luz sobre cuestiones fundamentales en torno a la acción exterior de la UE y a la articulación de la relación entre la UE y los Estados miembros.

---

2 JUDT, T., *A grand illusion?: An essay on Europe*, Hill and Wang, 1996

La concepción de una Europa estratégicamente autónoma suscita "opiniones" no coincidentes a ambos lados del Atlántico. Es comprensible que la rigidez que transmite el término "autonomía estratégica", en un momento en que se preconiza cohesión y solidaridad entre aliados, provoque confusión. A lo que hay que añadir, tanto como concepto y objetivo político, que el problema reside en su ambigüedad conceptual, y más aún, si se admite como normalidad el que los Estados miembros de la UE atribuyan al término acepciones diferentes. La causa motivadora es evidente, ya que las concepciones estratégicas en los diferentes Estados miembros tienen su origen histórico en diversas culturas estratégicas, en diferentes percepciones de amenaza y en intereses políticos propios. Todo ello conduce a una pluralidad de actitudes. Sin embargo, no basta con admitir que el término se interpreta de diferentes maneras, lo importante es conocer los distintos puntos de vista y sus efectos sobre la cooperación en el ámbito de la Defensa de la UE.

En la UE, la "autonomía estratégica" no es una denominación nueva. Su origen se remonta a la Declaración de St. Malo de 1998, y ha formado parte del discurso político oficial de la UE, al menos desde 2013, y bajo el patrocinio franco-británico. El Consejo Europeo de Colonia de 1999 introdujo la "autonomía de acción" que tendría como cometido actuar en las crisis internacionales incluidas en los tratados, siempre que la OTAN no lo hiciera, actuando de forma independiente o en colaboración con la Alianza. Bajo las premisas franco-británicas de no duplicar y no crear un ejército europeo. Para la actuación se fijaron inicialmente unos objetivos de fuerza, el "*Headline Goal 2003*", de unos 50.000 a 60.000 militares, capaces de ser desplegados en 60 días y sostenidos durante 12 meses a partir de 2003. Para valorar la autonomía de actuación que proporcionaría esta "Fuerza de reacción rápida" a la UE no se disponía de soportes estratégicos ni industriales asociados, por lo que se aparcó como "puro concepto operativo".

En 2003 se aprobó la Estrategia Europea de Seguridad que no aludía a la "autonomía estratégica", limitándose la acción global de la UE a marcos multilaterales de seguridad internacional. Para ello se cambiaron los objetivos de fuerza de 2003 por otros más realistas, "*Headline Goal 2010*", y se les dotó de un proceso para el desarrollo de capacidades. El proceso de planeamiento que los Estados miembros delegaron en la Agencia Europea de la Defensa se sostiene en una secuencia que parte de las necesidades estratégicas, de las que se derivan las operativas, de las que, a su vez, se traducen en capacidades operativas, que conforman la correspondiente Base Industrial de Defensa. La lógica de la secuencia realza la importancia de contar con unas premisas estratégicas sólidas ya que, sin ellas, el concepto de "autonomía" se reduciría a sus aspectos operativos y a un catálogo de equipos.

Como se aprecia, el empleo del término tuvo su origen en el ámbito de la Seguridad y Defensa, pero recientemente se ha ampliado prácticamente a todas las políticas de la UE en relación con el exterior. Así, la Agenda Estratégica 2019-2024 pide a la UE que "aumente su capacidad de actuar de forma autónoma para salvaguardar sus intereses, defender sus valores y su forma de vida y contribuir a configurar el futuro mundial".

Las opiniones han entrado en debate no sólo sobre el concepto, sino incluso sobre el valor del propio debate. Algunos comentaristas lo consideran una contribución positiva para la creación de un espacio público europeo en el que pueden abordarse cualquier tipo de cuestiones políticas. También se ha tomado como una "guerra de palabras" o como un debate carente de toda sustancia real que no es utilizado por la totalidad de los miembros, según sea su concepción de la UE.

Después de que el consenso anglo-francés se desvaneciera en el aire a mediados de la década de los 2000, la autonomía estratégica europea siguió flotando y continuó dando forma a los esfuerzos militares de gestión de crisis de la UE, aunque de bajo riesgo y baja ambición.

La UE revivió el concepto a finales de 2013 y alcanzó el estatus de palabra de moda al ocupar un lugar destacado en la Estrategia Global de la UE de 2016. Se sabe por qué la idea de la autonomía estratégica europea tocó entonces una fibra sensible entre muchos actores de la UE. En consonancia con la fragmentación de los órdenes mundiales y regionales, la UE se había enfrentado a múltiples retos internos y externos, lo que hacía urgente replantearse la seguridad europea

Las discusiones sobre la distinción entre "autonomía estratégica" y la fórmula anterior "soberanía europea", o sobre el uso de calificativos como "abierta", se desestiman con demasiada facilidad como mera lingüística. De hecho, ponen de relieve la existencia de profundas contradicciones y sensibilidades de la concepción de la mismísima UE. Por ejemplo, en su discurso ante el Bundestag, el presidente Macron señaló que la palabra "soberanía" tiene connotaciones culturales diferentes en Francia y Alemania, que van más allá de su simple significado. Ya a principios de la década de 1990, los comentaristas de la política exterior evitaban deliberadamente la palabra "soberanía" para indicar la naturaleza de la UE como actor internacional autónomo, debido "al espectro de la estatalidad que el término suscita". La palabra "autonomía", por otra parte, suscita temores de unilateralismo y autarquía.

No es de extrañar, pues, que gran parte del discurso se dedique en aclarar lo que no es la "autonomía estratégica". De una forma u otra, la mayoría de los analistas señalan que el término no debe confundirse con autarquía, proteccionismo, aislacionismo o unilateralismo; y así se debe entender. No se restringe su empleo al ámbito de la Seguridad y de la Defensa, sino también crece el uso en otros ámbitos políticos; no se trata sólo de resiliencia y autosuficiencia (modalidad defensiva), sino también de promover los intereses y valores de la UE (ofensiva); no se refiere a un objetivo en sí mismo, sino un medio para un fin.

Los enfoques "negativo" o "defensivo" de las definiciones, han impregnado el debate político incluso en el Consejo, y se debe, al menos en parte, a la necesidad de abordar las sensibilidades que suscita la semántica de la expresión. Por otra parte, el vocablo parece aportar una ambigüedad intrínseca que favorece interpretaciones negativas. La "autonomía estratégica" cumple muchos de los criterios de lo que los académicos describirían como un "concepto esencialmente controvertido". Puede deducirse que es más inútil que útil, dada la fluidez del debate en curso.

3. LA OTAN

Exponer lo que es la OTAN es mostrar una realidad más compleja de lo que se podría pensar, porque cuando se emplea el vocablo OTAN, normalmente, se refiere a diferentes aspectos de esta institución de Seguridad. En realidad, la OTAN se puede contemplar desde cinco perspectivas. Como la Alianza creada por el Tratado del Atlántico Norte, o Tratado de Washington, de 1949, pero desde sus inicios, la OTAN también se ha convertido, en una organización internacional con una burocracia en expansión en Europa y América del Norte, una variedad de agencias técnicas especializadas y una estructura militar multinacional única en tiempos de paz.

En tercer lugar, la OTAN es un instrumento de cooperación militar internacional, en lo que respecta a la estructura militar en tiempos de paz. Pero, además, la OTAN ha sido en los últimos 30 años, la institución a través de la cual se ha llevado a cabo gran parte de la actividad militar de la coalición. Por ejemplo, las operaciones en Afganistán durante tantos años; se llevaron a cabo en el ámbito OTAN, aunque algunos de los países contribuyentes o participantes en esas operaciones no eran en realidad miembros de la Alianza.

Además, habitualmente se referencia a la OTAN como de una Alianza occidental ya que encarna o sustenta un sistema de valores. Esa actitud se constata en la forma en que los aliados describen el propósito de la propia Alianza. El Tratado establece que los aliados se unen para salvaguardar la libertad, el patrimonio común y la civilización de sus pueblos y, a continuación, se enumeran los principios de la democracia, la libertad individual y el imperio de la ley.

La quinta acepción es que la OTAN tiene la naturaleza de pacto transatlántico. Estados Unidos se compromete a seguir involucrado en los asuntos de seguridad europeos y, a cambio, los aliados europeos aceptan organizarse y participar en la defensa colectiva de la Alianza contra las amenazas externas. Pero, además, los europeos se organizan para preservar la estabilidad interna y mitigar las tensiones latentes entre los propios miembros de la Alianza.

Desde la creación de la OTAN en 1949, cuya finalidad era establecer una Alianza de seguridad contra la Unión Soviética, el tema de si la OTAN debe de impulsar la agenda de seguridad en Europa ha sido conflictivo.

Desde entonces, varias organizaciones europeas han tratado de establecer y coordinar una política de defensa propia: desde el intento francés de crear la Comunidad Europea de Defensa (1954), sustituida por, la Unión Europea Occidental (UEO): una alianza integrada por el Reino Unido, Francia, Bélgica, Luxemburgo y los Países Bajos.

Las Comunidades Europeas no incorporaron cuestiones de seguridad entre sus competencias. Fue tras el Tratado de Maastricht, a mediados de los años 90, cuando la recién formada UE empezó a desarrollar su propia política exterior y de seguridad común y su relación con la OTAN. La OTAN ya había desarrollado una relación con la UEO, pero ésta adquirió relevancia en 1996, con el cometido de emplear la UEO como nexo institucional entre la UE y la OTAN.

Tras la cumbre entre el Reino Unido y Francia en Saint Malo, 1998, se inició el proceso de creación de la Política de Seguridad y Defensa de la UE (PESD, hoy PCSD). Se trataba de obtener un acuerdo referente al mecanismo de enlace entre las dos instituciones.

Mientras la UE siguió siendo una organización sin un componente de defensa que apoyara su política de seguridad común y la OTAN una Alianza, centrada en la defensa colectiva de los aliados, la UE tuvo poca necesidad de relacionarse con la OTAN. Sin embargo, cuando a finales de los años 90, la UE desarrolló la competencia de defensa y seguridad, se buscó la relación con la OTAN.

Era necesario modular las diferencias culturales e institucionales entre la UE y la OTAN antes de que se pudieran concretar acuerdos oficiales. OTAN mantuvo una situación de alta seguridad que se remonta a los años de la Guerra Fría, mientras que, en contraste, la UE fue concebida como una organización abierta y transparente. Para adaptarse a una política de seguridad más estricta, la UE modeló su marco de seguridad según el esquema de la OTAN. A esto también contribuyó el hecho de que la mayoría de los Estados de la UE también han sido miembros de la OTAN: actualmente, 24 son miembros de ambas.

El hecho de que la OTAN haya sido capaz de adaptar su organización y su estrategia de una manera tan notable a lo largo del tiempo es, sin duda, una prueba del carácter adaptable de la OTAN. Pero, al mismo tiempo, es importante poner de manifiesto que, aunque la OTAN tiene un buen historial de adaptación de su estrategia organizativa, el Tratado en sí: lo que representa, cuáles son sus propósitos y obligaciones fundamentales; no ha cambiado. El Tratado de 1949 sigue siendo tan relevante para los aliados hoy como lo fue en 1949.

Los aliados se comprometen a trabajar juntos para defenderse de las amenazas externas, compartir las cargas y preservar la estabilidad y las buenas relaciones entre ellos.

4. LA PRAXIS

El brote de coronavirus de 2021, enfrentó a la UE a una crisis sin precedentes y puso a prueba su cohesión, pero también era la ocasión para implementar la autonomía estratégica de la UE, a medida que se pusieran en práctica las medidas para la recuperación. La voluntad política y la capacidad de acción son requisitos clave para lograr una autonomía estratégica europea eficiente. La UE corre el riesgo de convertirse en remanso geopolítico para las grandes potencias en un mundo dominado por la geopolítica. Alcanzar la llamada autonomía estratégica europea sobre una base horizontal, reforzaría la acción multilateral de la UE y reduciría la dependencia de actores externos, para hacerla menos vulnerable a las amenazas externas, al tiempo que promovería una igualdad de condiciones que beneficiara a todos, pero que absorbería soberanía. De este modo, la UE podría cosechar todos los dividendos de su integración y posiblemente reforzarse económicamente, aún a costa de desequilibrios y cesiones nacionales.

Para constituir su autonomía estratégica, la UE puede optar por utilizar el potencial aún "infrautilizado" o "no utilizado" del Tratado de Lisboa, y sería el Consejo Europeo el actor de la activación de algunas de las disposiciones del Tratado, en particular en Política Exterior y de Seguridad. La autonomía estratégica europea también puede ser resultado de una profundización del proceso de integración de la UE. Sin embargo, y a la luz de las consecuencias de la guerra de Ucrania, aún queda por ver si las circunstancias favorecen los trabajos de la Conferencia sobre el Futuro de Europa.

En relación con la vigencia del término y significado de la "autonomía estratégica", en 2020, el Alto Representante de la UE, Josep Borrell, lo justificaba en el hecho de que el mundo ha cambiado, siendo necesaria la "autonomía" dado que:

- El peso de Europa en el mundo está disminuyendo. Hace treinta años, representaba una cuarta parte de la riqueza mundial. Se prevé que en 20 años no será mayor que el 11% del PIB mundial, muy por detrás de China, que representará el doble, y por debajo del 14% que corresponderá a los Estados Unidos, al mismo nivel que la India.

- Las dos próximas décadas van a ser cruciales porque China las utilizará para convertirse en la primera potencia mundial, antes de tener que enfrentarse a nuevas limitaciones demográficas, que ralentizarán su crecimiento. En ese caso, probablemente la India podría hacerse cargo del relevo.

La conclusión es sencilla. Si no se actúa unidos en esta ocasión, brillará la irrelevancia de forma convincente. La "autonomía estratégica" es, desde esta perspectiva, un proceso de supervivencia política, en el que las alianzas tradicionales siguen siendo esenciales, pero no serán suficientes, puesto que las diferencias de poder se están reduciendo, el mundo será más transaccional y todas las potencias, incluida Europa, tenderán a ser también más transaccionales[3].

5. EL DEBATE

El debate sobre una mayor responsabilidad de la Unión Europea (UE) por su Seguridad y Defensa va de largo y, enfocado desde el realismo, no se percibe su final. Se puede inferir que el contexto geopolítico evoluciona hacia una nueva configuración, que supone el regreso al crudo contexto de relaciones de poder. En tal circunstancia, para que la UE iniciase el "iter" para convertirse en Gran Potencia, implicaría definir sus intereses; diseñar cambios estructurales; alcanzar el acuerdo de "desestatalización" con sus socios, cambio de soberanías y actuar en consecuencia.

La percepción de la situación geopolítica desde el continente europeo pasa por una fase confusa desde la invasión de Ucrania, en un ambiente estratégico global muy demandante, producto de la elevada complejidad del contexto y la consiguiente necesidad de que el

---

[3] BORRELL, J., *¿Por qué es importante la autonomía estratégica europea?*, Servicio Europeo de Acción Exterior (EEAS), 3 de diciembre de 2020. Recuperado de https://www.eeas.europa.eu/eeas/por-qu%C3%A9-es-importante-la-autonom%C3%ADa-estrat%C3%A9gica-europea_es

"europeísmo" encuentre su sitio. Europa recibe las dinámicas propias de la Competición Estratégica entre Grandes Potencias y las del "pivot" estadounidense al Indo-Pacífico, soporta un fraccionamiento político interno y carece de una visión integrada de futuro, como demuestran los resultados de las elecciones al Parlamento Europeo del mes de junio de 2024. También es receptora de nuevos desafíos como el auge de China, la inseguridad energética, la pugna tecnológica y la vulnerabilidad en el ciberespacio. Y sigue manteniendo los "tradicionales" tales como la presión de Rusia en Europa Oriental, la contribución a la OTAN, las consecuencias de la guerra de Gaza, a los que hay que añadir el control de fronteras y la inmigración ilegal, que siguen sin resolverse.

El compromiso de los Estados Unidos con la seguridad de Europa, mediante la OTAN, ha sido, y es, cuestionado como resultado de la insuficiencia de aportación de capacidades militares de los aliados europeos, "déficit de aportación de capacidad militar operativa" se denomina la figura. La presidencia de Donald Trump planteó el problema y su interlocutor no fue la UE, sino cada aliado europeo. La presidencia de Joe Biden, aportó una "relajación" estratégica engañosa, rota por el desenlace del conflicto afgano, que volvió a poner de actualidad el relato del denominado "Ejército europeo", impulsado por las proclamas del Gobierno francés. Cabe señalar que, en lo referente a la conocida como guerra de Afganistán, tanto la ocupación del territorio en 2001, como la estrategia desarrollada durante los 20 años siguientes y la decisión de retirada, fueron actuaciones políticas en las que la UE no tuvo protagonismo ni ha sido parte en el conflicto. Los aliados de la OTAN conocían la decisión, al menos con carácter general, de la retirada de las fuerzas de la Alianza del país asiático. La tragedia de su desenlace en el aeropuerto de Kabul solo es achacable a defectos, tanto de planeamiento como de ejecución, en la urgencia del cambio de estrategia.

El hecho con naturaleza de punto de inflexión en la configuración geopolítica internacional es el resultado de la "discreta" constitución del AUKUS y su inopinado anuncio. Estados Unidos diseña un nuevo marco geopolítico con el centro de gravedad en el Indo-Pacífico, con nuevos actores, entre ellos la "anglosfera" y no todos, junto a una estructura más amplia, modulable y adaptable, para conjugar los diferentes intereses nacionales en la Competición Estratégica tanto de India, Japón, Corea del Sur, etc.

La ausencia de Francia en el AUKUS y el "agravio" al contrato francés de los submarinos australianos conforman un episodio que se abre a diversas interpretaciones. Una pregunta hipotética, pero relevante como referencia sería: ¿qué hubiese ocurrido si el Gobierno de París hubiese sido llamado a formar parte del AUKUS? En caso afirmativo, Francia se habría convertido muy probablemente en una "potencia global" a título soberano, al estilo del Reino Unido, íntimamente integrada en una entidad líder en aspectos tecnológicos y militares, no compartibles con terceros. Coloquialmente, Francia jugaría en primera división y el resto de las naciones de la UE no jugaría. ¿Cuál sería la justificación francesa a tal conducta? Muy probablemente sería la primacía del interés nacional sobre cualquier otra consideración.

La realidad es que la UE es un ente supranacional y los países que lo conforman son Estados que, nominalmente, conservan y ejercen su soberanía, unos más que otros, en una supranacionalidad asimétrica. Cuando Francia ejerce como miembro del Consejo de Seguridad de la ONU lo hace en su condición de Estado soberano, no como representante de la UE. Cuando Alemania, Francia e Italia llegan a acuerdos en el seno del G7, no son tutelados por la UE, pero si influyen en esta. Cuando Francia necesita una estrategia para sus territorios en el Pacífico, se trata de una decisión soberana de Francia, no de la UE. Cuando Francia interviene en el Sahel, lo escenifica dentro de la UE, pero las operaciones las dirige París. Cuando Erdoğan y Macron se enfrentan, Alemania actúa como mediador.

6. LA PREGUNTA

¿Podrían los europeos desarrollar una capacidad de defensa autónoma si Estados Unidos se retirara completamente de Europa? En la actual situación de profundo cambio geopolítico, lo que no es asumible es querer activar rápidamente un actor estratégico. Esto es, aquel que tiene un interés vital y emplea el poder para conseguirlo mediante el ejercicio de la soberanía. Las pretensiones post-Kabul, anunciadas por portavoces de la Comisión y por el presidente del

Consejo, se fueron adaptando al desarrollo de los acontecimientos. Una muestra de ello son las declaraciones del Alto Representante asegurando que, a pesar de no haberse tenido en cuenta la inversión económica y militar de la UE en Afganistán para ser consultados, se continúa confiando en las decisiones de Washington en cuanto a Seguridad y Defensa; y, al mismo tiempo, se propone la definición de una Estrategia de Seguridad Europea y la creación de la correspondiente capacidad militar para cubrir los déficits de capacidad de actuación. Sin entrar en detalles, hay que tener presente que la UE como organización, y la mayoría de las élites europeístas, no poseen esa mentalidad geopolítica. Se trata de un asunto "cultural", una evolución desde las comunidades a la Unión que no suprimió los intangibles, en muchos aspectos debido a temas competenciales. La UE se creó con una finalidad muy ideologizada que va a resultar un freno a nuevas recetas como la de una "Unión geopolítica", además de tener que "aprender a utilizar el lenguaje del poder".

Ulrike Franke lo expresa con claridad: "Bruselas sigue estando bastante incómoda con la política del poder. El espíritu de la UE es el de una entidad impulsada por el mercado y liderada por la tecnología que, desde el principio, ha dejado la "alta política" (Seguridad y Defensa) en manos de los Estados miembros. Esto significa que la Comisión Europea ve el mundo no en términos de poder, coerción o ganancia relativa, sino como un juego de regulación del mercado"[4].

El ejemplo por considerar es la tecnología como elemento de poder. Bruselas ha regulado el empleo de la Inteligencia Artificial (IA). La regulación tecnológica es importante, pero la UE, a pesar de todo su trabajo pionero en materia de regulación, no parece haber materializado la conversión de la tecnología en el vector geopolítico. La UE y la mayoría de Estados miembros, excepto Francia, siguen orientados principalmente a las implicaciones económicas, sociales y laborales de la tecnología, sin anticiparse a sus consecuencias geopolíticas y geoeconómicas.

---

4 THE WHITE HOUSE, *Interim national security strategic guidance*, 2021. Recuperado de https://www.whitehouse.gov/wp-content/uploads/2021/03/NSC-1v2.pdf

Si el objetivo de la UE fuera mejorar la cooperación y convertirse en un aliado fiable y valioso para los Estados Unidos, el debate versaría en torno al aumento del gasto en Defensa, el papel de los Estados europeos dentro de la OTAN y la potenciación de su capacidad militar, con la finalidad de hacerse cargo de alguno de los esfuerzos ahora asumidos por los Estados Unidos en el seno de la Alianza Atlántica. Los Estados Unidos van a tener que redesplegar sus fuerzas para atender al Indo-Pacífico y la OTAN es necesaria por ser la única opción viable en la zona euroatlántica.

Unida a la retórica de las consecuencias de la retirada de Afganistán, Francia ha reiterado, con énfasis, su propuesta de trabajar por un Ejército europeo, tras la "puñalada por la espalda" del AUKUS. De esta manera y a las pocas semanas del "acuchillamiento", París explotó las diferencias políticas entre Grecia y Turquía sobre la delimitación marítima para, en alusión periodística, perseguir sus pretensiones bonapartistas y cerrar un buen contrato de venta de armamento, aludiendo al "Ejército europeo". La insistencia francesa en este sentido, sin diseñar el estado final geopolítico deseado, levanta todo tipo de conjeturas.

La cuestión tiene que definirse por parte de Alemania, que está en estado de "trance poselectoral". Quizás la declaración más sorprendente vino por parte de la ministra de Defensa alemana, Annegret Kramp-Karrenbauer, quien propuso que las coaliciones voluntarias podrían actuar tras la decisión conjunta de todos los miembros de la UE. La Ministra había escrito un artículo de opinión argumentando que "las ilusiones de la autonomía estratégica europea deben llegar a su fin", apostillando que "los europeos no podrán reemplazar el papel crucial de Estados Unidos como proveedor de seguridad". A grandes rasgos, se llega a la conclusión de que el enfoque de Francia hacia la Seguridad Europea es a través del europeísmo cuando el enfoque de Alemania es a través del atlantismo.

Un factor esencial que tener en cuenta por los proponentes de una capacidad militar de la UE, independientemente de Washington, es que también tendrán que convencer a escépticos. Los Estados bálticos y Polonia son exageradamente cautelosos con cualquier opción de Defensa Europea, que degrade la actuación de los Estados Unidos, a la vez que Dinamarca es abiertamente hostil. Su percepción de peligro no es compartida por otros miembros y ese es un problema. No existe acuerdo entre los socios de la UE sobre qué amenazas se localizan en su periferia. Un ejemplo lo constituye Rusia que se considera una amenaza existencial a los ojos de los Estados bálticos, un inconveniente geopolítico, pero un proveedor energético clave para Alemania y un aliado para Hungría. En el Frente Sur, donde el riesgo geopolítico es alto y complejo, Francia se muestra especialmente activa, siendo apoyada en una u otra medida por otros socios.

Desde un punto de vista posibilista, el denominado "Ejército europeo", que nunca se ha llegado a concretar en qué consistiría, a pesar de la retórica de la propia Comisión y de fuentes francesas, aparece como una especie de "narrativa a lo Guadiana" que surge cada vez que se atranca una iniciativa como pudo ser la PESCO. Y aquí es donde se presenta la base del problema: la UE no es un "actor estratégico", no es soberano ni tampoco el resultado de la suma de las soberanías de estos. Sería necesario conocer si el proyecto del Ejército europeo, si es que existe, supondría la sustitución de las Fuerzas Armadas nacionales o sería un parto laborioso sin concretar con antelación: una fuerza de intervención.

Los riesgos geopolíticos del continente europeo serán consecuencia de cómo evolucione el contexto global resultante de la emigración del centro de gravedad geopolítico mundial al Indo-Pacífico. En una nueva era, caracterizada por la Competición Estratégica, los intereses nacionales vuelven al frontispicio de las Relaciones Internacionales, como explicita la "US Interim National Security Strategic Guidance (USINSG)"[5] . El entorno estratégico europeo es cambiante e incierto, y puede ser aún más diferente en la próxima década. Si tenemos en cuenta los tres principales problemas geopolíticos que los ejecutivos de compañías de ámbito global esperan que tengan mayor impacto en sus empresas en los próximos cinco años éstos son: el cambiante protagonismo de los Estados Unidos en el sistema internacional, la estabilidad de la UE y las relaciones entre Estados Unidos y China.[6]

---

5 EY, *How to manage political risk in a post-pandemic world*, (s.f.). Recuperado de https://www.ey.com/en_gl/geostrategy/how-to-manage-political-risk-in-a-post-pandemic-world

6 GOUVERNEMENT DE LA RÉPUBLIQUE FRANÇAISE, *France strategic review*, 2017. Recuperado de https://www.dsn.gob.es/sites/dsn/files/2017%20Fran-

En este escenario, los modos de acción que han venido considerándose paradigmas políticos y económicos al uso, no son ya útiles. Afrontar el futuro requiere adoptar nuevas visiones, conceptos y estrategias. Los países europeos tienen que atender a sus intereses específicos en un nuevo marco internacional y en una nueva época. El área postsoviética y los países MENA serían los escenarios que tutelar para preservar la seguridad de la península europea.

Una anomalía constatada es la extendida práctica de asimilar el significado del título de los documentos emitidos por la UE con los que publican los países miembros. Valgan como ejemplo las Estrategias, que se utilizan como si en realidad fueran tales, cuando carecen de actor soberano, intereses, medios y fines. En un mismo espacio geográfico, no pueden persistir varias estrategias, salvo las enfrentadas. En caso contrario, las estrategias nacionales deberían ser subsidiarias de la principal. Pero el consenso sobre este asunto se antoja inalcanzable. Valga también de ejemplo el contenido de la "Revisión Estratégica de Seguridad y Defensa" de Francia (2017) que, en uno de sus párrafos declara: "El compromiso reciente y, hasta ahora, desigual de los Estados europeos de aumentar sus inversiones en defensa y asumir una mayor responsabilidad por su propia seguridad, abre nuevos horizontes. Las iniciativas europeas pueden proporcionar diversas vías para consolidar la solidaridad tan necesaria, ya sea a través de mecanismos de capacidad e investigación apoyados por las instituciones de la UE, la aplicación de todas las disposiciones de los Tratados, el aumento de las responsabilidades de los países europeos en la Alianza Atlántica o los programas de cooperación multilateral pragmáticos".

Formar unas Fuerzas Armadas requiere una experiencia históricamente acrisolada en liderazgo y coordinación. Los países de la UE, que pugnan por cada decisión política, no podrían influir de la manera que requeriría la creación de una institución de este tipo. Podrían pensar que saben cómo coordinar sus respectivos ejércitos, pero, en realidad, solo lo consiguen gracias al liderazgo estadounidense y a la estructura OTAN. En la UE, las Fuerzas francesas están dotadas de capacidades realmente operativas, a pesar de lo cual cier-

---

ce%20Strategic%20Revi

tas limitaciones quedaron en evidencia en Libia en 2011. Por ello, la alusión a un Ejército europeo solo es posible referida a una Fuerza resultante de una "coalition of the willing".

Por último, pero no por ello menos importante, la mayor parte de la opinión pública europea negaría su apoyo a una institución de este tipo. Por ejemplo, un hecho como el reciente ataque terrorista en el aeropuerto de Kabul habría sido suficiente para poner fin al consenso de los Gobiernos en Europa. Aunque es cierto que las acciones estadounidenses en Afganistán han infligido daño a la confianza en la OTAN y en los Estados Unidos, impulsar por ello la autonomía militar europea tampoco es realista.

En lugar de explotar una irritación circunstancial, como los incidentes de Kabul, los Estados europeos no deberían perder energía discutiendo la autonomía militar y centrarse en cómo aumentar la confianza y la cooperación dentro de la OTAN. Hay que tener en cuenta la diferencia en tecnología militar entre los países europeos y los aliados norteamericanos. También es necesario algo de introspección: mientras que algunos miembros de la UE están molestos por la forma en que Estados Unidos se retiró de Afganistán, Turquía contribuye a la Alianza a pesar del apoyo estadounidense y europeo al PKK en Siria, que se considera una amenaza para la seguridad nacional de Turquía.

Proseguir con el discurso de la "autonomía estratégica europea", independientemente de la explícita toma de postura sobre los profundos cambios geopolíticos que se están produciendo, corre el riesgo de cambiar la percepción de la UE a los ojos de los verdaderos actores estratégicos. Por ello, la "autonomía" es más un mito que una ilusión. Los mitos inspiran y guían a los actores y pueden ser fuentes de inspiración para ciertos tipos de acción política, para los cuales proporcionan aparentemente una justificación.

En este caso, la "autonomía estratégica", que es un efecto no un medio, parece proporcionar la justificación para alcanzar objetivos políticos nacionales por medio de la Política de Seguridad y Defensa, pero en la perspectiva general de la UE, podría tener serias implicaciones para su protagonismo, tanto percibida como sustantiva. La UE ha sido incapaz de articular un mecanismo de toma de decisiones que tenga presente los diferentes criterios nacionales. La actuación militar solo es políticamente factible cuando resulta de una decisión de soberanía nacional.

7. LA RESPUESTA

La respuesta a la pregunta tiene implicaciones importantes para una serie de cuestiones de política y para el debate en curso sobre la gran estrategia de los Estados Unidos a la luz del prominente argumento de los académicos estadounidenses de la "moderación" de que Europa puede defenderse fácilmente. Abordar esta cuestión requiere un examen de la evolución histórica, así como del estado actual y, probablemente futuro, de los intereses europeos y de su capacidad de defensa. Muestra que cualquier esfuerzo europeo para lograr la autonomía estratégica se vería obstaculizado, fundamentalmente, por dos limitaciones que se refuerzan mutuamente: la "cacofonía estratégica", es decir, profundas divergencias en todo el continente en todos los dominios de las políticas de defensa nacional, en particular, las percepciones de amenazas; y los graves déficits de capacidad militar que serían muy costosos y lentos de cerrar. Como resultado, es muy poco probable que los europeos desarrollen una capacidad de defensa autónoma en el corto plazo, incluso si Estados Unidos se retirasen por completo del continente.

8. EPÍLOGO

¿Cuál es el modelo al que se dirige la UE? Históricamente, los imperios han desaparecido por una expansión excesiva, que condujo a contar con poblaciones inquietas en la periferia, generalmente, por sensación de amenaza o por verse relegadas, lo que generaba escepticismo sobre la viabilidad del proyecto. Estos rasgos existen en la UE y son reconocibles en Europa, hoy que ha logrado sus éxitos ampliando más la integración y a un ritmo más rápido de lo que sus instituciones son capaces de gestionar y sus socios aceptar. En el caso de la UE la falta de sentido de amenaza durante el periodo de su constitución, puede que haya cegado el horizonte.

IMPLICACIONES DE LA FUTURA AMPLIACIÓN DE LA UNIÓN EUROPEA EN LA DEFENSA Y VICEVERSA

RAFAEL RIPOLL[1]
ENRIQUE MANGLANO[2]

1. NOTA INTRODUCTORIA

Si bien la Unión Europea (UE) no nace con el propósito de una expansión ilimitada de sus miembros, no es menos cierto que la falta de una estimación previa sobre el número de aquellos ha generado una expansión sucesiva de los Estados miembros que la componen. En todo caso, la incorporación de nuevos estados se ha asociado a la confirmación de un proyecto político de éxito. Conviene recordar, en este punto, que el continente ha sido históricamente un campo de batalla, y que la irrupción en los cincuenta de la actual UE ha supuesto el primer antídoto frente a los conflictos bélicos. Acumulamos ya más de setenta años de paz, los primeros sin enfrentamientos bélicos entre estados de la UE en gran parte del continente. Podría decirse que la mera existencia de la UE ha sido el principal mecanismo defensivo frente a la casi consustancial inercia a la confrontación bélica en el viejo continente[3].

---

1 Rafael Ripoll es profesor de Derecho de la Unión Europea y Director del Instituto de Estudios Europeos de la Universidad Católica de Valencia. Escuela de Doctorado Universidad Católica San Vicente Mártir, Valencia

2 Enrique Manglano y Castel·lary es Coronel del Ejército de Tierra (Reserva) y profesor de Relaciones Internacionales en la Universidad Europea de Valencia. Escuela de Doctorado del Instituto de Derechos Humanos de la Universidad de Valencia (programa de doctorado Derechos Humanos, democracia y Justicia Internacional).

3 Comunicación de la Comisión al Parlamento Europeo, al Consejo, al Comité Económico y Social Europeo y al Comité de las Regiones. Comunicación de 2023 sobre la política de ampliación de la UE. COM (2023) 690 final. Bruselas 8.11.2023

Frente a múltiples argumentos razonables sobre la necesaria profundización y reforma del sistema de funcionamiento, capaz de asimilar una nueva ampliación, la paz sobresale como primer y principal objetivo de la integración. Así fue históricamente, y sigue siéndolo hoy con recobrada actualidad. Recordemos la célebre reflexión de Robert Schuman "Europa no se hizo y hubo la guerra"[4].

En este limbo cuantitativo se han sucedido diferentes procesos de ampliación, todos y cada uno de ellos asociados a circunstancias estratégicas, comerciales, o bien a un cúmulo de ellas, en las que concurren diversas motivaciones. La propia incorporación, en su día, del Reino Unido supuso la superación, no solo de un Canal, sino de un distanciamiento histórico. La adhesión hispano-lusa representó la integración del eje sur limítrofe con estados que, en otro continente, el africano, fueron contemplados desde la incipiente Política de Vecindad. La suma de los países nórdicos implicó la agregación de estados no alineados y ajenos a la propia integración del continente.

La caída del Telón de Acero y la inmediata extensión de la UE hacia Europa Central y del Este fueron, qué duda cabe, procesos de ampliación con unas exigencias estratégicas de mayor complejidad que las de carácter económico que, de por sí, conllevaba cualquier adhesión.

Entendemos que las incorporaciones de mayor calibre estratégico han sido las citadas, y ahora celebradas en su vigésimo aniversario (2004-2024), con los extintos estados de la otrora Unión Soviética y, a su vez, las referentes a los países que forman parte de la región balcánica. En esta histórica integración, conocida en Alemania como el Big Bang, concurrieron circunstancias y motivaciones de todo tipo, entre las cuales no cabe descartar las de aumento de influencia política y o comercial en el este europeo. Sin embargo, a nuestro criterio, las razones de ampliar el espacio democrático y de paz del continente, supusieron un resorte de consenso para aquellas incorporaciones históricas, entre las cuales también reseñamos la reunificación de las dos Alemanias, federal y democrática; proceso que fue, y es, una excelente referencia. Y así lo entendemos, pues la futura ampliación

---

4 Declaración Robert Schumann, nueve de mayo 1950.

se implementará también tras una guerra en el continente, y entre sociedades muy distanciadas por su pasado inmediato.

Parece innegable que, en su día, el proceso de integración europea entre los países ya miembros sufrió una ralentización sensible. Incluso puede cuantificarse cómo los fondos de cohesión y estructurales se reubicaron en el este continental, que no sur como hasta la fecha. El balance acumula miles de páginas escritas, pero resulta incuestionablemente positivo en dos sentidos. De una parte, la dinamización democrática y económica (Polonia ha aumentado su PIB en un 40% desde su integración) experimentada por los estados de la ex órbita soviética: ocho países poscomunistas en 2004; y Bulgaria y Rumanía en el 2007. De otra, el bien colectivo que la Europa unificada entre Lisboa y Bucarest suponen, el mayor hito y espacio de paz, democracia y prosperidad conquistado por la ciudadanía europea a lo largo de su historia. No en vano, actualmente, la inmensa mayoría de los nueve candidatos se ubican en el ámbito de la Europa del Este y zona balcánica.

Un ejercicio saludable sería plantearnos qué tipo de Europa tendríamos hoy en el caso de no haberse llevado a cabo la ampliación de la primera década de este siglo. Un análisis semejante se puso de relieve con ocasión de los esperados resultados del Mercado Único a principios de los noventa, lo que se conoció como "Rapporto Cecchini". En el mismo, el profesor italiano que dio nombre al estudio, se planteó el coste de no implementar el desmantelamiento de fronteras comerciales entre los estados miembros. Respecto a la ampliación de los dos mil, hoy desde la perspectiva temporal que aportan dos décadas, podríamos encontrarnos en un continente desmembrado, y articulado en base a distintas influencias centrípetas. Si las circunstancias provocadas por la invasión rusa nos parecen desgarradoras, probablemente, de no haberse producido aquella ampliación, esta secuencia puntual sería un más que probable recurso constante en el continente.

La citada adhesión tiene un paragón en la incorporación de países balcánicos. Resulta evidente que la incorporación de Croacia, y el progresivo acercamiento a otros estados de la zona, ha incrementado no sólo el nivel democrático local, sino la integración del continente en su conjunto.

Es esta celebrada ampliación de inicio de siglo, la que por sus miles de kilómetros compartidos con la madre Rusia —reacia a su occidentalización europea— la que más derivadas ha generado en materia de defensa. No obstante, hasta la primera invasión de Ucrania mediante la anexión de Crimea en el 2014, e incluso con posterioridad a esta, los lazos comerciales, energéticos etc. con Rusia pueden calificarse de estables y crecientes. Tras una segunda invasión de la soberanía territorial de Ucrania en el Donbass, deberíamos propiciar una reflexión colectiva y un espacio de autocrítica. El principal interrogante consiste en preguntarnos si esta segunda invasión sobre el territorio ucraniano se hubiera producido en el caso de que, con respecto a la primera, la UE y el mundo occidental hubieran respondido de forma unánime y sostenida como lo han hecho en la actualidad.

Puede concluirse, por tanto, que las ampliaciones de la UE no han traído, como consecuencias inmediatas, avances en la política de defensa común. De hecho, esta política comunitaria ha transcurrido más por derroteros de inercia, o de verse contemplada pasivamente desde organizaciones de mayor espectro, como la Organización del Tratado del Atlántico Norte (OTAN). Es más, ni la ampliación a países de la extinta Unión Soviética o estados balcánicos supusieron pasos de avance en una política común de defensa. Tampoco, como se ha indicado, la invasión de un estado soberano a otro, en las mismas fronteras de la Unión ampliada. Incluso, elementos globalizadores como el terrorismo internacional o el ciberdelito, han supuesto algunos avances en la coordinación sobre el concepto de seguridad, que no tanto sobre el de defensa propiamente dicha.

En ocasiones, contemplamos cómo el debate público sobre defensa compartida incide en las posibles medidas a adoptar, cooperaciones reforzadas, coordinación intergubernamental etc. Sin embargo, cualquier avance real al respecto ha de basarse en una mayor cesión de soberanía desde los estados a la UE, ¿están los ciudadanos dispuestos a ello, sus representantes políticos tienen ese mandato?

Tres factores recientes parecen haber situado esta coyuntura histórica en un punto de inflexión. De una parte, el cambio en las prioridades defensivas de los Estados Unidos de América, socio político, comercial y defensivo de la UE, coyuntura que podría intensificarse tras las próximas elecciones de noviembre 2024. Desde la administración Obama, las prioridades defensivas estadounidenses no se centran en el Viejo Continente. La candidatura republicana resucita el reclamo popular de "American first". Eslogan que se hace acompañar del argumento impactante del escaso gasto defensivo que asumen los estados europeos para su propia defensa, y el consiguiente sobre coste que recae sobre la Casa Blanca o el bolsillo de los norteamericanos. De hecho, a raíz de este escenario, los presupuestos defensivos de los 27 han experimentado un sensible incremento.

De otra, la salida del Reino Unido, histórico antagonista de una política común de defensa. Puede observarse que, en el último lustro, y antes incluso de la invasión de Ucrania, se ha propiciado un debate sobre las necesidades defensivas, los acuerdos necesarios y sus complejas implicaciones. Todo ello fue inviable durante la pertenencia del Reino Unido a la Unión.

Finalmente, se ha sumado trágicamente la mencionada invasión rusa del territorio ucraniano, y el consiguiente conflicto bélico-mortal abierto.

Estos tres elementos giran en el mismo sentido y, por razones estratégicas, la americana o la británica —activados al extremo por la invasión rusa—, han puesto sobre la piel del continente un escenario a resolver, ahora sí, sin mayor dilación. Los tiempos de Bruselas han de acelerarse o irrumpiríamos salvajemente con la máxima de que "al tiempo no se le notan los años"[5]

La reciente invasión de Ucrania ha catapultado acciones excepcionales e históricas. Entre otras, la compra y suministro bélico de la UE a las autoridades ucranianas, respaldos procedentes de otros países occidentales, hasta el momento el apoyo de la Casa Blanca, la integración exprés e histórica de países nórdicos como Finlandia y Suecia a la OTAN o la apertura de negociaciones de adhesión a la UE con la mismísima Ucrania, estado soberano en guerra.

El debate sobre la política de defensa mundial y europea está servido y en plena ebullición. Es en esta coyuntura política donde avanzamos algunas reflexiones sobre si la ampliación futura a Ucrania, y algunos estados balcánicos o de la Europa Oriental o Caucásica, con

---

5 GARCI, J. L., Prólogo de *La mujer que beso a Virgilio y otros viajes literarios* de Mª José Solano, Editorial Beredice, 2024.

mayor o menor vinculación con Rusia, ha de plantearse simultáneamente y de la mano, o resuelta la reforma y este desafío defensivo.

2. AMPLIACIÓN VERSUS REFORMA

El binomio ampliación y defensa lleva consigo un primer planteamiento sobre la razón y oportunidad misma de una futura ampliación. Entendemos que la justificación de la ampliación no puede centrase exclusivamente en una legítima razón de carácter defensivo. El espectro conviene que alcance otros parámetros tan dispares como los económicos o los identitarios. Escribe Ana de Palacio[6] sobre la solicitud de adhesión ucraniana a la que Bruselas contestó positivamente:

"...compelida por un sentido de responsabilidad moral más que por un auténtico entusiasmo ante la idea de una mayor ampliación...".

Cabe recordar que ampliación no es sinónimo de integración, fenómenos de incorporación express pueden conllevar desestabilidad institucional a medio plazo. La concurrencia de los criterios de Copenhague para la integración definitiva de un estado tiene un común denominador vital, y este no es otro que compartir, desde la sociedad civil —y no sólo desde el espectro gubernamental— los valores contenidos en los Tratados de la Unión[7]

La situación de Ucrania, que lucha por mantener sus fronteras frente a la invasión arbitraria de Rusia, pone sobre el escenario todos estos aspectos: Periodo extraordinario de proclamación del estatus de candidato y apertura de negociaciones. Todo ello con un estado soberano que limita con nuestra frontera comunitaria, y que situaría

---

6 PROYECT SYNDICATE, *¿Es Europa demasiado grande para otra ampliación?*, mayo 2024.
En línea: https://www.proyect-sindicate.org/commentary/can-european-union-admit-more-countries.by-ana-palacio-2024-57spanish

7 Profundización de la integración de la Unión Europea con vistas a la futura ampliación, PARLAMENTO EUROPEO, *Resolución sobre la profundización de la integración de la Unión con visitas a la futura ampliación* (2023/2114 (INI)). 29 de febrero de 2024.

a la UE en el mucho más amplio ámbito fronterizo de Rusia, con el agravante del desencadenamiento de todos estos procesos con un estado europeo en guerra abierta. Ucrania es, además, un estado de gran tamaño y potencial económico en varios sectores. Recordemos las controversias ya acaecidas con varios aspectos comerciales relacionados con Ucrania. En particular, Ana de Palacio[8] indicaba al respecto que: "…es el caso del grano que irrumpió como tema nacional electoral de los ribereños, o la exención a los transportistas ucranianos por carretera de los permisos requeridos a los extracomunitarios, que han provocado un fuerte rechazo polaco, eslovaco y húngaro". Como sucedió en la adhesión de España, la competitividad agroalimentaria dificultó las negociaciones con Francia. Así pues, no sólo se trata de abordar su muy peculiar situación en estado de guerra; Ucrania es un estado cuya adhesión, más allá de los parámetros democráticos, requiere de una negociación profunda y concienzuda.

De hecho, el propio concepto de defensa es susceptible de criterios alternativos. En este sentido, el Primer Ministro polaco reclama a España que se solidarice y reactualice su presupuesto defensivo como elemento disuasorio frente a Rusia. Este gesto haría entender mejor, a los países de la Europa central, la urgencia en reforzar la frontera sur.

La primera cuestión es, pues, abordar los riesgos de una ampliación exprés: las negociaciones con Ucrania se cerraron en apenas dieciocho meses durante la Presidencia española, con un estado en pleno conflicto armado. De hecho, la solicitud ucraniana se tramitó ante Bruselas unos días después de la invasión rusa. Algunas voces resultan escépticas respecto de incorporaciones urgentes. La profesora Ferrero-Turrión[9] escribe:

"Si se quiere ir demasiado rápido en la incorporación de nuevos países a la Unión Europea podríamos volver a los tiempos previos a Maastricht: un gran mercado común sin integración política".

La ampliación se hubiera producido con otros parámetros temporales de no mediar el conflicto. Resulta necesario constatar una iden-

---

8 DE PALACIO, A. *Lógica de la ampliación* El Mundo. 16 diciembre 2023

9 REDACCIÓN DE EL PAÍS, *El falso dilema de la reforma y la ampliación.* EL PAÍS, 7 de octubre 2023.

tificación con los valores de la UE, más allá de la terrible situación crítica que se atraviesa, pues podrían ocasionarse incorporaciones con un riesgo institucional a medio plazo. En principio, como indica Ana de Palacio[10] "...la promesa de entrada en la UE siempre se ha visto como un poderoso mecanismo para fortalecer la estabilidad, la democracia y la prosperidad en Europa"

En todo caso, nos planteamos más delante de este capítulo si es el momento político e institucional apropiado para una nueva ampliación estratégica, lo que nos lleva al enclave de consolidación o profundización frente a ampliación, expuestos por algunos analistas como términos incompatibles.

Las sucesivas ampliaciones no han supuesto un retroceso sistemático en la integración del conjunto. Dicho de otro modo, la actual cohesión entre los veintisiete estados es sensiblemente mayor que hace dos décadas, y la existente entre los estados miembros y los incorporados en el 2004, resulta impensable sin ese proceso de adhesión. Es más, desde otro punto de vista, cabe plantearse ¿es la incorporación de Ucrania precisamente un factor de defensa de la UE y, por tanto, aportadora de un sensible valor añadido para la integración? Quizás habría que incluir la defensa como un elemento integrador, o no, en el debate abierto. Y no solo con Ucrania o Moldavia, porque Georgia, Armenia y Azerbaiyan también introducen la defensa en la ecuación de la integración.

El dilema reforma o ampliación ya se produjo con ocasión de la ampliación hacia el este. La profesora Ferrero-Turrión[11] recobra este elemento: "Los debates de estos días nos retrotraen a aquellos que tuvieron lugar allá por mediados de los años noventa donde se discutía si primero había que profundizar en el proyecto europeo y luego ampliar hacia el Este, o si, por el contrario, el camino debía ser el inverso. Se puso en marcha una reforma de los Tratados con el fin de preparar a la UE para la incorporación de diez nuevos estados".

---

10 PROYECT SYNDICATE, *¿Es Europa demasiado grande para otra ampliación?*, mayo 2024.
En línea: https://www.proyect-sindicate.org/commentary/can-european-union-admit-more-countries.by-ana-palacio-2024-57spanish

11 REDACCIÓN DE EL PAÍS, *El falso dilema de la reforma y la ampliación*. EL PAÍS, 7 de octubre 2023.

Hoy el debate se enriquece, como hemos dicho, con el elemento acuciante de la defensa, que en aquel entonces no se vislumbró como una causa asociada a las bondades de la ampliación. La profesora Ferrero[12] añade que "…sin embargo se obviaron otras cuestiones no menores…entre otras, la unión fiscal…No se quiso, a la espera de la aprobación del Tratado constitucional realizar reformas de calado, pero con el fracaso de este, la salida de emergencia fueron los arreglos cosméticos del Tratado de Lisboa".

Concluye la profesora[13] que no estamos ante un dilema entre ampliación o reforma, sino:

"…se trata de realizar ambas a conciencia, profundizando en la reforma institucional, pero también en el modelo de valores y normas al que se aspira".

Parece que se impone, entre los Estados miembros, la tendencia por una incorporación de tipo gradual. Nos planteamos un estatus intermedio para los candidatos, que pudiera equipararles parcialmente a los Estados miembros, y que no todo se redujera al binomio miembro de pleno derecho o no. En este sentido, Ana de Palacio[14] entiende que: "El horizonte de entrada en nuestra Unión no puede ser la única baza de negociación a nuestro alcance, más aún si tenemos en cuenta que su eficacia para impulsar reformas se desvanece con la consolidación de pertenencia: una vez dentro, la capacidad de Bruselas para influir es limitada, como demuestran —en frecuente alarde— Hungría o Polonia".

En cualquier caso puede observarse que el común denominador, en los perfiles de los candidatos a futuras incorporaciones a la Unión, lo constituye el elemento de defensa por los tres factores antes citados, pero muy especialmente por la amenaza general que supone la invasión de Ucrania.

---

12 REDACCIÓN DE EL PAÍS, *El falso dilema de la reforma y la ampliación*. EL PAÍS, 7 de octubre 2023.

13 REDACCIÓN DE EL PAÍS, *El falso dilema de la reforma y la ampliación*. EL PAÍS, 7 de octubre 2023.

14 REDACCIÓN DE EL MUNDO, *Ampliación y ángulo muerto de la Unión*. EL MUNDO, 8 de julio 2023

En el caso de Georgia su proceso de integración se ha visto en entredicho. De hecho ha sido suspendida la negociación temporalmente por la posible aprobación de la conocida como "ley a la rusa", texto legal de control sobre inversiones externas de corte represivo. Además, Georgia ha sido advertida por no secundar las sanciones a Rusia tras la invasión ucraniana. Pero no podemos ignorar que el giro antidemocrático lo está pilotando el legítimo Gobierno de los georgianos que, sin embargo, secundó una reforma de la constitución que incorpora la aspiración europea.

En todo caso, Georgia es el ejemplo de estado relacionado con la UE desde la perspectiva de la política de vecindad, que no nació con la voluntad de que sus miembros de integraran en la Unión; ósea, sin proyección de membresía. Qué duda cabe que razones de orden defensivo, reactivadas con la invasión rusa, han facilitado este tránsito entre vecindad y ampliación[15].

Armenia representa otro supuesto de reconversión entre vecindad y membresía. Proceso tortuoso, entre la renuncia armenia a suscribir un acuerdo de asociación con Bruselas en el 2013, optando, sin embargo, por su incorporación a la Unión Euro Asiática. Desde entonces, se han ido sucediendo pasos, mediante acuerdos de aproximación al acervo jurídico comunitario; hoja de ruta democratizadora tras cambio de gobierno; misiones de colaboración; invitación al Consejo de Ministros de Exteriores; petición del Parlamento Europeo de reconocimiento de las aspiraciones europeas de Armenia; asignación de fondos y, finalmente el anuncio de Armenia de un futurible referéndum sobre la incorporación a la UE[16].

Moldavia inició sus pasos de integración junto a Ucrania, así como las negociaciones de adhesión impulsadas desde junio 2024. Actualmente, el Gobierno moldavo ha iniciado un complejo proceso para reintegrar la región de Transnistria, autoproclamada independiente, que se encuentra bajo la tutela rusa y la de su ejército, que tiene desplazados en la región a unos 2000 soldados.

---

15 Fundación Complutense. Cursos Complutense Verano San lorenzo de El Escorial, julio 2024

16 Fundación Complutense. Cursos Complutense Verano San lorenzo de El Escorial, julio 2024

Resulta sintomático de las intenciones y de las necesidades de estos en el ámbito de defensa, que alguno de ellos han visto rechazada la petición de integración a la Alianza Atlántica antes o durante su petición de integración a la UE, y que sienten la acuciante amenaza de Rusia o sus aliados. Este es otro factor que hace pensar que el factor de la defensa juega, y debe estar resuelto para esta ampliación. Este tema lo analizamos en profundidad en el último punto.

La UE ha tenido que activar sanciones contra Bielorrusia, que no siendo un país candidato, sí es un territorio que, por su apoyo al gobierno del Kremlin es estratégicamente sensible en la zona. En el caso de Azerbaiyán no se perciben progresos en la dirección europeísta, y sin embargo si de dependencia con la "Madre Rusia".

La zona balcánica pugna por el cumplimiento de los criterios de Copenhague y, en general, por el acercamiento progresivo al acervo comunitario prescrito por Bruselas, y concienzudamente observado por la Comisión Europea. Es el caso de Albania, Macedonia del Norte, Serbia (recientemente visitada por el presidente de China) y Montenegro. Los casos de Bosnia Herzegovina o Kosovo transitan por un ámbito menos esperanzador. En este último caso, Kosovo es apoyado en su progresía hacia el acervo comunitario, si bien, no es reconocido como estado soberano por cinco estados miembros de la UE.

En una u otra medida, todos estos estados han requerido de Bruselas un trato más directo, restando ambigüedad a sus declaraciones y hoja de ruta para la integración. De entrada, parece que Bruselas gestiona estos países como un solo estado balcánico. Algunos de ellos recelan de la actitud pro rusa de Serbia, y otros manifiestan, incluso, su indignación por el trato preferente concedido a Moldavia o Ucrania frente a los lentos avances con Macedonia del Norte. En algunos casos es la situación en varios aspectos, poder judicial o acervo democrático, la que dificulta el avance en las negociaciones.

El caso de Albania nos lleva a retomar en positivo el debate entre la incorporación no equiparable a integración, entendiendo este último concepto como sinónimo de interiorización de valores, más allá de la incorporación técnica. Respecto a Tirana se utiliza incluso el concepto de "inclusión", por la predisposición identitaria con los valores de la Unión[17]. Su lengua materna no es eslava, lo que resta influencia a la sensibilidad pro-rusa, al contrario que en Montenegro, por ejemplo. Su itinerario de cercanía con la UE se ha ido escalonando con distintos inputs. Miembro de la OTAN desde 2009, partícipe del Consejo de Seguridad de la ONU, profesionalización del servicio exterior, acogida del proceso de Berlín sobre los Balcanes, convivencia estable interconfesional, etc. De hecho, Albania ha capitalizado dos hitos académicos, como la apertura de una subsede del Colegio de Europa con sede en Brujas (Bélgica) y Natolín (Polonia), o la más reciente, en septiembre 2024, con la activación académica del posgrado sobre integración europea por parte de la UNED. No obstante, elementos como el crimen organizado o la corrupción, impiden avanzar suficientemente en varios de los capítulos anejos a los criterios de Copenhague.

El analista y politólogo Alejandro Esteso[18] analiza el rol de Moscú en la zona como "…de actor desestabilizador. Rusia no se presenta como un actor en la región, simplemente aprovecha la coyuntura… se vio antes de la entrada de Montenegro en la OTAN o ante el referéndum en Macedonia del Norte para resolver su disputa con Grecia".

Esteso[19], describe el rol moscovita en los Balcanes como "…un factor fundamental en la región, como contrapeso de la UE, pero también como ventana de oportunidad para países que se ven desplazados a un segundo escalón por el proyecto comunitario".

A todo ello, podemos agregar la situación de expectante preocupación que reina en los tres estados bálticos, todos exsoviéticos y actuales miembros de la UE, pero inseguros ante posibles maniobras del ejército ruso. A este respecto, la profesora Kristina Spohr[20] escribe que, a pesar de lo que ocurrió en el inicio de la segunda guerra mundial a manos del ejército de Hitler, "En los países bálticos …, la opinión pública no teme en absoluto a un ejército alemán fuer-

---

17 Fundación Complutense. Cursos Complutense Verano San lorenzo de El Escorial, julio 2024

18 ORDIZ, E., 20 MINUTOS, agosto 2022.

19 ORDIZ, E., 20 MINUTOS, agosto 2022.

20 REDACCIÓN DE EL PAIS, *Proteger a los países bálticos de un nuevo Stalin.* El PAÍS, agosto 2024.

te, sino que lo agradece". La profesora de las universidades London School of Economics y Johns Hopkims[21] añade varios considerandos para tener en cuenta: "Los tres países, con importantes minorías de etnia rusa, se consideran en la primera línea de combate en la agresiva política exterior y de seguridad del Kremlin. Y con razón. Rusia hace incursiones constantes en su espacio aéreo. Piratea las redes gubernamentales y de GPS. Y, sobre todo, Putin ha convertido a Kaliningrado, el enclave ruso anexionado en 1945, en una base militar."

La ex primera ministra de Estonia, y actual jefe de la "diplomacia europea", Kaja Kallas[22], especialmente sensible con la situación de Ucrania, declaraba que "...lo que la década de 1930 nos enseñó es que Europa es un continente relativamente pequeño y si algo pasa en un país se propaga, y lo hace rápidamente, afectando a todos. Por eso estamos juntos en esto. En ese tiempo se trató como crisis separadas la ocupación alemana de Renania, la guerra civil española, la invasión italiana de Etiopía...Pero hay que ver la imagen completa. No podemos cometer el mismo error".

Podemos observar cómo Rusia mantiene y sufraga un grupo de enclaves de influencia de enorme significación. Se trata de espacios territoriales de soberanía rusa, minorías prorrusas, influencia económica, intereses industriales o bases militares en el conjunto de espacios asociados a países candidatos y sus entornos.

Parece estar de sorprendente actualidad aquella reflexión imputada a Winston C. Churchill en la que calificaba el pasado de la URSS como de impredecible.

---

21 REDACCIÓN DEL PAÍS, *Proteger a los países bálticos de un nuevo Stalin*. El PAÍS, agosto 2024.

22 REDACCIÓN DEL PAÍS, *La primera ministra de Estonia: La duda es cuando comenzará la próxima guerra,* EL PAÍS, 18 de abril de 2024. En línea: internacional72024-O4-18/la-primera-ministra-de-estonia-la-duda-es-cuando-comenzara-la-proxima-guerra.html

3. ALGUNAS REFLEXIONES NECESARIAS SOBRE EL CONCEPTO DE ESTADO, LA UNIÓN EUROPEA Y LA DEFENSA

Desde la misma creación del *Estado,* este surge como la organización política de una sociedad, de un pueblo que habita en un territorio y que siente la necesidad de dotarse de una organización que gestione los asuntos comunes de esa población de un modo que los individuos o las familias no podrían hacer por sí mismas. No hay sociedad que no tenga asuntos comunes que gestionar, y por ello la *política* (que de eso hablamos cuando tratamos de la gestión de lo común, no de lo privado) es un asunto de Estado. En una sociedad, hablando en general, hay muchos asuntos comunes, entre los que están también los modos de entender las relaciones internas, el modo de ser y de estructurarse como tal, la idiosincrasia propia, las creencias, lo que hace que esa sociedad se sienta una nación. De esa forma de ser y vivir surgen unos intereses, una necesidad de *defender* ese modo particular —específico— de vida, que se desarrolla en un territorio determinado, delimitado por unas *fronteras.* Entre los muchos asuntos comunes están, entre los más importantes, la gestión de las relaciones económicas y la misma defensa.

Lo mismo ocurre con otras sociedades, naciones y Estados (surgidos históricamente a partir de la Época Moderna) que se desarrollan en otros territorios, con sus propias formas de organización, creencias, economías e intereses. Indefectiblemente las sociedades interactúan entre ellas y surgen las relaciones internacionales transfronterizas. Los gobiernos de los distintos Estados, que dirigen la política, han de asegurar el correcto funcionamiento dentro de su territorio de toda la sociedad, así como la libertad de ejercicio de las funciones sociales. Esto es lo que llamamos *soberanía,* tan ligada a la seguridad y a la defensa de los ciudadanos y del estado. En las relaciones internacionales, esa seguridad y defensa se proyectan fuera del territorio estatal en la relación con otras sociedades organizadas del otro lado de la frontera. Hablamos de la *seguridad* de las personas, bienes e intereses en el interior, y de la *defensa* de ellos en el exterior frente a otros estados que defienden sus intereses, su territorio y su población. De entre los intereses fundamentales comunes, por tanto, que corresponden a los Estados cerciorar, está la seguridad como sociedad y como individuo perteneciente a ella (lo que llamaremos más adelante, en la historia de los estados, *ciudadano*).

La seguridad y la defensa de la soberanía es uno de los requerimientos más importantes y acuciantes para un Estado y es uno de las principales e ineludibles razones de su existencia. En su defensa, en caso de verse amenazada, el Estado ha de implicar todos sus recursos, ya sean diplomáticos, económicos, culturales, sociales y, llegado el caso, humanos y militares.

Parece lógico pensar que, cuanto más extenso es el territorio del Estado, cuanto más larga la frontera que vigilar y defender, cuanto mayor es el número de ciudadanos que requieren seguridad, cuanto más amplios los intereses de los ciudadanos y de la nación, más recursos deberá empeñar.

La Unión Europea, de acuerdo a la Teoría del Estado, no se corresponde a ninguna de las formas de Estado tradicionales. Es una organización supranacional, una Unión de Estados, "un sujeto político híbrido"[23] con base en una unión de Derecho Internacional, en una serie de tratados entre Estados, más que en una unión de Derecho político constitucional. Las sucesivas ampliaciones han generado tensiones entre los Estados miembros, que han terminado avanzando a diversas velocidades en el marco de la Unión[24].

Por tanto, podríamos decir que todo lo dicho respecto a cualquier estado moderno, no es de aplicación a la Unión Europea; que la ampliación de la Unión que estamos estudiando no implicaría ningún efecto importante para la política común europea, ni en concreto para la política de seguridad y defensa común. Pero no es así, como nos disponemos a argumentar siguiendo los tratados en vigor de constitución de la Unión.

El intento de convertir la Unión en un Estado Federal mediante la aprobación —en la convención europea de 13 de junio de 2003—

---

23 MARTÍNEZ SOSPEDRA M. Y URIBE OTAROLA A., *Teoría del Estado y de las formas políticas: Sistemas políticos comparados*. Editorial Tecnos, Madrid, 2018, pag. 163

24 Cfr. Idem.

del proyecto de Constitución Europea[25] (que luego no fue ratificada en referéndum por Francia y Países Bajos), habría convertido a la Unión Europea en un Estado, como tantos otros que han surgido por asociación fruto de una alianza preexistente, como Estados Unidos, Australia, o la Unión Sudafricana. Esa hipotética creación de un Estado nuevo habría llevado consigo la obligación intrínseca de todos los estados federados a la defensa de las fronteras comunes y de los intereses comunes de la federación. Bien es verdad que, leyendo el proyecto de Constitución europea, en cuanto a la política exterior y de seguridad común (PESC) (en ese momento no se habla de defensa más que marginalmente y dentro de la PESC) hay un claro espíritu constructivo y progresivo[26], no ejecutivo, marcando unos objetivos que se habrían de ir consolidando mediante sucesivas decisiones del Consejo europeo, el Consejo de Ministros y del Parlamento. De hecho, cuando en ese proyecto se desarrolla la política exterior y de seguridad común (en el Título V, Capítulo II, sección 1 "Política Exterior y Seguridad Común", artículo III— 210) habla, al mencionar las misiones en las que la Unión podría recurrir a medios civiles y militares, casi exclusivamente de misiones de paz[27]. La defensa se contempla marginalmente.

---

25 https://eur-lex.europa.eu/legal-content/ES/TXT/PDF/?uri=CELEX:52003XX0718(01)

26 "Proyecto de TRATADO POR EL QUE SE INSTITUYE UNA CONSTITUCIÓN PARA EUROPA" Artículo 40 punto 2: "La política común de seguridad y defensa incluirá la definición *progresiva* de una política común de defensa de la Unión. Ésta conducirá a una defensa común una vez que el Consejo Europeo lo haya decidido por unanimidad. En este caso recomendará a los Estados miembros que adopten una decisión en este sentido de conformidad con sus respectivas normas constitucionales."

27 Idem. Artículo III-210: "Las misiones contempladas en el apartado 1 del artículo I40, en las que la Unión podrá recurrir a medios civiles y militares, abarcarán las actuaciones conjuntas en materia de desarme, las misiones humanitarias y de rescate, las misiones de asesoramiento y asistencia en cuestiones militares, las misiones de prevención de conflictos y de mantenimiento de la paz, las misiones en las que intervengan fuerzas de combate para la gestión de crisis, incluidas las misiones de restablecimiento de la paz y las operaciones de estabilización al término de los conflictos. Todas estas misiones podrán contribuir a la lucha contra el terrorismo, incluso mediante el apoyo prestado a terceros Estados para combatirlo en su territorio."

También es verdad que la situación internacional y de seguridad en 2003 no era la misma que la actual, con una amenaza real en las fronteras sur y este que obligan a pensar en la eventual necesidad de defensa armada de la Unión y de sus estados miembros. Además, en 2003 la seguridad europea de la mayoría de los estados miembros podía descansar en la Alianza Atlántica[28].

Por otro lado, y como hemos apuntado anteriormente, la situación no es la misma tampoco en relación a la confianza en el compromiso de Estados Unidos con la defensa europea tras el mandato en Estados Unidos del Presidente Trump, desde 2017 y 2021. Esta circunstancia, unida a la invasión de Ucrania por parte de la Federación Rusa, hacen que en el Consejo europeo y el Consejo se piense en la necesidad de dar un impulso a la defensa tanto en inversión, estructura y compromiso.

4. LA DEFENSA EN EL TRATADO DE LA UNIÓN. LA HORA DE LAS CONCLUSIONES SOBRE LAS IMPLICACIONES DE LA AMPLIACIÓN EN LA DEFENSA Y VICEVERSA

¿Qué medios tiene a su disposición la Unión en la actualidad en el terreno de la seguridad y la defensa de acuerdo al Tratado de la Unión Europea?

Ya se han explicado las características de la seguridad europea en los capítulos 3 y 4 de este libro desde las perspectivas histórica y de un posible desarrollo futuro. En este capítulo nos centraremos en el grado de compromiso que, en esta materia, el Tratado impone a los estados miembros, para deducir a continuación las consecuencias de una ampliación, tanto para los estados aspirantes como para los

---

28 Idem. Parte segunda del punto 2: "La política de la Unión con arreglo al presente artículo no afectará al carácter específico de la política de seguridad y defensa de determinados Estados miembros, respetará las obligaciones derivadas del Tratado del Atlántico Norte para determinados Estados miembros que consideran que su defensa común se realiza dentro de la Organización del Tratado del Atlántico Norte y será compatible con la política común de seguridad y defensa establecida en dicho marco."

receptores y para la Unión en sí. Y de ahí colegir la influencia de la defensa en las ecuaciones de la ampliación.

La Unión Europea, tras el tratado de Lisboa (2007) "se presenta como una Unión de Estados creada a través de un típico documento internacional ... cuyos miembros permanecen independientes y soberanos."[29] No es, por tanto, un Estado Federal, ni siquiera una Confederación. En este sentido, la política exterior y de seguridad común es un objetivo, un acto de voluntad política en la construcción europea, que se constituye como un pilar de la Unión.

Ya en el preámbulo, el Tratado de la Unión Europea (en adelante TUE) se muestra dispuesto a *desarrollar*[30] una política exterior y de seguridad común a partir de cesión de soberanía de los estados, que conservan su independencia en política exterior y de seguridad y defensa. Esa política común se tiene que construir[31], apelando a la "solidaridad política" y la "lealtad" de los Estados miembros (Cfr. Artículo 24 2. y 3.).

Esto se ha ido haciendo realidad a través de sucesivos tratados y decisiones, lejos aún de la defensa común que plantea el preámbulo, el artículo 24 del TUE y las disposiciones del Título V, sección 2 relativas a la política común de seguridad y defensa.

En este camino de construcción de uno de los pilares de la Unión más exigentes, se ha acudido frecuentemente, puesto que nos basamos en un principio en la solidaridad y la voluntad de los Estados

---

29 MARTÍNEZ SOSPEDRA M. Y URIBE OTAROLA A., *Teoría del Estado y de las formas políticas: Sistemas políticos comparados*. Editorial Tecnos, Madrid, 2018, pág. 165

30 https://www.boe.es/doue/2010/083/Z00013-00046.pdf *Version consolidada del tratado de la unión europea. Preámbulo: "resueltos* a *desarrollar* una política exterior y de seguridad común que incluya la definición progresiva de una política de defensa común que podría conducir a una defensa común de acuerdo con las disposiciones del artículo 42, reforzando así la identidad y la independencia europeas con el fin de fomentar la paz, la seguridad y el progreso en Europa y en el mundo,"

31 https://www.boe.es/doue/2010/083/Z00013-00046.pdf *Version consolidada del tratado de la unión europea.* Artículo 24: "La competencia de la Unión en materia de política exterior y de seguridad común *abarcará* todos los ámbitos de la política exterior y todas las cuestiones relativas a la seguridad de la Unión, incluida la definición progresiva de una política común de defensa que *podrá* conducir a una defensa común."

miembros, al título IV de cooperación reforzada, que claramente es de poca aplicación cuando hablamos de llegar a una defensa común que pone en riesgo recursos y, sobre todo, vidas de ciudadanos. Cuando hablamos de defensa ante agresiones armadas a un Estado miembro, la llamada a la solidaridad es, cuanto menos, un débil argumento para la respuesta automática.

Centrémonos, pues, en este caso de una hipotética agresión armada, posible —y aún probable— en el caso que estamos analizando de los Estados que aspiran a pertenecer a la Unión en esta ampliación. Esta posibilidad me parece la más crítica para la implementación de la PESC y que se trata en la sección 2 del Título V "DISPOSICIONES SOBRE LA POLÍTICA COMÚN DE SEGURIDAD Y DEFENSA".

El artículo 42 es el objeto cuando se quiere estudiar la seguridad y defensa en la Unión Europea. Este artículo habla, en su apartado 1, de una capacidad operativa para utilizarse fuera de las fronteras de la Unión en misiones casi exclusivas de mantenimiento de la paz[32] y condicionando una eventual defensa común (Artículo 42 apartado 2) a una decisión por unanimidad del Consejo, y a la aprobación, tras una recomendación del Consejo, de los Estados miembros de conformidad con sus respectivas normas constitucionales[33]. Por tanto, cualquier decisión de defensa común requiere que todos los Jefes de Estado y de Gobierno la aprueben y que luego tomen decisiones concretas de implementación con la participación de los Parlamentos nacionales.

---

32 Idem Artículo 42 apartado 1: "La política común de seguridad y defensa forma parte integrante de la política exterior y de seguridad común. Ofrecerá a la Unión una capacidad operativa basada en medios civiles y militares. La Unión podrá recurrir a dichos medios en misiones fuera de la Unión que tengan por objetivo garantizar el mantenimiento de la paz, la prevención de conflictos y el fortalecimiento de la seguridad internacional, conforme a los principios de la Carta de las Naciones Unidas. La ejecución de estas tareas se apoyará en las capacidades proporcionadas por los Estados miembros."

33 Idem Artículo 42. Apartado 2: "La política común de seguridad y defensa incluirá la definición progresiva de una política común de defensa de la Unión. Ésta conducirá a una defensa común una vez que el Consejo Europeo lo haya decidido por unanimidad. En este caso, el Consejo Europeo recomendará a los Estados miembros que adopten una decisión en este sentido de conformidad con sus respectivas normas constitucionales."

La construcción de una defensa común se articula, en los artículos de estudio, en dos líneas de actuación:

- Una preparación de los medios de defensa mediante un compromiso en la mejora de la inversión y de las capacidades militares nacionales. En este sentido, se crea la *Agencia Europea de Defensa*[34] para la coordinación y concreción de esas capacidades industriales, de investigación y tecnológicas, de adquisición armamentística y militares. No obstante, en el sector de la defensa, también en este aspecto, la Unión depende del interés y voluntad de los Estados miembros para esa adquisición final de las capacidades.
- La misma voluntariedad de la construcción de la defensa común se plasma en una consecuencia lógica: el establecimiento de velocidades y compromisos variables en esa construcción. Es de aplicación en este campo las disposiciones tomadas en el Título IV sobre la Cooperación reforzada (Artículo 20), plasmadas —para la defensa— en el artículo 42.6 y desarrolladas en el artículo 46 del TUE. El artículo 42.6 permite, que "Los Estados miembros que cumplan criterios más elevados de capacidades militares y que hayan suscrito compromisos más vinculantes en la materia para realizar las misiones más exigentes "[35] En base a este artículo y a esa posibilidad, e impulsados por la anexión de Crimea por parte de la Federación Rusa —que cambia el paradigma de la visión de la necesidad de defensa de Europa ante amenazas externas— se crea, en 2017 la *Cooperación Estructurada Permanente (PESCO* por sus siglas en inglés)[36]. Aunque la idea inicial del artículo 46 era disponer de una capacidad militar autónoma para gestionar crisis que afectasen a la Unión Europea, contribuyendo así a la construcción del pilar de la PESC y teniendo como objetivo la defensa integrada común, pronto se quedó en "una mayor cooperación mi-

34 Idem Artículo 45, donde se especifican las misiones de la Agencia Europea de Defensa.

35 Idem Atículo 42.6.

36 MARTIN SEMPERE C. *Una revisión de la Colaboración Estructurada Permanente* Real Instituto Elcano. 06 mayo 2024 https://www.realinstitutoelcano.org/analisis/una-revision-de-la-colaboracion-estructurada-permanente/

litar entre los países dentro del marco legal de compromisos más vinculantes" [MARTIN SEMPERE C.]. La PESCO es como un 'club' de países miembros con capacidades y voluntad de compromisos más vinculantes para cumplir las misiones más exigentes (Artículo 42, 6 del TUE. Desarrollado en el Artículo 46). Qué duda cabe que esta PESCO se ha pensado como un camino en la carrera hacia una Seguridad y Defensa común en la defensa de los intereses comunes, pero compromete los intereses particulares de los Estados miembros soberanos, que pueden coincidir, o no, con los comunes. En la actualidad, o por ahora, pertenecen a la PESCO todos los Estados miembros menos Malta. Por otro lado, el artículo 46 establece mecanismos claros de incorporación (46.1 a 3) y abandono (46.4 y 5) de acuerdo a una mayoría cualificada. La PESCO contribuye a fomentar la cooperación (de acuerdo al grado de ambición nacional) en capacidades, pero ha obtenido pobres resultados en cuanto a compromiso de defensa mutua.

Estos dos aspectos o líneas no son más que facilitadores para el avance en la construcción de la Política de Seguridad y Defensa y del objetivo de una verdadera política de defensa común, cuyo máximo grado de exigencia se expresa en el artículo 42.7 del TUE.

Ahora nos queremos centrar en este supuesto contemplado en el Tratado: "Si un Estado miembro es objeto de una agresión armada en su territorio, los demás Estados miembros le deberán ayuda y asistencia con todos los medios a su alcance, de conformidad con el artículo 51[37]

---

37 *Carta de las naciones unidas y estatuto de la corte internacional de justicia.* Art. 51: "Ninguna disposición de esta Carta menoscabará el derecho inmanente de legítima defensa, individual o colectiva, en caso de ataque armado contra un Miembro de las Naciones Unidas, hasta tanto que el Consejo de Seguridad haya tomado las medidas necesarias para mantener la paz y la seguridad internacionales. Las medidas tomadas por los Miembros en ejercicio del derecho de legítima defensa serán comunicadas inmediatamente al Consejo de Seguridad, y no afectarán en manera alguna la autoridad y responsabilidad del Consejo conforme a la presente Carta para ejercer en cualquier momento la acción que estime necesaria con el fin de mantener o restablecer la paz y la seguridad internacionales. Https://www.boe.es/buscar/doc.php?id=BOE-A-1990-27553#:~:text=Art%C3%ADculo%2051.,paz%20y%20la%20seguridad%20internacionales.

de la Carta de las Naciones Unidas"[38], que autoriza la legítima defensa individual o colectiva en caso de ataque armado.

¿Dispone la Unión Europea de la estructura y los medios políticos y legales para afrontar la obligación que se impone en el artículo 42.7 y que suponen una defensa común? Como hemos visto, el Tratado contempla esa posibilidad, pero como un desiderátum, como un objetivo a construir. Los mecanismos para enfrentar solidariamente una agresión armada a un Estado miembro están escritos, pero la decisión de hacerlo requiere una decisión unánime del Consejo y la aprobación de cada Estado de acuerdo a los procedimientos constitucionales. La estructura de planeamiento y dirección de una acción de defensa común está en construcción, así como la creación y aportación de capacidades operativas y militares. Y la contribución a un esfuerzo de defensa común es voluntaria. La situación actual de la puesta en práctica del mecanismo del artículo 42.7 dista mucho de parecerse a la del artículo 5 de la OTAN[39],

La PESCO (artículo 42.6) refuerza la idea de que la defensa común que se contempla en el artículo 42.7 del Tratado consolidado de la Unión, es un asunto de voluntad, más que de obligación. Y además, con el fin de incorporar, y no dejar atrás a ningún Estado miembro (solo Malta no participa), los compromisos firmados se refieren solo a cinco áreas: "inversiones, planificación, dimensión operativa, reducción de limitaciones o carencias en capacidades y reforzamiento de la base tecnológica e industrial."[40]. Como se puede ver, esos

---

38 *Version consolidada del tratado de la unión europea.* Artículo 42.7 https://www.boe.es/doue/2010/083/Z00013-00046.pdf

39 *Tratado del Atlántico Norte* Washington DC, 4 de abril de 1949. Artículo 5: "Las Partes acuerdan que un ataque armado contra una o más de ellas, que tenga lugar en Europa o en América del Norte, será con-siderado como un ataque dirigido contra todas ellas, y en conse-cuencia, acuerdan que si tal ataque se produce, cada una de ellas, en ejercicio del derecho de legítima defensa individual o colectiva reconocido por el artículo 51 de la Carta de las Naciones Unidas, ayudará a la Parte o Partes atacadas, adoptando seguidamente, de forma individual y de acuerdo con las otras Partes, las medidas que juzgue necesarias, incluso el empleo de la fuerza armada, para res-tablecer la seguridad en la zona del Atlántico Norte…" https://www.nato.int/cps/en/natohq/official_texts_17120.htm?selectedLocale=es

40 MARTIN SEMPERE C. *Una revisión de la Colaboración Estructurada Permanente* Real Instituto Elcano. 06 mayo 2024 https://www.realinstitutoelcano.org/analisis/una-revision-de-la-colaboracion-estructurada-permanente/

compromisos, cuyo horizonte de cumplimiento es 2025, no crean estructura operativa y de mando, sino que son facilitadores para una futura posible defensa común. La conclusión es que, hoy por hoy, el artículo 42.7 sería de difícil implementación por la ausencia de una estructura y mecanismos parecidos a los de la OTAN.

Además, la incorporación de nuevos Estados a la Unión Europea supondría un aumento en las obligaciones de defensa mutua y, por tanto, por un lado el aumento en las obligaciones de financiación, planeamiento, cooperación, inversión, del compromiso y por otro —qué duda cabe— en el riesgo de verse implicado en un conflicto que la soberanía e intereses de algún miembro soberano no asumiría. En materia de Defensa y de intervención de un conflicto armado no hay que olvidar que cualquier decisión política juega con aportar vidas de ciudadanos.

Las circunstancias de los países que, en concreto, ahora aspiran a integrarse en la Unión son peculiares y, con la adhesión pasarían a serlo de toda la Unión. Podríamos dividirlos en tres áreas:

- Los países del Este, que aumentarían la frontera europea en contacto con una reconocida amenaza a la seguridad común, aumentando los riesgos (en realidad la incorporación de Ucrania, que está sufriendo una agresión armada pondría en marcha la "ayuda y asistencia" que menciona el artículo 42.7, de otro modo a como se está haciendo en la actualidad); Moldavia tiene un contencioso en marcha con Transnistria, donde despliegan tropas rusas, que quedarían como una isla continental en el corazón de Europa.
- Los países balcánicos introducirían conflictos ahora ajenos, al interior de las fronteras comunes de la Unión. Pero, como hemos mencionado al comienzo de este capítulo, no es la primera vez que sucede en Europa que la ampliación de la UE ha contribuido a la paz y estabilidad. Aunque habría que volver a mencionar el problema de Kosovo, un Estado no reconocido por todos los Estados miembros.
- Por último, el último área a la que nos queremos referir —el Cáucaso— incluye los dos problemas de las áreas anteriores: fronteras con la Federación Rusa (en el caso de Georgia, con conflictos regionales no solucionados) y con Irán (si Armenia

concretase su aspiración a la membresía se añadiría un nuevo problema de seguridad y defensa como amenaza a la Unión, además de sus problemas con otro aspirante: Turquía); y guerras y tensiones en marcha entre los posibles aspirantes aún no cerradas con un acuerdo y que podrían poner a prueba la construcción de la seguridad y defensa común del Tratado de la Unión y las aspiraciones y estabilidad de la UE.

La incorporación de nuevos miembros a la Unión, y en concreto a los que nos estamos refiriendo en este capítulo, con sus riesgos y amenazas externas y entre ellos, incorporarían esos riesgos y amenazas a la Unión de acuerdo a los artículos 42 a 46. Ello, sin duda, va a condicionar las decisiones que responsablemente puedan tomar los estados miembros en el desarrollo de la PESC y sus compromisos respecto al PESCO, como instrumento de la creación de una defensa común.

En conclusión, desde el punto de vista de la construcción de la política exterior y de seguridad común como uno de los pilares de la Unión Europea, la ampliación del número de Estados miembros que se plantea no es, en la actualidad, una buena idea ya que, por un lado, incrementa las necesidades de seguridad y defensa de la Unión, y por otro, puede ser un motivo de recelo a la incorporación y compromiso de los Estados miembros (incluso podría favorecer el abandono o reducción de acuerdo al Artículo 46 del TUE) con una PESC en desarrollo y un PESCO que se basa en la voluntariedad de la pertenencia y colaboración.

Hay que considerar, pues, en nuestra opinión, el aspecto de la defensa en la ecuación de la ampliación. Más aún cuando la mayoría de los Estados aspirantes a la ampliación de la Unión no pueden poner su defensa bajo el paraguas de la OTAN, que es reconocido en el Tratado de la Unión para alguno de los Estados miembros[41].

---

41 *Version consolidada del tratado de la unión europea.* Artículo 42.7 parte segunda: "Los compromisos y la cooperación en este ámbito seguirán ajustándose a los compromisos adquiridos en el marco de la Organización del Tratado del Atlántico Norte, que seguirá siendo, para los Estados miembros que forman parte de la misma, el fundamento de su defensa colectiva y el organismo de ejecución de ésta." https://www.boe.es/doue/2010/083/Z00013-00046.pdf

Por otro lado, se podría argumentar que, con la adhesión de estos Estados aspirantes, la urgente necesidad del aumento de gasto y las inminentes amenazas de un ataque armado a un Estado miembro podría ser un incentivo para favorecer el compromiso de los Estados miembros con la construcción de una Defensa común. Pero es nuestra opinión que el orden que dicta la prudencia y el realismo político debería ser el contrario: consolidar la creación de una política de defensa común frente a la agresión armada (haciendo que el Artículo 42.7 del Tratado de la Unión Europea sea tan creíble, mandatorio y fiable como lo es el artículo 5 del Tratado de la Alianza Atlántica).

Los europeos hemos estado muy cómodos, durante demasiados años, confiando nuestra defensa a la OTAN. Con la ampliación que actualmente se plantea la Unión, la defensa para muchos de los Estados aspirantes recaerá exclusivamente en la Unión Europea, que no dispone de una estructura consolidada de defensa común.

Además, la incorporación de nuevos estados con problemas y amenazas nuevas puede poner a prueba los pasos dados en la construcción de una Política de defensa común como elemento clave de la Política exterior y de Seguridad Común, el segundo pilar de la Unión Europea. Y, si no se tiene en cuenta la debilidad en este aspecto, la Unión Europea podría ver peligrar su misma existencia. Por ello abogamos por un serio, y fiable, avance en la consolidación de lo previsto en el Capítulo 2 del Tratado de la Unión Europea, en especial la Sección 2, artículos de 42 a 46 como paso previo a la solución de la ampliación con los estados aspirantes en la actualidad.

BIBLIOGRAFÍA

de Palacio, A. (2024, mayo). ¿"Es Europa demasiado grande para otra ampliación"? *Project Syndicate.* https://www.project-syndicate.org

de Palacio, A. (2023, julio 8). Ampliación y ángulo muerto de la Unión. *El Mundo.*

de Palacio, A. (2023, diciembre 16). Lógica de la ampliación. *El Mundo.* https://www.elmundo.es

Ferrero-Turrión, R. (2023, octubre 7). El falso dilema de la reforma y la ampliación. *El País.* https://elpais.com

Martín Sempere, C. (2024, mayo 6). Una revisión de la Colaboración Estructurada Permanente. *Real Instituto Elcano*. https://www.realinstituto-elcano.org

Martínez Sospedra, M., & Uribe Otarola, A. (2018). *Teoría del Estado y de las formas políticas: Sistemas políticos comparados*. Editorial Tecnos.

Naciones Unidas. (1990). *Carta de las Naciones Unidas y Estatuto de la Corte Internacional de Justicia*. Boletín Oficial del Estado. https://www.boe.es/buscar/doc.php?id=BOE-A-1990-27553#:~:text=Art%C3%ADculo%2051.,paz%20y%20la%20seguridad%20internacionales.

Ordiz, E. (2022, agosto). *20 Minutos*. https://www.20minutos.es

Sphor, K. (2024, agosto). Proteger a los países bálticos de un nuevo Stalin. *El País*. https://elpais.com

Tratado del Atlántico Norte. (1949, abril 4). Washington, DC.

Unión Europea. (2010). *Versión consolidada del Tratado de la Unión Europea*. Boletín Oficial del Estado. https://www.boe.es/doue/2010/083/Z00013-00046.pdf

¿ES POSIBLE UNA DISUASIÓN NUCLEAR EUROPEA?

ANDREW SMITH SERRANO[1]

1. ¿CUÁL ES EL PROBLEMA?: EL NUEVO MARCO GEOPOLÍTICO EN EUROPA

Desde la decisiva intervención de Estados Unidos en los conflictos europeos, desde abril de 1917 en la Primera Gran Guerra, las relaciones transatlánticas siempre han sufrido altibajos, euforias, crisis y hasta costosos desplantes nacionalistas que resultaron en una Segunda Gran Guerra que acabo definitivamente con la primacía de las potencias europeas en la geopolítica global. La escala del desastre fue de tal magnitud, la amenaza del coloso soviético tan real, y los efectos de la revolución tecnológica de la guerra tan impactante —las imágenes de Hiroshima y Nagasaki marcaron un antes y un después en la conciencia de la humanidad— que por primera vez en la historia ambas riberas del Atlántico decidieron formalizar y sellar su alianza en un tratado de defensa colectiva en abril de 1949 en Washington D. C. creando la Organización del Tratado del Atlántico Norte (OTAN).

A pesar de este compromiso, las relaciones entre los socios americanos y europeos no han sido fáciles en los 75 años de vigencia de la OTAN. Ante numerosas crisis, algunas existenciales como Cuba (1962) y Able Archer (1983), los mecanismos de consulta y la paralela fortaleza de fundamentos y flexibilidad de los socios nunca cuestionaron la solidez del tratado ni la unidad de los aliados. Nunca, hasta la reciente década que ha resucitado los peores fantasmas de la era anterior al tratado de Washington, se ésta cuestionando el compromiso de la alianza. Es decir, la posibilidad real de que el vinculó

[1] Investigador principal del Centro de Seguridad Internacional del Centro para el Bien Común Global de la Universidad Francisco de Vitoria serranoandy1961@gmail.com

automático entre los socios americanos y europeos se rompa y que cada miembro de la OTAN vuelva a gestionar su defensa y seguridad por su cuenta.

Las dudas comenzaron con el giro al Pacifico de la Administración Obama ante el resurgimiento de China como rival global de Estados Unidos. Este desconcierto aumento ante la tibia respuesta de los principales socios de la Alianza cuando una Rusia revisionista y agresiva se anexiono Crimea en 2014. Se hablo y se acusaron mutuamente de *"apaciguamiento"*, "*acomodarse al agresor*" y continuar con las políticas y estrategias del *"mínimo denominador común"* ante un "*clara amenaza y peligro real"* a los socios periféricos de la alianza.

Todos los socios tenían dudas y estaban desconcertados, pero confiaban en que estas desavenencias, como todas las anteriores, se resolverían por si solas. La famosa cita sin autor concreto *"cuando uno no sabe lo que hacer, hace lo que sabe"* o el "*business as usual"* tan útil para los políticos de siempre.

Esa confianza se vio dinamitada por la presidencia de Trump (2017-2021) y sus continuos ataques a la OTAN y la UE durante su mandato y su amenaza de romper los vínculos automáticos del Tratado cuestionando su razón de ser. Su derrota ante el demócrata Joe Biden en noviembre de 2020 auguraban a los europeos y americanos que de nuevo la OTAN ha salvado otra crisis transoceánica y que todo volvería a su cauce cuando el flamante presidente Biden anuncio que "*Los Estados Unidos han regresado"* en todos los foros durante su primer año de mandato en 2021.

Aun así, la preocupación entre las elites y lideres europeos era y es evidente y se creo el espacio y el escenario probable de un "*divorcio transátlantico*" que contraían las preguntas del momento. Estas son ¿Puede Europa ser autónoma en su seguridad y defensa? ¿Puede Europa defenderse sin las fuerzas armadas de Estados Unidos? Mas específicamente, ¿Puede Europa defenderse sola ante una Federación Rusa más agresiva y revisionista? ¿Puede Europa defenderse frente a otras posibles amenazas sin el apoyo de los Estados Unidos? y finalmente el *"elefante en la habitación"*, ¿Puede Europa disuadir a una amenaza nuclear sin *"el paraguas americano"*?

Hay muchos aspectos relativos a las respuestas a esas preguntas. Aspectos políticos y militares, convencionales y nucleares. El aspecto convencional es el más popular, pues es la cuestión más pertinente y relevante al debate actual sobre si los europeos gastan y contribuyen lo suficiente a la defensa de la Alianza. Las fuerzas convencionales son muy caras y consumen la mayor parte de los presupuestos de defensa de los socios y los europeos llevan muchas décadas —en realidad desde el Informe Ismay en 1951— sin contribuir con su compromiso de fuerzas convencionales en la Alianza y sin invertir lo acordado —el famoso 2% del PIB nacional— en defensa y seguridad.

El otro aspecto menos debatido, quizás por macabro o poco atractivo para los electorados y lideres europeos, es el nuclear.

La idea de una fuerza nuclear disuasoria europea, o *"Una bomba europea"* no es nueva y tiene una larga historia. En la década de los 90, Francia estaba en la vanguardia de este debate con un recalcitrante Reino Unido detrás argumentando que la creación de una Unión Europea (UE) requería una nueva perspectiva y estrategia de disuasión nuclear continental. Esto se vio reflejado en los acuerdos franco-británicos de St. Malo en 1999, bastante abstractos y sin concretar el aspecto nuclear de dicha cooperación. Durante la euforia de la primera década del milenio con la nueva moneda, el Euro, y la expansión al Este fue Alemania la que fomento la discusión de una disuasión europea con la predominante *"doctrina Merkel"* de una *"Alemania europea"* más que una *"Europa alemana"*. Luego vino la crisis de Lehman Brothers y la recesión 2008-2013 que relego el debate a oscuros foros académicos y burocráticos. Así pues, el debate y las discusiones han mutado y evolucionado en las últimas tres décadas, pero a pesar de su divergencia y exotismo siempre tienen un objetivo común de los europeos; el deseo o ambición de evitar depender solo de la disuasión nuclear de Estados Unidos para defender el Viejo Continente.

Pero a mediados de 2024 Europa y los europeos se enfrentan a un contexto inestable y peligroso y un panorama estratégico nuevo para el Viejo Continente. Tres factores sostienen los nuevos retos a los que se enfrentan los europeos;

1. La brutalidad de la retórica y propuestas del candidato Trump sobre la relación transatlántica a implementar en una segunda administración, si gana las elecciones el 5 de noviembre 2024.

2. La escalada agresiva de la Federación Rusa desde su invasión de Ucrania el 24 de febrero de 2022 y su conducta de *"guerra total"* en las operaciones militares, incluidas amenazas directas e indirectas de *"guerra no convencional"* en el teatro de operaciones e inclusive a "*objetivos estratégicos*", y
3. El lento pero importante giro político de la Unión Europea (UE), liderado por los países del Este y bálticos, hacia un mayor gasto y esfuerzo convencional para dar identidad y autonomía a una potencia futura *"Defensa Europea"* con una "*Fuerza de Disuasión europea* "para proteger a la UE ante *"amenazas estratégicas*".

Hay que apuntar que existe una cierta confusión intelectual y política cuando se habla de una "*Fuerza de Disuasión europea*". Hay una necesidad imperante de clarificar los diferentes significados que este concepto puede abarcar. Está claro que hasta que las sociedades y lideres de la EU decidan compartir soberanía y crear unos Estados Unidos de Europa con un ejecutivo único y fuerzas armadas conjuntas, la creación de una *"Fuerza nuclear de disuasión europea"* que responda a un mando conjunto es, por ahora, más un relato de ciencia ficción que un debate serio. Por otra parte, en el marco actual, está claro que la evolución y desarrollo de una *"Fuerza nuclear de disuasión europea"* será dentro de los Estados nación soberanos nucleares miembros de la UE, es decir Francia, y posiblemente Gran Bretaña, si esta decide contribuir a esta fuerza conjunta de una forma bilateral o multilateral, pero siempre basada en la soberanía nacional. Finalmente, esta *"Fuerza nuclear de disuasión europea"* quedaría condicionada por lo que decidan los Estados Unidos sobre su futura política y acción exterior en Europa.

De esta manera, es necesario evaluar y sopesar la posibilidad de que el panorama de disuasión nuclear europeo evolucione a corto y medio plazo hasta finales de la década de los 2020 y quizás mediados de la siguiente. En este contexto realista repasaremos las políticas y arsenales nucleares de Francia y Gran Bretaña, recordaremos algunas iniciativas de extender a *"Europa"* las estrategias de disuasión de Paris y Londres y finalmente contemplaremos algunos potenciales escenarios futuros y su posible implementación.

2. ¿DE QUÉ ESTAMOS HABLANDO? LA EVOLUCIÓN DE LA DISUASIÓN NUCLEAR EUROPEA

De las nueve potencias nucleares en el planeta, Francia y Gran Bretaña son las más parecidas. Ambas son miembros permanentes del Consejo de Seguridad de Naciones Unidas y socios fundadores de la OTAN —como los Estados Unidos— pero también ambas son potencias militares medias con una capacidad sustancial, pero limitada, de despliegues de fuerza autónoma. Francia y Gran Bretaña son Estados post imperiales de similar tamaño, población, economía y marco regional geopolítico enfrentándose a amenazas y retos similares. No es ,por lo tanto, sorprendente que ambas tengan una estrategia y política de disuasión nuclear similares. Hay mucho en común, pero también diferencias considerables;

Por una parte, veamos lo que tienen en común;

Para Londres y París, las armas nucleares son un símbolo de "*status*" en el orden global más que de *"prestigio"*. Pero su justificación, o *raison d'etre* es como tener "un seguro de vida" y también de ejercer cierta autonomía y poder de decisión soberano ante un posible chantaje de una amenaza por otra potencia nuclear. Sus percepciones de la amenaza son prácticamente idénticas; en primer lugar, la Federación Rusa es considerada la amenaza real e inmediata. Luego vienen China y Corea de Norte, que no son una amenaza inmediata pero que como rivales pueden convertirse en tales en un futuro no muy lejano. Finalmente, la República Islámica de Irán es una preocupación al encontrarse a punto, meses más que años, de convertirse en la décima potencia nuclear global.

Ambas doctrinas nucleares están basadas en los mismos principios, y por razones similares se retratan mutuamente. El uso del arma nuclear solo será considerado por París y Londres en "*circunstancias extremas de auto defensa*" como "*ultimo recurso*" si consideran que sus "*intereses vitales*" están amenazados. Su uso además debe ser capaz de infligir *"daños inaceptables"* a la potencia agresora, incluso después de sufrir un primer ataque nuclear en su territorio. Es decir, mantener la capacidad de respuesta o *"second strike capability"* que justifica la estrategia de Londres y París de tener un submarino nuclear estratégico (SSBN) desplegado en alta mar en todo momento. Lo que requiere que Francia y Gran Bretaña tengan una flota de cuatro SSBN cada uno para asegurarse que uno este operativo constantemente. Además, ambos creen necesario tener una capacidad para contemplar una respuesta nuclear limitada en cualquier posible futuro escenario para tener varias opciones de respuesta que no se limiten a una estrategia de disuasión de "rendición o suicido" poco creíble para un potencial agresor.

La agresión rusa a Ucrania en 2022 ha dado alas a los planes de ambos para modernizar sus fuerzas nucleares. Los planes incluyen cuatro nuevos SSBNs de tercera generación para cada uno, con sus correspondientes cabezas nucleares de nueva generación que entraran en servicio a principios de la próxima década para mantener sus conceptos de "*disuasión mínima*" de Londres y "*suficiencia*" de París.

Fue en la Declaración de Ottawa en 1974 cuando la OTAN reconoció la contribución de los arsenales británicos y francés a la seguridad de la Alianza. El énfasis era, y aun es, que su mera existencia es un factor importante para complicar el proceso de toma de decisiones de un potencial agresor y, por lo tanto, contribuye a disuadirlo. Además, París y Londres mantienen un dialogo y una cooperación estrecha con Washington en todos los aspectos de disuasión nuclear y ninguno de los dos ha invertido o contemplado una defensa estratégica territorial. Reforzando así su política de "*Disuasión mutua*" y confiando en el efecto del "*paraguas nuclear americano.*"

Durante la Guerra Fría hubo varios intentos franco-británicos de cooperación nuclear que fracasaron, incluido un proyecto para construir un misil conjuntamente en los años 80 entre Mitterrand y Thatcher después del susto de Reykiavik en 1986 cuando Reagan y Gorbachov discutieron durante 4 horas la eliminación de todas las armas nucleares. Los más notables fueron la creación de los 90 de la Comisión Nuclear Conjunta, que se diluyo con el tiempo, que fue complementada con la "Nuclear Staff Talks" o encuentros entre militares de ambos países para coordinar y fomentar ahorros en programas nucleares que culminaron en el Tratado Nuclear de Lancaster House en 2010, creando un amplio marco de cooperación bilateral nuclear que se plasmo en el programa "*Tutates*" para la construcción conjunta, y uso por separado, de la máquina de rayos-X Epure para asegurar la seguridad y funcionamiento de las cabezas nucleares de ambos arsenales sin necesidad de hacer pruebas de laboratorio o subterráneas. El diálogo se mantiene hasta la fecha, y a pesar de la evolución de acontecimientos recientes como el Brexit, la presidencia Trump, la agresión rusa y cambios en el Indo-Pacifico ante el resurgimiento de China, no hay expansión cooperativa reciente en el ámbito nuclear entre París y Londres.

Por otra parte, veamos las divergencias;

Las políticas y estrategias nucleares de Londres y París también difieren sustancialmente. Esas diferencias provienen de decisiones estratégicas de ambos países tras la mayor debacle estructural, la cual que cambio la geopolítica de ambos países en la historia reciente, es decir, la crisis de Suez en 1956. La humillación de ambas potencias coloniales europeas por los Estados Unidos resulto en lecciones duramente aprendidas para Gran Bretaña y Francia, y en consecuencia estrategias nacionales distintas en sus relaciones internacionales y, sobre todo, estrategia nuclear. Gran Bretaña opto por un acercamiento y dependencia más intenso con los Estados Unidos, mientras que y Francia optó por un distanciamiento y autosuficiencia de Washington para que nunca más su interés nacional dependiera de los anglosajones, es decir, Estados Unidos y Gran Bretaña. Por lo tanto, para Londres y Paris la "*independencia nuclear*" tiene significados dispares.

Londres resolvió que nunca más se distanciaría tanto de su aliado americano y su base de acción exterior seria la *"relación especial"* fraguada en la Segunda Guerra Mundial que se refleja en su estrecha cooperación estratégica en los campos de inteligencia, visión geopolítica, orden comercial y financiero global, y estrecha cooperación nuclear. Esto significa la capacidad de poder diseñar y producir los elementos principales de las cabezas nucleares, operar sus propios SSBNs diseñados y construidos con ayuda americana, y tener acceso a tecnología y material de vanguardia y de última generación.

París, optó por la autonomía de los Estados Unidos y su "*soberanía estratégica*". Su programa nuclear, basado en la sustancial ayuda encubierta de Estados Unidos, fue acelerado en los dos últimos años de la Cuarta República, pero fue De Gaulle el que asoció la bomba francesa (1960) con la Quinta República y su independencia total de sus aliados. Por lo tanto, París diseña, produce, mantiene y despliega todos los componentes de su disuasión nuclear independientemente. Su doctrina también refleja diferencias sobre todo en el concepto de guerra limitada y guerra estratégica. Francia rechaza la doctrina de proporcionalidad y enfoca su respuesta a los *"intereses amenazados"* más que a "*objetivos concretos*". Una estrategia ambigua que responde a las necesidades de un país con un arsenal limitado.

Esta divergencia en el tamaño y despliegue de las armas nucleares de cada uno. Gran Bretaña tiene un arsenal más pequeño y basado principalmente en submarinos; cada SSBN británicos lleva 8 misiles nucleares y unas 40 cabezas por 16 de los franceses y unas 65 cabezas. El arsenal británico es aproximadamente de 180 cabezas con 120 operativas en cualquier momento, mientras que Francia mantiene el concepto de triada nuclear —es decir submarinos, aviones y misiles basados en tierra— y declara tener "*algo menos de 300 cabezas*" con unas 240 operativas. Esto incluye su componente aéreo con un 20% de la capacidad nuclear francesa en dos escuadrones de Rafaele, cada avión armado con un misil nuclear.

Estas diferencias son sustanciales y se pueden explicar por tres razones; i) La mayor precisión de los misiles Trident británicos; ii) La inclusión de la disuasión británica en el contexto mas amplio de la OTAN; y iii) La función del componente nuclear en la estrategia de cada país.

A pesar de estas diferencias, la disuasión nuclear de Francia y Gran Bretaña nunca fueron diseñadas exclusivamente para intereses nacionales y siempre tuvieron una ambigua ambición y componente de disuasión aplicable y extesible al marco europeo. Desde la década de 1960 la fuerza británica está a disposición de la OTAN. Francia también, a su manera, siempre ha contemplado una dimensión europea para sus fuerzas nucleares. Para el presidente De Gaulle, el destino de Francia siempre estaba asociado al del continente europeo y siempre indicó a su socio primordial, Alemania, que también entraba dentro del "paraguas francés". En 1964 proclamo que "*Francia se sentiría amenazada si los territorios de Alemania y el Benelux fueran violados*".

La contribución de ambos arsenales a la seguridad de la OTAN fue reconocida en la declaración de Ottawa en 1974. Luego, en 1986, Mitterand se comprometió con el Canciller Kohl a consultar sobre el uso de armas nucleares tácticas —misiles Hades— con un posible despliegue en territorio alemán que nunca se materializó. Con la creación de la Unión Europea, Francia subrayo la utilidad de las fuerzas francesas para toda la UE, utilizando los argumentos tradicionales de París, es decir, la credibilidad *"¿Hay alguien que crea que los americanos sacrificarían Nueva York por París?"* Ante la respuesta de sus socios europeos de que tampoco era creíble que Francia fuera a sacrificar *"París por Berlín, o Roma"* y sus exigencias de compartir toma de decisiones y tecnologías, los mismos argumentos que él usaba contra Washington aplicados a París, el entusiasmo de Mitterrand fue apaciguándose y su ambición fue contenida a incrementar la cooperación con Londres.

La ausencia de Francia de la estructura militar de la OTAN, y la euforia de la era unipolar tras la implosión del Pacto de Varsovia y la URSS, relegaron la urgencia de la disuasión nuclear y los temas de seguridad en Francia y Europa por la integración económica y la expansión de la Unión. Esa ausencia de la estructura militar también causaba recelos en los demás países continentales. La decisión de Sarkozy en 2009 de reintegrarse en la estructura militar de OTAN fue una demostración de como acallar esos recelos y aceptar el consenso de los europeos de que mientras la OTAN permaneciera sólida, y sus compromisos vigentes, no había necesidad de crear disuasiones y mecanismos alternativos. Finalmente, muchos de los socios de la Alianza temían que una discusión o un debate sobre disuasión nuclear tendría efectos electorales negativos y complicarían la difícil negociación y tarea de construir y fortalecer las fuerzas convencionales de los países europeos.

3. ¿Y AHORA QUÉ? POSIBLES PERSPECTIVAS DE UNA DISUASIÓN NUCLEAR EUROPEA Y ESCENARIOS DE FUTURO

El contexto político y estratégico global actual, y concretamente en Europa, ha cambiado radicalmente el debate y la cuestión de la disuasión nuclear europea. Si se describe la necesidad y utilidad de la cuestión nuclear en términos de *"oferta y de demanda"* en seguridad los parámetros de ambas han evolucionado.

Empecemos por la "demanda", la agresión de la Federación Rusa desde 2022 ha creado una crecida en la demanda y un interés por parte de la mayoría de los países europeos por blindar su integridad y asegurar su supervivencia. Los casos más evidentes son la integración de Finlandia (2023) y Suecia (2024) en la OTAN y no apostar solamente por una garantía de Estados Unidos o Gran Bretaña como en el Cáucaso o Moldavia.

Por parte de la *"oferta"*, las dudas sobre la credibilidad de la garantía de Estados Unidos a Europa han crecido exponencialmente. El nerviosismo inicial ante el "pivote al Pacifico" de Obama y la reacción ante la anexión de Crimea en el 2014 se han transformado en una ansiedad alarmante ante la posible presidencia de Donald Trump o una continuación de la administración demócrata de Biden con una Kamala Harris que mira al Indo-Pacifico y es ambigua con Europa.

Así pues, parece que estamos en el momento idóneo para debatir y formular las perspectivas realistas del papel de una disuasión nuclear europea, ahora que parece que la "oferta" y la "demanda" lo reclaman.

Pero primero aclaremos las tres cosas que seguramente no van a ocurrir, salvo que se produzca un cambio dramático e imprevisto en el actual panorama geopolítico;

1. No habrá una fuerza de disuasión nuclear europea controlada por la Unión Europea. A día de hoy no existe interés por parte de las élites o líderes europeos por compartir soberanía en una Unión Federal con un ejecutivo común. Paralelamente, tampoco existe ningún interés por parte de Francia ni Gran Bretaña de transferir sus fuerzas de disuasión nuclear a la Unión Europea.
2. Tampoco habrá una iniciativa o propuesta para que la Unión Europea financie en parte, o en su totalidad, las fuerzas nucleares francesas a cambio de que la UE participe en la toma de decisiones sobre ella. Aunque potencialmente atractiva ni París ni ningún otro miembro de la UE tiene ningún interés por esta propuesta. Más aún, cualquier propuesta de que Francia contribuya formalmente a la planificación nuclear conjunta de la OTAN y adjudique sus dos escuadrones nucleares al mando conjunto puede ser desechada. Principalmente por razones simbólicas y políticas después de las últimas elecciones generales, donde triunfaron la extrema izquierda y la extrema derecha, y finalmente

3. Cualquier idea de que París y Londres van a unir sus sendas fuerzas de disuasión nuclear en una fuerza conjunta franco-británica-europea puede ser desechada de inmediato. Aunque hubiera sido una opción atractiva tras la Guerra Fría, tras el Brexit de 2016 no es una posibilidad seria. Gran Bretaña no se va a desprende de sus activos más valiosos tras el fiasco de la realidad del Brexit para las ambiciones estratégicas de Londres.

Finalmente, es muy poco probable que ninguna discusión o debate serio sobre temas de disuasión nuclear tengan lugar en el contexto de las instituciones de la UE. La razón es simple, Francia no está dispuesta a ser el foco de las críticas de sus socios europeos, que juzgan la moralidad de la disuasión nuclear francesa para consumo interno de sus electorados. París se acuerda de la última vez que lo hizo con el presidente Chirac en 1995-1996 proponiendo consultas sobre el potencial despliegue de misiles *Hades* en Alemania, lo que supuso un severo juicio sobre las pruebas atómicas francesas en el Pacifico que daño la reputación y prestigio de Francia y no reporto rédito ninguno en la UE. Los diplomáticos conocen bien lo complicado que pueden ser las discusiones y los debates en la sede de la UE en Bruselas, que tienen lugar cada cinco años cuando se prepara la posición de la UE para la Conferencia de Revisión del Tratado de No Proliferación Nuclear. Las posiciones maximalistas de algunos miembros de la UE (Austria, Irlanda, Suecia y España entre otros) hacen que una discusión formal sobre disuasión nuclear sea inconcebible hoy en día. Estas solo pueden llevarse a cabo en formatos discretos e informales y en grupos de trabajo con expertos y académicos ad-hoc. También hay que tener en cuenta que cualquier reunión oficial interna de la UE no contaría con la presencia de la otra potencia nuclear europea, Gran Bretaña.

Entonces, los posibles escenarios realistas dependen principalmente de una variable fundamental, la existencia o no de los mecanismos actuales nucleares de la OTAN. De esta manera la discusión solo puede tener lugar a dos niveles —primero con la situación existente, y segundo, teniendo en cuenta las hipótesis especulativas sobre variables posibles.

En el contexto actual, Francia podría proporcionar dos cosas, i) garantías complementarias a miembros de la OTAN y ii) compromiso nuclear a socios de la UE que no lo son de la OTAN.

Sería una extensión lógica del concepto de disuasión nuclear francesa el extenderlo al conjunto de la UE. De la misma manera, es consistente que con la doctrina francesa cualquier agresión contra territorio finés, báltico, polaco o rumano y/o sus intereses, también sería una agresión contra los intereses de Francia. Otra manera de enfocarlo podría ser la clarificación en una declaración solemne por parte de Francia la interpretación del Artículo 42.7 del Tratado de Lisboa, que concierne a la cláusula de "*defensa mutua*" de la UE, que podría incluir y extenderse a medidas "*no convencionales*" incluidas "*armas nucleares.*" Esta declaración de intenciones tendría que superar la tradicional prueba de la credibilidad y la capacidad. En este existe la capacidad, pero la credibilidad se enfrenta a la correlación de fuerzas políticas dentro de Francia y la confianza de los socios de Francia de la UE en que un gobierno de París este preparado a sacrificar "*Lyon por Varsovia o Marsella por Madrid*".

Estas dudas podrían ser atajadas o aminoradas si París decide desplegar tropas convencionales en los países fronterizos con la amenaza, para asegurar a sus aliados su compromiso —la misma lógica que los soldados americanos y británicos en Alemania Occidental durante la Guerra Fría— conjuntamente con rotaciones de los caza-bombarderos nucleares Rafaele de las *Forces Aériennes Stratégiques* (FAS) con o sin ojivas nucleares en bases aéreas de los socios periféricos como muestra de compromiso y solidaridad con ellos.

La gama de posibles escenarios seria distinta si hubiera un cambio significativo en los mecanismos nucleares conjuntos que reflejen un cambio en la relación transatlántica. Una acción decisiva de los europeos solo tendría sentido si los gobiernos europeos concluyeran que los Estados Unidos ya no son un aliado fiable en el contexto de extender su disuasión nuclear a los aliados europeos. Una señal en esta dirección sería la retirada unilateral, por parte de Washington, de sus armas nucleares desplegadas en Europa y/o una revisión unilateral por parte de algún socio, por ejemplo Turquía o España, de los acuerdos y mecanismos conjuntos de las bases militares en su territorio.

En estos escenarios es probable, o casi certero, que Francia estaría dispuesta a considerar un papel más visible en asegurar la protección de Europa ante una amenaza nuclear desplegando fuerzas en países aliados. Aunque dos consideraciones restarían credibilidad a esta opción, uno, el reducido tamaño del arsenal francés, y dos, las dificultades políticas de los gobiernos receptores y París en aceptar ojivas nucleares en su territorio sin control sobre la utilización de las mismas.

Una opción menos ambiciosa sería reemplazar el mecanismo OTAN SNOWCAT (Support of NATO Operations With Conventional Air Tactics) con uno idéntico europeo, donde los socios no-nucleares se comprometerían a participar en un ataque nuclear con *"elementos no-nucleares"*.

Otra posibilidad podría tener lugar cuando Francia decida reemplazar su portaeronaves nuclear "*Charles De Gaulle*", y mantener su capacidad de embarcar armamento nuclear, de crear una escuadra naval nuclear europea con contribuciones de los socios y un escuadrón de aeronaves con misiles nucleares desplegado en la flotilla naval.

Ante todos estos escenarios quedaría en el aire cuál sería el papel de la fuerza de disuasión nuclear británica. Tras las elecciones del 4 de julio 2024, el nuevo gobierno Laborista de Sir Keir Starmer está ansioso por argumentar sus credenciales y participación en la seguridad europea. Un área donde Londres tiene un peso sustancial, el cual podría utilizar para una negociación más amplia con la UE. Si acertamos en la predicción de que una discusión sobre la disuasión nuclear europea no tendría lugar en el marco de las instituciones europeas, no habría obstáculo para la plena participación de Londres. La clave estaría en la voluntad política de Francia y Gran Bretaña de compartir sus fuerzas de disuasión y atar sus destinos al conjunto de la UE. La evidencia es sustancial y clara y la respuesta seria, *"por el momento no"*.

4. CONCLUSIONES Y RECOMENDACIONES

Lo importante es que, por primera vez en este milenio, estamos en el umbral de un debate serio y de discusiones sustanciales sobre el papel de la *"disuasión nuclear europea"* en la seguridad del Viejo

Continente. Este debate es una respuesta necesaria ante la cambiante realidad geopolítica global, la nueva correlación de fuerzas regional y los cambios políticos en el escenario del hemisferio norte. Este debate es urgente y necesario. Por lo tanto, debería ajustarse a la realidad y a aspirar a lo posible y no a lo deseable y/o utópico. En este contexto se deberían descartar, para otra ocasión, las opciones fantasiosas (una fuerza unificada europea controlada por un ejecutivo supranacional de la UE) absurdas (una bomba alemana, polaca, española o rumana) e ir por la vía pragmática de explorar opciones realistas entre mecanismos que funcionan como la OTAN, los países socios de la UE y las potencias nucleares del continente. Siempre recordando que la clave para una disuasión efectiva es la credibilidad y la capacidad. En estos momentos la UE no tiene ninguna de la dos.

BIBLIOGRAFÍA

Freedman, L. (2019). *The evolution of nuclear strategy* (4th ed.). Palgrave Macmillan.

Krepen, M. (2021). *Winning and losing the nuclear peace*. Stanford University Press.

Parer, P. (1986). *Makers of modern strategy*. Princeton University Press.

Sticker, J. (2007). *The United Kingdom and nuclear deterrence* (Adelphi Paper No. 395). International Institute for Strategic Studies (IISS).

Tetrais, B. (2016). *Le président et la bombe: Jupiter à l'Élysée*. Editions Odile Jacob.

Violakis, P. (2020). *Europeanisation and the transformation of EU security policy*. Routledge Studies in European Security and Strategy.

ENTRE LA MODERNIZACIÓN Y LA INTEGRACIÓN: LAS FUERZAS CONVENCIONALES EUROPEAS EN EL ESCENARIO DE LA COMPETICIÓN ESTRATÉGICA

CARLOS ALCÁZAR[1]
FERNANDO DEL POZO[2]
ROMÁN D. ORTIZ[3]

Probablemente, una de las grandes paradojas de los análisis sobre el futuro de la seguridad europea es la enorme atención que se ha dedicado a estudiar las posibles configuraciones políticas para avanzar hacia una defensa común y el poco tiempo invertido en valorar los medios militares disponibles y sus posibilidades de cooperación e integración. En alguna medida, esta preferencia pudo ser fruto de los tiempos en los que se empezó a discutir sobre el futuro del pilar de defensa europeo y sus relaciones con la Alianza Atlántica. Aunque el debate sobre la cooperación europea de defensa es tan antiguo como la propia OTAN, lo cierto es que ganó peso después del final de la Guerra Fría, a medida que se discutía sobre una acción exterior común en un ambiente de seguridad extremadamente benigno tras la desaparición de la Unión Soviética.

Hoy la discusión es distinta en la medida en que está marcada por dos cambios sustanciales en el escenario global. Por un lado, la escalada de expansionista rusa que comenzó con la agresión con-

---

1 Coronel de Infantería (R) Analista del Centro de Seguridad Internacional, Universidad Francisco de Vitoria

2 Almirante (R), Analista del Centro de Seguridad Internacional, Universidad Francisco de Vitoria

3 Analista del Centro de Seguridad Internacional, Universidad Francisco de Vitoria.

tra Georgia en 2008, siguió con la campaña no convencional contra Ucrania desde 2014 y culminó con la invasión a gran escala de este mismo país en 2022 ha convertido la guerra en una realidad presente en el Viejo Continente. Por otra parte, el histórico compromiso de EE.UU. con la seguridad europea se está reconfigurando como resultado de realidades estratégicas asociadas a la emergencia de China como una gran potencia y el resurgimiento de una tendencia aislacionista en la política interna norteamericana. Esto no significa que EE.UU. abandonará Europa en la medida en que sus intereses en el Viejo Continente son sustantivos; pero garantiza que los europeos deberán asumir una mayor responsabilidad en su propia defensa. De este modo, la necesidad de construir una defensa europea no es solamente el resultado casi inevitable del proceso de integración del continente sino además una necesidad urgente de responder a un escenario estratégico en que la UE enfrenta una amenaza existencial para su supervivencia.

Como consecuencia, el presente capítulo presta una atención muy limitada a las estructuras políticas sobre las que se quiere construir una política de defensa común para Europa y se centra más en las capacidades militares de las fuerzas armadas de los miembros de la UE. No se trata de que la arquitectura institucional no sea un factor clave para el futuro de la seguridad europea, sino que de que se ha preferido contestar unas preguntas distintas, tradicionalmente más desatendidas: cuáles son los medios de los que disponen las fuerzas armadas de la Unión, cuáles son sus perspectivas de evolución y cuáles pueden ser las opciones para facilitar su integración de una forma militarmente efectiva.

1. EL GIRO EN LOS PRESUPUESTOS DE DEFENSA EUROPEOS

Para entender el presente estado de las capacidades militares de la UE y sus perspectivas de evolución es necesario partir de la base de que las fuerzas armadas de sus países miembros se encuentran en un punto de inflexión. Después de un largo periodo de reducción presupuestaria que recortó su tamaño y medios, la invasión rusa de Ucrania supuso un abrupto despertar de la percepción de amenaza de las capitales europeas que se han lanzado a una rápida expansión del gasto en defensa que, si es apropiadamente invertido, debería conducir a un aumento de sus recursos militares. En otras palabras, las fuerzas armadas europeas están en un momento de cambio lo que obliga a valorar el legado que acarrean consigo y hacia donde enfocan su crecimiento.

El declive militar europeo de las pasadas décadas obedeció a una lógica estratégica no tan distinta de la que creó las condiciones para el estallido de la Segunda Guerra Mundial. Casi hace un siglo, las democracias francesa, británica y norteamericana entraron con retraso en la carrera de armamentos con las potencias del eje —la Alemania nazi, la Italia fascista y el Imperio japonés— como consecuencia de la prioridad otorgada al gasto social para paliar los efectos de la Gran Depresión de 1929 mientras sus competidores totalitarios construían economías de guerra. El resultado fue un desequilibrio no solo en capacidades militares sino también en la voluntad de emplearlas que animó a Adolfo Hitler a probar suerte con Austria, Checoslovaquia y finalmente Polonia, hundiendo al mundo en un cataclismo bélico.

Las pasadas décadas de deterioro de los medios de defensa europeos obedecen a una lógica parecida. Después del final de la Guerra Fría y sus secuelas —los conflictos en la antigua Yugoslavia— los países europeos desmontaron gran parte de sus fuerzas convencionales en medio de la euforia generada por la caída del Muro, la victoria aliada contra Iraq en el Golfo y las reformas liberales en Europa Central y Oriental. Quince años más tarde, cuando Vladimir Putin se anexionó Crimea —la primera acción de esa naturaleza en Europa desde que Adolfo Hitler hiciese lo mismo con Austria en 1938— los intentos de recuperar el tiempo perdido por los países occidentales chocaron con las demandas sociales generadas por la gran recesión de 2008 y después por la pandemia del COVID-19. Frente a estas prioridades, Rusia y la República Popular China mantuvieron el desarrollo de sus fuerzas armadas como una prioridad absoluta. El resultado ha sido una asimetría en la inversión en defensa.

Las cifras en la tendencia de gasto resultan elocuentes. Según el SIPRI, el gasto de defensa ruso se mantuvo entre el 3,6% y el 5,4% del PIB entre 2014 y 2021 con un presupuesto que osciló entre los 61,6 y los 84,7 miles de millones de dólares. Por su parte, la República Popular China se mantuvo entre el 1,6% y 1,8% del PIB que sumó entre 182,1 y 285,9 miles de millones de dólares. Las cifras europeas palidecen frente a estos números. Si se deja aparte a los países bálticos por su pequeño tamaño, los dos únicos países de la UE que asignaron más del 2% del PIB a la defensa en 2021 fueron Polonia (2,2%) y Grecia (3,7%) con unas cifras que oscilaban entre los 8 mil M€ de Atenas y los 15 mil M€ de Varsovia[4]. Visto desde otra perspectiva, el país que más gastó en cifras absolutas en 2021 fue Alemania cuya inversión en defensa durante ese periodo se movió entre el 1,2% y 1,5% del PIB, entre 39,8 y 62 mil M$.

Ciertamente, las cosas mejoran si se mira a Europa de forma colectiva. Si se deja aparte EE.UU., el resto de los países de la OTAN gastaron en defensa en 2021 un 1,6% de su PIB, equivalente a 358,8 mil M$. En teoría, eso da a la Alianza Atlántica una considerable ventaja frente a China y, sobre todo, Rusia. Sin embargo, las cosas resultan menos tranquilizadores si los números se miran desde la perspectiva de la UE lo que implicaba dejar fuera a Canadá, el Reino Unido, Noruega y Turquía, ninguno de ellos socios comunitarios. Entonces, se deben restar 119 mil M$ lo que deja el total de gasto de defensa de los miembros de la UE claramente por debajo del chino y con una ventaja mucho menor frente al ruso. Más allá de estos números, lo cierto es que no es realista considerar el gasto en defensa de la UE de forma unificada en la medida en que hay un enorme volumen de recursos que se despilfarra en gastos redundantes como la existencia de 27 ministerios de defensa con sus correspondientes burocracias y procesos de adquisiciones, así como por el desaprovechamiento de las oportunidades para generar economías de escala.

Desde luego, la guerra de agresión lanzada por el Kremlin contra Ucrania ha cambiado los cálculos de los gobiernos europeos, lo que dio paso a un rápido crecimiento en el gasto de defensa. De acuerdo a estimaciones de la OTAN, para 2024, la asignación de recursos a la defensa por parte de sus miembros, excluido EE.UU., habrá superado el 2% del PIB con un total de 506,6 mil M$. Incluso si se resta el gasto de los aliados no UE —145,9 mil M$ de Canadá, el Reino Uni-

---

4 Public Diplomacy Division— NATO, Defence Expenditure of NATO Countries (2014-2024), NATO, Bruselas, 2023. Recuperado de https://www.nato.int/nato_static_fl2014/assets/pdf/2024/6/pdf/240617-def-exp-2024-en.pdf

do, Noruega y Turquía— los presupuestos de defensa de los socios comunitarios alcanzarán los 360,7 mil M$, 3,5 veces el presupuesto de defensa ruso para 2023 (109 mil M$) y un 20% de la asignación de defensa china para ese mismo año (296 mil M$). Esta expansión de los recursos disponibles ha relanzado los planes de modernización de las fuerzas armadas europeas. Esta tendencia promete intensificarse dado que los países europeos han anunciado nuevos incrementos del gasto en defensa en respuesta a lo que perciben como un menor compromiso con la defensa europea de la nueva administración Trump.

En cualquier caso, el rápido incremento de los recursos financieros destinados a la defensa es solamente un primer paso inicial para reconstruir la capacidad militar de las fuerzas armadas de la Unión Europea. De hecho, tan importante como cuanto se gasta es en qué se gasta. En ese sentido, la clave del futuro de la defensa de la Unión no solo descanse en el aumento sustancial del gasto sino en el diseño y la ejecución de los planes de rearme terrestre, aéreo y naval que han puesto en marcha los principales socios comunitarios.

2. LAS FUERZAS TERRESTRES: CAPACIDADES PRESENTES Y PLANES DE MODERNIZACIÓN

Lo cierto es que una revisión del estatus de las fuerzas terrestres europeas y los planes desplegados por las potencias europeas para su modernización ofrecen la misma imagen de un esfuerzo urgente por compensar a toda velocidad décadas de declive. Un buen ejemplo de esta tendencia es Alemania. Tras la invasión a gran escala de Ucrania, el Gobierno germano creó un fondo especial de 100.000 M€ para invertir en la modernización de la *Bundeswehr*[5]. El objetivo es reequipar y alistar unidades cuya capacidad operativa había caído sustancialmente y ponerlas en condiciones de enfrentar un choque bélico a gran escala. Se trata de reparar parcialmente la desamortización de las fuerzas armadas de Berlín durante las décadas pasadas

---

5 Alexandra Möckel, "Mehr als 100 Milliarden Euro für die Bundeswehr - für unsere Sicherheit", Bundesministerium der Verteidigung, Berlin, 27/2/2022. Recuperado de Mehr als 100 Milliarden Euro für die Bundeswehr (bmvg.de)

que condujo a la disolución de un gran número de unidades acorazadas y mecanizadas al tiempo que se resentía el nivel de alistamiento de las restantes[6].

Parte de este esfuerzo está enfocado a modernizar las fuerzas terrestres, una tarea para la que se han asignado casi 17.000 M€. La columna vertebral del parque blindado alemán es el excelente carro de combate *Leopard 2*. El problema es su escaso número, tan solo 321 de los que únicamente 98 pertenecen a la versión más moderna A7. La situación es peor en el caso de los vehículos de combate de infantería (IFV) y transportes acorazados de personal (APC) donde todavía se mantienen una buena cantidad de los viejos *Marder* y *TPz-1 Fuchs* respectivamente. Todos estos sistemas sirven para equipar dos divisiones mecanizadas y una de despliegue rápido.

Los planes para la modernización de los medios mecanizados germanos incluyen la incorporación de un creciente número de *IFVs Puma* y *APCs Boxer*. Además, está previsto continuar la modernización de los *Leopard 2* mientras se desarrolla conjuntamente con Francia el denominado Sistema de Combate Terrestre Principal (*Main Ground Combat System*, MGCS) llamado a reemplazar tanto a estos como al carro de combate francés Leclerc a partir de 2035[7]. A ello se añaden proyectos de inversión en artillería, comunicaciones y equipo de protección personal para las tropas. Paralelamente, se han comenzado a estudiar alternativas para reducir el déficit de recursos humanos. El Gobierno germano dio un primer y tímido paso en esta dirección en julio de 2020 cuando anunció el reclutamiento de 1.000 soldados profesionales adicionales[8]. Más recientemente, la necesidad de expandir la *Bundeswehr*, y, en particular sus fuerzas terrestres, se ha

---

6 "German army problems ‚dramatically bad', report says", *BBC*, Londres, 20/2/2018. Recuperado de https://www.bbc.com/news/world-europe-43134896 and Matthew Karnitschnig, "Germany's soldiers of misfortune", *Politico*, Bruselas, 15/2/2019. Recuperado de https://www.politico.eu/article/germany-biggest-enemy-threadbare-army-bundeswehr/

7 RFI, "France, Germany agree deal to develop Europe's next generation of tanks", *Radio France Internationale*, 25/04/2024. Recuperado de https://www.rfi.fr/en/france/20240425-france-germany-sign-historic-deal-to-develop-europe-s-next-generation-of-tanks

8 Donata Riedel, "Bundeswehr will 1000 Freiwillige für den Heimatschutz anwerben", *Handelsblatt*, Berlín, 23/07/2020. Recuperado de https://www.handels-

hecho más notoria con una estimación del incremento de personal requerido en unos 80.000 soldados y el inicio de discusiones sobre la posibilidad de restablecer el servicio militar obligatorio.[9]

Por su parte, Francia publicó una nueva Revisión Estratégica Nacional (RNS) en noviembre de 2022 que enfatizaba la necesidad de reforzar la capacidad de Francia para sostener un conflicto armado prolongado al tiempo que subrayaba la relevancia de construir la autonomía estratégica europea al tiempo que se mantenía la Alianza Atlántica[10]. La RNS relanzó los planes de modernización del ejército francés que se iniciaron con el denominado "Plan Scorpion" en 2021, que incluye la completa modernización del parque blindado francés con vista al desarrollo de combate en red[11]. Dentro de este proceso, se incluye la modernización de los carros de combate Leclerc hasta la entrada en servicio del mencionado MGCS, la introducción de 109 obuses *Caesar* MkII, 978 APCs ligeros *Serval*, 1.437 APCs pesados *Griffons* y otros 238 IFVs *Jaguar*. El grueso de este equipo debe ser asignado a las 2 brigadas acorazadas y 2 brigadas mecanizadas con las que actualmente cuentan las fuerzas terrestres galas.

Este giro significa que el ejército francés prestará una menor atención a las operaciones de bajo nivel que fueron su misión central en las pasadas décadas. De hecho, la modernización de la capacidad francesa para la guerra de maniobra coincide con un repliegue de sus fuerzas en el Sahel de donde París retiró sus contingentes militares en Mali, Burkina Faso y Níger[12]. Aunque Francia mantiene algunas tropas en Gabón y Djibuti y planea conservar su capacidad para

---

blatt.com/politik/deutschland/rekrutierung-von-zusaetzlichen-kraeften-bundeswehr-will-1000-freiwillige-fuer-den-heimatschutz-anwerben/26030988.html

9 Mario Kubina, "Pistorius will mehr Personal für Bundeswehr gewinnen", *Tagesschau*, Hamburgo, 01/06/2023. Recuperado de Pistorius will mehr Personal für Bundeswehr gewinnen | tagesschau.de

10 Denys Kolesnyk, "France Adopts New National Strategic Review", *European Security & Defense*, Bonn, 23/1/23. Recuperado de https://euro-sd.com/2023/01/articles/29158/france-adopts-new-national-strategic-review/

11 https://euro-sd.com/2024/06/articles/38947/the-french-armys-scorpion-programme-success-in-triplicate/

12 David Saw, "The French Army's SCORPION programme - success in triplicate", *European Security & Defense*, Bonn, 23/6/2024. Recuperado de https://apnews.com/article/niger-france-sahel-coup-troops-security-macron-97c8ccfe880169832965c33e96d7befe

proyectar fuerza hacia África y otras regiones de ultramar, lo cierto es que el ejército galo ha reenfocado su atención y su presupuesto hacia la guerra de alta intensidad.

Polonia es probablemente el país de la UE que ha impulsado una más decidida modernización de sus fuerzas terrestres con el objetivo central de disuadir una potencial agresión rusa. Moscú es para Varsovia una amenaza directa, una visión agudizada por la invasión de Ucrania por parte de Rusia en febrero de 2022. Con vistas alcanzar este objetivo, la estrategia polaca se ha basado en dos pilares: una apuesta decidida por convertirse en un socio principal de la OTAN y una modernización masiva y rápida de sus fuerzas armadas enfocada a garantizar sus capacidades de defensa territorial. Por lo que se refiere al creciente papel de Polonia en la Alianza Atlántica se ha basado en la construcción de una "relación especial" con EE.UU. que facilitó el establecimiento del Cuartel General del V Cuerpo (Avanzado) del ejército norteamericano en Poznan a finales de 2020.[13]

El fortalecimiento de las capacidades militares polacas se ha basado en un esfuerzo para expandir el tamaño de sus fuerzas armadas desde los actuales 128.000 hombres y mujeres, más otros 36.000 de la defensa territorial, hasta un total de 300.000 para el año 2035, incluidos 50.000 que se reclutarán bajo un nuevo esquema de servicio militar pagado de un año de duración[14]. Este sustancial incremento de los efectivos humanos debería permitir una expansión de la estructura de fuerzas del ejército polaco que actualmente tiene como elementos principales 1 división acorazada y 3 divisiones mecanizadas.

Paralelamente, el gobierno polaco creo una agencia central de armamento en 2022 cuya primera tarea será administrar un ambicioso programa de adquisiciones. Dentro de las compras de equipo para las fuerzas terrestres se incluye material norteamericano tal como 116 carros de combate M1A1, 506 lanzacohetes múltiples HIMARs

---

13 Shannon Collins, "V Corps Soldiers, NATO partners protect eastern flank", *US Army*, Washington DC, 9/9/2024. Recuperado de V Corps Soldiers, NATO partners protect eastern flank | Article | The United States Army

14 Giulia Carbonaro, "Poland said its army will soon be the strongest in Europe. But is that possible?", *Euronews*, Lyon, 6/9/2023. Recuperado de https://www.euronews.com/2023/09/06/poland-said-its-army-will-soon-be-the-strongest-in-europe-but-is-that-possible

en distintas configuraciones y 8 baterías de MIM-104 *Patriot*. Pero sobre todo, se han acordado masivas compras de sistemas de armas surcoreanos tal como 1.000 carros de combate Hyundai *Rotem* K2 Black *Panther*, 672 piezas de artillería autopropulsada *Hanwha* Defense K9 *Thunder* de 155 mm y 300 lanzacohetes múltiples K239 *Chunmoo*. Esta opción por el equipo coreano fue el resultado de un compromiso entre la calidad del equipo (donde el proporcionado por Seúl era solo marginalmente inferior al de Washington) y la urgencia de recibirlo (donde la capacidad para una entrega rápida de Corea superaba con mucho a la de EE.UU.)[15]. Este impresionante proceso de rearme está sostenido por una expansión del presupuesto de defensa que el gabinete liderado por Donald Tusk ha incrementado hasta el 4,2% para el año 2024.

En principio, Italia está plenamente integrada en el esfuerzo de defensa de la OTAN y ha desarrollado sus propios planes de modernización militar con miras a contribuir a la defensa colectiva. De hecho, su plan trienal de defensa para 2022-24 esbozó una serie de iniciativas para fortalecer las fuerzas armadas que, entre otras materias, incluía cambios en la estructura de mando para mejorar la integración multidominio. Sobre esta base, Roma ha tratado de contribuir a la seguridad colectiva en los dos espacios estratégicos que juzga más prioritarios: el Este de Europa y el Mediterráneo. Por lo que se refiere al primero, ha participado en las misiones de policía aérea de la OTAN en los Estados bálticos, Islandia y Rumanía al tiempo que mantiene un contingente en Letonia[16]. En los concerniente al Flanco Sur, más allá del papel de sus fuerzas armadas, la fuerza

---

15 "Poland, South Korea defense partnership grows with weapons procurements", *Indo Pacific Defense Forum*, 11/5/2024. Recuperado de "Poland, South Korea defense partnership grows with weapons procurements - Indo-Pacific Defense Forum (ipdefenseforum.com)

16 Allied Air Command Public Affairs Office, "Italian Air Force makes major contribution to NATO deterrence and defence in Baltic region", *Defense Industry Europe*, Varsovia, 28/11/2023. Recuperado de https://defence-industry.eu/italian-air-force-makes-major-contribution-to-nato-deterrence-and-defence-in-baltic-region/ y también David Cenciotti, "Italy Doubles The Number Of Eurofighters Deployed To Romania, Prepares To Send Military Aid To Ukraine", *The Avionist*, Roma, 26/2/2022. Recuperado de https://theaviationist.com/2022/02/26/italy-doubles-the-number-of-eurofighters/

multinacional EUNAVFOR-MED tiene su cuartel general en Roma, mientras que la Sexta Flota de la Marina estadounidense tiene su base en Nápoles[17].

Sin embargo, cuando se va más allá de las visiones generales a los programas concretos, la modernización de las fuerzas terrestres italianas ha enfrentado una serie de obstáculos y retrasos fruto de una combinación de escasez de presupuestos, falta de base industrial y deficiente planeamiento. Lo cierto es que no se puede hablar de un programa de modernización integral tal como es fácil de identificar en Polonia o Francia. En cualquier caso, sí se están realizando algunas adquisiciones. Los planes de corto plazo incluyen la adquisición de 125 carros de combate *Leopard 2A8* para fortalecer el actual parque blindado italiano basado en 150 C1 Ariete así como la incorporación de 21 lanzacohetes múltiples HIMARS, 300 IFVs *Freccia* EVO y hasta 86 Sistemas de Cañón Móvil *Centauro* 2. Esto sistemas deberían de fortalecer una estructura de fuerzas basada en 3 divisiones, una de ellas de montaña. Planes más ambiciosos para la incorporación de la plataforma multinacional MGCS en la que la industria italiana va a participar, el reemplazo del IFV *Dardo* y la nueva generación de Vehículos Multipropósito Medio y Ligero tendrán que esperar a comienzos de la década de 2030[18].

---

17 Decode 39, "EU reinforces trust in Italy with IRINI command transition", *Decode 39*, Roma, 19/07/2024. Recuperado de https://decode39.com/9359/eu-reinforces-trust-in-italy-with-irini-command-transition/

18 Tom Kington, "Italy tees up $5 billion-plus program to build 1,000 combat vehicles", *Defense News*, Arlington, 25/1/2024. Recuperado de https://www.defensenews.com/global/europe/2024/01/25/italy-tees-up-5-billion-plus-program-to-build-1000-combat-vehicles/ y también "Spurned by KNDS, Leonardo teams with Rheinmetall for Italy's new tanks", Tom Kington, *Defense News*, Arlington, 3/7/2024. Recuperado de https://www.defensenews.com/global/europe/2024/07/03/spurned-by-knds-leonardo-teams-with-rheinmetall-for-italys-new-tanks/

PAÍS	CARROS DE COMBATE (CC)	ARTILLERIA	VEHICULOS DE COMBATE DE INFANTERIA (VCI) / CABALLERIA	VEHICULOS DE TRANSPORTE ACORAZADO / OTROS
ALEMANIA	CCs 321 Leopard	Autopropulsada: 109 PzH 2000; Lanzacohetes Múltiples: 38 M270 MLRS; 98 Morteros 120mm	VCI 680 Marder/Puma Vehículos reconocimiento 220 *Fennec*	683 *Dingo 2*/ *Wiesel* 1 Mk20; APC 812 M 113/ Boxer/Fuchs
BÉLGICA	CCs ligeros 18 *Piranha* III-C DF90	Remolcada 105mm 14 LG1 MkII; Morteros 46	VCI 19 *Piranha* III-C DF30 / vehículos de reco. 30 *Pandur Recce*	Transportes acorazados, 78
DINAMARCA	**CCs** 44: 15 *Leopard* 2A5 / 29 *Leopard* 2A7V	Artillería autopropulsada 50 SP 155mm / 15 CAESAR 8×8; Morteros 35	VCI 44 CV9035 MkIII	286 *Piranha III/V*
ESPAÑA	**CCs** 327 *Leopard* 2A4 / Leopard 2E 84 B1 *Centauro*	Autopropulsada: 155mm 95 M109A5; Remolcada 268: 105mm 204/ 155mm 64	VCI 225 *Pizarro* VEC 187 VEC-M1	903 M113 / BMR /RG-31
FRANCIA	**CCs** 215 *Leclerc CCs ligeros* 245 AMX-10RC	Autopropulsada 155mm 90 AU-F-1/ CAESAR; Remolcada 155mm 12 TR-F-1	VCI 706 VBCI VCI/ VBCI VPC (CP) Vehículos reco. 64	Transportes acorazados, 2.499
GRECIA	CCs 1,228: *Leopard* 2A6; 2A4; 1A4/5 y M48A5	Autopropulsada 3,526; Remolcada 463; Morteros 144:	VCI 175: BMP-1 / *Marder* 1A3	Transportes acorazados 2,107
ITALIA	CCs 150 *Ariete* CCLs 255 *Centauro;*	Autopropulsada 769; Remolcada 173: Lanzacohetes 21 M270 MLRS	VCI 434	Transportes acorazados 380

PAÍS	CARROS DE COMBATE (CC)	ARTILLERIA	VEHICULOS DE COMBATE DE INFANTERIA (VCI) / CABALLERIA	VEHICULOS DE TRANSPORTE ACORAZADO / OTROS
NORUEGA	CCs 36 *Leopard* 2A4	Autopropulsada 155 mm 167	VCI 91: 76 CV9030N; 15 CV9030N (CP); Vehículos de reco. 21	390 M113/ XA-186 *Sisu*/XA-200 *Sisu*/XA-203
PAÍSES BAJOS		Autopropulsada 155 mm 122	VCI 117 CV9035NL	200 *Boxer*
POLONIA	CCs 647: K2 / Leopard 2A4 / A5 / M1A2 SEPv2 *Abrams* / T-72A/ M1/M1R	Autopropulsada 773; Lanzacohetes 179	VCI 1,567 BMP-1 / Rosomak Vehículos de reconocimiento 407 BRDM-2 / BWR-1/ 87 BRDM-2 R5	Transportes acorazados 450
PORTUGAL	CCs 37 *Leopard* 2A6	Autopropulsada 320 155mm; Remolcada 62	VCI 30 *Pandur* II	Transportes acorazados 406
SUECIA	CCs 120 *Leopard* 2A5 (Strv 122)	Autopropulsada 32 155mm Archer	VCI 411 CV9040 (Strf 9040)	Transportes acorazados 1,064
REINO UNIDO	CCs 227 *Challenger*	Autopropulsada 598 155mm; Artilleria: 114; Lanzacohetes 35	VCI 388 FV510 *Warrior*/ FV511 *Warrior* / FV514 *Warrior;* Vehículos de reconocimiento: 117 FV107 *Scimitar*/ *Scimitar* Mk2	796 FV430 *Bulldog* / PPV 387 *Mastiff* (6×6)

Las fuerzas armadas españolas solo muy recientemente y de forma limitada han comenzado a emerger de un periodo de presupuestos extremadamente bajos que ha restringido las posibilidades de sostener sus capacidades. Este compromiso de mejorar los presupuestos de defensa alcanzado por el gobierno de Pedro Sánchez en el contexto del incremento generalizado del gasto militar en Europa busca pasar del 0,93% del PIB invertido en 2018 al 1,28% en 2024 con la vista puesta en llegar al 2% del PIB en 2029[19]. Se trata de planes que, incluso si llegasen a materializar, mantendrían a España a la cola del Viejo Continente, por debajo, por ejemplo, de Italia cuyo gasto alcanzó el 1,49% del PIB en 2024 o Portugal que llegó al 1,55% en el mismo año.

Estos exiguos recursos han golpeado la operatividad y la disponibilidad de las principales unidades del Ejército de Tierra español —que incluyen 4 brigadas mecanizadas y otras 4 ligeras— y retrasado los planes para su modernización que permanece basada en el modelo de "Brigada 2035" y debe conducir a la preparación de las fuerzas terrestres para un conflicto de alta intensidad. En este contexto, el Ejército de Tierra ha impulsado una serie de programas de modernización conceptualmente no muy distintos a los desarrollados por los países vecinos, pero siempre sometidos a presiones presupuestarias[20].

Este ha sido el caso con la renovación del parque blindado español que se ha basado en la introducción del vehículo de combate sobre ruedas *Dragón* cuyos primeros ejemplares se entregaron en diciembre de 2022 y deben seguir llegando hasta completar un primer pedido de 348 unidades en distintas configuraciones[21]. Los planes

---

19 Ángel Luis de Santos, "Robles asegura que el presupuesto de Defensa para 2024 alcanzará el 1,3% del PIB, apenas 0,06 puntos más que el año pasado", *La Razón*, Madrid, 25/1/2024. Recuperado de https://www.larazon.es/espana/defensa/robles-asegura-que-presupuesto-defensa-2024-alcanzara-13-pib-apenas-006-puntos-mas-que-ano-pasado_2024012565b28b6b327cdd0001daa2bb.html

20 Benjamín Carrasco, "El JEME advierte: "Perderemos capacidades si no se resuelve el presupuesto del año que viene"", *Indodefensa*, Madrid, 19/19/2020. Recuperado de https://www.infodefensa.com/texto-diario/mostrar/3125749/jeme-advierte-perderemos-capacidades-no-resuelve-presupuesto-ano-viene

21 Ángel Luis de Santos, "El primer vehículo de la versión de combate de infantería del VCR 8x8 Dragón arranca sus pruebas", *La Razón*, Madrid, 16/3/2024. Recuperado de https://www.larazon.es/espana/defensa/primer-vehiculo-ver-

se extienden a la compra de otros 650 vehículos; pero sus fechas de entrega no están completamente aseguradas. Además, se planea la adquisición del denominado Vehículo de Apoyo de Cadenas (VAC) que debería servir para reemplazar a los obsoletos APCs M-113 de los que existen planes para producir 394; pero cuyos primeros ejemplares tendrán que esperar al menos al 2027[22]. A ello se añadiría la incorporación de lanzacohetes múltiples SILAM, un sistema basado en el PULS israelí, del que se planean comprar solamente 12 lanzadores[23]. Por el momento, no existen planes claros para modernizar o ampliar la flota de carros de combate española basada en el denominado *Leopard 2E*, una versión adaptada para España de la variante A6 de la plataforma acorazada alemana.

Con la excepción de Grecia que ha puesto en marcha programas para modernizar su flota de 350 Leopard 2 y 500 Leopard 1 al tiempo que planea incorporar un nuevo vehículo de combate de infantería[24], el resto de las fuerzas terrestres europeas son organizaciones de unas dimensiones relativamente menores cuyos procesos de modernización se pueden agrupar en dos categorías: los que están impulsados por una amenaza directa e inmediata contra su territorio por su proximidad a Rusia y los que han apostado por canalizar su modernización militar a través de su integración con otras potencias europeas. Entre los primeros, sin duda, se incluyen los Países Bálticos que ha reinstaurado progresivamente el servicio militar obligatorio

---

sion-combate-infanteria-vcr-8x8-dragon-arranca-sus-pruebas_2024031665f5c3adcb58620001f44807.html

22 Defensa.com, "Luz verde al contrato para proveer de 394 Vehículos de Apoyo a Cadenas (VAC) al Ejército de Tierra", *Defensa*, Madrid, 23/08/2023. Recuperado de https://www.defensa.com/espana/luz-verde-contrato-para-proveer-394-vehiculos-apoyo-cadenas-vac

23 Benjamín Carrasco, "Silam, el lanzacohetes con el que el Ejército de Tierra quiere potenciar su artillería", *Infodefensa*, Madrid, 18/4/2023. Recuperado de https://www.infodefensa.com/texto-diario/mostrar/4254847/silam-lanzacohetes-ejercito-tierra-quiere-potenciar-artilleria

24 "Greece has the most Leopard tanks in Europe - None are going to Ukraine", *Greek City Times*, Sidney, 4/2/2023. Recuperado de https://greekcitytimes.com/2023/02/04/greece-leopard-tanks-europe/ y también DA Staff, "Greek Army to Modify Infantry Fighting Vehicle Fleet", *Defense Advancement*, Londres, 11/4/2022. Recuperado de https://www.defenseadvancement.com/news/greek-army-to-modify-infantry-fighting-vehicle-fleet/

con Letonia el último en dar este paso en 2022[25]. Al mismo tiempo, las tres repúblicas han apostado por modernizar su artillería con lanzacohetes múltiples como el HIMARs (Letonia, Lituania y Estonia) y cañones autopropulsados como el *Ceasar* (Estonia y Lituania) así como su defensa aérea con baterías de misiles NASAMS (Lituania) o IRIS-T (Letonia y Estonia). La combinación de servicio militar obligatorio y énfasis en la modernización de la artillería y la defensa antiaérea se repite en Finlandia que ha incorporado recientemente obuses autopropulsados K-9 *Thunder* de 155mm de fabricación coreana y planea adquirir lanzacohetes múltiples ACCULAR de 122mm de Israel, así como sistemas de defensa antiaérea.

Por lo que se refiere a aquellos países que han optado por canalizar su modernización militar a través de procesos de integración con los países vecinos, Bélgica es un buen ejemplo que ha optado por integrar sus fuerzas terrestres plenamente en el programa de modernización "*Scorpion*" del ejército galo. Para ello, el ejército belga ha iniciado un proceso de homologación de su doctrina y está en proceso de adquirir equipo de origen francés, incluido 29 piezas de artillería autopropulsadas *Ceasar* y 24 APCs *Griffon* en su versión portamorteros. El objetivo final es alcanzar una plena interoperabilidad entre las fuerzas terrestres de París y Bruselas. Un proceso similar está teniendo lugar entre Holanda y Alemania. De hecho, las fuerzas terrestres holandesas han colocado sus tres brigadas de combate bajo el mando de divisiones germanas. Este proceso ha venido acompañado de una inversión en equipo que incluye la modernización del parque de IFVs CV-90, la incorporación de los vehículos ligeros *Manticore* y planes para la creación de un batallón acorazado que incorporaría *Leopard 2V8* adquiridos dentro de un programa de compras conjuntas con Alemania.

Estos procesos de integración son parte de una tendencia general hacia la multinacionalización del aparato militar de los países europeos. Durante las pasadas décadas, se ha multiplicado la formación

---

[25] Bartosz Chmielewski y Jacek Tarociński, "On the warpath: the development and modernisation of the Baltic states' armed forces", *OSW Commentary*, Num. 594, Center for Eastern Studies, Varsovia, 10/5/2024. Recuperado de https://www.osw.waw.pl/en/publikacje/osw-commentary/2024-05-10/warpath-development-and-modernisation-baltic-states-armed

de unidades donde participan dos o más países cuyos acuerdos de creación establecen que pueden operar indistintamente bajo el paraguas de la OTAN o la UE. Este es el caso del EUROCUERPO que se creó en 1993 y actualmente incluye un cuartel general, una brigada multinacional de apoyo y fuerzas asignadas alemanas, belgas, francesas, españolas, luxemburguesas y polacas. También se deben mencionar la veterana Fuerza Anfibia Anglo-Holandesa (UKNLAF, 1972); la Fuerza Anfibia Hispano-Italiana (SIAF, 1998) que incluye contingentes portugueses y griegos; la Fuerza Marítima Europea conformada por Francia, España, Italia y Portugal (EUROMARFOR, 1995); la Fuerza Terrestre Multinacional que integran Italia, Hungría y Eslovenia; el Grupo de Combate de los Balcanes con fuerzas de Grecia, Bulgaria, Rumania y Chipre; el Grupo de Combate Nórdico donde cooperan Noruega, Irlanda, Estonia, Finlandia y Croacia; el acuerdo de Alerta Rápida Conjunta (QRA, 2015) de las fuerzas aéreas belga, neerlandesa y luxemburguesa; el mando naval BENELUX, compartido de Bélgica y los Países Bajos (1996); y un número de fuerzas bajo la denominación genérica de *EU Battlegroups,* cuyo nivel de alistamiento ha mejorado tras el acuerdo para el establecimiento de la denominada "EU Battle Deployment Capacity" en 2022. A esta larga lista de unidades multinacionales habría que añadir acuerdos bilaterales para uso de unidades compartidas, como el que amparó la financiación por Alemania del buque de apoyo logístico holandés *Karel Doorman,* a cambio del derecho a su empleo por Alemania bajo ciertas circunstancias.

3. LAS FUERZAS NAVALES: CAPACIDADES PRESENTES Y PLANES DE MODERNIZACIÓN

En principio, las marinas de guerra de los países pertenecientes a la UE reúnen una importante capacidad de combate. Las unidades navales de los 12 países más significativos de la UE en este terreno —Alemania, Bélgica, Dinamarca, España, Francia, Grecia, Holanda, Italia, Polonia, Portugal, Rumanía y Suecia— suman más de 360 buques principales de combate incluidos submarinos nucleares y convencionales, portaviones, escoltas, buques de asalto anfibio, buques de medidas contraminas y buques de apoyo logístico, además de aviación embarcada y fuerzas de desembarco.

La tabla de la figura[26] presenta los elementos más relevantes de las principales marinas europeas (las de la Unión Europea más Reino Unido y Noruega). Como referencia, en las columnas de la derecha se ha puesto primero la suma de todas las anteriores, las de los demás miembros de la OTAN (Canadá, EEUU y Turquía), y las de Rusia y China.

Figura 1

		Europa														OTAN						
		Alemania	Bélgica	Dinamarca	España	Francia	Grecia	Italia	Noruega	Países Bajos	Polonia	Portugal	Rumania	Suecia	Reino Unido	Suma UE+RU+Nor	Turquía	Canada	OTAN no EEUU	Estados Unidos	Rusia	China
Disuasión	Submarinos de misiles balísticos					4									4	8			8	14	11	6
Proyección de poder	Submarinos nucleares de ataque					5									6	11			11	53	19	6
	Portaviones (CATOBAR/STOBAR)					1										1			1	11	1	3
	Cruceros																			19	3	7
	Destructores	3		3	5	10		8		4					6	39			39	70	11	42
	Anfibios (LHD/LHA/LPD/LSD)				2	3		3		2					2	12	5		17	31	2	11
	Inf de Marina (Bdas Exped.)				1	2		1		1					1	6			6	8	1	2
	Escuadrones de combate (emb.)				1	4									2	7			7	34	5	32
Aprovisionamiento (combustible, sólidos)		11			2	4	3			2	1				12	35	4	1	40	90	19	14
Negación del mar (submarinos convencionales)		6			2		10	8	6	4	1	2	1	5		45	12	4	61		21	46
Control del mar	Portaviones (STOVL)				1			2							2	5	1		6	12		
	Fragatas	8	2	2	6	11	13	8	4	2	2	5	3		11	77	16	12	105	22	16	41
	Corbetas y patrulleros de altura	5		5	15	20		10		4	2	6	4	1	8	80	10	2	92	28	42	50
	Buques de medidas contra minas	23	5	6	6	16	3	10	4	6	21		10	7	9	126	15	12	153	8	43	57
	Aviones de patrulla marítima	6			6	18	5	3	8		10				9	65	6	18	89	48	30	10

En cada fila se ha realzado la cifra más alta de entre las europeas y del total, con objeto de visualizar mejor el objetivo estratégico de cada nación o grupo.

Dentro de la impresionante flota europea se incluyen 1 portaviones del propulsión nuclear y despegue por catapulta (el francés *Charles de Gaulle*) y 3 portaaviones de despegue corto y aterrizaje vertical (los italianos clase Cavour y clase Giuseppe Garibaldi y el español *Rey Juan Carlos I*). Además, también se cuenta con una numerosa fuerza submarina dentro de la que se contabilizan 4 submarinos nucleares

26 Elaboración propia con datos de *Jane's Fighting Ships* y *Military Balance* 2023, International Institute for Strategic Studies. Noruega y el Reino Unido (UK) están resaltados en un color distinto porque no forman parte de la UE.

portadores de misiles balísticos franceses clase *Triomphant*, 5 submarinos nucleares de ataque también galos clases *Suffren* y *Rubis*, y otros 39 sumergibles de propulsión convencional entre los que se incluyen el español recientemente puesto en servicio clase S-80 *Isaac Peral* y los muy avanzados germanos Tipo 212A.

Los buques de escolta son extremadamente numerosos. Entre ellos, están los destructores italianos clase *Durand de la Penne*, los galos clase *Horizon*, un diseño franco-italiano también presente en la flota de Roma con la denominación de clase *Orizzonte*, los españoles clase *Álvaro de Bazán*, los alemanes clase *Sachsen* y los holandeses clase *De Zeven Provinciën*, varios de estos tipos clasificados oficialmente como fragatas, aunque con la entidad de un destructor por desplazamiento y armamento. Asimismo, las flotas europeas reúnen decenas de fragatas entre las que destacan las franco-italianas FREMM, usadas por la *Marine Nationale* bajo el nombre de clase *Aquitaine* y por la Marine Militare italiana bajo la denominación clase *Bergamini*, las alemanas clase *Brandenburg* F123, las españolas clase *Santa Maria* F80 y las holandesas clase *Karel Doorman*, también presentes en las marinas belga y portuguesa mediante compras de segunda mano.

Además, los países europeos despliegan un número importante de buques de asalto anfibio como los franceses clase *Mistral*, los italianos de la clase *San Giorgio* y los españoles clase *Galicia*, fruto de un proyecto conjunto desarrollado con los Países Bajos que está presente en su marina con la clase *Rotterdam*. Además, las flotas del Viejo Continente cuentan con una sustancial capacidad de desminado que se materializa en más de 100 buques de medidas contra minas principalmente presentes en las marinas de Alemania, Francia y Polonia. A ello se deben añadir cerca de una veintena de buques de apoyo logístico que garantizan la sostenibilidad de las operaciones navales en teatros alejados de Europa.

El valor estratégico de este enorme volumen de fuerza se ve reforzado porque los países europeos han logrado un excelente nivel de armonización en lo que se refiere a cuestiones de doctrina y adiestramiento gracias a la pertenencia a la OTAN, la integración en otros esquemas de cooperación bilateral y multilateral así como la continua participación en las fuerzas navales permanentes de la OTAN y en ejercicios conjuntos. Un número de escoltas y buques de aprovisionamiento escogidos al azar de diferentes naciones pueden operar juntos inmediatamente sin mediar la necesidad de negociar protocolos o probar la compatibilidad de los respectivos sistemas. Todas las marinas europeas usan las mismas comunicaciones, los mismos sistemas de aprovisionamiento en la mar y los mismos manuales tácticos y tablas de reglas de enfrentamiento. Todo ello permite desplegar una fuerza naval multinacional plenamente efectiva en un abrir y cerrar de ojos. La única limitación en este enorme grado de estandarización operativa y logística es la munición que casi nunca es compatible entre diferentes marinas. Se trata de un tema en absoluto menor si se recuerda lo importante que está siendo la logística de la munición en la actual confrontación entre Ucrania y Rusia.

En realidad, los problemas para que las flotas europeas actúen de manera unificada tienen menos que ver con la compatibilidad operativa —que es casi total— y más con divergencias en cuestiones de diseño de fuerzas. En principio, las marinas de guerra siempre compatibilizan en mayor o menor grado dos tipos de misiones. Por un lado, la proyección de fuerza desde el mar que incluye desde el uso de misiles de largo alcance hasta la ejecución de operaciones anfibias de mayor o menor envergadura. Por otra parte, el control de mar y la protección del tráfico marítimo que supone básicamente prevenir que un actor hostil impida el uso del océano con propósitos civiles (comercio) o militares (apoyo logístico, proyección de fuerza, etc.). Por lo que se refiere a las fuerzas navales de los países de la UE, estas tienen una clara preferencia por la protección del tráfico, de gran importancia dado que el número actual de submarinos convencionales en el mundo —la herramienta de interdicción naval por excelencia— supera los 450.

Esta aproximación de las marinas europeas al uso del poder naval es consistente con el legado de la Guerra Fría cuando los planes de defensa de la Alianza Atlántica frente a la Unión Soviética estaban basados en facilitar el traslado de tropas y equipos desde EE.UU. a Europa por vía marítima. Dentro de este esquema, las flotas europeas fueron concebidas para apoyar a la *US Navy* en la protección del tráfico transatlántico. En este sentido, la estructura de las marinas europeas del presente es una herencia de la diseñada en tiempos del conflicto Este-Oeste. Además, esta orientación hacia la protección del tráfico es también consistente con la dependencia europea del comercio y el papel que los gobiernos del Viejo Continente han asumido como defensores de la libertad de navegación. Dentro de este marco, se entiende mejor la importancia otorgada a los buques de medidas contra minas por la posibilidad del uso de estos medios por estados o actores no estatales para dislocar el tráfico marítimo, una eventualidad particularmente factible dada la extrema longitud de las costas europeas, frecuentemente de aguas someras que facilitan el minado.

De todos modos, la preferencia europea por la seguridad del tráfico no excluye completamente la atención a la proyección de fuerzas o el cumplimiento de otras misiones. De hecho, las principales marinas europeas cuentan con destructores equipados con misiles de ataque a tierra y reúnen 5 brigadas de infantería de marina, incluidas dos de carácter multinacional, la anglo-holandesa (*United Kingdom-Netherlands Amphibious Force*, UKNLAF) y la hispano-italiana (*Spanish-Italian Amphibious Force*, SIAF), que agregan un importante valor en términos de interoperabilidad y solidaridad política. Sin embargo, estos recursos son limitados y han sido orientados tradicionalmente a misiones de bajo nivel o alcance limitado en el tiempo. De hecho, están muy lejos de los que serían requeridos para operaciones de alta intensidad y palidecen frente a los recursos de proyección de fuerza de los EE.UU.

Más allá de esta inclinación general por la protección del tráfico, lo cierto es que las marinas europeas están concebidas bajo criterios nacionales. Aunque sus buques pueden trabajar juntos, el diseño de las flotas responde a las necesidades y prioridades de cada país lo que las convierte en un mosaico de piezas distintas y no en una fuerza naval europea coherente y unificada. De hecho, el diseño de cada flota responde a las condiciones geográficas en las que debe operar y las ambiciones estratégicas del país en cuestión. Por citar solo algún ejemplo, la estructura de fuerzas y el tipo de buques desplegado por la *Deutsche Marine* germana es el propio de un país obligado a operar en un mar interior mientras que la *Koninklijke Marine* holandesa está concebida como una fuerza oceánica. Paralelamente, la *Marina Militare* italiana está construida como una fuerza de proyección regional para el espacio mediterráneo mientras que la *Marine Nationale* gala se ha desarrollado como una flota para un país que ambiciona una proyección global.

Esta diversidad también se refleja en el distinto "mix" las misiones de proyección de fuerza y protección al tráfico que caracteriza a cada flota europea. Francia ha enfatizado los medios de proyección —portaaviones, buques de asalto anfibio y destructores con capacidad de ataque a tierra— mientras la Armada española tiene una composición más equilibrada con un componente más orientado a la proyección de fuerzas (portaaviones, buques de asalto anfibio) y otro dirigido a la protección del tráfico (fragatas clase Santa María). Así las cosas, no se puede hablar de un diseño de fuerza naval europea que haga posible un cierto reparto de tareas y una cierta especialización. Cada país construye la fuerza de acuerdo a sus prioridades nacionales y luego la encaja con sus vecinos de acuerdo posibilidades y preferencias.

Esta diversidad en diseño de fuerzas, en otras palabras, la prioridad de los objetivos nacionales sobre las demandas de la seguridad colectiva, se traslada también a los sectores de construcción naval que sostienen a las flotas europeas. Los buques europeos son al menos de tantas clases como países. En este sentido, la comparación con EE.UU. resulta reveladora. Así, por ejemplo, mientras los destructores americanos pertenecen todos a la clase *Arleigh Burke*, con 70 entregados y al menos otros 10 en construcción, los europeos de similar capacidad son de 9 clases. Similar comentario cabría hacer de cualquier tipo de buque en servicio en más de una marina europea. Esta disparidad de equipos navales se mantiene pese a varios intentos para unificar los diseños que han alcanzado resultados muy limitados. La *NATO Replacement Frigate* 90 (NRF 90) no fructificó. La *Trilateral Frigate Cooperation* entre Alemania, España y los Países Bajos produjo tres tipos de buques completamente diferentes. El proyecto de destructor *Horizon* iniciado por el Reino Unido, Francia e Italia perdió al primero de sus socios y concluyó con los otros dos construyendo un número de buques menor del planeado. Solamente las también franco-italianas fragatas FREMM y algunos proyectos bilaterales con series de construcción de buques muy reducidas (buques de asalto anfibio, aprovisionamiento) parecen haber hecho algunos avances en la dirección de una mayor homogeneidad.

Con estos antecedentes, el proyecto de construcción naval plurinacional de la *European Patrol Corvette*, bajo los auspicios de la Cooperación Estructurada Permanente (*Permanent Structured Cooperation*, PESCO) de la UE en materia de defensa se presenta como una iniciativa importante[27]. El objetivo es la producción de un buque de escolta de menos de 3.000 toneladas que debería entrar en servicio en la década de 2030 en las marinas francesa, italiana, griega y española. La construcción de esta nueva unidad naval será una oportunidad para avanzar en la integración de la industria naval europea en la medida en que estará liderada por dos compañías claves en este sector, la francesa Naval Group y la italiana Fincantieri que han creado un consorcio (Naviris) al que se ha vinculado la española Navantia. Sin embargo, este proyecto enfrentará las dificultades que han lastrado a otras iniciativas multinacionales anteriores: cómo integrar las prioridades de cuatro fuerzas navales profundamente distintas en el menor tiempo posible en la medida en que el presente nivel de amenaza en el Viejo Continente demanda una expansión rápida de las capacidades militares europeas.

En cualquier caso, los planes de modernización nacionales de las marinas europeas no resolverán estos problemas estructurales. En realidad, las nuevas construcciones de Alemania, Francia, España e Italia están básicamente orientadas a reemplazar las unidades que van quedando obsoletas. De hecho, los planes de construcción naval están orientados a mantener el tamaño actual de las fuerzas naval y también su orientación hacia el control del mar con capacidades más limitadas de proyección de fuerza. Además, algunos de los programas en marcha anteceden a la invasión rusa de Ucrania lo que hace que tengan una orientación hacia misiones que han perdido relevancia ante la perspectiva de un conflicto de alta intensidad en Europa. Tal es el caso con el énfasis puesto por algunas marinas en incrementar el número de grandes buques de patrulla que parecen dirigidos a cumplir tareas de baja intensidad (mantenimiento de la paz, guardacostas, etc.) justo cuando la amenaza convencional que representa Rusia y sus aliados ha crecido exponencialmente.

---

27 "European Patrol Corvette (EPC), Europe", *Naval Technology*, Londres, 9/8/2024. Recuperado de https://www.naval-technology.com/projects/european-patrol-corvette-epc-europe/?cf-view

Dentro de este marco, los planes germanos parecen particularmente detallados y ambiciosos. De hecho, la *Deutsche Marine* planea desplegar 5 corbetas adicionales clase *Braunschweig* K130 para 2025 a las que se sumarían 6 fragatas clase 126 hacia 2028 y otras 6 clase 127 para 2032. A ellas se añadirían 2 buques de apoyo al combate para 2025 y 2 submarinos clase 212 CD que entrarían en servicio en 2032. Por su parte, Francia planea renovar su flota de submarinos nucleares de ataque con 5 nuevos clase *Suffren*, añadir otros 4 destructores clase FDI *Amiral Ronarch* hasta el 2030 —formalmente denominados fragatas, pero de desplazamiento y características de un destructor— y poner en servicio otros 3 buques de aprovisionamiento *Jacques Chevalier* hasta 2029. Existe el proyecto de construir un nuevo portaviones para reemplazar al *Charles de Gaulle* en 2038 que incluiría el empleo de catapultas electromagnéticas y otras innovaciones tecnológicas, pero el proyecto ha sido retrasado varias veces y no se puede descartar que sea víctima de una redistribución de los fondos destinados a la defensa.

Por lo que se refiere a Italia, la *Marina Militare* tiene previsto incorporar 4 nuevos submarinos tipo 212 de fabricación alemana, 2 destructores y otras 2 fragatas clase FREMM, una patrullera oceánica multipropósito clase "*Thaon di Revel*" y un nuevo buque de apoyo logístico de la clase *Vulcano* en su última etapa de construcción[28]. En principio, España presenta un ambicioso plan de construcciones navales que incluye un posible segundo portaaviones de la clase *Rey Juan Carlos* I, un nuevo buque de asalto anfibio que se sumaría a los 2 clase *Galicia*, 5 fragatas clase *Bonifaz* F110, la extensión de la serie de submarinos clase S-80 hasta alcanzar un total de 6 y un Buque de Acción Marítima especializado en el rescate de submarinos (BAM-IS). Sin embargo, la realización de todos estos proyectos depende de que una decisión del gobierno español para expandir el gasto en

---

[28] Tom Kington, "Italy signs deal for final submarine in four-strong U-212 NFS series", *Defense News*, Arlington, 26/6/2024. Recuperado de https://www.defensenews.com/global/europe/2024/06/28/italy-signs-deal-for-final-submarine-in-four-strong-u-212-nfs-series/ y también Rojoef Manuel, "Italian Navy Orders Two More FREMM Frigates", *The Defense Post*, Washington DC, 1/8/2024. Recuperado de https://thedefensepost.com/2024/08/01/italy-two-more-fremm-frigates/

defensa que actualmente ocupan el último lugar entre los aliados de la OTAN cuando se calcula como porcentaje del PIB.

4. LAS FUERZAS AÉREAS: CAPACIDADES PRESENTES Y PLANES DE MODERNIZACIÓN

La modernización de las fuerzas aéreas europeas ha estado condicionada por dos factores. Por un lado, la ventaja tecnológica de algunos de los sistemas norteamericanos cuyo mejor ejemplo es el cazabombardero F-35 *Lightning* II producido por Lockheed Martin. Por otro, la existencia de una serie de proveedores europeos a los que se sus gobiernos han querido sostener como parte de un esfuerzo para disponer de un cierto grado de autonomía tecnológica y militar.

Después de un largo proceso de concentración, lo cierto es que el número de proveedores de plataformas aéreas de combate en Europa es muy limitado. Sin duda, el grupo más importante es Airbus que manufactura el avión de transporte A-400 y participa en la producción del Eurofighter a través del consorcio Eurofighter GmbH. Además, Francia mantiene su propia industria aeronáutica nacional en torno a Dassasult Aviation cuya aeronave insignia es el cazabombardero Rafale y está colaborando con la española INDRA y la mencionada Airbus en el desarrollo del Futuro Sistema Aéreo de Combate (FCAS), uno de los prototipos europeos de cazabombarderos de sexta generación. Otras tres compañías importantes completan el panorama de la industria aeronáutica; pero habitualmente orientadas a integrarse en proyectos multinacionales: la sueca Saab que produce el Gripen en sus diferentes versiones, la italiana Leonardo que participa en el consorcio del Eurofighter, y BAE Systems que, junto con la mencionada Leonardo y Mitsubishi Electric, están impulsando el proyecto de avión de combate de sexta generación *Tempest*.

Esta dualidad entre la disponibilidad de plataformas aéreas norteamericanas de alta calidad que facilitan la integración militar con EE.UU. y el interés por construir la autonomía tecnológica y de defensa europea ha influido de manera determinante el equipamiento de las fuerzas aéreas y sus planes de modernización. Tradicionalmente, las flotas de cazabombarderos de los países con una apuesta nacional en la industria aeronáutica del Viejo Continente dieron prioridad a las plataformas europeas. Eso explica que Alemania reuniese 138 Eurofighter *Typhoon* (aparte de los *Tornado*, más antiguos pero también europeos). Lo mismo se puede decir de Italia (94 *Eurofighter*) y España (69 *Eurofighter*). Francia se ha orientado en la misma dirección; pero confiando en los productos de su industria nacional, Dassasult Aviation. De hecho, el *Armée de l'Air et de l'Espace* cuenta en su primera línea con 99 *Rafale* en sus distintas versiones a los que se suman 94 *Mirage* 2000. Suecia también ha confiado plenamente en su industria nacional con una flota de 99 *Grippen* producidos por Saab.

Las cosas son distintas en el caso de países europeos más pequeños y sin una apuesta en la industria aeronáutica, bien por medio de un grupo multinacional (Airbus) o una compañía nacional (Dassasult, Saab). En estos casos, la presencia del equipo de origen estadounidense es mayoritaria. Tal es el caso de Bélgica con la columna vertebral de su fuerza aérea basada en 50 F-16 de diversas versiones, Dinamarca con 30 y Portugal con otros 28. Los factores políticos también importan en estos casos. Algunos países dentro de este grupo también apuestan por comprar norteamericano como una forma de consolidar sus vínculos militares con Washington. El mejor ejemplo es Polonia que ha convertido el desarrollo de una relación especial con EE.UU. en uno de los pilares de su estrategia para disuadir a Rusia y ha equipado a su fuerza aérea con 60 F-16. Una lógica similar se puede encontrar en Grecia que ha buscado mantener una estrecha alianza con Washington como un punto de apoyo clave en su rivalidad con Turquía y se ha dotado de una impresionante flota de 154 F-16, apoyada por otros 34 más antiguos e igualmente norteamericanos F-4 *Phantom*[29].

Desde luego, está división entre flotas de origen norteamericano y de origen europeo no es ni absoluta, ni perfecta. Hay países que han combinado equipos de los dos orígenes como España todavía alinea 83 F-18 de distintas versiones al lado de los mencionados *Eurofighters*. Por su parte, Polonia todavía conserva 14 MIG-29 como legado de sus antiguos tiempos como país satélite de la desaparecida unión Soviéti-

29 Ricardo Meier, "US government approves sale of F-16 fighters to Turkey and F-35 to Greece", *ADN*, 27/1/2024, Recuperado de https://www.airdatanews.com/us-government-approves-sale-of-f-16-fighters-to-turkey-and-f-35-to-greece/

ca. Además de su impresionante flota de F-16, Grecia también alinea 42 *Mirage* 2000 y 20 *Rafale* franceses. De nuevo, se trata de una decisión donde se mezcla la conveniencia operativa —contar con más de un proveedor de sistemas claves para la fuerza aérea— y una apuesta política dada la estrecha relación estratégica entre París y Atenas.

Como no podía ser de otra forma, estas preferencias en el equipo aéreo están siendo moldeadas por la presión estratégica generada por la invasión rusa a Ucrania. El crecimiento de los presupuestos de defensa ha incrementado los recursos disponibles para adquirir nuevos sistemas y el aumento del nivel de amenaza está haciendo que algunos países estén reconsiderando su orden de prioridades, dando más relevancia al desempeño tecnológico de las plataformas que a las ventajas para el desarrollo de la industria aeronáutica europea que puede tener la elección de una aeronave u otra. El gran ganador en este cambio ha sido el F-35 *Lightning*, el cazabombardero de quinta generación con mejores prestaciones a disposición de los países occidentales. El resultado es que países que tradicionalmente apostaban por europeo están girando hacia EE.UU. como proveedor primario de sus fuerzas aéreas. Sin embargo, esta tendencia podría truncarse o al menos desacelerarse como consecuencia de las tensiones en las relaciones transatlánticas que están desincentivando la compra de equipos militares de EE.UU. por algunos países europeos. Tal es el caso de Portugal que ha anunciado su renuncia a adquirir F-35 norteamericanos.

Ahí está el caso de Italia que ha encargado F-35A para la *Aeronautica Militare* (60) y F-35B para *Marina Militare* (15) de los cuales ya han sido entregados 26. De esa forma, Italia ha dado un giro su tradicional confianza en cazabombarderos europeos y alineará en el futuro inmediato una fuerza mixta de *Eurofighter* y F-35. No es el único caso. Alemania ha optado por una solución similar y ha hecho un pedido de 35 F-35, al que podría añadir otros 8, con la vista puesta en recibir los primeros en 2026. Al mismo tiempo, la *Luftwaffe* ha encargado 38 *Eurofighters* Tranche 4 y está estudiando ampliar la compra con otros 20. En el caso alemán, parte de la explicación del giro tiene que ver con la necesidad de disponer de aeronaves capaces de utilizar armamento nuclear como parte de su compromiso para compartir la carga de la disuasión nuclear con EE.UU. Pero más allá de este factor, la superioridad técnica del F-35 también ha jugado un papel en la decisión.

Las fuerzas áreas de estados europeos que ya compraban estadounidense han renovado esta apuesta sistemáticamente con la adquisición de F-35 con vistas a reemplazar sus F-16 progresivamente. Ahí están los pedidos de Dinamarca (10 entregados de 27 pedidos), Holanda (52 pedidos y 40 entregados), Bélgica (34 pedidos), Polonia (32 pedidos), Grecia (20 pedidos y una opción por otros 20) y la República Checa (24 pedidos). En este panorama, la excepción es España que ha optado reemplazar su flota de F-18 con la compra de 45 *Eurofighter* Tranche 4 en dos fases (Programas Halcón I y II), una decisión diametralmente opuesta a la tomada por Finlandia que ha decidido reemplazar sus F-18 por 64 F-35. Con esto, el Ejército del Aire y del Espacio español se convierte en la única de las fuerzas aéreas principales de Europa que alinea solamente aeronaves de producción europea. La decisión de Madrid es un mensaje de que el gobierno español ha escogido dar prioridad al interés por desarrollar la industria aeronáutica por encima de las urgencias generadas por el aumento de la amenaza rusa. Con el rechazo del F-35, el gobierno español ha frustrado cualquier posibilidad de modernizar la aviación embarcada de la Armada en la medida en que se trata de la única aeronave de combate que cuenta, hoy y en el previsible futuro, con una versión de despegue corto y aterrizaje vertical (F-35B) para ser desplegada en portaaviones STOVL, como el español y los italianos (además de británicos, japoneses, coreanos y turco). Con ello, el próximo final de los ya vetustos *Harrier* dejará a la Armada sin aviación de ala fija y dejará al portaviones español sin su principal razón de ser.

El abrumador éxito de ventas del F-35 es una demostración de la superioridad tecnológica de la industria norteamericana en la producción de cazabombarderos de última generación con profundas consecuencias estratégicas[30]. Las compras generalizadas en Europa de los F-35 consolida la superioridad norteamericana en ese nicho

---

30 "El motivo por el que estos cinco países comprarán cazas F-35 a Lockheed Martin", *La Razón*, Madrid, 25/3/2023. Recuperado de https://www.larazon.es/internacional/cinco-paises-que-han-anunciado-compra-caza-f35-que-comenzo-guerra-ucrania_20230325641ec0567262e50001c875ad.html

específico de la industria de defensa. Ciertamente, la industria europea apuesta por ganar más relevancia y autonomía a través de los mencionados proyectos multinacionales FSAC y *Tempest* que deberían conducir a la producción de aviones de combate de sexta generación equivalentes a la plataforma tripulada del programa Dominio Aéreo de Próxima Generación (*Next Generation Air Dominance*, NGAD) de EE.UU. En cualquier caso, los programas multinacionales europeos prometen enfrentarse a las dificultades políticas y técnicas de integrar los requerimientos operativos e industriales de varios gobiernos lo que ha demostrado ser extremadamente costoso en tiempo y recursos financieros. Este fue el caso con el *Eurofighter* cuyo desarrollo se dilató diez años entre la puesta en marcha del *European Fighter Program* en 1984 —precedido por otros 5 años de discusiones político-técnicas— y el primer vuelo de la aeronave en 1994. Esta complejidad lastró la producción del *Eurofighter* y amenazará el éxito del FCAS y el *Tempest*.

Las tendencias en la aviación de transporte son notablemente distintas. Tradicionalmente, el equipo norteamericano había tenido una presencia dominante en las fuerzas aéreas a través de las distintas variantes del C-130 *Hercules* como avión de transporte mediano. Todavía hay fuerzas aéreas donde esa antigua preponderancia norteamericana se mantiene. Los C-130J o la versión más antigua H son el eje de la capacidad de transporte en las fuerzas aéreas italiana (21), polaca (3), portuguesa (5), holandesa (4), griega (10) o sueca (6). Además, las fuerzas aéreas de Alemania y Francia crearon un escuadrón conjunto con 10 C-130J en 2021 con vistas a aprovechar las prestaciones de esta aeronave para el aterrizaje en pistas cortas y no preparadas en regiones como el Sahel.

Sin embargo, la ventaja tecnológica de la industria de EE.UU. en la aviación de transporte militar es menor frente a otros productores internacionales y eso ha erosionado el peso del equipo norteamericano en este área. En particular, la capacidad de Airbus para producir una plataforma alta calidad como el A-400M —apalancada en una larga historia de proyectos de aviación de transporte civil y militar— ha dado lugar a una cadena de pedidos que ha impulsado la "europeización" de las flotas de transporte del Viejo Continente. En consecuencia, los planes de modernización de las principales fuerzas aéreas de la Unión Europea han pivotado sobre el modelo de Airbus.

De hecho, la *Luftwaffe* ha realizado un pedido de 58 (47 entregados) y el *Armée de l'Air et de l'Espace* de 50 (21 entregadas). A ellos, se deben añadir los del Ejército del Aire y del Espacio español que cuenta con 13 y está a la espera de recibir otros 4 más, así como los de Bélgica (7) y la aeronave adquirida por Luxemburgo.

Como en otros casos cuando se trata de proyectos multinacionales europeos, el volumen de algunos de estos pedidos tiene más que ver con el deseo de apoyar a la industria de defensa que con necesidades estratégicas. Este es, por ejemplo, el caso de España que solicitó inicialmente 27 A-400M con el objetivo de hacerse con el grueso del proceso de producción de esta aeronave. La diferencia en el caso de la aviación de transporte es que la plataforma europea ofrece prestaciones que compiten y, en ocasiones, superan a las de su homólogo norteamericano. En otras palabras, el apoyo a la construcción de la autonomía tecnológica e industrial del Viejo Continente no se ha hecho a costa de la efectividad militar y el A-400M se ha convertido en la columna vertebral para el desarrollo de una capacidad de transporte estratégico europea que hasta recientemente era un privilegio de EE.UU.

Por otra parte, el C-130J está enfrentando otro competidor que promete reducir el peso del equipo norteamericano en las flotas de transporte europeas: el C-390 de Embraer. La aeronave brasileña ya ha sido adquirida por Portugal (5 pedidos), Holanda (5), Austria (4), la República Checa (2) y Hungría (2). En otras palabras, las fuerzas aéreas europeas de menor tamaño y sin intereses directos en la consolidación de un sector de defensa continental parecen haber encontrado un proveedor alternativo a EE.UU en la aviación de transporte. A la lista se podría sumar Suecia en la media en que, tras vender 40 cazabombarderos *Grippen* a Brasil, Saab ha llegado a un acuerdo con Embraer para promover la compra del C-390 por la fuerza aérea de Estocolmo que podría adquirir 6 aparatos.

La incorporación de aeronaves no tripuladas por las fuerzas aéreas europeas se enfrenta también a esta dualidad de sistemas norteamericanos y europeos con la diferencia de que, en este caso, la industria de EE.UU. lleva una sustancial ventaja tecnológica. Esto es particularmente visible en los "drones" tipo MALE (*Medium Altitude Long Endurance*), sistemas no tripulados capaces de operar a alturas entorno a 9.000 metros y periodos de entre 24 y 48 horas para ejecutar misiones de recolección de inteligencia y ataque. La mejor muestra de la superioridad norteamericana es el número de países europeos que han optado por recurrir a la industria de este país para dotarse de este tipo de sistemas y, en particular, de los MQ-9 *Reaper*. La lista incluye Francia (12 plataformas), España (4), Italia (6), Holanda (4), Bélgica (4 de la versión *Skyguardian*) y Polonia (4 versión Skyguardian).

Ese predominio de los sistemas norteamericanos ha sido apenas paliado por la adquisición de algunos equipos de otros proveedores no europeos. Este es el caso de los sistemas de origen israelí operados por la fuerza aérea alemana (1 *Heron* TP) y griega (2 del mismo tipo). Por su parte, la fuerza aérea polaca ha complementado sus MQ-9 *Reaper* norteamericanos con la adquisición de 24 *Bayraktar* TB2 turcos. Sin embargo, la gran apuesta europea en el ámbito de las aeronaves no tripuladas es el desarrollo del denominado Sistema Aéreo Remotamente Tripulado Europeo de Media Altitud y Larga Persistencia (MALE RPAS) o comúnmente conocido como "*Eurodrone*". Se trata de un proyecto liderado por Airbus, Dassault Aviation y Leonardo para desarrollar una aeronave no tripulada orientada a las operaciones de recolección de inteligencia y ataque en el que participan España, Alemania, Francia e Italia. Como otras iniciativas multinacionales, el proyecto se ha enfrentado con serios problemas debido a las distintas visiones entre los países participantes sobre las misiones y requerimientos técnicos que debería cumplir. El resultado ha sido una prolongación del proyecto que se inició en 2015 y espera realizar su primer vuelo de pruebas en 2027.

En resumen, la modernización de las fuerzas aéreas europeas se ha visto dificultada por las tensiones entre los objetivos de una política industrial orientada a construir un sector de defensa tecnológicamente autónomo y las crecientes demandas de disponer de equipo militarmente efectivo en plazos de tiempo cortos. En el núcleo de estas tensiones ha estado las deficiencias políticas y de gestión de los programas multinacionales que frecuentemente han priorizado las demandas industriales por encima de las necesidades de defensa. Esta tensión ha sido manejable en ámbitos como la aviación de transporte donde Europa contaba con un sustancial acumulado de experiencia que le ha permitido satisfacer las necesidades industriales de los países socios al tiempo que construía una capacidad efectiva de transporte estratégico. Por el contrario, la forma en la que se han desarrollado los proyectos multinacionales europeos ha hecho muy difícil el desarrollo de sistemas competitivos en áreas donde la industria europea partía con rezago como los cazabombarderos y, sobre todo, las aeronaves no tripuladas. Sin la capacidad para producir plataformas con prestaciones equivalentes a sus homólogas de EE.UU., las fuerzas aéreas europeas han optado por recurrir a la industria norteamericana para responder a las presiones de un escenario en que la amenaza está creciendo rápidamente las discrepancias europeas entre ambos lados del Atlántico pueden frenar esta tendencia..

5. LOS CASOS DEL REINO UNIDO Y NORUEGA

Con el foco de este análisis centrado en las fuerzas armadas de los principales miembros de la UE, se hace necesario argumentar por qué es conveniente incluir al Reino Unido y Noruega en el análisis cuando no son parte formal del principal club europeo. Sin duda, la primera razón tiene que ver con la plena pertenencias de ambos países al Viejo Continente. Geografía, historia, economía y política les conectan estrechamente con la UE. Estos vínculos se han materializado en acuerdos entre la UE y ambos países. Noruega es miembro del Área Económica Europea desde 1994. Por su parte, el Reino Unido cerró su abrupto proceso de divorcio del Brexit con la firma del Acuerdo de Cooperación y Comercio con la UE en 2020. Al mismo tiempo, resulta difícil de concebir la seguridad europea sin la participación de Londres y Oslo no solo por su posición geográfica y su pertenencia a la OTAN sino también por su capacidad para aportar capacidades militares claves.

Desde luego, el primer punto a subrayar sobre el Reino Unido es su arsenal nuclear que, si bien está estrechamente conectado con EE.UU. y es menos autónomo que su equivalente francés (y menos variado, porque solo está basado en submarinos, mientras que Francia tiene además bombarderos basados en tierra y embarcados), convierte a Londres en una pieza fundamental de cualquier fórmula de disuasión nuclear europea. Por lo que refiere a sus capacidades convencionales, lo cierto es que la ausencia de una dirección política clara y años de presupuestos escasos han debilitado sustancialmente a las fuerzas armadas británicas. El caso del Ejército es particularmente grave. Recién llegado a su cargo, John Healey, nuevo Secretario de Defensa del gabinete laborista de Keir Starmer, reiteró su compromiso de contribuir a la defensa europea con 3 divisiones lo que equivaldría a 6 brigadas de combate y elementos de apoyo. El problema es que semejante planteamiento está muy lejos de los recursos reales de las fuerzas terrestres. El despliegue de una división requeriría contar unos efectivos de al menos 82.000 soldados y los efectivos totales del Ejército británico a medidos de 2024 se reducían a 72.000 hombres y mujeres.

Las cifras de equipo tampoco son particularmente alentadoras. En principio, el Ejército dispone de 227 carros de combate *Challenger* 2 y más de 380 vehículos de combate de infantería FV510 *Warrior*. Los planes de modernización incluyen un programa para la mejora de 148 carros al estándar *Challenger* 3 y la incorporación de 623 IFVs *Boxer*, el mismo vehículo sobre ruedas que está siendo introducido por el ejército germano. Además, las fuerzas armadas británicas están mejorando sustancialmente su parque de artillería con la introducción del obús autopropulsado de 155 mm *Archer*. Sin embargo, este nuevo sistema está siendo entregado en cantidades tan reducidas —14 hasta julio de 2024— que su impacto total en el desempeño de las fuerzas terrestres británicas en combate sería necesariamente reducido.

Entretanto, la *Royal Navy* se mantiene como una de las fuerzas navales más importantes de Europa sobre la base de dos pilares fundamentales. Por un lado, una fuerza submarina que incluye cuatro submarinos nucleares portadores de misiles balísticos clase *Vanguard* y una flota de 6 sumergibles de ataque también de propulsión nuclear clase *Astute*. Por otra parte, 2 portaviones de despegue corto y aterrizaje vertical clase *Queen Elizabeth*, muy superiores en desplazamiento y capacidades a otros buques de su tipo, que pueden transportar hasta 36 cazabombarderos F-35B cada uno. El precio de mantener estos impresionantes medios ha sido el mantenimiento de un volumen de buques de escolta relativamente reducidos que incluyen 6 destructores clase *Daring* Tipo 45 y otras 11 fragatas clase *Duke* Tipo 23. Los planes de modernización son igualmente ambiciosos e incluyen la introducción de una nueva generación de submarinos nucleares portamisiles clase *Dreadnought*, 8 fragatas clase City Tipo 26 y una cifra por determinar de clase *Inspiration* Tipo 31 que podría alcanzar hasta 11.

Por lo que se refiere a la fuerza aérea británica suma una impresionante flota de 153 cazabombarderos, incluidos 32 F-35B y 127 *Eurofighter* de distintos tipos. A ello, se deberían añadir una aviación de transporte que combina 8 C-17A *Globemaster* y 22 A-400M. Los planes de modernización incluyen el incremento del número de F-35 hasta un total de 138, entre los de tipo A de despegue convencional en tierra y tipo B de despegue corto y aterrizaje vertical destinados a operar desde los portaviones de la *Royal Navy*. Con ello, la *Royal Air Force* repite el patrón de una buena parte de las aviaciones militares europeas que apuestan por equipar a sus flotas de caza con sistemas norteamericanos mientras optan por aeronaves europeas como plataformas de transporte.

Noruega cuanta con unas capacidades militares mucho más reducidas que las británicas; pero con una relevancia estratégica importante por la posición que ocupan como un país con frontera directa con Rusia y que cierra el acceso al Báltico. En principio, sus fuerzas armadas son extremadamente reducidas con poca más de 25.000 soldados activos de los cuales algo más de 8.000 se encuadran en las fuerzas terrestres con un parque de 36 *Leopard* 2 A4 y menos de un centenar de CV9030 IFVs en distintas configuraciones. La estructura de fuerzas de la marina ha tenido sus dos principales pilares en una flotilla de 4 fragatas clase *Fridtjof Nansen* que son un derivado directo de la clase *Álvaro de Bazán* F-100 española y una flota submarina con 5 sumergibles clase *Ula* Tipo 210 coproducidos con Alemania. Por lo que respecta a la fuerza aérea, Noruega ha reemplazado su flota de cazabombarderos F-16 con la compra de 52 F-35 de los que ya ha recibido 44. A diferencia de muchos otros países del Viejo Continente, ha apostado por modernizar su flota de transporte por medio de la incorporación de aeronaves de producción norteamericana *Hercules* C-130J en detrimento del A-400M de fabricación europea.

En cualquier caso, los planes de modernización de la defensa noruega dieron un sustancial salto adelante en abril de 2024 cuando el gobierno de Oslo anunció un incremento masivo del presupuesto de defensa hasta sumar 150.000 millones de dólares en los próximos doce años, lo que conduciría a un aumento del 83% del gasto militar anual en 2036. Con estos fondos, Noruega planea expandir sus fuerzas terrestres de 1 a 3 brigadas de combate e incrementar la Guardia Territorial en 45.000 hombres y mujeres. Además, el Ejército adquirirá 54 *Leopard* 2 A7 y sistemas de defensa antiaérea NASAMS. Por su parte, la marina planea incorporar 5 nuevos submarinos Tipo 212CD de fabricación alemana y 5 nuevas fragatas antisubmarinas que podrían ser suministradas por Londres, Madrid o Berlín.

6. A MODO DE CONCLUSIÓN: CONSTRUIR DEFENSA COLECTIVA DE ABAJO ARRIBA

Sin llegar a ser un análisis exhaustivo, una mirada inicial a los medios militares a disposición de las principales fuerzas armadas europeas permite detectar algunas barreras así como ciertas oportunidades si el objetivo es construir una defensa europea que responda al mismo tiempo a un incremento de las amenazas en la periferia del Viejo Continente y un compromiso más limitado de EE.UU. con su seguridad. Una buena parte de las dificultades se encuentran en las tensiones y desajustes que se generan entre los tres niveles en torno a los que se construye la defensa colectiva —el nacional, el europeo y el transatlántico— y como estas fricciones se proyectan en la industria de defensa, los sistemas que esta produce y como equipo y personal son articulados por las distintas fuerzas armadas.

Para empezar, las fuerzas armadas de los distintos países europeos están básicamente definidas por prioridades estratégicas y fórmulas militares de alcance nacional. Sin duda, los largos años de cooperación dentro de la OTAN han hecho posible un sustancial grado de interoperabilidad y facilitado la cooperación; pero los procesos de adquisiciones y los diseños de fuerza siguen conservando sustanciales diferencias en la medida en que están guiados por políticas nacionales muy diferenciadas. Esta diversidad se nota en el tipo de amenaza que resulta prioritaria, la urgencia a la hora de confrontarla y el modo de hacerla frente. Para Italia resulta fundamental contar con capacidades para desarrollar operaciones de bajo nivel en la ribera sur del Mediterráneo mientras que Polonia ponen mayor énfasis en la defensa de su territorio nacional. España puede estar dispuesta a contribuir a la defensa de sus aliados de Europa del Este; pero la amenaza rusa necesariamente no es tan urgente como para las Repúblicas Bálticas. Alemania ve su defensa territorial como un ejercicio de guerra terrestre convencional, una mirada distinta a la que puede tener Finlandia o Noruega. Finalmente, el tamaño importa. Más allá de las grandes potencias europeas como Francia, Alemania o el Reino Unido, un buen número de países más pequeños mantienen fuerzas armadas pequeñas, cuajadas de particularidades que dificultan el trabajo colectivo.

Esta diversidad se mantiene a la hora del equipamiento de las fuerzas armadas. Pese a los esfuerzos de integración, las grandes potencias europeas han tratado de mantener sus sectores nacionales de producción militar. Parte de este interés se explica porque dichas industrias son el reflejo de políticas de defensa nacionales. Pero además, hay una racionalidad económica evidente que tiene que ver con el interés en mantener empresas, puestos de trabajo y mercados de exportación. Esta combinación de necesidades estratégicas e intereses industriales explica que hoy Europa todavía mantenga activos 4 carros de combate de fabricación autóctona (Alemania, Reino Unido, Francia e Italia); pero que Polonia haya acudido a dos proveedores externos (EE.UU. y Corea del Sur) para reequipar sus fuerzas blindadas.

Por encima de este nivel nacional, los países europeos han tratado de homogeneizar e integrar sistemas de armas y estructuras militares. El primer tipo de esfuerzos ha conducido a una serie de programas multinacionales de armamento que han sido particularmente importantes en el ámbito aeronáutico con plataformas como el transporte A-400M. Sin embargo, la mayoría de estas iniciativas tradicionalmente han estado lastradas por las dificultades para integrar las distintas demandas nacionales dentro de un único sistema y tiempos de desarrollo extremadamente largos. El mencionado caso del *Eurofighter* es un buen ejemplo de estos problemas.

Al mismo tiempo, la integración de las fuerzas armadas europeas se ha apuntalado sobre la base del establecimiento de una serie de formaciones multinacionales. El caso más conocido es el del Eurocuerpo que opera como una estructura de mando multinacional al que los países miembros le asignan fuerzas de acuerdo con la misión a ejecutar (una de las brigadas asignadas es ya binacional, la francoalemana); pero se han construido otras formaciones multinacionales como las anteriormente mencionadas. Estos esfuerzos han introducido mejoras en la interoperabilidad de los ejércitos europeos; pero han dejado sin resolver cuestiones como las barreras para una completa interconexión entre las unidades operando al interior de estas formaciones multinacionales y la simplificación del soporte logístico cuando se opera con una variedad de sistemas de armas.

Finalmente, la integración militar europea se hace aún más compleja por la distinta posición asumida por países de la UE a la hora de articular la cooperación con EE.UU. en materia de defensa. Hay un consenso europeo sobre la relevancia del compromiso transatlántico para la seguridad del Viejo Continente; pero la forma concreta en que esta visión se materializa en cuestiones como el equipamiento militar varía de un país a otro. La modernización de las fuerzas aéreas del continente es un buen ejemplo de esta diversidad de actitudes frente a EE.UU. Un número importante de países han apostado por incorporar al F-35 norteamericano a sus fuerzas aéreas y / o aviación embarcada. Esta decisión ha estado motivada no solamente por la calidad de la aeronave y sus prestaciones únicas —es el único cazabombardero post-*Harrier* que tiene una variante con capacidad de despegue corto y aterrizaje vertical— sino también por el interés en facilitar la cooperación militar con EE.UU. Otros países han preferido apostar por aeronaves nacionales para defender sus industrias de defensa (Francia o Suecia) o sencillamente por una predilección política por sistemas europeos que ha dejado de lado una valoración equilibrada de las necesidades operativas de las fuerzas armadas (España).

Así las cosas, avanzar hacia una mayor integración militar de los países del Viejo Continente sin duda demanda modificaciones institucionales que faciliten la consolidación una estructura militar del club europeo. En este sentido, resulta necesario reorganizar las relaciones del Comité Militar y del Estado Mayor Internacional de la Unión Europea de acuerdo a la probada experiencia de los organismos similares de la OTAN. En especial, el Comité Militar de la UE debería tener un rango superior al actual con acceso al Consejo Europeo. Además, el Estado Mayor Internacional de la UE, creado en 2001 como un órgano asesor en materias de defensa, debería asumir las funciones propias de un Estado Mayor en la elaboración y ejecución de los planes de defensa de la UE. Además sería precisa la constitución de una estructura de mando permanente dependiente del Comité Militar, que no necesita remotamente ser tan completa y elaborada como la de la OTAN, pero que permita evitar la necesidad de constituir estructuras operativas ad-hoc cada vez que se decide una operación. La obtención de un buque de mando y control siguiendo el modelo del USS *Mount Whitney*, no necesariamente tan ambicioso (el USS *Mount Whitney*, cedido por EEUU a la OTAN y en última instancia a la UE según los Acuerdos Berlin+[31] si esta última lo necesita pero la OTAN no, alberga una capacidad de mandar operaciones conjuntas y combinadas del nivel de Cuerpo de Ejército) sería un gran paso adelante en las capacidades estructurales de la UE, económica y políticamente asequible.

Evidentemente, cambios de esta envergadura solo podrían tener lugar basados en un sólido consenso entre las principales potencias europeas. Pero más allá de estas modificaciones en la estructura institucional de la UE, una serie de medidas "de abajo arriba" podrían fortalecer sustancialmente la capacidad para operar de forma conjunta y efectiva de las fuerzas armadas europeas. En este sentido, dos tipos de esfuerzos podrían acelerar la integración militar del continente. Por un lado, resulta clave avanzar en la construcción de más unidades multinacionales entre las principales potencias europeas tales como el Eurocuerpo o la Fuerza Anfibia Reino Unido-Holanda, hacerlas más permanentes y más estandarizadas en lo que se refiere a sistemas y doctrina. Por otra parte, un esfuerzo debería ser hecho para asociar a las fuerzas armadas de los países europeos más pequeños a sus vecinos mayores. En este sentido, resulta particularmente interesante el modelo de integración del ejército belga dentro del Plan Scorpion de las fuerzas terrestres francesas que incluye la adquisición de plataformas blindadas galas para facilitar la conectividad y agilizar el apoyo logístico. Este tipo de modelos —con semejanzas al proceso de integración de las fuerzas terrestres holandesas dentro del ejército alemán— debería ser ensayado por otros miembros menores de la UE en Europa Central y los Balcanes.

---

31 "Cooperation with NATO", Parlamento Europeo, Estrasburgo, 25/5/2007. Recuperado de https://eur-lex.europa.eu/EN/legal-content/summary/cooperation-with-nato.html

Al mismo tiempo, resulta clave incrementar la multinacionalidad de los Estados Mayores nacionales, intercambiando de manera permanente personal entre países europeos, no como oficiales de enlace, sino como miembros de pleno derecho de los mismos. No es preciso hacerlo con todos los estados mayores nacionales, pero desde luego sería bueno ser lo más ambiciosos posible. Paralelamente, y de común acuerdo, se podría establecer el requisito para los oficiales superiores de haber estado al menos una vez en un destino de estado mayor en otro país de la Unión, siguiendo reglas similares a las que se establecieron en EE.UU. y más tarde en España —aunque estas últimas nunca se llegaran a cumplir— que exigían que los mandos de un ejército —Tierra, Mar o Aire— sirviesen por un tiempo en el estado mayor de otro con miras a estimular la integración conjunta. El resultado de todas estas medidas sería un salto adelante en homogeneización y el desarrollo de una tupida red de colaboración a nivel operativo, esquivando el tránsito obligatorio por el siempre lento, farragoso e incierto nivel de cooperación política europea.

Entretanto, la aceleración del proceso de construcción de una base industrial de defensa europea solo será posible si se permite actuar con cierta libertad a las fuerzas del mercado y se prioriza la adquisición de los equipos más coste-efectivos por encima de aquellos más convenientes para la preservación de las distintas industrias nacionales. Para avanzar en este proceso, sería conveniente una revisión crítica de los éxitos y problemas enfrentados por los grandes programas de armamento multinacionales con el objetivo de reducir su complejidad y acelerar su maduración, un cambio que probablemente exigirá establecer un liderazgo nacional claro dentro de cada iniciativa con los otros participantes resignados a jugar un papel menos dominante en el diseño y la gestión del proyecto. Por otra parte, se deberían facilitar los acuerdos bilaterales a nivel empresarial para el diseño y la producción conjunta de sistemas que tienen una complejidad política más baja y han conducido a resultados tangibles en periodos de tiempo limitado en varias ocasiones. Tal es el caso, por ejemplo, de las iniciativas de construcción naval desarrolladas por los astilleros de Francia e Italia en el ámbito de los buques de escolta.

Más allá de estos cambios en los mecanismos de producción militar conjuntos, resulta clave que los gobiernos europeos avancen en la desnacionalización de las compras de equipo militar, dando prioridad a los sistemas más efectivos por encima de los más convenientes desde la perspectiva de la preservación económica de las respectivas compañías nacionales. Este proceso implicaría que los países europeos deberían renunciar a favorecer a sus proveedores nacionales cuando existen sistemas reconocidamente superiores a los producidos nacionalmente.

Estas decisiones en el ámbito de la política de adquisiciones de defensa combinada con las medidas de integración militar señaladas más arriba no conducirán a la construcción de una defensa europea unificada como los partidarios más maximalistas de la unidad continental proponen. Pero pueden permitir construir un aparato de defensa europeo más efectivo y autónomo de forma más acelerada. Una necesidad inapelable cuando la guerra está llamando a las puertas de Europa.

LA SEGURIDAD INTERIOR DE LA UNIÓN EUROPEA

FRANCISCO JAVIER ALBALADEJO CAMPOS[1]

La seguridad interior de la Unión Europea (UE) se ha convertido en una de las políticas claves del presente y del futuro de la Unión. Para comprender mejor su importancia es necesario entender cómo ha ido evolucionando desde su inicio, su complejidad, sus dificultades y como se han ido superando, lo que a su vez permitirá analizar las perspectivas de su desarrollo futuro.

La primera cuestión clave es entender que tanto el proceso de construcción de la UE, como previamente de las Comunidades Europeas (Comunidad Europea del Carbón y del Acero —CECA—; Comunidad Económica Europea —CEE— y Comunidad Europea de la Energía Atómica —EURATOM—), se ha desarrollado mediante sucesivos Tratados, basados todos ellos en el denominado "principio de atribución de competencias", en virtud del cual los Estados miembros cedían competencias propias de su soberanía nacional a unas Instituciones comunes creadas para gestionar conjuntamente esas competencias, en la forma expresamente prevista.

Si se tiene en cuenta que el concepto de soberanía nacional es fundamental en la concepción de los Estados nación, en los que se basa la comunidad internacional en la actualidad, se puede comprender la complejidad y dificultad del proceso de construcción de la UE. Que los Estados miembros cedieran parte de su soberanía nacional fue, es y será el debate político esencial que marca el devenir de la UE, dividiendo a los partidarios de intensificar la atribución de competencias a las Instituciones de la UE, que puede resumirse en las frases "más Europa" o "más integración" en oposición a los partidarios de frenar ese proceso, con diferentes matices:

---

1 *Analista Centro de Seguridad Internacional del Centro para el Bien Común Global UFV

no realizar más transferencias impulsando y desarrollando políticas en el marco actualmente previsto en el Tratado; que los Estados recuperen algunas de las competencias ya transferidas, volviendo a políticas de cooperación intergubernamental o, incluso, la opción más extrema de salir de la UE, siguiendo el precedente del Reino Unido (BREXIT).

Pues bien, este debate general se intensifica cuando afecta a determinados ámbitos materiales, entre los que se encuentra la seguridad interior, ya que afecta a lo que podría denominarse como "núcleo esencial de la soberanía nacional", entendiendo que se encuentran integradas en ese núcleo, al menos, las políticas de Defensa, Asuntos exteriores, Seguridad y Justicia, sin perjuicio del debate de ampliarlas a otras. En consecuencia, conseguir que los Estados se pusieran de acuerdo en colaborar en estos ámbitos ha sido especialmente difícil, sobre todo teniendo en cuenta que los cambios que han debido irse introduciendo en los sucesivos Tratados han debido hacerse por unanimidad.

Para comprender mejor la evolución de la seguridad interior en la UE hay que tener en cuenta que, en el contexto general de la cooperación internacional en materia de seguridad, en el pasado se han desarrollado múltiples iniciativas importantes con el fin de mejorar la eficiencia y la eficacia de la lucha contra las graves amenazas transnacionales, especialmente el terrorismo y la delincuencia organizada en sus diferentes ámbitos de actividad.

Con independencia de la tradicional cooperación bilateral entre Estados, en el marco multilateral, entre estas iniciativas, se pueden destacar a nivel global las de la Organización de naciones unidas (ONU) y las de la Oficina Internacional de Policía Criminal (INTERPOL), mientras que a nivel regional pueden destacarse la creación de organismos de cooperación policial como AMERIPOL, AFRIPOL o ASEANPOL y, en concreto en Europa, los trabajos del Consejo de Europa y de La Organización para la Seguridad y la Cooperación Europea (OSCE), además por supuesto de los específicos de la UE.

En este sentido, tienen especial relevancia los cambios que se han producido desde el 1 de noviembre de 1993, en el denominado proceso de construcción europea, en el marco concreto de la UE, con la entrada en vigor del Tratado de la Unión Europea (TUE) firmado en Maastricht[2], en relación con los ámbitos que afectan a la seguridad de sus Estados miembros y de sus ciudadanos. La entrada en vigor del TUE determinó, con carácter general, la creación formal de la UE y, en el ámbito específico de la seguridad el inicio de la cooperación, en el marco más amplio de lo que se denominó los "Asuntos de justicia e interior", en un proceso político y jurídico complejo.

La creación formal de la UE, se hizo diseñando un marco jurídico adaptado a las necesidades políticas que habían surgido durante la negociación del TUE, estableciéndose lo que se denominaron tres Pilares y unas Disposiciones comunes. En el Primer Pilar se integraron las Comunidades Europeas (CCEE) ya existentes, añadiendo dos nuevos ámbitos de cooperación, si bien con disposiciones jurídicas específicas para cada uno de ellos, diferentes a las que regulaban las CCEE. Estos nuevos ámbitos fueron la "Política Exterior de Seguridad Común" (PESC), en el denominado Segundo Pilar y la "Cooperación en Asuntos de Justicia e Interior" (JAI), en el denominado Tercer Pilar.

La clave de esta complicada construcción jurídica estuvo en que el marco del Primer Pilar, establecía que su desarrollo se realizaría conforme al llamado "método comunitario", que ya venía aplicándose para el funcionamiento de las CCEE existentes, permitiendo la progresiva cooperación, coordinación e integración de las políticas previstas

Sin embargo, ante las dificultades para alcanzar la unanimidad necesaria de todos los Estados miembros para incorporar determinados ámbitos al Tratado, como ya se ha indicado anteriormente, se optó por un enfoque más prudente consistente en incluirlos, pero estableciendo disposiciones jurídicas diferentes, en base a un método de trabajo denominado "intergubernamental", lo que dio lugar a regularlas en lo que se denominó el Segundo y el Tercer Pilar del Tratado. Con estas disposiciones específicas los Gobiernos de los Estados miembros se aseguraban un mayor control en estas materias consideradas especialmente sensibles, para ello se limitaban las funciones de la Comisión, del Parlamento y del Tribunal de Justicia en

---

2 Tratado de la Unión Europea firmado en Maastricht, 1992, p. 2

comparación con las que tenían en el Primer Pilar, lo que unido a la necesidad de aprobar por unanimidad todas las decisiones de carácter vinculante para los Estados, eliminando la posibilidad de hacerlo por mayorías, aseguraba a los Estados miembros que no se adoptaría ninguna decisión con la que no estuvieran conformes. Se podría decir que se iniciaba una etapa experimental para comprobar que ventajas e inconvenientes había en este nuevo camino y, posteriormente, evaluar si se podía avanzar más.

Para conseguir este acuerdo en el Tratado de Maastricht habían ocurrido dos hechos relevantes que influyeron de forma decisiva en su resultado: la "Cooperación TREVI" y la "Cooperación SCHENGEN".

El primero de ellos, se inició en 1975 cuando los Estados miembros de la CEE, más Canadá, Estados Unidos, Marruecos, Noruega, Austria y Suecia como asociados, decidieron crear un marco de cooperación informal para luchar contra el terrorismo y la delincuencia organizada, la denominada "Cooperación TREVI (terrorismo, radicalización, extremismo y violencia internacional)[3]"que reunía a sus Ministros de Justicia e Interior que, en base a informes temáticos de expertos, acordaban las medidas que estimaban oportunas para enfrentarse mejor a estos fenómenos criminales. El marco informal establecido permitía que los Estados integrados en esta cooperación decidiesen en cada caso si aplicaban estas medidas o no, lo que evitaba los obstáculos que argumentaban quienes no querían efectuar cesiones de competencias que afectasen al denominado núcleo esencial de la soberanía nacional.

Posteriormente, a partir del año 1984, comenzaron las reuniones periódicas informales de Ministros de Justicia e Interior de los Estados miembros de las Comunidades Europeas, tratando asuntos relativos a la cooperación judicial, policial y aduanera y a la inmigración ilegal, constituyendo el precedente claro de lo que posteriormente serían las reuniones del Consejo de la Unión Europea, en su formación de Ministros de Justicia e Interior. La experiencia acumulada hasta que en 1992 se firmó el Tratado de Maastricht permitió, junto

---

3 ALLI TURRILLAS, I. "De la Cooperación Política Europea al Tratado de Maastricht Turrillas" pp. 109-120.

con otros factores, crear las condiciones necesarias para alcanzar el acuerdo final.

El segundo de ellos fue la "Cooperación SCHENGEN". Resulta curioso que esta cooperación fuera creada como respuesta a la posición intransigente del Reino Unido y, posteriormente, se haya convertido en uno de sus mayores problemas durante las últimas décadas. En este sentido, conviene recordar que el llamado Acuerdo de Schengen, que dio origen a esta cooperación, fue firmado en esta ciudad de Luxemburgo el 14 de junio de 1985, por Alemania Occidental, Bélgica, Francia, Luxemburgo y Países Bajos. En aquel momento, previo a la creación de la Unión Europea, había surgido un grave problema con la interpretación de cómo aplicar las disposiciones del Tratado de la Comunidad Económica Europea relativas al principio de libertad de circulación establecido en el mismo, que afectaba de forma resumida a la libertad de circulación de personas, trabajadores, mercancías y capitales.

En los años previos, los Estados que posteriormente firmaron el Acuerdo de Schengen habían intentado desarrollar en el ámbito de la Comunidad Económica Europea las medidas necesarias para hacer efectivo este principio de libre circulación, básicamente configurado como un Espacio común en el que se suprimiesen los controles permanentes en las fronteras terrestres comunes entre dos Estados miembros de la Comunidad (erróneamente con frecuencia se dice que se han suprimido las fronteras lo que no es cierto, ya que evidentemente las fronteras continúan siendo la línea que separa el territorio de dos Estados), estableciendo además medidas especiales para suprimir el control permanente en las fronteras aéreas para los vuelos entre los aeropuertos situados en el interior de ese Espacio común y para el control permanente en las fronteras marítimas para los desplazamientos entre dos puertos situados igualmente en dicho Espacio común. Reino Unido se había opuesto reiteradamente a dichas medidas que debían ser adoptadas por unanimidad bloqueando su aprobación, entendiendo que deberían permanecer los controles fronterizos permanentes, si bien dicho control se limitaría a comprobar que se cumplían las condiciones establecidas para la libre circulación, es decir, lo que podríamos denominar un control mínimo.

Ante la persistencia de esta situación, algunos Estados miembros de la Comunidad Económica Europea decidieron firmar un Convenio Internacional, al margen de la Comunidad. Para ello, inicialmente firmaron una declaración política de intenciones, el citado Acuerdo de Schengen, en que explicaban que con, el objetivo de hacer realidad la aplicación efectiva del el principio de libre circulación previsto en el Tratado de la Comunidad Económica Europea iban a crear un Espacio común que sería denominado como Espacio Schengen, en el que se suprimirían con carácter general los controles permanentes en las fronteras interiores integradas en dicho Espacio, como se indicó anteriormente. Para ello, se encargó a un grupo de expertos que redactasen un proyecto de Convenio Internacional. Este Convenio de aplicación del Acuerdo de Schengen, fue firmado el 19 de junio de 1990[4], por los mismos Estados signatarios del Acuerdo, es decir 5 años después de la firma del mismo, lo que da una idea de la complejidad y dificultad del mismo, ya que significaba una auténtica revolución en muchos ámbitos. Se pueden destacar algunos de ellos: para conseguir un objetivo de la Comunidad Económica Europea era necesario firmar un Convenio internacional al margen del Tratado de la Comunidad; se creaba un Espacio común integrado por parte del territorio, no la totalidad, de los Estados signatarios; se creaban conceptos totalmente nuevos como "frontera exterior", "frontera interior", "vuelo interior", etcétera; los visados nacionales eran sustituidos por un visado común para entrar en el Espacio creado; era necesario regular las condiciones de asilo en ese Espacio (lo que a su vez hizo necesaria la creación del Convenio de Dublín); medidas específicas de cooperación entre autoridades aduaneras, policiales, judiciales, sanitarias. Además, fue necesario crear una estructura jerarquizada para gestionar todas las medidas dirigida por un Comité de Ministros. El Convenio establecía también una cláusula de adhesión voluntaria para los Estados miembros de la Comunidad Económica Europea, lo que motivó que cuando entró en vigor el 26 de marzo de 1995 (habían sido necesarios casi 10 años para conseguirlo), se hubiesen adherido Italia en 1991 y España en 1994 (tras su adhesión a la Comunidad Económica Europea en 1986).

Mención especial debe hacerse a las denominadas "medidas compensatorias de seguridad" que fueron establecidas. Uno de los para-

---

4 BOE, "Instrumento de ratificación del Acuerdo de adhesión del Reino de España al Convenio de aplicación del Acuerdo de Schengen", 1994

digmas clásicos de la seguridad de los Estados es el del control de sus fronteras. Tanto para le entrada y salida de nacionales y extranjeros, como de las mercancías objeto de tráficos ilícitos como drogas, estupefacientes, armas, explosivos, etcétera. La supresión de controles permanentes en las nuevas "fronteras interiores" y la situación de que una persona hubiera entrado en el Espacio común, pasando el control fronterizo realizado por otro Estado, pudiera desplazarse por el resto sin ningún control posterior, chocaba frontalmente con ese paradigma de seguridad que suponía el control de fronteras, lo que provocó un intenso debate sobre los riesgos para la seguridad que podía suponer la libre circulación en el nuevo Espacio común. Rápidamente, se empezó a hablar de que la libre circulación también beneficiaría a delincuentes y organizaciones criminales. Para garantizar los niveles de seguridad e incluso incrementarlos se diseñó un conjunto de medidas de seguridad. Entre ellas, cabe destacar el Sistema de Información Schengen (SIS), en el que de forma automatizada los autoridades nacionales de los Estados signatarios introducen multitud de datos con relevancia para la seguridad (personas buscadas, objetos relacionados con delitos como armas, vehículos a motor, etcétera) que pueden ser consultados por las autoridades nacionales competentes del resto de Estados, constituyendo un sistema avanzado de intercambio de información policial muy relevante, además se diseñaron nuevos mecanismos de cooperación policial como, por ejemplo, la vigilancia transfronteriza y la persecución en caliente.

En este contexto se produjo la negociación del Tratado de Maastricht, la mayoría de Estados miembros querían incluir en el nuevo Tratado los "Asuntos de Justicia e Interior" y entre los argumentos favorables estaba la experiencia de la "Cooperación TREVI" durante más de 20 años y la "Cooperación SCHENGEN" en desarrollo en aquel momento. La posición final fue incorporar al Tratado la cooperación en este nuevo ámbito, formalizando la misma, lo que supuso un avance importante en comparación a la situación previa, pero con disposiciones específicas que obligaban a aprobar las medidas vinculantes para los Estados por unanimidad, lo que aseguraba a todos los Estados que ninguna medida sería acordada con su oposición, además del resto de disposiciones específicas regulando lo que se denominó "el método intergubernamental de trabajo" a diferencia del "método comunitario" que se aplicaba al ámbito del Primer Pilar, como se explicó anteriormente (una lógica similar se siguió para incorporar al Tratado el ámbito de "La Política Exterior y de Seguridad Común").

Por todos estos motivos, la cooperación en estos ámbitos ha sido especialmente difícil, lo que ha obligado a desarrollar métodos específicos de trabajo en esta materia y que hayan sido de los últimos ámbitos materiales en incorporarse al proceso de integración europea que ha culminado en la UE. Si se tiene en cuenta que el Tratado sobre la CECA se firmó en 1952, fueron necesarios 40 años para llegar al Tratado de Maastricht, lo que da una idea de las dificultades que habían debido superarse.

Desde el punto de vista de la Seguridad Interior de la UE, además el Tratado de Maastricht estableció una medida muy importante. La creación de la Oficina Europea de Policía (EUROPOL) mediante un Convenio[5], que fue adoptado en 1995, entrando en vigor el 1 de mayo de 1999, fecha por tanto del comienzo de sus actividades. Su negociación fue especialmente compleja ya que suponía iniciar una etapa totalmente nueva en la cooperación policial internacional, con objetivos y métodos de trabajo diferentes a los ya existentes en INTERPOL. Como antecedente, mediante una Acción Común adoptada en 1993[6], el Consejo de la UE había creado la Unidad de Drogas EUROPOL, con el fin de dar respuesta urgente al gravísimo problema del tráfico ilícito de drogas y estupefacientes y valorar la experiencia de su actividad en las negociaciones del Convenio en curso. Esta Unidad dejó de funcionar el día que EUROPOL comenzó sus actividades. Posteriormente, la normativa reguladora de EUROPOL fue modificada en diferentes ocasiones, hasta su naturaleza actual como Agencia para la cooperación policial de la UE. Debe tenerse en cuenta que, el marco político y jurídico en el que ha desarrollado su regulación ha impedido que pudiera crearse una Policía de la UE, como a veces erróneamente se ha indicado, por lo que sus funciones son las de ayudar a las autoridades policiales nacionales responsables de la seguridad en cada Estado miembro, sin que en ningún caso

5 BOE, Convenio de Europol, 1998, (BOE-A-199822461)

6 Acción Común 95/73/JAI, de 10 de marzo de 1995. Diario oficial L. 62 de 20.3.1995.

pueda realizar lo que se denominan actividades coercitivas como, por ejemplo, detenciones, intervenciones de comunicaciones o registros domiciliarios. No obstante, estas limitaciones, con el transcurso de los años, EUROPOL se ha convertido en una Agencia esencial para mejorar la seguridad interior de la UE.

La necesidad de aprobar las medidas vinculantes por unanimidad obligaba a llegar a acuerdos de mínimos y dificultaba las opciones de progresar rápidamente, lo que fue objeto de críticas. Sin embargo, como aspectos positivos, debe tenerse en cuenta que se había conseguido iniciar la cooperación formal de los Estados miembros, en el marco de la UE, estableciendo un proceso de mejora de la confianza mutua entre autoridades y servicios competentes nacionales, necesaria para progresar en las etapas posteriores. Un factor importante fue que se consideró esencial el enfoque conjunto de los aspectos de la cooperación en materia de Justicia e Interior, para enfrentarse a la delincuencia y al terrorismo. También debe resaltarse el comienzo de una metodología de trabajo consistente en elaborar Estrategias y Planes de Acción conjuntos en ámbitos concretos, entre los que pueden destacarse los elaborados en relación a la delincuencia organizada (plan de Acción de 1997 con un enfoque multidisciplinar)[7] y los tráficos ilícitos de drogas y sustancias estupefacientes (en base a tres ejes: reducción de la demanda; reducción de la oferta y colaboración internacional).

El Tratado de la Unión Europea firmado en Ámsterdam que, entró en vigor el 1 de mayo de 1999[8], que sustituyó al Tratado firmado en Maastricht, estableció como uno de los objetivos de la Unión desarrollar un "Espacio de Libertad, Seguridad y Justicia" (ELSJ-UE), superando el concepto anterior de la cooperación en Asuntos de Justicia e Interior, con el fin de garantizar un alto nivel de seguridad a sus ciudadanos.

Por otro lado, en el año 1995, empezó a aplicarse de forma efectiva la Cooperación Schengen, incrementándose desde entonces el tamaño del Espacio Schengen con la adhesión de nuevos Estados, a

---

7 Plan de Acción para luchar contra la delincuencia organizada. Adoptado por el Consejo de la UE el 28 de abril de 1997. https://pnsd.sanidad.gob.es

8 Tratado de la Unión Europea firmado en Ámsterdam, 1999

la vez que se empezaba a valorar el éxito de las medidas de compensación de seguridad establecidas, lo que motivó que durante años las encuestas de Eurostat constatasen que la creación del Espacio Schengen era muy valorada por los ciudadanos europeos.

En esta situación, cuando se negoció el Tratado de la Unión Europea firmado en Ámsterdam que, entró en vigor el 1 de mayo de 1999, que sustituyó al Tratado firmado en Maastricht, se decidió incorporar el acervo Schengen a la Unión Europea, lo que se hizo mediante un Protocolo anejo al Tratado. Como el nuevo Tratado debía ser aprobado por unanimidad de los Estados miembros, Reino Unido e Irlanda exigieron que mediante sendos Protocolos anejos al Tratado se estableciese la oportunidad de que pudieran optar a participar parcialmente en el acervo Schengen, ya que no deseaban integrarse en el Espacio Schengen, pero si querían acceder a las denominadas medidas compensatorias de seguridad. Se iniciaba así la paradoja del Reino Unido con Schengen, había obligado a su creación por su negativa a crear un Espacio común, pero ahora deseaba una parte de Schengen, sus medidas de seguridad, eso sí eligiendo las que considerase convenientes. Ello provocó a su vez numerosas disputas con sus socios de la Unión Europea, ya que en numerosas ocasiones pretendió acceder a medidas concretas de seguridad que le interesaban de forma individualizada, en contra de la interpretación que hacia el Consejo de la Unión Europea (la Institución que reúne a los Gobiernos de los Estados miembros) que consideraba que el Protocolo le permitía acceder a las políticas Schengen que quisiera, pero no a alguna de las medidas concretas que se hubiesen establecido en desarrollo de esas políticas, en resumen si decidía participar en una política determinada, podía acceder a las medidas adoptadas en desarrollo de la misma. Esta situación motivó que Reino Unido demandase al Consejo ante el Tribunal de Justicia de la Unión Europea, argumentando que el Consejo vulneraba el Protocolo anejo al Tratado. Reino Unido perdió todas sus demandas, ya que el Tribunal falló siempre dando la razón al Consejo.

Por otro lado, el número de Estados adheridos a la cooperación Schengen no había dejado de aumentar, habiendo tenido que crearse la figura especial del Estado asociado, diferente a la del Estado miembro (no tienen derecho de voto, participan de forma proporcional en el presupuesto y son informados de las deliberaciones de las disposiciones que se van a adoptar con el fin de permitir su aplicación correcta cuando entran en vigor), para permitir la incorporación al Espacio Schengen de determinados Estados que no eran miembros de la Unión Europea, pero por diferentes razones geopolíticas era aconsejable su inclusión en el mismo. Fue el casc de Noruega e Islandia, tras la adhesión del resto de Estados nórdicos Dinamarca, Finlandia y Suecia, con el fin de evitar la ruptura de la Unión nórdica de pasaportes que ya funcionaba entre dichos Estados (posteriormente se adhirieron como Estados asociados Suiza y Liechtenstein, además de la situación especial de Mónaco, San Marino y Ciudad del Vaticano que sin ser Estados Schengen aplican de "facto" sus disposiciones).

En consecuencia, desde esa fecha comienzan a convivir, ya dentro del marco jurídico de la Unión Europea, los dos Espacios supranacionales en el marco de la UE a los que pertenece España en la actualidad, el Espacio de Libertad, Seguridad y Justic a y el Espacio Schengen.

Además, debe destacarse desde el punto metodológico, que se decidía "comunitarizar" los asuntos relativos a la inmigración, fronteras y asilo, es decir, una parte del ámbito material integrado en el ELSJ-UE. Es decir, se aceptaba trabajar en esta materia conforme a las reglas del "método comunitario" en contraposición al "método intergubernamental" anteriormente señalados. Se daba un paso muy importante para avanzar en la integración en el marco de la UE, si bien con muchas precauciones, ya que se establecía expresamente su carácter experimental durante un periodo de cinco años, al término de los cuales se evaluaría su posible continuidad, era lo que se conoce como disposición de "freno de emergencia", como solución intermedia entre los que quieren avanzar en la integración y los que son reticentes expresando sus dudas de que pueda funcionar (al finalizar ese periodo se decidió su continuidad). Esta situación provocó una complejidad añadida al desarrollo del ELSJU-UE ya que se aplicaba un doble marco jurídico, pero era el precio a pagar por profundizar en la integración de la UE.

Así el Tratado de Ámsterdam en las cuestiones relativas a la seguridad contenía tres reformas esenciales: se fijaba como uno de los objetivos de la Unión Europea la creación de un Espacio de Libertad, Seguridad y Justicia (ELSJ); se comunitarizaban los asuntos relativos a la inmigración, fronteras y asilo y se integraba el acervo Schengen en el marco jurídico de la Unión Europea, mediante un Protocolo anejo al Tratado.

Además, debe mencionarse que desde la creación del Espacio de Libertad, Seguridad y Justicia de la Unión Europea con el Tratado de Amsterdam (1999), se estableció la metodología de adoptar programas estratégicos quinquenales para su desarrollo (Tampere en 1999; La Haya en 2004 y Estocolmo en 2009). De esta forma, se consiguió planificar de forma ordenada todas las medidas que debían adoptarse y aplicarse, permitiendo el seguimiento y control de cada una de ellas.

En el año 2000, se creó la Escuela Europea de Policía (CEPOL), decidiéndose que fuera financiado con cargo al presupuesto comunitario, en vez del presupuesto intergubernamental como por ejemplo se hacía con Europol en ese momento. Era un nuevo paso hacia la integración de estas materias en la UE.

El Tratado de la UE, firmado en Niza en 2001[9], entró en vigor el 1 de febrero de 2003, modificando el Tratado firmado en Amsterdam. Durante su vigencia se produjo la ampliación de nuevos Estados del Este europeo, tras la caída del muro de Berlín en 1989. Inicialmente, lo hicieron diez nuevos Estados en 2004 y otros dos más en 2007. El nuevo Tratado mantenía como uno de los objetivos de la UE el desarrollo de su ELSJ, consolidándolo como una de las políticas importantes a desarrollar en el futuro de la UE.

Durante su vigencia, como hechos destacados en relación con la Seguridad Interior se pueden resaltar:

En 2001 y 2002 el conjunto de medidas para luchar contra el terrorismo (el establecimiento de las listas de grupos, entidades y elementos terroristas; la definición de terrorismo por primera vez a nivel internacional y la obligación de que todos los Estados miembros lo incluyesen en sus legislaciones penales; la orden europea de detención y entrega y la posibilidad de crear equipos conjuntos de investigación). Debe tenerse en cuenta que tanto la orden europea de detención y entrega como los equipos conjuntos de investigación también se utilizan en la lucha contra la delincuencia.

En 2003 se aprobó la primera Estrategia de Seguridad de la UE (conocida como la Estrategia Solana, ya que fue impulsada y apro-

---

9 Tratado de la Unión Europea firmado en Niza, 2001

bada durante su mandato como Secretario General y Alto Representante de la Política Exterior de la UE)[10]. Fue una Estrategia global, identificando las principales amenazas para la Unión y sus Estados miembros La citada Estrategia elaborada fundamentalmente desde la perspectiva de la Política Exterior y de Seguridad común de la Unión Europea, propugnando un enfoque multilateral para afrontar los problemas de seguridad en la escena internacional, aborda temas clave desde la óptica del Espacio de Libertad, Seguridad y Justicia como el terrorismo o la delincuencia organizada (esta Estrategia fue actualizada en diciembre de 2008).

En 2004 se aprobó el Programa de La Haya, estableciendo la planificación quinquenal de las medidas a adoptar para el desarrollo del ELSJ y se creó el mecanismo de coordinación de la gestión de las denominadas fronteras exteriores del Espacio Schengen (FRONTEX), que en 2016 será transformado en Agencia de la UE y la "comunitarización" de Europol en 2009, es decir, se modificó la normativa reguladora de Europol, de tal forma que se rigiese por principios del método "comunitario" en vez del "método "intergubernamental". Además, estableció el principio de libre disponibilidad de la información entre los servicios policiales de los Estados miembros, clave para mejorar una cuestión tan relevante como la confianza mutua entre ellos. Como se ve, de forma lenta pero constante, progresivamente se iba aceptando por los Estados miembros ir avanzado en la integración de ámbitos especialmente sensibles de la soberanía nacional, superando el modelo clásico de cooperación intergubernamental.

Es interesante destacar la adopción en el año 2008 de la Decisión del Consejo conocida como Decisión Prüm, mediante la cual se integró parcialmente, en el marco jurídico de la Unión Europea, el Tratado de Prüm firmado en el año 2005. El proceso para su creación y desarrollo tiene muchas similitudes con el proceso seguido para la creación y desarrollo del acervo Schengen.

Ante las dificultades que se encontraban, en el ámbito de la Unión Europea, para realizar avances más importantes en el refuerzo de la cooperación policial transfronteriza, por la actitud de bloqueo de

---

10 CONSEJO EUROPEO, Estrategia Europea de Seguridad. Una Europa segura en un mundo mejor

algunos Estados miembros, al negarse a dar su acuerdo a determinadas propuestas, lo que impedía alcanzar la unanimidad requerida por el Tratado para su adopción, así como las dificultades políticas para recurrir a las disposiciones del Tratado de la Unión Europea relativas a la cooperación reforzada, los Ministros del Interior de algunos Estados miembros firmaron, en abril de 2004 en Bruselas, una Declaración política por la que mostraban su intención de firmar un Tratado internacional con dicho objetivo.

Este Tratado internacional se realizaría, en consecuencia, fuera del marco jurídico de la Unión Europea, pero sólo podrían ser signatarios del mismo Estados miembros de la Unión, estableciéndose que cualquier Estado miembro que no lo suscribiera inicialmente podría adherirse al mismo en el futuro.

El Tratado se firmó por Alemania, Austria, Bélgica, Luxemburgo, Países Bajos, Francia y España (aunque España no estuvo entre los Estados signatarios de la Declaración de Bruselas, posteriormente se incorporó a los trabajos de preparación del Tratado y fue signataria originaria del mismo), tras poco más de un año de preparación, en la ciudad alemana de Prüm, en mayo del año 2005[11].

El Tratado supuso un avance muy importante en diferentes ámbitos de la cooperación policial transfronteriza, regulando la posibilidad de crear equipos conjuntos de actuación policial o patrullas conjuntas entre varios Estados, así como la posibilidad de que funcionarios de un Estado miembro (no sólo policiales sino también de servicios de asistencia y ayuda) entrasen en el territorio de otro Estado, sin autorización previa de las autoridades de éste, en situaciones de urgencia por un peligro inminente para las personas o bienes.

Pero es especialmente importante en materia de intercambio de información policial, ya que regula un sistema novedoso y muy eficaz para tres ámbitos específicos concretos: perfiles de ADN; impresiones dactilares y registros de matrículas de vehículos a motor.

El funcionamiento esquemático del sistema sería el siguiente:

---

11 PÉRZ FRANCESCH, J. L, "Cooperación policial y judicial en la Convención de Prüm", Universidad de Granada, 2007

- Cada Estado se compromete a crear una base de datos nacional única sobre cada una de estas materias.
- Las bases de datos nacionales creadas por cada Estado para cada una de estas materias se interconectan entre sí.
- Cada Estado introduce en el Sistema una consulta sobre un dato concreto y mediante un proceso automático se verifica en el resto de bases de datos nacionales si ya está archivado ese mismo dato.
- El Sistema responde sí, cuando el dato introducido se encuentra ya incluido en alguna o algunas de las bases de datos nacionales interconectadas, indicando en cuales se encuentra el mismo, o no en caso contrario.
- En los casos de resultado positivo, por los cauces ordinarios de cooperación internacional ya establecidos, se solicitan los datos concretos adicionales asociados al resultado positivo encontrado.

Inmediatamente después de la firma del Tratado, cuando se estaban realizando los trámites de ratificación nacional por cada uno de los Estados signatarios con el fin de que se produjera la entrada en vigor del mismo, comenzaron a adherirse de forma sucesiva, uno tras otro, diferentes Estados miembros de la Unión Europea.

Ante esta situación, en el año 2007, empezó a discutirse en la Unión Europea un proyecto de Decisión del Consejo para la integración del Tratado de Prüm en el marco jurídico de la Unión.

Durante las negociaciones algunos Estados miembros se opusieron a que el contenido íntegro del Tratado se incorporase al acervo de la Unión por lo que el acuerdo final fue adoptar, mediante una Decisión del Consejo de junio de 2008[12], una parte muy amplia e importante del contenido del Tratado de Prüm, pero habiendo sido excluidas algunas de ellas.

En consecuencia, en la actualidad la mayor parte del Tratado de Prüm se aplica mediante la Decisión del Consejo en el marco de la Unión Europea, mientras que para las materias no incluidas se continúan aplicando en virtud de las disposiciones del Tratado, pero sólo

---

12 Decisión 2008/616/JAI del Consejo de la Unión Europea, 2008

evidentemente para los Estados signatarios del mismo, que no son todos los Estados miembros de la Unión Europea.

Como se habrá podido observar, las similitudes con el proceso Schengen son evidentes e incluso se podría decir que ha servido de modelo para hacer Prüm.

Con el fin de alcanzar un objetivo de la Unión Europea, ante la imposibilidad de avanzar en el marco de la misma por la oposición de algunos Estados miembros, un grupo reducido de Estados, convencidos de la necesidad de avanzar en ese ámbito, decide firmar un Acuerdo internacional, fuera del marco jurídico de la Unión, se desarrollan los trabajos necesarios para su aplicación efectiva y, posteriormente, se integra en el acervo de la Unión Europa.

Tras la crisis política surgida por la fallida ratificación por los Estados miembros del Tratado, firmado en Roma en 2004, por el que se establecía una Constitución para Europa[13], se consiguió superarla con la firma de un nuevo Tratado de la Unión Europea, firmado en Lisboa[14], que entró en vigor el 1 de diciembre de 2009. Se trata de lo que se denomina un Tratado instrumental, ya que establece que la Unión se regirá por dos Tratados: el Tratado de la Unión Europea (TUE) y el Tratado sobre el funcionamiento de la Unión Europea (TFUE).

En el ámbito de la seguridad interior cabe destacar los aspectos siguientes:

- El desarrollo del ELSJ continuó siendo unos de los objetivos de la UE.
- Se unificó el marco jurídico por el que se regulan todos los ámbitos materiales cuya competencia se atribuye a la UE, superando las diferencias establecidas en el pasado entre los métodos comunitario e intergubernamental. Si bien, como es lógico, se establecen con carácter general ámbitos, regulados mediante lo que se denomina procedimiento legislativo ordinario, cuyas disposiciones legislativas son aprobadas por codecisión del

---

13 Tratado por el que se establece una Constitución para Europa firmado en Roma, 2004

14 Tratado de la Unión Europea firmado en Lisboa, 2010

Parlamento Europeo y del Consejo de la UE, mientras que se determinan otros ámbitos en los que,

- Con carácter excepcional, se aplica el procedimiento legislativo especial, en los supuestos previstos expresamente en los Tratados, cuyas disposiciones son aprobadas sólo por el Consejo de la UE.
- La competencia en materia de seguridad interior continuó siendo de los Estados miembros de la UE, sin que se haya producido, como en otros ámbitos, una atribución de competencias a la Unión, por lo que son las autoridades nacionales competentes de cada Estado miembro las responsables de garantizar la seguridad en su territorio, sin embargo, la UE ha desarrollado un marco político, legislativo y operativo en materia de seguridad con el fin de poner a disposición de esas autoridades nacionales un conjunto de posibilidades que les ayude a ejercer mejor, con más eficiencia y eficacia, esa responsabilidad. Es lo que se ha denominado la "Unión para la Seguridad".

En diciembre de 2009, nada más entrar en vigor los nuevos Tratados (TUE y TFUE), se aprobó el Programa de Estocolmo para el periodo 2009-2014. Sería el último de los Programas quinquenales que se aprobaría para el desarrollo del ELSJ-UE, ya que entre las medidas que se aprobaron, se incluyó por iniciativa de España, adoptar una Estrategia de Seguridad Interior de la UE (ESI-UE) que vendría a sustituir a los Programas quinquenales que se habían ido aprobando hasta ese momento.

De conformidad con los Artículo 3.2 del Tratado de la Unión Europea y artículos 67 y 68 del Tratado sobre el funcionamiento de la Unión Europea, el Consejo Europeo debe adoptar las prioridades estratégicas multianuales para el desarrollo del Espacio de Libertad, Seguridad y Justicia de la Unión Europea. Previamente, el Consejo de Justicia y Asuntos de Interior (JAI) debate la propuesta que se presenta al Consejo Europeo. Se modificaba así la metodología establecida, desde la creación del Espacio de Libertad, Seguridad y Justicia de la Unión Europea con el Tratado de Ámsterdam (1999), de adoptar programas estratégicos quinquenales para su desarrollo (Tampere en 1999; La Haya en 2004 y Estocolmo en 2009). En consecuencia, tras la entrada en vigor del Tratado de Lisboa, en marzo de 2010, de conformidad con las disposiciones del mismo, citadas anteriormente, bajo Presidencia española del Consejo, se adoptó por el Consejo Europeo la primera Estrategia de Seguridad Interior de la UE (ESI), considerando un concepto amplio de Seguridad Interior, ya que a los riesgos tradicionales procedentes del terrorismo y la delincuencia, añadió los procedentes de desastres naturales o causados por el hombre, incluyendo el ámbito de la Protección Civil. España impulsó de forma decidida la adopción de la Estrategia de Seguridad Interior en 2010, proponiendo su inclusión en el Programa de Estocolmo, convencida de la necesidad de disponer de un marco estratégico de referencia para el desarrollo del Espacio de Libertad, Seguridad y Justicia de la Unión Europea. Esta planificación estratégica multianual continúa siendo esencial para garantizar la coherencia de las medidas adoptadas en este ámbito.

La Estrategia, que estuvo vigente hasta 2014, fue actualizada para el periodo 2015-2020, de conformidad con las Conclusiones del Consejo de 16 de junio de 2015.

En 2016 se aprobó un nuevo Reglamento para regular la actividad de Europol y en 2017 la nueva Directiva sobre terrorismo, para adaptarla a las necesidades surgidas para luchar contra el terrorismo islamista.

Durante la pandemia por el COVID-19, desde principios de 2020, se adoptaron múltiples decisiones, especialmente en el ámbito Schengen, para hacer frente a la nueva situación en los controles de fronteras tanto exteriores como interiores.

Para elaborar la actual Estrategia de Seguridad Interior, la Comisión aprobó, el 24 de julio de 2020, una Comunicación sobre esta materia, fijando su posición sobre cuál debería ser el desarrollo de las medidas a adoptar y aplicar durante el periodo 2020-2025. Desde la entrada en vigor del Tratado de Lisboa, la Comisión entiende que debe realizar esta planificación estratégica multianual ya que afecta directamente a su derecho de iniciativa legislativa, mientras que posteriormente el Consejo Europeo adopta la Estrategia de la Unión, lógicamente teniendo en cuenta las opiniones de la Comisión expresadas en su Comunicación.

La Estrategia tiene un carácter transversal, que afecta a todos los temas que están siendo analizados ya en el marco del Consejo JAI, afrontando las medidas que afectan esencialmente a las dos grandes amenazas identificadas, desde el punto de vista de la seguridad, el terrorismo y la delincuencia organizada. Se destaca el desarrollo y la aplicación de las nuevas tecnologías, en su doble versión: negativa por su utilización por grupos terroristas y criminales y positiva por su utilización para mejorar la eficiencia y eficacia de los cuerpos policiales (inteligencia artificial; comunicaciones 5G; sistemas de vuelo tripulados a distancia; etcétera).

Cabe destacar el Plan de Acción contra el terrorismo, con medidas para mejorar: la protección de los espacios públicos; la amenaza Nuclear-Biológica-Química-Radiológica; la seguridad en la aviación y civil y el ferrocarril y la prevención de la radicalización.

En el ámbito de la delincuencia organizada, la continuidad de los trabajos iniciados con el denominado Ciclo político de la Unión Europea son el referente esencial y la Plataforma Multidisciplinar Europea contra las amenazas delictivas (conocida por su acrónimo en inglés como (EMPACT).

Con carácter transversal, se establece la continuidad en los trabajos en el ámbito "ciber" tanto en el campo del terrorismo como el de la delincuencia organizada, destacando el desarrollo de los trabajos del Foro de la Unión Europea sobre Internet y la adopción urgente del Reglamento para evitar la distribución de contenidos terroristas en Internet (aprobado finalmente en 2021). Además, señala la importancia del debate sobre el futuro de Europol y la valoración de la necesidad de modificar el Reglamento del año 2016 que rige su funcionamiento.

Cabe señalar la importancia que se da al papel del Comité de Seguridad Interior (COSI), creado por el Tratado de Lisboa, en este proceso, al configurarse como un órgano que tiene una visión horizontal y estratégica del trabajo de los Grupos del Consejo y de las Agencias de la Unión Europea, en el ámbito de la seguridad interior.

En los años posteriores, se han sucedido nuevas modificaciones legislativas, entre las que podemos destacar:

La ampliación de la obligación de tipificar determinadas conductas como delitos contra el medio ambiente, mediante la Directiva aprobada por el Consejo el 13 de abril de 2024, modificando la Directiva previa de 2008.

Las aprobadas en el marco del Pacto sobre Migración y Asilo, adoptado por el Consejo el 14 de mayo de 2024, que supone una revisión completa de la normativa en esta materia, tras varios años de difíciles negociaciones con: un Reglamento sobre el Control, que garantizará la uniformidad de los controles de identificación, seguridad y vulnerabilidad y la evaluación sanitaria a los migrantes irregulares y solicitantes de asilo en una frontera exterior; un nuevo Reglamento modificando la regulación de EURODAC (sistema europeo de identificación dactilar, al que se añaden otros identificadores biométricos); un Reglamento sobre los procedimientos de asilo; Un Reglamento sobre el procedimiento fronterizo de retorno; un Reglamento sobre la Gestión del Asilo y la Migración, que sustituye al Convenio de Dublín, para determinar qué Estado miembro es responsable de gestionar una petición de protección internacional: un Reglamento sobre Crisis para tramitar las solicitudes de asilo en circunstancias excepcionales; un Reglamento de Reconocimiento, estableciendo normas comunes para la concesión de protección internacional; una Directiva sobre las Condiciones de Acogida, estableciendo normas comunes para la acogida de los solicitantes de asilo y un Reglamento sobre el Reasentamiento, estableciendo normas comunes para el reasentamiento y la admisión humanitaria.

Las adoptadas en el ámbito de la legislación específica para luchar contra el blanqueo de capitales y la financiación del terrorismo, que se ha ido desarrollando de forma permanente durante años, y que han culminado en el paquete de medidas adoptado por el Consejo en mayo de 2024, incluyendo la creación de una nueva Autoridad de la Unión para la lucha contra el blanqueo de capitales.

La adopción por el Consejo el 12 de abril de 2024 de la Directiva por la que se establece la obligación, para todos los Estados miembros, de tipificar como delitos determinadas conductas, realizadas con el fin de vulnerar o eludir las medidas restrictivas adoptadas por la Unión. Lógicamente, estas medidas también afectas a las aprobadas en el marco de las establecidas por la guerra de agresión de Rusia contra Ucrania.

Cómo se ha visto, más de 30 años después de la entrada en vigor del Tratado de Maastricht, los cambios que se han producido en el ámbito de la seguridad interior que han obligado, tanto a España como al resto de Estados miembros, a modificar sustancialmente la concepción de su propio modelo nacional de seguridad.

El primer cambio sustancial es que, en la actualidad, el territorio del Estado español, se ha integrado en dos Espacios supranacionales desarrollados en el marco de la UE. Es decir, forma parte del Espacio común de Libertad, Seguridad y Justicia de la Unión Europea (ELSJ-UE) y, además, también forma parte del denominado Espacio Schengen, en el que, como cuestión trascendental desde el punto de vista de la seguridad, se han suprimido los controles fijos en las denominadas fronteras interiores existentes entre los Estados que forman parte de dicho Espacio, para garantizar el principio de libre circulación en su interior.

La seguridad interior de la UE debe ser analizada en el contexto más amplio del desarrollo de estos dos Espacios supranacionales, en base al conjunto de políticas que se han ido estableciendo y a la normativa que se ha ido aprobando para su aplicación. Debe tenerse en cuenta, como cuestión previa, que los Estados que integran cada uno de estos dos Espacios son diferentes, en una concepción asimétrica condicionada a factores geopolíticos, de tal forma que algunos Estados sólo forman parte de uno de estos Espacios y que otros pertenezcan a los dos, lo que ha originado una triple clasificación. Teniendo en cuenta que los Estados integrados en el ELSJ-UE son todos los Estados miembros de la UE y que los Estados integrados en el Espacio Schengen son los Estados miembros de la UE, excepto Irlanda y Chipre, más Islandia, Noruega, Liechtenstein y Suiza, se puede concluir que: en un primer grupo, Chipre e Irlanda sólo forma parten del ELSJ-UE; en un segundo grupo, Noruega, Islandia, Suiza y Liechtenstein sólo forman parte del Espacio Schengen y que, en un tercer grupo, forman parte de ambos Espacios España, Portugal, Italia, Grecia, Francia, Países Bajos, Alemania, Luxemburgo, Bélgica, Polonia, Hungría, Austria, Dinamarca, Finlandia, Suecia, Estonia, Letonia, Lituania, Rumania, Bulgaria, Eslovenia, Eslovaquia, Chequia, Malta y Croacia. Por otro lado, cada uno de estos Espacios está regulado por una normativa diferente. España como se ha dicho anteriormente, forma parte de ambos Espacios, lo que necesariamente debe ser tenido en cuenta a la hora de definir su propia política nacional de seguridad. El proceso para llegar a esta situación ha sido largo, complejo y difícil por diferentes motivos. Previsiblemente, su continuación en el futuro estará condicionado por ellos por lo que conviene analizarlos. En este sentido, la primera cuestión clave es que todo este proceso está integrado en el contexto más amplio del desarrollo de la propia UE y, por tanto, influido por los problemas generales que afectan a la misma y, como consecuencia de ello tener claro, como se señaló anteriormente, que la responsabilidad de la seguridad en el interior de cada Estado miembro de la UE sigue siendo responsabilidad de las autoridades nacionales competentes de ese Estado miembro, si bien la UE ha desarrollado un conjunto de políticas y normas muy importantes, que ha puesto a disposición de esas autoridades nacionales, para ayudar a mejorar los niveles de seguridad existentes.

Como no forman parte de ambos Espacios los mismos Estados (hay algunos Estados que forman parte sólo de uno de estos dos Espacios, mientras que otros forman parte de los dos Espacios y, además, cada uno de ellos se rige por normas y disposiciones de aplicación diferentes, la gestión de la pertenencia a ambos Espacios para los Estados, como es el caso de España, que están integrados en ambos, representa una especial complejidad.

Aunque es cierto que España, al igual que los restantes Estados que integran estos dos Espacios supranacionales, sigue siendo responsable de la gestión de la seguridad en su propio territorio, hoy no cabe concebir el que España pueda diseñar su modelo nacional de seguridad sin tener en cuenta las profundas modificaciones que se han producido en este periodo como consecuencia del diseño y desarrollo de estos dos Espacios multinacionales.

Modificaciones que afectan incluso a la concepción tradicional del concepto de soberanía nacional, ya que de forma progresiva, siguiendo lo que se ha denominado en la terminología comunitaria el método de avanzar "paso a paso", la atribución de competencias por parte de los Estados miembros a la Unión Europea ha afectado también a cuestiones como la cooperación policial, la cooperación aduanera, la cooperación judicial penal o la gestión común de las fronteras, entre otras, consideradas tradicionalmente como parte integrante del núcleo esencial de la soberanía nacional, estableciendo la posibilidad de cooperar en estas materias.

Una vez descrita de forma amplia, pero muy resumida, la evolución de la Seguridad Interior en la Unión Europea podemos realizar un análisis de algunas cuestiones claves del futuro de la misma.

Hay una primera cuestión que trasciende su ámbito, pero condiciona su futuro, ya que está supeditado por la solución final que se decida. El debate conceptual sobre qué debe ser la Unión Europea, presente desde los momentos iniciales del proceso de construcción europea, que continúan en la actualidad. Los partidarios de la solución de un Estado federal, que podría denominarse Estados Unidos de Europa, los partidarios de mantener la situación actual como una Unión de Estados, con las variables de mayor o menor integración o, incluso, devolviendo competencias a los Estados miembros. Como se ha dicho, al trascender el ámbito de esta decisión al de la seguridad interior, ya que sería establecida en un nuevo Tratado, aprobado por unanimidad de todos los Estados miembros, ésta deberá adaptarse a ella, pero es fundamental que lo haga de forma coherente. Una de las críticas habituales a la Unión en la actualidad, cuando surgen problemas, especialmente cuando por su importancia transcienden a la opinión pública, es que no sirve para solucionar problemas y que su proceso de decisión está controlado por múltiples burócratas alejados de la realidad. Se suele olvidar con frecuencia la pregunta clave y es si la Unión tiene o no atribuida dicha competencia por los Tratados o, dicho de otra forma, si los Estados que han aprobado el Tratado han querido o no que sea la Unión y no ellos quien gestione esa competencia concreta. Los propios Gobiernos de los Estados miembros, en situaciones de crisis política grave interna, recurren en ocasiones a pedir que se adopten medidas en el ámbito de la Unión, aun siendo conscientes de que no tienen las competencias para ello, ya que de esa forma se da la impresión de que no es responsabilidad nacional. Esta forma de proceder puede erosionar gravemente la credibilidad de la Unión y la debilita ante la opinión pública, por lo que no deberían sorprender tanto determinados resultados electorales de partidos que proponen restar competencias ya atribuidas en el pasado a la Unión o, incluso, la salida del Estado siguiendo el modelo BREXIT.

Cualquiera que sea el modelo elegido para el futuro de la Unión, Estado Federal o Unión de Estados, será clave el mecanismo de la "cooperación reforzada" ya previsto en los Tratados desde hace años.

Se debería utilizar con más frecuencia en el futuro, sin bien con la prudencia necesaria, valorando los efectos en cada caso concreto. Es cierto que su utilización plantea dos problemas, el primero que supone dividir a los Estados miembros en dos grupos, los que participan en ella y los que no, lo que se ha denominado la Europa de las dos velocidades, en las que unos avanzan más en la integración y otros quedan retrasados, con la complejidad de legislaciones diferentes en cada grupo, además del problema político que supone escenificar la falta de acuerdo, en definitiva, la división interna entre los Estados. Sin embargo, en determinados casos en los que ya se ha utilizado ha sido un éxito y no ha supuesto ruptura alguna, ya que hay que tener en cuenta que el mecanismo es voluntario, participando sólo los Estados que así lo desean y, además, está prevista una cláusula de adhesión que permite que cualquier Estado que inicialmente no participó en ella se incorpore cuando lo desee. El establecimiento de la moneda del euro y la cooperación Schengen son dos ejemplos claros del éxito de la cooperación reforzada, por lo que su ejemplo debería servir para atenuar los temores señalados anteriormente.

La Unión Europea ha ido evolucionando superando crisis de muy diversa naturaleza y, en muchas ocasiones, de gran magnitud. La situación geopolítica actual, con el desarrollo de un nuevo orden internacional, una guerra en Ucrania con la amenaza rusa de expansión y el crecimiento significativo de votantes con posiciones contrarias a la propia Unión, pueden ser un catalizador importante para cambios futuros, pero en este momento es imposible predecir el futuro. Si sigue la tendencia que ha tenido desde su creación se optará por continuar profundizando en la integración, modificando los Tratados actuales, si bien los desafíos actuales obligarían a realizar cambios importantes, especialmente en el ámbito de la Defensa y de la seguridad, descartando en un futuro inmediato la opción del Estado federal.

En ese contexto, probablemente se mantendría la situación actual fundamental, es decir, que la seguridad en el territorio de cada uno de los Estados miembros de la Unión Europea correspondería a las autoridades nacionales competentes de ese Estado, mientras que la Unión impulsa aquellas medidas que estima que pueden ayudar a esas autoridades nacionales a ser más eficientes y eficaces en el ejercicio de esa responsabilidad. Si bien, habría que continuar profundizando en que se puede hacer a nivel de la Unión en el campo de la seguridad, respetando el marco competencial establecido en los Tratados. Por ello, hace años, se decidió modificar la anterior denominación de "Seguridad Interior" por la de "Unión para la Seguridad" al entender que conceptualmente reflejaba mejor la situación actual y probablemente futura.

Una de las cuestiones claves para el futuro es profundizar en el principio de "confianza mutua", lo que permitiría avanzar en muchas materias, incluso con los Tratados actuales. Principio que afecta tanto al intercambio de información como la disposición para trabajar conjuntamente. Hay que tener en cuenta que, tradicionalmente, las informaciones sensibles respecto a las cuestiones que afectan al ámbito de la seguridad han tenido un tratamiento reservado. Al igual que los servicios policiales utilizan infiltrados en los grupos terroristas y de delincuencia organizada, ellos también lo hacen a la inversa, por lo que se aplica el principio de que "sólo conozca una información quien sea necesario". Eso dificultaba el intercambio fluido de información entre servicios competentes de un mismo Estado, dificultades que se ampliaban si la información iba a transmitirse a los servicios de otros Estados. Sin embargo, las posibilidades tecnológicas de almacenar y gestionar multitud de datos y la capacidad de analizarlos ha obligado a cambiar esta concepción tradicional, ante las evidentes ventajas que ofrecía. Por ello, la Unión ha trabajado con éxito para mitigar este problema, estableciendo por ejemplo los llamados "códigos de manejo de la información" en Europol o desarrollando el principio de "libre disponibilidad de la información entre los servicios policiales de los Estados miembros", establecido en 2004 en el Programa de La Haya, por iniciativa de España, o los trabajos para la interoperabilidd de las bases de datos pertinentes de los servicios competentes de los Estados miembros y las de las Agencias de la Unión, en base al acuerdo del Consejo de 10 junio de 2016, estableciendo el inicio de un nuevo modelo de intercambio de información.

Los resultados obtenidos han permitido establecer un modelo de cooperación internacional que, puede considerarse, es el más avanzado del mundo. Las perspectivas de futuro son enormes, debiendo profundizarse en esta cooperación reforzándola al máximo posible. Ha sido un largo y complejo camino que debe continuar. Es necesario el impulso firme de la voluntad política de los Estados miembros para conseguirlo.

BIBLIOGRAFÍA

Anguita Osuna, J. (2022) "La seguridad interior en la Unión Europea". Editorial Aranzadi.

Garrido Rebolledo, V. (2004) *El espacio de libertad, seguridad y justicia de la Unión Europea,* Universidad Francisco de Vitoria.

Gutiérrez Castillos, V. (2017) *El desarrollo y consolidación del espacio de libertad, seguridad y justicia de la Unión Europea: la implementación del programa de Estocolmo.* Editorial Tecnos.

SEGURIDAD ECONÓMICA EUROPEA

IGNACIO COSIDÓ GUTIÉRREZ[1]
RUBÉN FOLGUERA AGRA[2]

1. INTRODUCCIÓN

El concepto de seguridad tiene en el mundo actual múltiples dimensiones. De una seguridad entendida básicamente en términos militares hemos pasado a una seguridad que contempla también amenazas que no tienen naturaleza estatal, como el terrorismo, el crimen organizado o la inmigración ilegal, junto a nuevas dimensiones que tienen que ver con ámbitos tan diferentes como la seguridad sanitaria, alimentaria, energética o tecnológica. En este contexto, la seguridad económica ha cobrado especial relevancia en los últimos años

La seguridad económica se centra principalmente en tres ejes, identificados por el Hertie School del Delors Centre de Berlín: la defensa comercial, alinear los instrumentos económicos con los objetivos geopolíticos y generar un nivel suficiente de resiliencia económica protegiendo infraestructuras críticas, cadenas de suministro y tecnologías como pilares fundamentales del funcionamiento del sistema económico[3].

La Unión Europea ha adoptado en los últimos cinco años, con el impuso de la Comisión presidida por Úrsula von der Leyen, diversas iniciativas encaminadas a defender los intereses geoecómicos de la Unión y a garantizar lo que se define como "autonomía estratégica

---

1 Ignacio Cosidó es director del Centro para el Bien Común de la Universidad Francisco de Vitoria

2 Rubén Folguera es analista del Observatorio Económico de la UFV.

3 LEICHTHAMMER, A. (2024). *Navigating the Geoeconomic Tide: The Commission's quest for a policy compass*, en Jacques Delors Centre, 16 de abril de 2024,

abierta"[4]. En junio de 2023 se aprobó, de hecho, una ambiciosa estrategia de seguridad económica que fue ampliada en 2024 con nuevas medidas. A pesar de estos esfuerzos la Unión Europea sigue lejos de garantizar su seguridad económica.

La primera dificultad es la falta de comprensión de la Unión Europea sobre el cambio de época que estamos viviendo. Los europeos se debaten entre su querencia a preservar el mundo anterior y sus dificultades para adaptarse a la nueva realidad geopolítica. Así, a los europeos les gustaría seguir viviendo en un mundo en el que impere el libre comercio, basado en normas y capaz de responder de forma multilateral a los desafíos globales. El problema es que ese mundo ya no existe y es peligroso confundir los deseos con la realidad.

Una segunda dificultad es la divergencia entre los intereses económicos de la Unión y sus intereses de seguridad. La Unión Europea es una potencia comercial netamente exportadora a la que le interesa seguir manteniendo abiertos los mercados de sus rivales estratégicos, pero al mismo tiempo quiere reducir riesgos y dependencias. Alcanzar ese difícil equilibrio por el que apuesta la Unión es a veces imposible. Como señalaba recientemente el expresidente del Banco Central Europeo, Mario Draghi, "otras regiones ya no siguen las reglas del juego y están desarrollando activamente políticas para reforzar su posición competitiva ... En el mejor de los casos, estas políticas pretenden reorientar la inversión hacia sus propias economías a expensas de la nuestra; en el peor, están diseñadas para hacernos permanentemente dependientes de ellas"[5].

El tercer problema es institucional. La política comercial en la Unión Europea es una política común que se encuentra en manos de la Comisión Europea. Por el contrario, la política de seguridad es una política intergubernamental en el que los Estados miembros siguen teniendo todo el poder. En la medida en que la seguridad económica exige una coordinación entre la política económica y la política de seguridad, plantea disfunciones importantes en la toma de

---

4 TOCCI, N. *European strategic autonomy: what it is, why we need it, how to achieve it*, 2021, en IAI [online]. Disponible en: https://www.iai.it/sites/default/files/9788893681780.pdf

5 Conferencia de Alto Nivel sobre el Pilar Europeo de Derechos Sociales, Bruselas, 16 de abril de 2024.

decisiones. Para complicar las cosas, las competencias relacionadas con la seguridad económica se encuentran actualmente divididas en las direcciones generales de Comercio (DG TRADE), Competencia (DG COMP), Mercado Interior e Industria (DG GROW) y el Servicio Europeo de Acción Exterior (SEAE) dentro de la propia Comisión, sin que exista por el momento órgano de coordinación alguno.

Una última complicación es la divergencia de percepciones que encontramos entre ambas orillas del Atlántico referidas a la seguridad económica. Para los europeos la seguridad económica está diferenciada de la estrategia de seguridad nacional, mientras que para los Estados Unidos la seguridad económica es parte de la seguridad nacional. Así, los europeos distinguen entre amenazas económicas, como la estrategia de China para dominar industrias clave a través de prácticas comerciales desleales, y las de seguridad nacional, como por ejemplo, la tecnología de aplicación militar que cae en manos de potencias rivales. Para los europeos, la seguridad nacional debe seguir siendo un asunto estrecho y preciso, mientras que Washington adopta una visión más expansiva de la seguridad nacional que tiende a abarcar porciones mucho más grandes de transacciones económicas y tecnológicas. "Esta diferencia es importante porque el enfoque de seguridad nacional más contundente de Estados Unidos pone a Europa en una situación difícil para uno de sus intereses fundamentales, que es mantener la apariencia de un orden comercial internacional que permita medidas de seguridad nacional como excepciones a las reglas"[6].

En el presente capítulo repasaremos el cambio de época que estamos viviendo y que condiciona de forma decisiva la posición geoeconómica de la Unión Europea, pasaremos revistas a los avances realizados en los últimos años para mejorar nuestra seguridad económica y terminaremos con algunas recomendaciones sobre como avanzar en el futuro.

---

6 GEHRKE, T. *Afilar las armas económicas para la próxima: qué nos ha enseñado la guerra de sanciones a Rusia*, El Confidencial, 8 de abril de 2023

2. EL CAMBIO DE ÉPOCA

Durante los últimos años hemos asistido a la configuración de un escenario global caracterizado por una creciente incertidumbre, una inseguridad generalizada y la sucesión, cada vez con mayor frecuencia, de graves fenómenos adversos que afectan a la vida ciudadana. Este contexto, marcado recientemente por la pandemia del coronavirus, la tensión inflacionaria, la invasión de Ucrania y, ahora, la guerra en Gaza, ha sido calificado de "permacrisis", término que "encarna perfectamente la sensación vertiginosa de pasar de un evento sin precedentes a otro"[7] y que el Collins English Dictionary define como "un período prolongado de inestabilidad e inseguridad, especialmente uno resultante de una serie de eventos catastróficos".

Sin embargo, esta situación de incertidumbre e inseguridad refleja una realidad más profunda: se está produciendo un cambio de época, lo cual implica una transformación previa del pensamiento, la ciencia, el sistema económico, la sociedad y los sistemas políticos[8]. Este cambio viene provocado por la crisis del orden liberal, que socava el aperturismo económico, las instituciones multilaterales, las normas internacionales, la cooperación en el ámbito de la seguridad y la solidaridad democrática, dando paso a diferentes combinaciones de elementos nacionalistas y proteccionistas junto a esferas de influencia y proyectos de hegemonías regionales[9]. El cambio de posición de Estados Unidos, que parece haber renunciado a su estatus de potencia hegemónica mundial, y el cuestionamiento del orden democrático, que se ve afectado por una crisis de gobernanza y legitimidad, son muestras evidentes de todo ello.

Del mismo modo, este proceso se está viendo acelerado por los cambios que está impulsando la cuarta revolución industrial y el desarrollo tecnológico, que está modificando nuestra forma de vivir,

---

7 WRIGHT, S. *A year of 'permacrisis*, Collins Dictionary Language Blog, 1 de noviembre de 2022, https://blog.collinsdictionary.com/language-lovers/a-year-of-permacrisis/

8 PORTERO, F. *De una época en cambio a un cambio de época*, 2017, Conferencia de clausura del Executive MBA Escuela de Negocios UFV-ADEN

9 IKENBERRY, J. *La crisis del orden liberal mundial*, en *CIDOB Barcelona Centre for International Affairs*, 2018 https://www.cidob.org/ca/articulos/anuario_internacional_cidob/2017/la_crisis_del_orden_liberal_mundial

trabajar y relacionarnos. Así, están surgiendo nuevos modelos de negocio y se están remodelando los sistemas de producción, consumo, transporte y entrega[10]. Sin embargo, si algo diferencia a esta cuarta revolución industrial de las anteriores es la irrupción de la Inteligencia Artificial (IA) y la computación cuántica, que se distancia de las demás tecnologías en la medida en que aumenta la potencia de cómputo, y por la gran disponibilidad de datos que implica[11]. Esta revolución tecnológica tiene implicaciones importantes para la seguridad nacional, la fuerza de trabajo, los sesgos propios de la IA, nuestra capacidad para comprender y explicar sus procesos, la privacidad de los datos, la desinformación —y la manipulación mediante instrumentos como las noticias falsas o *deepfakes*—, la rendición de cuentas y la propiedad intelectual[12]. De hecho, en materia de seguridad y defensa, dadas las características de las sociedades actuales y la gran cantidad de recursos disponibles, esta nueva realidad implica que las amenazas del exterior dependen también de los riesgos informáticos y tecnológicos que podrían llegar a desestabilizar las sociedades de distintas formas, como la injerencia en los procesos electorales o los ataques a la gobernanza de un país[13].

El mundo se adentra así en un nuevo escenario de competencia entre grandes potencias, en el que se están produciendo cambios en el equilibrio de poder a nivel global. Las potencias emergentes muestran su intención de disputar la supremacía occidental y se multiplican los conflictos como consecuencia de este choque[14]. Especialmente preocupantes para el orden político y económico occidental resultan las pretensiones de Rusia y China. Por un lado, el

---

10 SCHWAB, K. *La cuarta revolución industrial, Debate.* 2017

11 Idem

12 NEILL, B. y HALLMARK, J. *Eight AI-related US policy issues for boards and management to consider*, Ernst & Young, 21 de septiembre de 2023, https://www.ey.com/en_us/insights/public-policy/ai-policy-landscape

13 VAN WEEL, D. *Los nuevos retos de seguridad en un panorama estratégico cambiante*, Cuadernos de estrategia, (211), 2022, pp. 57-69

14 COSIDÓ, I. *Estrategias para un cambio de época*, en Instituto Español de Estudios Estratégicos, *Estrategias de Seguridad Nacional: La competencia entre grandes potencias*, 2023, pp. 325-338, Documento de Investigación, https://www.ieee.es/Galerias/fichero/docs_investig/2023/DIEEEINV02_2023_EstrategiasdeSeguridad.pdf

régimen de Putin está mostrando su intención de volver a ocupar un papel relevante en las relaciones internacionales y ganar parte de la influencia perdida. Así, desde 2014 ha centrado especialmente sus esfuerzos en reconstruir su capacidad militar y recuperar sus esferas de influencia, especialmente con la guerra en Ucrania. La invasión de este país por parte de Rusia ha obligado a redefinir las estrategias de seguridad en todo el mundo y aumentar el gasto militar ante el riesgo de una escalada que conduzca a un conflicto a gran escala. Por su parte, China constituye el principal rival de Estados Unidos. Si China vence en esta competencia entre grandes potencias surgiría un nuevo orden donde Occidente perdería su supremacía, las instituciones multilaterales serían una expresión de la nueva jerarquía, las normas responderían a los intereses de estas nuevas potencias y se sustituirían la economía de mercado y la democracia por un sistema económico altamente intervenido y un sistema político autocrático[15]. Sin embargo, algunos analistas han indicado que el conflicto entre China y Estados Unidos, en realidad, no es un conflicto existencial en tanto que esta rivalidad se estaría desarrollando dentro de un mismo sistema, advirtiendo, no obstante, de que en este contexto el resto de los países se verán obligados a tratar con ambas potencias[16].

A nivel económico, tras varias décadas en las que la integración económica experimentó un gran impulso a nivel global, el mundo ahora se enfrenta a un riesgo real de fragmentación que podría impactar sobre distintos ámbitos de la economía: las restricciones a la migración supondrían la privación de la recepción de talento, la reducción de los flujos de capital implicaría un obstáculo para la inversión extranjera y la disminución de la cooperación pondría en peligro los suministros[17]. En este sentido, lo cierto es que después

---

[15] COSIDÓ, I. *Estrategias para un cambio de época*, en Instituto Español de Estudios Estratégicos, *Estrategias de Seguridad Nacional: La competencia entre grandes potencias*, 2023, pp. 325-338, Documento de Investigación, https://www.ieee.es/Galerias/fichero/docs_investig/2023/DIEEEINV02_2023_EstrategiasdeSeguridad.pdf

[16] KAUSIKAN, B. *Navigating the New Age of Great-Power Competition*, Foreign Affairs, 11 de abril de 2023, https://www.foreignaffairs.com/united-states/china-great-power-competition-russia-guide

[17] AIYAR, S. y CHEN, J. et al *Geoeconomic Fragmentation and the Future of Multilateralism*, Fondo Monetario Internacional, 15 de enero de 2023, https://www.imf.

de la crisis de 2007 la globalización ha tendido a la desaceleración, se ha incrementado el descontento contra el propio proceso globalizador —que, por su parte, ha alimentado el populismo y la tensión comercial—, han crecido las grietas del orden económico mundial como consecuencia de la pandemia y la guerra de Ucrania, aumenta el proteccionismo debido a las tensiones geopolíticas y la atención de las empresas se dirige cada vez más a garantizar la resiliencia de las cadenas de suministros[18].

Como consecuencia de todo ello, los análisis de riesgos globales identifican elementos tan dispares, pero en buena medida interrelacionados, como la desinformación, los eventos climáticos extremos, la polarización social, la ciberseguridad, los conflictos armados entre Estados, la falta de oportunidades económicas, la crisis inflacionaria, la migración involuntaria, la recesión económica o la contaminación[19]. Por tanto, la respuesta por parte de los poderes públicos debe ser planteada desde una visión transversal que integre todos estos aspectos fundamentales del mundo actual, por lo que toda estrategia de seguridad económica deberá tener en cuenta estos elementos en conjunto.

3. LA UNIÓN EUROPEA Y SU GIRO HACIA EL PROTECCIONISMO

Los dos elementos que han provocado definitivamente un cambio en el enfoque de la Unión Europea respecto de la seguridad económica han sido la pandemia de coronavirus y la invasión de Ucrania por parte de Rusia, pues "ambas mostraron a la ciudadanía, con tremenda dureza, que la interdependencia puede volverse un arma arrojadiza"[20]. Así se señala, de hecho, en la Estrategia Europea de

---

org/en/Publications/Staff-Discussion-Notes/Issues/2023/01/11/Geo-Economic-Fragmentation-and-the-Future-of-Multilateralism-527266

18 Idem

19 WORLD ECONOMIC FORUM. *The Global Risks Report 2024, World Economic Forum*, 2024, https://www3.weforum.org/docs/WEF_The_Global_Risks_Report_2024.pdf

20 ARNAL, J. y FEÁS, E. et al. *El modelo económico europeo ante el retorno de la geopolítica: diagnóstico y propuesta de reforma* (Informe nº 33), Real Instituto Elcano, 2024,

Seguridad Económica de 2023 al poner de relieve que la pandemia demostró que la concentración de las cadenas de suministros suponía graves riesgos y que la guerra de Ucrania hizo evidente las limitaciones estratégicas de la Unión Europea debido a la dependencia respecto de un solo país[21].

La Unión Europea ha comenzado así a plantearse un objetivo de lograr una mayor autonomía estratégica y la necesidad de emprender un proceso de *de-risking* —reducir los riesgos derivados de la interdependencia económica[22]—. De este modo, lo que estaría tratando de hacer la Unión Europea sería posicionarse como un bloque geopolítico[23], habiendo llegado incluso a politizar la economía[24]. Precisamente por esto, el planteamiento de la Unión Europea al respecto ha comenzado a dar una mayor importancia a la seguridad económica, la autonomía energética, la resiliencia de las cadenas de suministro y la supremacía tecnológica frente a los mercados abiertos y el aumento de la eficiencia. Esto ha motivado que algunos analistas indiquen que este nuevo planteamiento en relación con la gestión de la economía global estaría acercándose a un neomercantilismo en el que la política comercial se volvería más proteccionista y el Estado intervendría más activamente sobre la economía[25].

---

https://www.realinstitutoelcano.org/informes/el-modelo-economico-europeo-ante-el-retorno-de-la-geopolitica-diagnostico-y-propuestas-de-reforma/

21 COMISIÓN EUROPEA. *Un enfoque de la UE para la mejora de la seguridad económica, Comunicado de Prensa*, 20 de junio de 2023, https://ec.europa.eu/commission/presscorner/detail/es/IP_23_3358

22 ARNAL, J. y FEÁS, E. et al. *El modelo económico europeo ante el retorno de la geopolítica: diagnóstico y propuesta de reforma* (Informe nº 33), Real Instituto Elcano, 2024, https://www.realinstitutoelcano.org/informes/el-modelo-economico-europeo-ante-el-retorno-de-la-geopolitica-diagnostico-y-propuestas-de-reforma/

23 BENSON, E., STEINBERG, F. y ÁLVAREZ-ARAGONÉS, P. *The European Union's Economic Security Strategy Update*, Center for Strategic and International Studies, 26 de enero de 2024. https://www.csis.org/analysis/european-unions-economic-security-strategy-update

24 LAU, S. *EU's economic security plans take aim at China*, Político, 23 de enero de 2024 https://www.politico.eu/newsletter/china-watcher/eus-economic-security-plans-take-aim-at-china/

25 ARNAL, J. y FEÁS, E. et al *El modelo económico europeo ante el retorno de la geopolítica: diagnóstico y propuesta de reforma* (Informe nº 33), Real Instituto Elcano, 2024, https://www.realinstitutoelcano.org/informes/el-modelo-economico-europeo-ante-el-retorno-de-la-geopolitica-diagnostico-y-propuestas-de-reforma/

Así, la Unión Europea ha pasado de trabajar en su seguridad económica analizando los casos de forma aislada a tratar de buscar una sistematización general del problema. Por ello, actualmente se está desarrollando una nueva generación de instrumentos para garantizar la seguridad económica de los países miembros, incluyendo el control de las inversiones extranjeras, reglamentos sobre las tecnologías de doble uso y un reglamento sobre protección de datos[26]. Sin embargo, la primera ocasión en la que la Unión trató de desarrollar una normativa para el control de las inversiones extranjeras fue en el año 2013 —aunque esta iniciativa fracasaría—. Entre los años 2015 y 2016, como consecuencia del debate mantenido en la Unión sobre la economía china, se comenzaron a modificar las normas *antidumping*[27]. Finalmente, en gran medida debido a la adquisición de China de la empresa Kuka Robotics en Alemania en 2016[28], en el año 2019 la Unión Europea aprobó el reglamento para el control de las inversiones extranjeras directas en la Unión, aplicado desde el 11 de octubre de 2020. Del mismo modo, ya en 2019 se llegaron a aprobar hasta quince controles de inversiones extranjeras y, desde 2020, la Comisión ha redactado al respecto tres informes en los que cada vez muestra con mayor claridad su intención de articular una estrategia de seguridad económica integral y de establecer detalladamente los elementos clave de la misma, sus objetivos y las acciones derivadas de ella[29].

Por otro lado, con el fin de "garantizar el correcto funcionamiento del mercado interior, aspirando al mismo tiempo a alcanzar un nivel elevado de ciberseguridad, ciberresiliencia y confianza dentro de la Unión", en abril de 2019 la Comisión promulgó el Reglamento sobre

---

26 GODEMENT, F. *Making European Economic Security a Reality March*, Institut Montaigne, 2024, https://www.institutmontaigne.org/en/publications/making-european-economic-security-reality

27 Idem

28 BENSON, E., STEINBERG, F. y ÁLVAREZ-ARAGONÉS, P. *The European Union's Economic Security Strategy Update*, Center for Strategic and International Studies, 26 de enero de 2024. https://www.csis.org/analysis/european-unions-economic-security-strategy-update

29 GODEMENT, F. *Making European Economic Security a Reality March*, Institut Montaigne, 2024, https://www.institutmontaigne.org/en/publications/making-european-economic-security-reality

la Ciberseguridad. Asimismo, en 2019 la Comisión propuso una Directiva para exigir a las grandes empresas —aquellas que registraran una facturación neta de más de 300 millones de euros en la UE— la vigilancia de sus cadenas de suministro y las de sus proveedores para evitar los ataques contra los derechos humanos y el medio ambiente, la cual, no obstante, permanece suspendida[30].

Asimismo, en septiembre de 2022 se propuso un Reglamento de Ciberresiliencia —que ya se anunció en la Estrategia de Ciberseguridad de la UE de 2020 y que complementaría la Directiva NIS2— con el objetivo de proteger a los consumidores y las empresas en el empleo de productos y software que integraran componentes digitales al introducir una serie de requisitos obligatorios de ciberseguridad para los fabricantes y minoristas de dichos productos[31]. En 2022 también se aprobaron el Reglamento de Servicios Digitales y el Reglamento de Mercados Digitales para impulsar la creación de un espacio digital más seguro en Europa, los cuales se han comenzado a aplicar en 2024[32].

Por otra parte, la Unión Europea también está implementando otras medidas de carácter regulatorio para garantizar la seguridad económica de los Estados miembros. Así, en octubre de 2023 se adoptó el Instrumento Anticoerción con el fin de disuadir a otros países contra la coerción económica y facilitar el desarrollo de medidas como respuesta[33] (Ministerio de Economía, Comercio y Empresa, 2023). Previamente, en abril de 2023, la Comisión había propuesto un Reglamento de Cibersolidaridad para mejorar la capacidad a nivel comunitario de preparación, detección y respuesta frente a incidentes de ciberseguridad[34].

---

30 Idem

31 CONSEJO EUROPEO. (10 y 11 de marzo de 2022). *Declaración de Versalles. Reunión informal de los jefes de Estado o de Gobierno*, https://www.consilium.europa.eu/media/54800/20220311-versailles-declaration-es.pdf

32 GODEMENT, F. *Making European Economic Security a Reality March*, Institut Montaigne, 2024, https://www.institutmontaigne.org/en/publications/making-european-economic-security-reality

33 Idem

34 Idem

En marzo de 2023, la Comisión Europea presentó una propuesta para la Ley Europea de Materias Primas Fundamentales con la que se pretende reforzar la autonomía estratégica de la Unión Europea en sus cadenas de suministro de materias primas. Para ello, se planteaban diferentes objetivos en un horizonte del año 2030 que pasaban por aumentar la capacidad de los países europeos para extraer, procesar y reciclar estas materias primas estratégicas y diversificar las importaciones[35].

No obstante, el principal hito que se logró en el año 2023 en relación con la seguridad económica, fue la aprobación de la Estrategia Europea de Seguridad Económica en el mes de junio, mediante la cual se buscaba "proteger la seguridad económica de la UE y reforzar la resiliencia de nuestra economía, trabajando al mismo tiempo para garantizar el mantenimiento y el refuerzo de nuestra ventaja tecnológica"[36]. Esto implicaba impulsar la inversión destinada a la potenciación de la competitividad de la UE, impulsar la diversificación de sus cadenas de suministro y responder a las prácticas de coerción económica, tratando, además, de evitar la fuga de tecnologías emergentes que pudieran ser sensibles y de otros productos susceptibles de ser empleados con un doble uso hacia países en los que se combinan lo civil y lo militar[37]. De este modo, en la Estrategia se identifican cuatro grandes categorías de riesgos para la seguridad económica de la Unión Europea: los riesgos para la resiliencia de las cadenas de suministro (como los aumentos de precios o la escasez de productos críticos o insumos), los riesgos para la seguridad física y cibernética de las infraestructuras críticas (como los riesgos de sabotaje de infraestructuras críticas, como los gasoductos o los cables submarinos), los riesgos relacionados con la seguridad tecnológica y la fuga de tecnología (como los riesgos para la competitividad tec-

---

35 SCHULZE, M. *Security of Supply in Times of Geo-economic Fragmentation: Enhancing the External Dimension of the EU's Raw Materials Policy*. German Institute for International and Security Affairs, 2024 https://www.swp-berlin.org/10.18449/2024C15/

36 COMISIÓN EUROPEA. *Estrategia Europea de Seguridad Económica*. Comunicación conjunta al Parlamento Europeo, al Consejo Europeo y al Consejo. EUR-Lex, 20 de junio de 2023. Disponible en: https://eur-lex.europa.eu/legal-content/ES/TXT/PDF/?uri=CELEX:52023JC0020

37 Idem

nológica de la UE o el acceso de ciertas tecnologías) y los riesgos de militarización de las dependencias económicas y la coerción económica (como el riesgo de que se produzcan ataques de terceros países contra la UE, los países miembros y sus empresas mediante medidas que afecten al comercio o la inversión)[38].

Las prioridades de la Unión sobre las que se basa la Estrategia son, principalmente, tres: promover la propia competitividad europea con el fin de impulsar la resiliencia de la economía y las cadenas de suministro —además de reforzar la innovación y la industria, al mismo tiempo en que se proteja la economía social de mercado—, protegerse ante los riesgos económicos para la seguridad económica y asociarse con el mayor número de países que comparten los mismos intereses y preocupaciones respecto de la seguridad económica. Esto fue reafirmado en la Declaración de Versalles, donde se convino en "la necesidad de reforzar la resiliencia y la soberanía europeas en ámbitos como la energía, la salud y los productos farmacéuticos, la seguridad alimentaria y la defensa"[39] y en la que se abordan tres dimensiones clave: el refuerzo de las capacidades de defensa europeas, la reducción de la dependencia energética y el desarrollo de una base económica más sólida[40].

Posteriormente, en enero de 2024, la Comisión anunció un paquete de cinco nuevas medidas con el objetivo de avanzar en la aplicación de la Estrategia de Seguridad Económica, las cuales formaban parte de un enfoque que se estructuraba en torno a los tres pilares ya mencionados de la Unión en relación con la seguridad económica[41]. Así, considerando a China como el elemento más desafiante actualmente —aunque no señala directamente a ningún país concreto como amenaza—, además de Rusia, Irán o el posible viraje de Estados Unidos en política exterior tras las elecciones presidenciales de 2024,

---

38 Idem

39 Idem

40 CONSEJO EUROPEO. *Declaración de Versalles. Reunión informal de los jefes de Estado o de Gobierno*, 10 y 11 de marzo de 2022. Disponible en: https://www.consilium.europa.eu/media/54800/20220311-versailles-declaration-es.pdf

41 COMISIÓN EUROPEA. (24 de enero de 2024). *Commission proposes new initiatives to strengthen economic security*. Comunicado de prensa. Disponible en: https://ec.europa.eu/commission/presscorner/detail/en/ip_24_363

desde la Unión Europea se trató de articular con mayor detalle los objetivos políticos señalados en la Estrategia de junio de 2023[42]. De este modo, se buscó reforzar la protección de la seguridad y el orden público de la Unión mejorando el control de la inversión externa entrante, fomentando una mayor coordinación en relación con las exportaciones, poniendo en marcha procesos de consulta con los Estados miembro y las partes interesadas para identificar los riesgos relacionados con las inversiones salientes en determinadas tecnologías e incrementar el apoyo y la protección a la investigación[43]. Para ello, este paquete de nuevas medidas incluyó reforzar el control de las inversiones extranjeras, supervisar y evaluar los riesgos de las inversiones salientes, desarrollar un control más eficaz de las exportaciones de productos de doble uso, aumentar el apoyo a la investigación y el desarrollo de tecnologías con potencial de doble uso y aumentar la seguridad de la investigación en toda la UE[44]. También se trató de modificar el enfoque de la Unión en relación con la seguridad económica, favorecer la cooperación en la investigación entre las entidades civiles y militares y promover la adaptación de los programas intersectoriales que pudieran ampliar la investigación en tecnología por parte de la Unión, tratando de evitar, además, que terceros países pudieran participar de proyectos de investigación en sectores estratégicos financiados por la Unión Europea —como sería el caso de Horizonte 2020—, para lo cual se prevé la creación de un Centro Europeo de Expertos en Seguridad de la Investigación[45].

Ahora bien, la aplicación de estas medidas se enfrenta a tres grandes problemas. En primer lugar, la Comisión deberá lograr que todos

---

42 BENSON, E., STEINBERG, F. y ÁLVAREZ-ARAGONÉS, P. (26 de enero de 2024). *The European Union's Economic Security Strategy Update*, Center for Strategic and International Studies, https://www.csis.org/analysis/european-unions-economic-security-strategy-update

43 COMISIÓN EUROPEA. *Commission proposes new initiatives to strengthen economic security*. Comunicado de prensa. 24 de enero de 2024. Disponible en: https://ec.europa.eu/commission/presscorner/detail/en/ip_24_363

44 Idem

45 BENSON, E., STEINBERG, F. y ÁLVAREZ-ARAGONÉS, P. *The European Union's Economic Security Strategy Update*, Center for Strategic and International Studies, 26 de enero de 2024, https://www.csis.org/analysis/european-unions-economic-security-strategy-update

los Estados miembros sigan sus recomendaciones al respecto. En segundo lugar, la reacción de China a estas medidas puede afectar gravemente a las exportaciones europeas a su mercado. Finalmente, la aplicación de estas medidas también se verá influida por los cambios de liderazgo político y la actual tendencia política a nivel internacional. Del mismo modo, debemos tener en cuenta que la seguridad económica forma parte de la seguridad nacional, cuya regulación depende de los propios Estados miembros, por lo que sólo se aprueba un reglamento relativo al control de inversiones procedentes de terceros países[46].

El próximo movimiento de la Unión Europea en este sentido podría ser imponer unos aranceles adicionales a la importación de vehículos eléctricos procedentes de China, al sospechar que el Gobierno chino estaría llevan a cabo *dumping* al subsidiar la producción de estos vehículos[47]. Tal y como explicó la propia institución comunitaria, la Comisión ha contactado con las autoridades chinas para tratar de resolver este problema, pudiendo introducir a partir del 4 de julio de 2024 nuevos niveles de "derechos compensatorios provisionales" si estas negociaciones no llevaran a ninguna solución. Concretamente, estos aranceles adicionales serían del 17,4% para BYD, del 20% para Geely y del 38,1% para SAIC, del 21% para otros productores chinos de vehículos eléctricos que cooperaron en la investigación pero no fueron incluidos en la muestra, y del 38,1% para el resto de productores chinos que no cooperaron en la investigación[48]. En respuesta, China manifestó sus sospechas acerca de la venta de coñac de alta calidad por parte de países europeos y llegó a insinuar que podría imponer en un futuro próximo nuevas restricciones sobre los sectores

---

46 Idem

47 BERMEJO, I. *La UE sigue la estela de EE UU y amenaza con imponer aranceles de hasta el 48% a los coches eléctricos chinos a partir del 4 de julio.* La Razón. 12 de junio de 2024. Disponible en: https://www.larazon.es/economia/sigue-estela-impondra-aranceles-38-coches-electricos-chinos-partir-4-julio_2024061266697731e73ed60001601989.html

48 COMISIÓN EUROPEA. (24 de enero de 2024). *Commission proposes new initiatives to strengthen economic security.* Comunicado de prensa. Disponible en: https://ec.europa.eu/commission/presscorner/detail/en/ip_24_363

de los coches de lujo y de la carne porcina[49]. Asimismo, el portavoz del Ministerio de Relaciones Exteriores de China aseguró que su Gobierno podría tomar "todas las medidas para defender firmemente sus derechos e intereses legítimos"[50].

Finalmente, dado el contexto geopolítico que durante los últimos diez años ha marcado buena parte de las preocupaciones y las acciones de la Unión Europea en materia de seguridad económica y defensa, la Comisión ha impuesto una serie de sanciones a Rusia —que se adoptaron por primera vez en marzo de 2014 y fueron prorrogadas hasta el 15 de septiembre de 2024—, aunque también se han adoptado sanciones contra Bielorrusia (por su participación en la invasión de Ucrania), Irán (por suministrar drones a Rusia) y Corea del Norte (por suministrar armamento a Rusia). Así, estas sanciones han respondido a dos regímenes: un régimen de alcance mundial en materia de derechos humanos y un régimen específico para el país —que fue adoptado en mayo de 2024[51]—. De esta forma, habiéndose aplicado con el fin de debilitar la base económica rusa, las sanciones se han dirigido especialmente a aquellas entidades físicas, jurídicas y políticas consideradas responsables de los ataques contra los derechos humanos, la democracia y el Estado de Derecho en Rusia, así como de la represión ciudadana y política[52], incluyendo prohibiciones de viaje a ciertas personas, embargos de bienes, prohibiciones de financiar a estas personas y entidades, y restricciones comerciales contra la exportación de equipos que podrían utilizarse para la represión y de aquellas tecnologías que pudieran ser empleadas para la seguridad de la información y el control de las telecomunicaciones[53].

---

49 MONTES, L. *China, al borde de una guerra comercial por los vehículos eléctricos.* El Economista 10 de junio de 2024,. Disponible en: https://www.eleconomista.es/economia/noticias/12854664/06/24/china-al-borde-de-una-guerra-comercial-por-los-vehiculos-electricos.html

50 DE LA CAL, L. *¿Nueva guerra comercial entre China y la UE? Pekín advierte que tomará represalias por los nuevos aranceles contra sus coches eléctricos,* El Mundo 12 de junio de 2024.

51 COMISIÓN EUROPEA. *Commission proposes new initiatives to strengthen economic security.* Comunicado de prensa 24 de enero de 2024. Disponible en: https://ec.europa.eu/commission/presscorner/detail/en/ip_24_363

52 Idem

53 Idem

4. EL EURO DIGITAL

Otro de los ámbitos en los que la Unión Europea está trabajando con el pretexto de reforzar la seguridad y la resiliencia económica es el monetario y financiero. Al respecto, una de las iniciativas más importantes del Banco Central Europeo (BCE) es el desarrollo del euro digital, que sería una moneda electrónica emitida por el mismo BCE equivalente al dinero en efectivo, la cual quedaría almacenada en un monedero electrónico en un banco comercial o en un intermediario público. De acuerdo con el propio BCE, este "efectivo digital" podrá utilizarse en todos los establecimientos comerciales situados en la zona euro que acepten los pagos digitales. Además, su uso será gratuito, pues no conllevará ningún coste adicional. Asimismo, según la autoridad monetaria europea, esta moneda digital se podrá utilizar tanto en línea como fuera de línea (es decir, no será necesaria la conexión a Internet para el uso del euro digital). De este modo, el propio BCE explica que el euro digital ayudaría a hacer "una Europa más resiliente" en la medida en que ayudaría a fortalecer el sistema de pagos europeo, detallando que "mejoraría la resiliencia de Europa al garantizar la estabilidad de las transacciones y proteger el pago". Además, explica también que el desarrollo del euro digital podría ayudar a la UE a hacer frente a los desafíos geopolíticos en tanto que reduciría la dependencia de los medios de pagos no europeos, proteger y estabilizar la propia moneda y, con todo, mantener la presencia del euro en las finanzas globales.

No obstante, pese a la aparente necesidad de desarrollar una moneda digital para adaptar el sistema monetario a los nuevos avances tecnológicos, existen algunos riesgos que deben ser tenidos en cuenta. El más evidente es el problema de la privacidad, y la posible amenaza que para la misma pueda suponer este proyecto. A este respecto, el Banco Central Europeo dice estar trabajando en garantizar la privacidad de los usuarios, asegurando que el uso del euro digital fuera de línea será prácticamente igual en términos de privacidad al uso de dinero en efectivo, y que los usuarios que empleen el euro digital en línea no podrán ser identificados mediante los pagos llevados a cabo.

Asimismo, cabe cuestionarse si la instauración de un euro digital ayudará realmente a estabilizar el sistema monetario. Según explica el BCE, el euro digital tendría un valor garantizado y, de hecho, Fabio Panetta, miembro de la junta ejecutiva del BCE que supervisa su trabajo sobre el euro digital, señala que "necesitamos un activo libre de riesgo y el único que existe es la moneda del banco central". Sin embargo, la experiencia reciente nos demuestra que la existencia de una autoridad monetaria estatal no garantiza *per se* la estabilidad de precios ni el valor de la moneda. Desde principios de 2021 (un año antes de la invasión de Rusia a Ucrania) hemos asistido al mayor episodio inflacionista de las últimas décadas. Como se puede observar en la Figura 1, en noviembre de 2022 la inflación de la zona euro, medida con la variación del índice general de precios armonizado, llegó a superar el 10%. Del mismo modo, la Figura 2 (en la que se representa el tipo de cambio directo del euro con respecto al dólar) demuestra que desde el estallido de la crisis financiera del 2008 el euro ha ido perdiendo poco a poco su valor con respecto al dólar.

Desde un punto de vista psicológico, también se ha de tener en cuenta que el impulso del dinero digital puede fomentar excesivamente el consumo, lo cual tendría posteriormente efectos nocivos para toda la economía, en la medida en que la falta de ahorro socava la sostenibilidad de la misma. Algunos investigadores sostienen que los consumidores experimentan distintos grados de "dolor" en función de la forma de pago utilizada, siendo el dinero en efectivo aquel que causa un mayor impacto psicológico en tanto que el hecho de dar físicamente ese dinero hace sentir a las personas con mayor facilidad cuánto están gastando. Por el contrario, las formas de pago electrónicas (especialmente las tarjetas de crédito) incentivan el gasto debido a sesgos cognitivos que llevan a los compradores a sobreestimar su capacidad de pago futura. De este modo, podría existir una relación entre la normalización de los métodos de pago electrónicos y el aumento de la deuda de los hogares. En este sentido, se ha señalado que las nuevas monedas digitales (donde habría que situar al euro digital) podrían tener un efecto mucho mayor.

Otras de las cuestiones que se deben estudiar son los posibles efectos adversos que el desarrollo del euro digital podría tener para el conjunto del sistema financiero. El propio BCE explica que habría que establecer un límite a la cantidad de euros digitales que se podrían mantener en cada monedero digital con el fin de evitar corridas bancarias y salidas excesiva de depósitos de los bancos. Como recogía el *Financial Times*, la Federación Bancaria Europea ha alertado de que existe "un riesgo significativo para los bancos, debido al posible desplazamiento de fondos significativos que actualmente se mantienen como depósitos bancarios a cuentas/carteras digitales en euros". Con todo, se ha hablado de que este límite podría situarse en 3.000 euros por monedero.

Finalmente, no podemos ignorar tampoco que esta iniciativa ha sido cuestionada por no ser realmente necesaria en la actualidad. En un informe publicado en febrero de 2024 (cuya realización fue solicitada por la Comisión de Asuntos Económicos y Monetarios del Parlamento Europeo), el economista y profesor de la University College Dublin, Karl Whelan, expresa que, si bien este proyecto se podría justificar sobre la obligación del organismo de promover el buen funcionamiento del sistema de pagos, "no está claro cuál es el problema para el que el euro digital es una solución". Asimismo, el *Financial Times* exponía que, según Ignazio Angeloni, exfuncionario del BCE, no existen grandes fallos en el mercado que hagan necesaria una intervención de estas características. En este sentido, Whelam establece que el proyecto del euro digital debe quedarse en su etapa de planificación hasta que realmente sea evidente la necesidad económica del mismo. Por tanto, la instauración del euro digital parece más una cuestión de poder. Es posible que ante el avance de nuevos criptoactivos, basados algunos de ellos en sistemas *blockchain* descentralizados, que suponen una amenaza frente al monopolio estatal sobre la moneda, y el impulso de países como China y otros bancos centrales a sus propios proyectos de moneda digital, desde el Banco Central Europeo se pretenda, por un lado, salvaguardar su monopolio monetario y, por otro, no quedarse atrás con respecto a otros Estados en este ámbito.

Figura 1

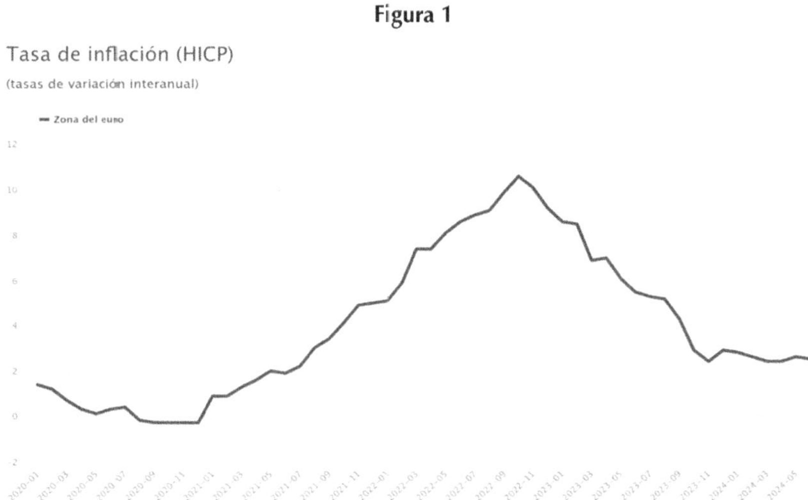

FUENTE: **https://www.ecb.europa.eu/stats/macroeconomic_and_sectoral/hicp/html/index.es.html#why**

Figura 2

FUENTE: **https://fred.stlouisfed.org/series/DEXUSEU**
https://fred.stlouisfed.org/graph/fredgraph.png?g=1qzUI

5. UN CAMINO ARRIESGADO

Como hemos señalado reiteradamente, la estrategia de seguridad económica de la Unión Europea responde principalmente a intereses y motivaciones políticas propias de un conflicto estratégico entre grandes potencias. Precisamente por eso, cabe destacar cuáles son las debilidades que presentan los países europeos, qué costes están suponiendo las acciones emprendidas por la Unión Europea en materia de seguridad económica y cuáles son los potenciales riesgos que implicaría profundizar en este nuevo camino hacia el proteccionismo.

En primer lugar, debemos tener en cuenta que el actual estado de la economía europea no es el mejor posible. Así, anto en el 'informe Letta' como en el 'informe Draghi' sobre la competitividad de la UE se alertaba de un riesgo real de desindustrialización si la estrategia no se aplicaba a nivel comunitario[54]. Además, lo cierto es que los tres países más importantes del Viejo Continente —Francia, Reino Unido y Alemania— se enfrentan, cada uno, a importantes problemas: en el país galo su independencia energética se está erosionando; Reino Unido, antiguo miembro de la Unión, está cayendo en el estancamiento, con una desigualdad en aumento y claros signos de crisis en muchos sectores —lo cual se agrava por su proceso de desconvergencia—; en el país germano está surgiendo una postura neomercantilista[55]. Pero, además, la economía europea presenta ciertas debilidades que derivan de su dependencia en siete ámbitos: dependencia energética, dependencia en materias primas, dependencia tecnológica, dependencia en las cadena de suministros, dependencia en defensa, dependencia poblacional y dependencia financiera[56].

Por otra parte, las sanciones occidentales impuestas a Rusia como consecuencia de la invasión de Ucrania están produciendo resultados ambiguos. Es cierto que estas sanciones han hecho que Rusia carezca de sus activos exteriores y de muchas tecnologías importan-

---

54 ALARCÓN, N. *La 'receta Letta' para evitar el "declive" de la UE: una política industrial de talla europea.* El Confidencial. Recuperado el 17 de abril de 2024 de https://www.elconfidencial.com/economia/2024-04-17/receta-letta-evitar-declive-union-europea-politica-industrial_3868002/

55 TYSZKA-DROZDOWSKI, K. *The State of Europe*, The American Conservative, 27 de febrero de 2023, recuperado en: https://www.theamericanconservative.com/the-state-of-europe/.

56 ARNAL, J. y FEÁS, E. et al. *El modelo económico europeo ante el retorno de la geopolítica: diagnóstico y propuesta de reforma*, Real Instituto Elcano, 2024, recuperado en: https://www.realinstitutoelcano.org/informes/el-modelo-economico-europeo-ante-el-retorno-de-la-geopolitica-diagnostico-y-propuestas-de-reforma/.

tes, pero también han podido suponer cierto aislamiento de los propios países occidentes[57]. Tampoco podemos olvidar que, con todo, la economía rusa aparentemente se está mostrando más resiliente de lo que se esperaba y que, además, el Kremlin sigue haciéndose con componentes occidentales reutilizando los aparatos tecnológicos básicos de consumo y sigue contando con ventas militares directas por parte de Irán, Corea del Norte y China[58].

Del mismo modo, la propia aplicación de las medidas acordadas en materia de seguridad económica se enfrenta a varias limitaciones. Como se ha explicado, la seguridad nacional es una prerrogativa propia de cada Estado y sólo se puede desarrollar una acción conjunta en lo relativo al control de las inversiones extranjeras. De hecho, a pesar de los esfuerzos de la Unión Europea, el hecho de que Grecia y Chipre no cuenten con un mecanismo de control podría permitir que inversiones extranjeras potencialmente peligrosas, como las procedentes de China, se introdujeran en el mercado europeo sin control[59].

Asimismo, desde la perspectiva de la Unión Europea, adoptar un enfoque completamente proteccionista puede ir en contra de sus valores e intereses. En primer lugar, porque la propia cultura económica y política europeas tiene en su base la libertad de comercio. Si la Unión Europea sigue aspirando a ser el proyecto que sirva de faro de la libertad en el mundo, y si ésta quiere seguir siendo fiel a los principios fundacionales que motivaron su creación, la aplicación de medidas proteccionista supondrá un dilema y, en muchos casos, una contradicción. En segundo lugar, debemos considerar que este enfrentamiento está siendo liderado por los propios Estados y que su

---

57 GEHRKE, T. *Afilar las armas económicas para la próxima: qué nos ha enseñado la guerra de sanciones a Rusia*, El Confidencial, 8 de abril de 2023, recuperado en: https://www.elconfidencial.com/mundo/2023-04-08/afilar-armas-economicas-guerra-sanciones-rusia_3607328/.

58 GEHRKE, T. *Afilar las armas económicas para la próxima: qué nos ha enseñado la guerra de sanciones a Rusia*, El Confidencial, 8 de abril de 2023, recuperado en: https://www.elconfidencial.com/mundo/2023-04-08/afilar-armas-economicas-guerra-sanciones-rusia_3607328/.

59 LAU, S. *EU's economic security plans take aim at China*, Político, 23 de enero de 2024, https://www.politico.eu/newsletter/china-watcher/eus-economic-security-plans-take-aim-at-china/

capacidad para mantener esta guerra a lo largo del tiempo es limitada. Por ello, la Unión Europea deberá optar entre continuar con el proyecto inicial dedicado a la paz y el crecimiento económico o tomar partido activamente en este enfrentamiento estratégico —y para ello debería renunciar a algunos sus principios fundacionales—.

Por otro lado, la Unión Europea no puede ignorar la realidad del mundo que vivimos, en que se está imponiendo una tendencia cada vez más nítida hacia el proteccionismo entre las grandes potencias, incluida la propia Unión Europea. Si bien en términos cuantitativos no existe evidencia clara de que se esté produciendo una desglobalización del comercio internacional, sí podemos observar un cambio en la política y en la opinión pública respecto de la globalización[60]. Hasta el momento, en lugar de reducirlos, la guerra comercial entre China y Estados Unidos habría redirigido los flujos comerciales[61], pero esto no impide que la tendencia hacia el proteccionismo se generalice a nivel global. De hecho, podemos afirmar que, en buena medida, las probabilidades de que esta tendencia hacia el proteccionismo aumente dependerá de la voluntad política de los estados y de la evolución de los conflictos en curso.

Podemos plantear dos posibles escenarios globales en relación con la tendencia proteccionista actual: uno en el que ésta no avance mucho más, con restricciones contra el acceso de ciertas tecnologías de doble uso, y donde el comercio internacional de otros productos se incremente; otro escenario en el que la fragmentación avance hasta el surgimiento de diferentes bloques rivales[62]. Si se diera este segundo escenario, con un proteccionismo generalizado, en términos generales el mundo podría volverse menos resiliente, podría darse un aumento de la desigualdad y habría una mayor exposición a posibles conflictos.

Aumentar la resiliencia respecto de riesgos geopolíticos podría tener varios efectos negativos colaterales. En primer lugar, disminuiría la resiliencia respecto de otro tipo de riesgos económicos. Segun-

---

60 GOLDBERG, P. H. y REED, T. *Crecen las amenazas para el comercio mundial*, Fondo Monetario Internacional, 2023, recuperado en: https://www.imf.org/es/Publications/fandd/issues/2023/06/growing-threats-to-global-trade-goldberg-reed.

61 Idem

62 Idem

do, el aumento de las restricciones al comercio mundial, que en sí mismo implicaría un incremento de la fragmentación, implicaría un aumento de los precios y, con ello, una reducción de los salarios en términos reales, un problema que en un contexto de fragmentación no podría ser solventado con la entrada de productos más baratos. De este modo, las relaciones económicas entre países podrían regirse en función del nivel de desarrollo económico de los mismos, imponiendo fuertes barreras de entrada para los países más pobres y, así, agravando el problema. Tercero, todo este proceso podría incrementar la tensión entre Estados, aumentando a su vez las probabilidades de que estallasen distintos conflictos armados[63].

6. CONCLUSIONES

La pandemia del COVID-19 y la invasión de Ucrania no solo han sacado a la Unión Europea de su letargo estratégico, sino que han modificado en buena medida la propia concepción de la seguridad europea. Por un lado, la interdependencia económica ha pasado de ser un factor de estabilidad a ser un factor de vulnerabilidad, como demuestra la utilización de la dependencia energética de Europa por parte de Rusia como un instrumento de coerción para disuadir una mayor intervención europea en la guerra de Ucrania. Por otro lado, la pandemia puso de manifiesto la vulnerabilidad de las cadenas globales de suministro y la incapacidad europea para garantizar su seguridad sanitaria ante una crisis global.

El problema es que la economía europea depende en buena medida del comercio internacional. Los esfuerzos de la Unión van por tanto encaminados a aumentar su seguridad económica sin deteriorar su comercio exterior. Esto supone una doble dificultad. Por un lado, las limitaciones a las trasferencias de determinados bienes o tecnologías por razones de seguridad pueden llevar a represalias al comercio en otros campos. Por otro, la adopción de medidas proteccionistas para asegurar una mayor resiliencia económica puede provocar un fraccionamiento del mercado, la disminución de la competitividad y un deterioro general del comercio internacional.

---

63 Idem

La Unión Europea ha desarrollado en los últimos años una amplia panoplia de instrumentos para tratar de garantizar su seguridad económica. En su conjunto estos instrumentos pueden ser útiles para la defensa de los intereses económicos de la Unión, pero es más cuestionable si servirán para afrontar los crecientes riesgos geopolíticos. En buena medida esto es consecuencia de que los instrumentos para la defensa comercial de la Unión están plenamente comunitarizados, pero las políticas de seguridad siguen en manos de los Estados que en ocasiones no tienen las mismas percepciones de seguridad ni disponen de marcos normativos comunes. Así, el control de las inversiones extranjeras en sectores sensibles para la seguridad es una responsabilidad nacional y su aplicación difiere sustancialmente de un país a otro.

Hay además una importante brecha trasatlántica en materia de seguridad económica que dificulta la eficacia de nuestra estrategia. En Estados Unidos se ha producido una expansión significativa en la identificación de sectores sensibles donde las inversiones extranjeras podrían representar una amenaza para la seguridad nacional. Los europeos, por el contrario, siguen teniendo una visión más estrecha de la seguridad nacional y se resisten a introducir mayores restricciones que puedan lastrar su crecimiento económico. El Grupo de Trabajo 8 del TTC UE-EE.UU. tiene como objetivo racionalizar la cooperación transatlántica en este frente, especialmente en lo que respecta a cuestiones tecnológicas críticas. Sería necesario establecer un marco común de seguridad económica que incluya al menos al conjunto de los países occidentales.

Una última cuestión es el coste de la seguridad económica. Lograr una mayor autonomía en sectores estratégicos como la energía, las telecomunicaciones o la propia alimentación exige de inversiones importantes. Nuevamente se abre un debate sobre si el coste de la seguridad económica debe ser comunitarizado mediante grandes programas de inversión europeos o debe mantenerse en manos de los Estados miembros. En todo caso, no está claro que Europa tenga la voluntad de asumir el coste de su propia defensa, los costes económicos que implica aumentar su autonomía estratégica, y las inversiones en bienes comunes para garantizar su seguridad económica en un mundo de creciente rivalidad y conflictividad.

BIBLIOGRAFÍA

Aiyar, S. y Chen, J. et al. (15 de enero de 2023). Geoeconomic Fragmentation and the Future of Multilateralism. Fondo Monetario Internacional. https://www.imf.org/en/Publications/Staff-Discussion-Notes/Issues/2023/01/11/Geo-Economic-Fragmentation-and-the-Future-of-Multilateralism-527266

Alarcón, N. (17 de abril de 2024). La 'receta Letta' para evitar el "declive" de la UE: una política industrial de talla europea. El Confidencial. https://www.elconfidencial.com/economia/2024-04-17/receta-letta-evitar-declive-union-europea-politica-industrial_3868002/

Arnal, J. y Feás, E. et al. (2024). El modelo económico europeo ante el retorno de la geopolítica: diagnóstico y propuesta de reforma (Informe nº 33). Real Instituto Elcano. https://www.realinstitutoelcano.org/informes/el-modelo-economico-europeo-ante-el-retorno-de-la-geopolitica-diagnostico-y-propuestas-de-reforma/

Benson, E., Steinberg, F. y Álvarez-Aragonés, P. (26 de enero de 2024). The European Union's Economic Security Strategy Update. Center for Strategic and International Studies. https://www.csis.org/analysis/european-unions-economic-security-strategy-update

Bermejo, I. (12 de junio de 2024). La UE sigue la estela de EE UU y amenaza con imponer aranceles de hasta el 48% a los coches eléctricos chinos a partir del 4 de julio. La Razón. https://www.larazon.es/economia/sigue-estela-impondra-aranceles-38-coches-electricos-chinos-partir-4-julio_2024061266697731e73ed60001601989.html

Castillo, J. I. (2022). 'Permacrisis', la nueva palabra del año. Cinco Días. https://cincodias.elpais.com/cincodias/2022/12/21/opinion/1671628529_140288.html

Comisión Europea (12 de junio de 2024). La investigación de la Comisión concluye provisionalmente que las cadenas de valor de los vehículos eléctricos de China se benefician de subvenciones desleales. Comunicado de Prensa. https://ec.europa.eu/commission/presscorner/detail/es/ip_24_3231

Comisión Europea. (2024). Ley Europea de Materias Primas Críticas. Comisión Europea. https://commission.europa.eu/strategy-and-policy/priorities-2019-2024/european-green-deal/green-deal-industrial-plan/european-critical-raw-materials-act_en

Comisión Europea. (24 de enero de 2024). La Comisión propone nuevas iniciativas para reforzar la seguridad económica. Comunicado de Prensa. https://ec.europa.eu/commission/presscorner/detail/es/ip_24_363

Comisión Europea. (24 de enero de 2024). New tools to reinforce the EU's economic security. Comunicado de Prensa. https://commission.europa.eu/news/new-tools-reinforce-eus-economic-security-2024-01-24_en

Comisión Europea. (24 de enero de 2024). Commission proposes new initiatives to strengthen economic security. Comunicado de Prensa. https://ec.europa.eu/commission/presscorner/detail/en/ip_24_363

Comisión Europea. (20 de junio de 2023). Estrategia Europea de Seguridad Económica. Comunicación conjunta al Parlamento Europeo, al Consejo Europeo y al Consejo. eur-lex.europa.eu/legal-content/ES/TXT/PDF/?uri=CELEX:52023JC0020

Comisión Europea. (20 de junio de 2023). Un enfoque de la UE para la mejora de la seguridad económica. Comunicado de Prensa. https://ec.europa.eu/commission/presscorner/detail/es/IP_23_3358

Consejo de la Unión Europea. (20 de diciembre de 2023). Reglamento de Cibersolidaridad: los Estados miembros acuerdan una posición común para reforzar las capacidades de ciberseguridad en la UE. Comunicado de Prensa. https://www.consilium.europa.eu/es/press/press-releases/2023/12/20/cyber-solidarity-act-member-states-agree-common-position-to-strengthen-cyber-security-capacities-in-the-eu/

Consejo Europeo. (2024). Sanciones de la UE contra Rusia. Consejo Europeo. https://www.consilium.europa.eu/es/policies/sanctions-against-russia/

Consejo Europeo. (10 y 11 de marzo de 2022). Declaración de Versalles. Reunión informal de los jefes de Estado o de Gobierno. https://www.consilium.europa.eu/media/54800/20220311-versailles-declaration-es.pdf

Cosidó, I. (2023). Estrategias para un cambio de época. En Instituto Español de Estudios Estratégicos, Estrategias de Seguridad Nacional: La competencia entre grandes potencias (pp. 325-338). Documento de Investigación. https://www.ieee.es/Galerias/fichero/docs_investig/2023/DIEEEINV02_2023_EstrategiasdeSeguridad.pdf

Cutler, W. y Wilson, J. et al. (2021). Responding to Trade Coercion: A Growing Threat to the Global Trading System. ASPI and Perth USAsia Centre Joint Report. https://asiasociety.org/policy-institute/responding-trade-coercion-growing-threat-global-trading-system-0

de la Cal, L. (12 de junio de 2024). ¿Nueva guerra comercial entre China y la UE? Pekín advierte que tomará represalias por los nuevos aranceles contra sus coches eléctricos. El Mundo. https://www.elmundo.es/economia/macroeconomia/2024/06/12/66696828e4d4d8c9118b4598.html

Gehrke, T. (8 de abril de 2023). Afilar las armas económicas para la próxima: qué nos ha enseñado la guerra de sanciones a Rusia. El Confidencial.

https://www.elconfidencial.com/mundo/2023-04-08/afilar-armas-economicas-guerra-sanciones-rusia_3607328/

Godement, F. (2024). Making European Economic Security a Reality March. Institut Montaigne. https://www.institutmontaigne.org/en/publications/making-european-economic-security-reality

Goldberg, P. H. y Reed, T. (junio de 2023). Crecen las amenazas para el comercio mundial. Fondo Monetario Internacional. https://www.imf.org/es/Publications/fandd/issues/2023/06/growing-threats-to-global-trade-goldberg-reed

Ikenberry, J. (2018). La crisis del orden liberal mundial. CIDOB Barcelona Centre for Internacional Affairs. https://www.cidob.org/ca/articulos/anuario_internacional_cidob/2017/la_crisis_del_orden_liberal_mundial

Kausikan, B. (11 de abril de 2023). Navigating the New Age of Great-Power Competition. Foreign Affairs. https://www.foreignaffairs.com/united-states/china-great-power-competition-russia-guide

Lau, S. (23 de enero de 2024). EU's economic security plans take aim at China. Politico. https://www.politico.eu/newsletter/china-watcher/eus-economic-security-plans-take-aim-at-china/

Leichthammer, Arthur, Navigating the Geoeconomic Tide: The Commission's quest for a policy compass, Jacques Delors Centre, 16.04.2024. https://www.delorscentre.eu/fileadmin/2_Research/1_About_our_research/2_Research_centres/6_Jacques_Delors_Centre/Publications/20240416_Geoeconomic_Toolbox_Arthur_Leichthammer.pdf

Malcolmson, S. (26 de abril de 2021). The New Age of Autarky. Foreign Affairs. https://www.foreignaffairs.com/articles/united-states/2021-04-26/new-age-autarky

Ministerio de Economía, Comercio y Empresa. (23 de octubre de 2023). El Consejo adopta un Reglamento para proteger a la UE de la coerción económica de terceros países. Nota de Prensa. https://comercio.gob.es/es-es/notasprensa/2023/paginas/reglamento-ue-coerci%C3%B3n-econ%C3%B3mica—.aspx

Moens, B., & Hanke Vela, J. (2021, diciembre 6). EU flexes geopolitical muscle with new trade weapon. *Politico*. https://www.politico.eu/article/eus-newest-trade-tool-allows-brussels-to-hit-back-hard-against-economic-blackmail/?mc_cid=80d5d54718&mc_eid=e325d04b5b

Montes, L. (2024, junio 10). China, al borde de una guerra comercial por los vehículos eléctricos. *El Economista*. https://www.eleconomista.es/economia/noticias/12854664/06/24/china-al-borde-de-una-guerra-comercial-por-los-vehiculos-electricos.html

Neill, B., & Hallmark, J. (2023, septiembre 21). Eight AI-related US policy issues for boards and management to consider. *Ernst & Young*. https://www.ey.com/en_us/insights/public-policy/ai-policy-landscape

Portero, F. (2017). De una época en cambio a un cambio de época. *Conferencia de clausura del Executive MBA Escuela de Negocios UFV-ADEN*.

Reglamento (UE) 2019/881. (2019, abril 17). Relativo a ENISA (Agencia de la Unión Europea para la Ciberseguridad) y a la certificación de la ciberseguridad de las tecnologías de la información y la comunicación y por el que se deroga el Reglamento (UE) nº 526/2013 ("Reglamento sobre la Ciberseguridad"). *D.O. No. L 151*. https://eur-lex.europa.eu/legal-content/ES/TXT/?uri=celex%3A32019R0881

Reglamento (UE) 2019/452. (2019, marzo 19). Para el control de las inversiones extranjeras directas en la Unión. *D.O. No. L 79I*. https://eur-lex.europa.eu/legal-content/ES/TXT/PDF/?uri=CELEX:32019R0452

Reglamento (UE) 2022/2065. (2022, octubre 19). Relativo a un mercado único de servicios digitales y por el que se modifica la Directiva 2000/31/CE (Reglamento de Servicios Digitales). *D.O. No. L 277*. https://eur-lex.europa.eu/legal-content/ES/TXT/?uri=celex%3A32022R2065

Reglamento (UE) 2019/1020. (2022, septiembre 15). Relativo a los requisitos horizontales de ciberseguridad para los productos con elementos digitales y por el que se modifica el Reglamento. https://eur-lex.europa.eu/legal-content/EN/TXT/?uri=celex:52022PC0454

Reglamento (UE) 2022/1925. (2022, septiembre 14). Sobre mercados disputables y equitativos en el sector digital y por el que se modifican las Directivas (UE) 2019/1937 y (UE) 2020/1828 (Reglamento de Mercados Digitales). *D.O. No. L 265*. https://eur-lex.europa.eu/legal-content/ES/TXT/?uri=celex:32022R1925

Schulze, M. (2024). Security of supply in times of geo-economic fragmentation: Enhancing the external dimension of the EU's raw materials policy. *German Institute for International and Security Affairs*. https://www.swp-berlin.org/10.18449/2024C15/

Schwab, K. (2017). *La cuarta revolución industrial*. Debate.

Steinberg, F. (2024, febrero 5). La Unión Europea apuntala su seguridad económica. *Real Instituto Elcano*. https://www.realinstitutoelcano.org/comentarios/la-union-europea-apuntala-su-seguridad-economica/

Tocci, N. (2021). *European strategic autonomy: What it is, why we need it, how to achieve it*. IAI. https://www.iai.it/sites/default/files/9788893681780.pdf

Tyszka-Drozdowski, K. (2023, febrero 27). The state of Europe. *The American Conservative*. https://www.theamericanconservative.com/the-state-of-europe/

van Weel, D. (2022). Los nuevos retos de seguridad en un panorama estratégico cambiante. *Cuadernos de estrategia*, (211), 57-69.

World Economic Forum. (2024). *The Global Risks Report 2024*. World Economic Forum. https://www3.weforum.org/docs/WEF_The_Global_Risks_Report_2024.pdf

Wright, S. (2022, noviembre 1). A year of 'permacrisis'. *Collins Dictionary Language Blog*. https://blog.collinsdictionary.com/language-lovers/a-year-of-permacrisis/

Zornoza, M. (2024, febrero 22). Un ojo en las armas, el otro en la industria: Las claves del nuevo modelo de seguridad de la UE. *El Confidencial*. https://www.elconfidencial.com/mundo/2024-02-22/un-ojo-en-las-armas-el-otro-en-la-industria-las-claves-del-nuevo-modelo-de-seguridad-de-la-ue_3835057/

HACIA UNA INTELIGENCIA EUROPEA

BEATRIZ MÉNDEZ DE VIGO[1]

1. INTRODUCCIÓN

En los últimos años la Unión Europea (UE) ha tenido que hacer frente a una tipología diversa de riesgos y amenazas; algunas ya tradicionales como el terrorismo, la inmigración ilegal, la proliferación nuclear…; otras de más reciente aparición como los ciberataques o las operaciones de desinformación, alguna inimaginable hasta su irrupción como la COVID-19 (la peor crisis sanitaria a nivel mundial desde la pandemia de la Gripe de 1918) y, por último, la invasión rusa de Ucrania en 2022, el mayor ataque militar convencional en suelo europeo tras la Segunda Guerra Mundial.

Todos estos acontecimientos han reabierto un debate a nivel de opinión pública y a nivel político no solo sobre medidas a adoptar con el fin de conseguir una mayor seguridad ante estas crisis sino también la discusión de cómo incrementar las capacidades de la Unión Europea para poder mantener un rol de liderazgo y de actor internacional de primer orden ante el complejo panorama mundial, ya presente, y el que se intuye para un futuro próximo.

Y ese debate nos lleva a examinar la política de seguridad y defensa y, centrando aún más este capítulo, el papel de la inteligencia y de los servicios como instrumento esencial para el logro de esa seguridad.

En mi opinión el primer punto a definir sería qué establecen los Tratados de la Unión Europea al respecto; es decir, el marco legal que los líderes políticos europeos aprobaron para este pilar.

---

1 Exsecretaria General del Centro Nacional de Inteligencia (2012-2017).

El segundo, analizar en virtud del punto anterior los organismos o agencias formales o informales de intercambio de información e inteligencia creadas, qué funciones les han sido encomendadas y cuál ha sido su evolución en estos años para concluir si lo que existe en este ámbito es suficiente para hacer frente a las amenazas actuales. Y, por último, si la respuesta a esta cuestión fuera negativa, reflexionar sobre si es necesario avanzar en el desarrollo de una inteligencia más potente al servicio de Bruselas, es decir, si ha llegado el momento de dar un paso adelante en cuyo caso se abrirían dos opciones: un reforzamiento de la cooperación o, un tema muy debatido desde hace tiempo, la creación de un servicio de inteligencia de la Unión Europea.

2. MARCO JURÍDICO

A diferencia de un Estado que según la definición clásica de un constitucionalista inglés "lo puede hacer todo salvo convertir a un hombre en una mujer" (tema hoy sujeto a revisión), hay que partir del principio de que la Unión Europea solo puede ejercer aquellas competencias o poderes que le hayan sido previamente transferidos.

De ello se infiere que el debate sobre qué competencias puede ejercer la UE y cuáles los Estados miembros sea una de las cuestiones clave de cualquiera de los Tratados cuya razón de ser estriba en regular las relaciones entre la instancia supranacional y sus partes componentes.

La última gran reforma de los Tratados Europeos fue precedida por una gran Convención en la que durante dos años (2002-2004) Gobiernos, Comisión Europea, diputados europeos y nacionales debatieron sobre la mejor manera de acomodar la Europa de aquel momento a una nueva época que ya se vislumbraba y, de ahí, surgió el Tratado de Lisboa, en vigor desde diciembre de 2009.

El Tratado recoge que la política común de seguridad y defensa (PCSD) forma parte integral de la política exterior y de seguridad (PESC) de la UE y afirma que la PCSD es el principal marco político a través del cual los Estados miembros pueden desarrollar una cultura estratégica europea de seguridad y defensa, abordar juntos los conflictos y fortalecer la paz y la seguridad internacionales.

Más concretamente, el funcionamiento de la PCSD se explica en el Título V (Disposiciones generales relativas a la acción exterior de la Unión y disposiciones específicas relativas a la política exterior y de seguridad común), capítulo 2, sección 2. Esta última consta de cinco artículos: los artículos del 42 a 46.

En esta arquitectura legal hay que fijar la mirada en el artículo 4.2 del Tratado que establece: "La Unión respetará las funciones esenciales del Estado, especialmente las que tienen por objeto garantizar su integridad territorial, mantener el orden público y salvaguardar la seguridad nacional. En particular, la seguridad nacional seguirá siendo responsabilidad exclusiva de los Estados miembros". El enunciado no puede ser más claro ni más rotundo. A tenor de este artículo se puede afirmar que los servicios de inteligencia son una competencia exclusiva de los Estados, lo que elimina cualquier competencia legislativa de las instituciones de la UE en esta materia, siendo los Estados los únicos competentes para regular la inteligencia y establecer las relaciones de cooperación que estimen convenientes con los servicios de otros países.

Finalmente, añadir que este apartado del artículo 4.2 se incluyó a petición de los Gobiernos en la Conferencia Intergubernamental para que no hubiera ninguna duda respecto a su voluntad y determinación de excluir los servicios de inteligencia de las competencias de la Unión.

3. ESTRUCTURA DE COOPERACIÓN EN ESTE ÁMBITO DENTRO DE UNIÓN EUROPEA

El título llama un poco a engaño tras ver lo establecido en el Tratado de Lisboa y este punto simplemente trata de hacer un repaso de los organismos y agencias formales e informales que tratan información e inteligencia en la UE y de aquellas otras que, de una manera u otra, tienen establecida una conexión con la UE. Asimismo, en el caso de las primeras se examinarán las competencias que les han sido atribuidas, qué actividades desarrollan y de quién dependen. Al final, concluiremos si se acercan a lo que es o pudiera ser el embrión de un futuro servicio de inteligencia europeo.

3.1. Europol

Es la agencia comunitaria encargada de la cooperación policial y también de compartir la información obtenida por los distintos Estados de la UE en los ámbitos de terrorismo, ciberdelincuencia y crímenes diversos a escala supranacional.

Heredera del Grupo de Trevi y con sede en La Haya, se creó en 1999, aunque no sería hasta el 1 de enero de 2010 cuando adquiriera el carácter pleno de agencia de la Unión.

Responde ante el Consejo de la UE en su formación de Justicia y Asuntos de Interior (JAI).

3.2. Centro de Satélites De La Unión Europea (SATCEN)

Es una agencia de la Unión Europea cuya misión es la de generar la inteligencia procedente del resultado de análisis de imágenes por satélite con el fin de contribuir a la toma de decisiones de responsables de la UE en los ámbitos de la política exterior y de seguridad común y la política común de seguridad y defensa.

Ubicado en la Base aérea de Torrejón de Ardoz en Madrid, se fundó en 1992 como organismo de la Unión Europea Occidental y se incorporó como agencia europea el 1 de enero de 2002, basándose para esta incorporación en una Acción Conjunta del Consejo de la Unión Europea. Como objetivos principales, la Agencia tiene:

- Proporcionar información a la UE y sus estados miembros.
- Facilitar la planificación y ejecución de operaciones militares.
- Apoyar la gestión de crisis humanitarias, conflictos y desastres naturales a través de la observación internacional y el análisis de datos geoespaciales.
- Contribuir al desarrollo y la promoción de la tecnología espacial.

Los principales destinatarios de su trabajo son el Servicio Europeo de Acción Exterior y los diferentes estados de la UE, las misiones militares y civiles de la Unión, FRONTEX, así como terceros estados y organizaciones internacionales (OTAN y OSCE).

3.3. División de Inteligencia (DivInt) del Estado Mayor de la Unión Europea (EMUE)

El Estado Mayor de la Unión Europea (EMUE) es el alto mando militar que dirige las operaciones militares en el ámbito de la política común de seguridad y defensa. Forma parte del Comité Militar de la UE y depende directamente del Alto Representante de la UE para Asuntos Exteriores y Política de Seguridad y de la Secretaría General del Consejo de la Unión Europea. Lo forman generales de los estados de la UE designados por la Secretaría General del Consejo de la UE.

EL EMUE es competente para:

- Supervisar situaciones de crisis; ocuparse de los aspectos militares del planeamiento estratégico anticipado.
- Organizar y coordinar los procedimientos con los cuarteles generales nacionales y multinacionales incluidos los que la OTAN ponga a disposición de la Unión Europea.
- Programar, planificar, dirigir y evaluar los aspectos militares de los procedimientos de gestión de crisis de la Unión Europea.
- Establecer relaciones permanentes con la OTAN.
- Aceptar un equipo de enlace de la OTAN y crear una célula de la UE en el SHAPE de la OTAN.
- Contribuir a los aspectos militares de la PESD en la lucha contra el terrorismo.

3.4. Centro de Inteligencia y situación de la Unión Europea

El EU Intelligence Analysis Centre (EU INTCEN) es un organismo de la Unión que, desde enero de 2011, forma parte del Servicio Europeo de Acción Exterior (SEAE) bajo la autoridad del Alto Representante de la Unión para Asuntos Exteriores y Política de Seguridad.

La misión del INTCEN es proporcionar análisis de inteligencia, alerta temprana y punto de situación al Alto Representante, al Servicio de Acción Exterior, al Estado Mayor de la UE o a otros órganos de la Unión Europea con competencias en los ámbitos de Política Exterior y de Seguridad y Política Común de Seguridad y Defensa.

Con el establecimiento en 1999 de la Política Europea de Seguridad y Defensa, un grupo de expertos empezó a hacer análisis de situación basados en fuentes abiertas en lo que entonces se llamó Centro de Situación Conjunto (SITCEN).

Es a raíz de los atentados del 11 de septiembre de 2001 cuando el Alto Representante de la Unión, Javier Solana, decidió que el SITCEN elaborara análisis clasificados basados en contribuciones de los servicios de inteligencia de Estados miembros de la Unión Europea.

En 2002 formaban parte del SITCEN, que de esta forma se convirtió en un foro de intercambio de inteligencia, los servicios de Alemania (Bundesnachrichtendienst, BND), España (Centro Nacional de Inteligencia, CNI), Francia (Direction Génerale de la Securité Exterieure, DGSE), Italia (Servizio per le Informazioni e la Sicurezza Militare, SISMI), Países Bajos (Algemene Inlichtingen —en Veilig— eidienst, AIVD) y Reino Unido (Secret Intelligence Service, MI6).

En 2019 se organizó en dos divisiones, una de análisis de inteligencia que funciona por áreas geográficas y temáticas y otra, de apoyo y obtención por fuentes abiertas.

En ningún caso cabe calificar al INTCEN como una agencia operativa puesto que no cuenta con capacidad propia de obtención de información; de esto se encargan los Estados miembros y el INTCEN se encarga de elaborar análisis estratégicos.

Eso sí, desde su fundación, sus directores han sido responsables o han estado estrechamente vinculados con el mundo de la inteligencia. Valga como ejemplo que el director desde 2019 es José Casimiro Morgado, ex director general del Servicio de Informaciones Estratégicas de Defensa de Portugal.

3.5. El colegio de inteligencia en Europa

Es el de más reciente creación y surgió a iniciativa del Presidente de Francia, Emmanuel Macron, en el año 2017 durante un discurso que pronunció en la universidad parisina de La Sorbona.

Es en este foro donde por vez primera se propuso fundar un Colegio de Inteligencia en Europa con la finalidad de "promover el nacimiento de una cultura estratégica común y fortalecer los vínculos entre las comunidades de inteligencia de los países europeos a través de la formación y el intercambio".

A esta propuesta se sumaron varios países y así, en los días 4 y 5 de marzo de 2019 se celebró en París la primera convocatoria del Intelligence College in Europe. Acudieron 300 representantes de 66 servicios de 30 estados; los 28 de la Unión Europea (Reino Unido todavía era miembro), Suiza y Noruega. La sesión inaugural demostró que los participantes reconocían la necesidad de mejorar la relación entre las diferentes comunidades de inteligencia y fomentar el entendimiento mutuo. Y así quedó reflejado en la "Carta de Intenciones" que se firmó un año después.

Como ya se ha mencionado, al acto acudieron responsables de 30 servicios siendo 23 Estados los que suscribieron la Carta Fundacional el 26 de febrero de 2020 y, posteriormente, se incorporaron dos países más, Bulgaria y Suiza, conformando los actuales 25 miembros.

Además seis países optaron por el estatus de socio, que les permite participar en determinadas actividades universitarias y pueden llegar a ser miembros del Colegio. Los socios son, actualmente, Grecia, Irlanda, Polonia, Eslovaquia y, desde diciembre de 2023, Moldavia.

El Intelligence College in Europe o Collègue du Renseignement en Europe (sus idiomas oficiales son el inglés y el francés) se define como "un foro único donde todos los miembros de las comunidades de inteligencia nacionales pueden reunirse", que "promueve y facilita el diálogo estratégico entre las comunidades de inteligencia de los países europeos participantes, académicos, responsables de toma de decisiones a nivel nacional y europeo, para mejorar el pensamiento estratégico y el conocimiento mutuo sobre temas de interés común". Señala además que ya "existen varios foros que garantizan el intercambio de inteligencia a nivel operativo y facilitan el diálogo estratégico entre servicios de inteligencia". Pero también considera que existe margen para mejorar ese diálogo. Los 23 países firmantes dejan claro que el Colegio de Inteligencia en Europa no es una organización de defensa, no representa a la comunidad de inteligencia, no es una plataforma operativa, ni un foro de intercambio de información e inteligencia, ni un centro de formación, ni una universidad. Todas estas estructuras "ya existen y funcionan con eficacia".

El objetivo parece claro; el Colegio trata de mejorar la coordinación entre los servicios de inteligencia europeos acercándolos a la sociedad y promover una cultura estratégica común, a través de la comunicación y la formación, como elementos vehiculares.

Por último, otro de sus objetivos es sensibilizar sobre aspectos de seguridad a las autoridades de la UE.

Al frente del Colegio se encuentra un comité directivo con representantes de los Estados participantes y también una secretaría permanente que gestiona el día a día. Por España son miembros participantes el Centro Nacional de Inteligencia y el Centro de Inteligencia de las Fuerzas Armadas. La presidencia es rotatoria y actualmente corresponde a nuestro país.

3.6. Otras estructuras

Además de los anteriores, la UE cuenta con otras estructuras informales, no por ello de menor importancia y de una muy efectiva cooperación. Destaca por su relevancia el Club de Berna, un foro informal del que son miembros los servicios de interior y seguridad de países de la Unión Europea junto con los de Noruega y Suiza. Creado en 1971 colabora estrechamente tanto a nivel de directores como de expertos en intercambiar información, para afrontar de manera conjunta los riesgos y amenazas comunes. Conocido en algunos círculos como un *"black box of intelligence cooperation"* sus responsables han rechazado siempre que el Club tuviera visibilidad. Sin embargo y a raíz de los atentados del 11 de septiembre de 2001, sí decidió crear públicamente el Grupo de Trabajo Contraterrorista, más conocido por sus siglas en inglés, el CTG, como mecanismo para reforzar la cooperación entre servicios europeos, siendo en la actualidad uno de los grupos de expertos más acreditados en este ámbito. Al igual que el Club de Berna, el CTG no forma parte de las instituciones europeas pero colabora con la UE a través del INTCEN y actúa como conexión entre el Club y la Unión.

Aunque haya diversas definiciones sobre qué es inteligencia y servicios que responden a una diferente tipología, resulta evidente que ninguno de estos organismos, agencias o clubs reúne las características propias de un servicio. El Centro Nacional de Inteligencia define estos como los “organismos del Estado que tienen como misión obtener información por procedimientos propios y no alcanzables por otros organismos, y difundir inteligencia sobre riesgos y amenazas a fin de hacer posible su prevención, detección y o neutralización facilitando la toma de decisiones por el presidente y el gobierno de la nación”.

En consecuencia, y a tenor de esta definición de lo que es y hace un servicio, a todos los “examinados” les faltan elementos esenciales para poder ser considerados como tales.

Europol representa la cooperación informativa policial; SATCEN (el único que obtiene información propia) es un medio de apoyo de tipo técnico; EMUE es un Estado Mayor, un organismo de planificación y gestión; INTCEN es un organismo de fusión de inteligencia que elabora análisis estratégicos y es, además, la puerta de acceso única para la inteligencia civil dentro de las instituciones europeas y es la comunidad de servicios de inteligencia la que refuerza esta idea. Para algunos servicios se ha convertido, también, en un “centro de excelencia” en materia de inteligencia estratégica por lo que han ido adoptando la política de enviar a Bruselas a cuadros con proyección. Pretenden con ello que se familiaricen con el funcionamiento de las instituciones europeas y creen una red de contactos que puedan ser útiles en puestos futuros. Asimismo, y aunque no haya sido nunca la intención, los analistas destacados allí acaban aprendiendo de otros colegas y desarrollando conjuntamente procedimientos y prácticas que luego pueden servir de modelo para sus propias organizaciones. Finalmente, el Colegio de Inteligencia en Europa se descarta como servicio y en su Carta de intenciones ya declara que quiere ser un foro de intercambio de tipo académico con participantes procedentes de diferentes ámbitos.

Y ya entraríamos en el tercer punto que mencioné al principio de esta aportación ¿es suficiente lo que existe o es necesaria una potenciación de la inteligencia en la UE?

4. ¿HACIA UNA INTELIGENCIA EUROPEA?

El interrogante se plantea de manera natural visto que no existe un servicio de inteligencia propio de la Unión Europea. Y, aún más importante, ¿existe la voluntad política de crearlo?

De inmediato y en cadena se plantean más cuestiones:

¿Están dispuestos los Estados miembros a ceder soberanía en inteligencia a favor de una inteligencia común europea?

En el caso de que la respuesta fuera positiva, ¿habría que reformar el Tratado de Lisboa para permitir y establecer formalmente la estructura de una agencia de inteligencia europea?

¿Cómo se arbitraría en la práctica? ¿De quién dependería? ¿Qué controles habría que establecer? ¿Qué competencias y funciones le serían asignadas? ¿Qué capacidades y recursos?

Andrea Letona Barrios en "Una agencia europea de inteligencia" lista en una tabla de elaboración propia, factores a favor y en contra de la creación de una agencia europea de inteligencia.

A favor:

- Existencia de amenazas comunes.
- Fortalecimiento de la UE como actor relevante internacionalmente.
- Demanda de una respuesta conjunta a problemas globales.
- Necesidad de inteligencia para la toma de decisiones.
- Aprovechamiento de las sinergias de unos países y otros.
- Puesta a disposición común de capacidades y recursos.

En contra:

- Carácter sensible de la información.
- Diferencia en las estructuras de inteligencia nacionales.
- Diferente percepción de la amenaza por cada país.
- Diferentes intereses nacionales.
- Diferentes capacidades.
- Pérdida de relación con otros núcleos de inteligencia.
- Falta de confianza.

- Temor de los servicios pequeños a que los servicios potentes impongan su criterio y prioridades en inteligencia.

Todas las dificultades tanto de tipo político como técnicas para crear un servicio de inteligencia europeo podrían salvarse a pesar de la complejidad que, algunas, evidentemente, presentan. Y aunque han sido recurrentes las peticiones para ello (especialmente en momentos de crisis) como la controversia que siempre ha suscitado, lo cierto es que los líderes políticos no han adoptado esta decisión. Más bien, se han decidido por la otra opción más plausible que ya se contemplaba en la introducción de este capítulo, la de un reforzamiento de la cooperación que ya existe. Y, esta decisión, se plasmó en la Brújula Estratégica aprobada por el Consejo de la UE en marzo de 2022 tras la invasión de Ucrania, documento de respuesta a esa agresión y que tiene por objetivo convertir a la Unión en un proveedor de seguridad más fuerte y capaz para proteger a sus ciudadanos y contribuir a la paz y seguridad internacionales.

Supone un plan de acción que pretende ser un avance, un paso más, en la Política de Defensa y Seguridad europea y contempla, como no podría ser de otra manera, el impulso de las capacidades de inteligencia y protección de la información clasificada. Y en el terreno práctico establece la necesidad de potenciar el Single Intelligence Analysis Capacity (SIAC) formado por EU INTCEN y EUME, las dos únicas direcciones con capacidad para recibir, procesar, evaluar y producir inteligencia estratégica.

Se pretende, de esta manera, estar en las mejores condiciones para afrontar riesgos y amenazas que se están materializando con especial agresividad y que tienen por objetivo no solo a los Estados miembros de la UE, sino a las propias instituciones en Bruselas.

Lo que es evidente es que en este momento de cambio sería muy oportuno reflexionar en profundidad sobre el necesario papel que la inteligencia debe jugar para garantizar la seguridad de Europa y de sus ciudadanos.

LA NUEVA ESTRATEGIA DE LA INDUSTRIA DE DEFENSA DE LA UNIÓN EUROPEA

JOSEP BAQUÉS QUESADA[1]

1. INTRODUCCIÓN

Para desarrollar este trabajo con una óptica académica, parto de la mirada propuesta por ese viejo zorro que fue Max Weber, quien, desde hace más de un siglo, estableció las bases imperecederas de la labor del politólogo. Desde luego, en ningún caso se trata de llenar de guirnaldas de flores los argumentos del político. Aunque esa tentación exista en algunos compañeros de gremio (y no digamos en el mundo del periodismo), no deja de ser una perversión de lo que se espera del científico social. Lejos de ello, nuestra tarea, como científicos (ni políticos, ni propagandistas) es muy otra.

A saber, decirle al político a qué dios[2] está sirviendo (pues no suele ser consciente de ello); para, seguidamente, explicarle qué medios son los más adecuados para alcanzar los fines previstos; y exponer, asimismo, cuando se dé el caso, aquellos problemas que pueden dar al traste con sus legítimas ilusiones y proyectos.

Siempre me he guiado por este esquema de trabajo, que es el que debería seguir cualquier politólogo, aunque muchas veces no lo cite de modo explícito. Recojamos, en sus propias palabras, lo que no debe hacer el científico (para eso ya están los políticos):

> "Si de nuevo en este punto surge Tolstoi dentro de ustedes para preguntar que, puesto que la ciencia no lo hace, quién es el que ha de respondernos a las cuestiones de qué es lo que debemos hacer y cómo de-

---

1 Profesor de la Universidad de Barcelona, Analista del Centro de Seguridad Internacional, Universidad Francisco de Vitoria

2 Lo pongo en minúsculas porque Weber no alude a Dios, sino que lo emplea como metáfora de "ideología".

> bemos orientar nuestras vidas, o dicho en el lenguaje que hoy hemos empleado aquí, quién podrá indicarnos a cuál de los dioses hemos de servir, habrá que responder que sólo un profeta o un salvador"[3].

No tengo vocación de profeta, ni de salvador. Tenemos a unos cuantos de esos (poniéndolo siempre en minúsculas) en las instituciones europeas. Y muchos acólitos que siguen sus mensajes, ora sea por dinero, ora por convicción, otrora sea por una combinación de ambas cosas. Por mi parte, liberado de esas servidumbres, me limitaré a hacer el tipo de cosas que sí admite Weber como labor del politólogo. Cuando se afronta un tema tan serio como el que ahora nos ocupa, no podemos dejar de recordar las también sabias palabras de un comentarista (de mucho peso) del propio Weber. Así, a ojos del siempre incisivo Raymond Aron, "Max Weber no se cansaba de subrayar la distancia existente entre los proyectos de los hombres [léase, de los políticos] y las consecuencias de sus acciones"[4]. Con este espíritu en mente, pues no hay otro posible en las ciencias sociales, procederemos.

Entonces, a lo largo de las próximas páginas iremos exponiendo los avances, que no son pocos, perceptibles en la generación de una estrategia industrial de defensa de la UE. Bucearemos en sus razones; no menos que en sus objetivos; analizaremos fines y medios de dicha política. Y todo ello se hará con base en la perspectiva weberiana-aroniana que acabamos de traer a colación. Seguidamente, en otro apartado, se expondrán las vicisitudes previas de la industria de defensa europea, proponiendo ejemplos relevantes de dicho devenir. Finalmente, se plantearán algunos obstáculos previsibles, y se cerrará con unas conclusiones, breves pero incisivas, que constituyan un buen compendio de todo lo planteado a lo largo de este análisis.

---

3 Weber, Max (1997 [1919]. *El político y el científico*. Madrid: Alianza Editorial.

4 ARON, R., "Introducción", en WEBER, M., *El político y el científico*, Alianza Editorial, Madrid, 1997 [1959], pp. 9-77.

2. HACIA UNA ESTRATEGIA INDUSTRIAL DE DEFENSA PARA LA UE: OBJETIVOS Y RETOS

Recientemente, en marzo de 2024, ha sido definida la que se considera primera Estrategia Industrial de Defensa europea (EDIS, en adelante). Estrategia que pasa, indefectiblemente, por potenciar lo que se da en llamar Base Industrial y Tecnológica de la Defensa Europea (EDTIB). Una EDTIB ya existente desde tiempo atrás, pero que estaba en horas bajas, por falta de impulso, en el momento en que se inició la guerra de Ucrania.

Para ello, se ha contado con la complicidad de varias de las principales instituciones europeas, desde el Alto Representante de la UE, hasta la propia Comisión, pasando por la Agencia Europea de Defensa (EDA). Todo ello se plantea, de modo confeso, a raíz de la invasión rusa de Ucrania, y pensando en el año 2035 como horizonte mínimo. Aunque algunos expertos señalan que lo que ha pesado en la iniciativa no es solo la amenaza rusa, sino también, y mucho, la creciente desconfianza hacia los EE.UU., ante el temor a que el compromiso de la Casa Blanca con la seguridad europea cotice a la baja[5]. Se trata de una tendencia nada nueva, que ya fue anunciada, hace un cuarto de siglo, por alguno de los principales expertos mundiales en el ámbito de la geopolítica y de las relaciones internacionales[6]. Es probable que de llegar Trump al poder eso se acelere. Así lo asumen expertos estadounidenses, cuando tratan de la EDIS[7]. Pero que nadie se engañe: se trata de una tendencia estructural, en buena medida motivada por el giro hacia Asia de la agenda de la Casa Blanca, y por la creciente imposibilidad de los EE.UU. a la hora de sostener dos frentes al unísono, en caso de necesidad. Y eso es transversal a los

---

5 BERGMANN, M., DROIN, M., MARTINEZ, S., y SVENDSEN, S. O., "The European Union Charts Its Own Path for European Rearmament", Center for Strategic and International Studies, Washington DC, 2024, en https://www.csis.org/analysis/european-union-charts-its-own-path-european-rearmament.

6 MEARSHEIMER, J., *The Tragedy of Great Power Politics*, Norton & Company, New York, 2001.

7 BESCH, S., "Understanding the EU's New Defense Industrial Strategy", Carnegie Endowment for International Peace, Washington DC, 2024, en https://carnegieendowment.org/2024/03/08/understanding-eu-s-new-defense-industrial-strategy-pub-91937.

diversos inquilinos, actuales y potenciales, de la Casa Blanca. Biden ya no puede echarse atrás (aunque se muera de ganas), porque eso sería fatal, electoralmente hablando. Pero otros candidatos demócratas sí podrían, tanto como Trump.

Sea como fuere, con la guerra de Ucrania, muchos Estados europeos se han hecho conscientes de su dilatada dejación de responsabilidades en el campo estratégico y militar: stocks de equipos y municiones vacíos (o claramente insuficientes) para soportar una guerra convencional, o casi-convencional. SI bien eso es así a muchos niveles. Desde luego, en el de la guerra convencional. Pero no solo en ese.

Por lo que la nueva apuesta europea tiene dos características remarcables. A saber, en primer lugar, no es una mera reacción cortoplacista o *ad hoc*. De eso ya hubo mucho en las primeras fases de la guerra de Ucrania (recordemos EDIRPA Y ASAP)[8]. Por el contrario, esta vez ya se aspira a contener una visión a largo plazo, cuyo horizonte vaya más allá de la próxima década[9]. Además, en segundo lugar, aspira a dar respuestas en un espectro muy amplio de los conflictos potenciales: guerras híbridas, ciberguerra, guerra de la información, etc (ídem). Todo lo cual se antoja muy adecuado, sobre el papel, pensando en tiempos venideros.

Se trata, en el fondo, de una evolución a partir de documentos previos, elaborados en el marco de la EDA, especialmente a lo largo del año 2023. Efectivamente, las llamadas *Prioridades de Desarrollo de Capacidades para la UE* incluían también la defensa NRBQ, las operaciones de guerra electrónica (EW), la mejora de la defensa antiaérea, o la mejora de las capacidades ya existentes en C4ISTAR[10], la protección de infraestructuras críticas, el apoyo médico y la logística

---

8 EDIRPA: European Defence Industry Reinforcement Through Common Procurement Act: 300 millones de euros para cubrir la falta de capacidades; ASAP: Act in Support for Ammunition Production: 500 millones para fabricar más municiones.

9 Jacchia, Roberto A. y Stillo, Marco (2024). *The Commission's proposals for a stronger and more responsive European defense industry*. Milán: De Berti Jacchia Franchini Forlani Studio Legale.

10 Mando, Control, Comunicaciones, Computación, Inteligencia, Vigilancia/reconocimiento y adquisición de objetivos (*targets*).

—de la que se pretende que sea más ágil, a la par que sostenible—, además del impulso dado al espacio exterior[11]. Ciertamente, todavía falta mucho, en Europa, en campos como el reconocimiento, así como en el de la inteligencia, ambos fundamentales para apoyar la toma de decisiones por parte del mando. Nada nuevo bajo el sol, para cualquiera que tenga una mínima familiaridad con las cuestiones militares.

Algunos, solo hace dos décadas que venimos diciendo, justamente, esto, aludiendo, precisamente a estas carencias, y proponiendo soluciones más imaginativas, como la posibilidad de que la UE genere unidades con el formato del escuadrón de AWACS de la OTAN, estrictamente transnacionales, al menos en lo relativo a los multiplicadores de fuerza[12]. Pero a la UE le ha hecho falta la guerra de Ucrania para poner hilo en su aguja. Suponemos que, para las soluciones más imaginativas, habrá que esperar a la próxima guerra. Ya se ve: siempre esperando al accidente para reparar la curva peligrosa de la carretera…

Algunas de las principales consultoras occidentales apuntan que, tras años en los que desde Washington se pedía a los aliados europeos que situaran su gasto en defensa en el entorno del 2% de su PIB, el gasto de los países europeos hubiera aumentado de todos modos, con o sin guerra en Ucrania, y con o sin apoyo de iniciativas capitaneadas por la propia UE. Pero, a raíz de esa guerra, ese gasto se incrementará todavía más[13]. De este modo, la participación de la UE tendría por objetivo un aspecto más cualitativo que cuantitativo: mejorar la eficiencia y la eficacia de ese impulso, casi inercial, de gasto.

Para mejor comprender esto (lo cualitativo), es preciso ubicarnos en la situación preexistente. Porque, en verdad, lo que en Europa ha primado es una yuxtaposición de industrias nacionales de defensa, sin perjuicio de alguna cooperación transversal, en programas con-

---

11 RUÍZ, R., "Mirar al futuro atendiendo al presente", *Revista Española de Defensa*, núm. 411, diciembre 2023, pp. 46-49.

12 BAQUÉS, J., "La política europea de seguridad y defensa: déficits actuales y perspectivas de futuro", *Revista CIDOB d'Afers Internacionals*, 2002, pp. 149-152.

13 CAVENDISH, G., CHIIN, D., GRIEBMANN, N., LAVANDIER, H., y OTTO, T., "Invasion of Ukraine: Implications for European defense spending", McKinsey, Chicago, 2022.

cretos[14], que nunca ha sido la norma. Algunos expertos añaden a esta primera reflexión que, más bien, cada Estado ha cuidado tanto a su propia industria de defensa que eso ha conducido a proteccionismos cruzados, vetos —más o menos formales— y, en definitiva, a una falta de integración de esos entramados industriales diferenciados.

Todo lo cual ha conducido a que Europa no ha podido competir, hasta la fecha, con los EE.UU., pese a que el PIB agregado de los miembros de la UE es superior al estadounidense. A pesar de eso, el gasto sumado en defensa es apenas la mitad del norteamericano, y la inversión en este ámbito, apenas alcanza el 25% de la que hacen en los EE. UU[15]. Cualquier indicador conduce a conclusiones similares. Por ejemplo, el gasto medio por soldado en los países de la UE (con datos del año 2015) fue de 28.000 euros, mientras que en los EE.UU. ascendía a 110.000 dólares[16]. Otro dato añadido, procurado por ambos expertos, indica que, de las 100 principales empresas del mundo en el ámbito de la defensa, 47 son estadounidenses, por 23 europeas (hay que tener en cuenta, pues, que solamente hay 30 que no sean occidentales).

Al final, los Estados europeos nos encontramos con series cortas de sistemas de armas, que no permiten aprovechar las economías de escala, incrementando con ello los costes de adquisición, a lo que a lo largo del ciclo de vida útil de esos mismos sistemas habrá que añadir también mayores costes de mantenimiento (a fuer de problemas logísticos que, por razones obvias, se agravan en caso de conflicto).

---

14 Por ejemplo, el programa conjunto hispano-holandés para la construcción de varios LPDs y AORs (en total, 5 buques, si contamos al AOR *Cantabria* como parte de ese programa, o apenas 4, si lo consideramos como una clase aparte), así como, estirando mucho la idea, su influencia en la construcción de 5 LSL de la clase *Bay*, para la flota auxiliar británica. Mientras que el proyecto de submarinos hispanofrancés *Scorpène* terminó como el Rosario de la Aurora, y con la parte española fuera, habiendo vendido algunas unidades en Latinoamérica (Brasil y Chile) y Asia (India y Malasia), pero sin que redunde en mejoría alguna en Europa.

15 FONFRÍA, A., y CALVO GONZÁLEZ-REGUERAL, C., "Cooperación europea en defensa: retos y oportunidades", *Economía Industrial*, núm. 412, 2019, p. 121.

16 FONFRÍA, A., y CALVO GONZÁLEZ-REGUERAL, C., "Cooperación europea en defensa: retos y oportunidades", *Economía Industrial*, núm. 412, 2019, p. 123.

Todo lo cual nos permite comprender que, incluso al margen de otro tipo de consideraciones, una apuesta como la que está en ciernes, y que ahora analizamos, tiene todo el sentido. Mientras que mantener la inercia previa era la receta perfecta para un exceso de gasto y para un mal desenvolvimiento en el campo de batalla. En ese sentido, hay que aplaudir la nueva estrategia industrial de defensa de la UE.

Partiendo de esas premisas, el objetivo principal del paso hacia adelante dado por la UE en marzo de 2024 dícese ser el estrechamiento de la colaboración entre los Estados miembros, sobre todo en lo que concierne a inversiones en defensa, aunque se añade inmediatamente que eso se hará en colaboración [*team up*] con otros partners (a esto lo llamaremos finalidad-1, a los efectos de nuestro análisis, con el fin de discutirlo unos párrafos más adelante); asimismo, se alude, en segundo lugar, a la necesidad de mejorar la preparación de esa industria de defensa "bajo cualquier condición y circunstancia" (a esto lo llamaremos finalidad-2, con el mismo ánimo); mientras que, para que todo ello sea factible, se contempla potenciar en Europa la cultura de defensa (a esto lo llamaremos instrumento-1)[17]. En los siguientes párrafos, trabajaremos estos tres ítems monográficamente.

2.1. Finalidad-1

El planteamiento indicado más arriba sugiere que deberá trabajarse con los EE.UU. Buscando la complementariedad, más que la competición. Aunque habrá que ver hasta qué punto ese ejercicio de prestidigitación es factible, a gusto (o, por lo menos, con no mucho disgusto) del aliado del otro lado del Atlántico. Por lo pronto, este es un tema mal resuelto en el proyecto de la UE en ciernes. Así lo delata el hecho de que, en el transcurso de un mismo informe de consultoría, los mismos analistas detecten, con pocas páginas de diferencia, tanto esa primera opción por la "complementariedad" como, también, un impulso hacia la "autosuficiencia" de la UE en el ámbito de

---

[17] EUROPEAN COMMISSION, *EDIS: Our common defence industrial strategy*, en https://defence-industry-space.ec.europa.eu/eu-defence-industry/edis-our-common-defence-industrial-strategy_en (última consulta: 05/02/2025).

la industria de defensa. Lo cierto es que se trata de un tema importante, a la par que delicado, porque el complejo militar-industrial de los EE.UU. podría verse afectado (eso, con toda seguridad) y agraviado (probablemente) por una política industrial de defensa europea que no cuente con ellos, y que implique la pérdida de mercados para los estadounidenses (empezando, claro está, por el propio mercado europeo, que es uno de los principales destinatarios de la industria de defensa norteamericana a día de hoy). De hecho, prudentemente, en algunos documentos oficiales, para evitar suspicacias, se enfatiza que la EDIS aspira a reforzar el vínculo transatlántico, asumiendo de ese modo que la UE sigue siendo, básicamente, un engranaje de éste:

> "A stronger and more capable EU in security and defence will contribute positively to global and transatlantic security and is complementary to the North Atlantic Treaty Organization (NATO), which remains the foundation of collective defence for its members"[18].

Sin embargo, puede que nos encontremos, simplemente, ante una tentativa de allanar el camino, en su inicio, más que de una realidad, al final del mismo. Por mi parte, creo que hay que tomar nota, en sentido crítico, de que esta ambiciosa iniciativa no se refiera, en ningún momento, a la industria de defensa de los EE.UU. ¿De verdad se pretende, de este modo, algún tipo de colaboración entre ambas industrias, más allá de emplear significantes vacíos, a modo de analgésicos diplomáticos? ¿O, simplemente, se va a prescindir del principal aliado? No lo sabemos; no lo podemos saber, de hecho, ya que "la estrategia no aborda ningún tipo de colaboración industrial con su principal proveedor de sistemas y componentes para la defensa: los Estados Unidos"[19].

Llama la atención, asimismo, aunque la sorpresa sea relativa, a estas alturas, la mención expresa, además de reiterada —¡¡esta sí!!— a la industria de defensa ucraniana, como probable socio de la UE,

---

[18] HIGH REPRESENTATIVE, *A new European Defence Industrial Strategy: Achieving EU readiness through a responsive and resilient European Defence Industry*, European Commission, Bruselas, 2024.

[19] MARTÍ SEMPERE, C., "¿Una estrategia de la industria europea de defensa adecuada?", *Infodefensa.com*, 18 de marzo de 2024, en https://www.infodefensa.com/texto-diario/mostrar/4760977/estrategia-industria-defensa-europea-adecuada.

en estas lides. Por el momento, ya funciona un Forum UE & Ucrania para la industria de defensa. Asimismo, ya existe una Oficina para la innovación en materia de defensa establecida en Kiev, que forma parte del gran proyecto que es la EDIS. EE.UU. ni aparece, pero SÍ Ucrania. ¿Nos hemos vuelto locos? No, es mucho peor que eso, porque no es coyuntural: es que somos así (son así) en la UE.

Tampoco es un dato menor que la EDIS, que menciona tanto a Ucrania, margina, de paso (también) al Reino Unido. Uno tiene la sensación de que todavía lo están castigando por el brexit, porque el boquete que eso abre es notable. Sea como fuere, teniendo en cuenta tanto el gasto en defensa británico, como la posibilidad de que intervenga en futuras guerras junto a Estados que hoy todavía son miembros de la UE (en el marco de la OTAN), no parece una buena idea. Pero, cuando nos acerquemos a la realidad de las inversiones europeas en defensa, quizá comprendamos algunas razones potenciales de dicha desazón. Eso lo veremos en el epígrafe siguiente.

Sabemos que, para algunos líderes europeos, Ucrania debería ser parte del entramado institucional continental. Si es así, no cabe duda de que Ucrania quedará integrada en EDIS, y que lo hará, según los indicios que venimos comentando, con un papel destacado. Habrá que ver si se cumple la primera premisa del silogismo.

En todo caso, la filosofía subyacente a EDIS se puede resumir en cuatro conceptos, esto es, que las inversiones en defensa deberían ser "más", que deberían ser "mejores", que deberían ser "conjuntas" (léase, "combinadas") y también que deberían ser "europeas" —léase, dirigidas a la industria propia—[20]. En ese sentido, es fácil percibir que se ha tomado buena nota de las grandes compras de material militar fuera de la UE: hasta un 78% del total adquirido entre febrero de 2022 y el mismo mes de 2024 —tiempo de duración de la guerra— por los actuales miembros de la UE (el 80% del cual —ojo al dato— importado de los EE.UU., o, lo que es lo mismo, nos vendió el

---

20 BERGMANN, M., DROIN, M., MARTINEZ, S., y SVENDSEN, S. O., "The European Union Charts Its Own Path for European Rearmament", *Center for Strategic and International Studies*, Washington DC, 2024, en https://www.csis.org/analysis/european-union-charts-its-own-path-european-rearmament.

63% del total de material militar adquirido por los Estados miembros de la UE, por cualquier vía, en plena guerra).

Obviamente, la reducción de esa dependencia puede no gustar nada en Washington. El piloto automático de mi cerebro me lleva a recordar la doctrina de las 3 Ds, popularizada por la entonces secretaria de Estado, Madeleine Albright, a partir de la cumbre de la OTAN de 1998. Porque una de esas "Ds" era la no-*Duplication*. Es decir, no duplicar equipos a los dos lados del Atlántico. Y, como quiera que los EE.UU. ya disponían de ellos, se trataba de una advertencia a la recién estrenada UE (con su entonces novedosa PESC a cuestas). Añado dos comentarios a esa descripción de los hechos: por un lado, Albright no era ningún "halcón" republicano; era una "paloma", que se pasó su carrera política arrullada por el partido de Clinton y Biden, lo que significa que este tipo de razonamiento es bastante transversal a la elite política norteamericana; por otro lado, es evidente que esa política anulaba, de facto, cualquier posible autonomía estratégica de la recién creada UE y así lo hicieron notar pronto, algunos de los más acreditados expertos de esta orilla del Atlántico[21]. Eso no lo discuto. Es más, lo refuerzo, siempre que escribo, añadiendo que no era otro el espíritu de los acuerdos "Berlín" y "Berlín plus", a los que en su día se dio mucha publicidad en Europa, como si fueran la panacea, cuando en realidad, eran una trampa[22]. Solo hay que ver las muy amables disposiciones de la Cumbre de Washington de 1999, en la que se hace referencia a los acuerdos de Berlín, en el marco, como aquí recuerdo, de favorecer una IESD (Identidad Europea de Seguridad y Defensa) sí, desde luego, pero siempre, siempre, "en el seno de" la OTAN (OTAN, 1999: 71)[23]. Así de contundente. Huelgan los comentarios.

---

21 HEISBOURG, F., "European defence. Making it work", Chaillot Paper nº 42, Institute for Security Studies, París, 2000, p. 47.

22 BAQUÉS, J., La construcción de una política exterior y de seguridad en Europa. ¿Por qué es tan problemática?, La Catarata, Madrid, 2023, pp. 97-98.

23 De buena parte de esa inusitada amabilidad todavía estamos renqueantes. Por ejemplo, ahí se indica que la OTAN se propone "facilitar que la estructura de mando de la OTAN aporte elementos de los cuarteles generales y puestos de mando para conducir operaciones dirigidas por la UEO" (OTAN, 1999: 71). Lo de la UEO es, a estas alturas, un anacronismo. Pero bien podemos poner ahí a la propia UE, para entender las dinámicas de fondo subyacentes a todo este

Entonces, ¿cuál es el problema? Que los EE.UU. sigan en sus trece. Dicho con otras palabras: el principal enemigo de una hipotética autonomía estratégica de la UE está en Washington, y es también nuestro principal aliado. En Europa hay políticos que se sienten hasta impulsados por la Casa Blanca a avanzar en la dirección de dicha autonomía, y piensan, de ese modo, que lo que se decida en Bruselas será bendecido por el gobierno de los EE.UU. porque desde dicho gobierno se ha insistido mucho en el *burden sharing*[24]. Pero, quienes así obran, no han entendido nada. Porque "compartir cargas" implica repartir el gasto de la defensa de los Estados de la OTAN (la mayor parte de ellos, integrados asimismo en la UE). No implica nada más. No significa diversificar más de lo que ya lo están las respectivas agendas de política exterior. Y mucho menos significa —siempre, entiéndase bien, a ojos de los inquilinos de la Casa Blanca— competir económica, militar y geopolíticamente, con los EE.UU.

Siendo eso así, todo se agrava teniendo en cuenta que nos hallamos en un contexto económico nada favorable a los intereses de Washington (el proteccionismo, compartido por las administraciones Trump y Biden, es la mejor muestra de la debilidad relativa de su economía), contexto que a duras penas ha sido salvado por la venta de hidrocarburos a Europa (en sustitución de los que proveía Rusia) así como, precisamente —esa es la cuestión— por la venta de material militar. Por no hablar de la competencia por la venta de armas en mercados emergentes que ya existe, entre ambas orillas del Atlántico, y que puede agravarse si el plan de la UE tiene éxito. Paradojas de la vida...

¿Hay que recordar la polémica suscitada en torno a los submarinos nucleares que Australia debía adquirir a Francia, y que final-

---

juego geopolítico. En todo caso, lo que planteo en esta nota al pie es que, tras tamaña concesión lo que se ha conseguido es que la UE no disponga de esos CGs y puestos de mando, indispensables para dirigir una guerra. Y eso no es ni bueno, ni malo: simplemente, es. Entonces, si tropas, ni municiones, de puestos de mando... ¿Cómo caramba pensamos meternos en una guerra, contra Rusia, o contra quien sea? Pero, sobre todo, aunque se gaste más en la industria de defensa, pongamos que así sea, durante muchos años (habrá que ver): ¿Se resolverá todo eso? ¿Se romperá con una inercia de tantos años —hasta décadas-?

24 ANDRÉANI, G., BERTRAM, C., GRANT, C., Europe's military revolution, Centre for European Reform, Londres, 2001.

mente fueron contratados con los EE.UU. y el Reino Unido —¡qué casualidad!… Los dos Estados marginados por la EDIS? No creo. Pero quizá sí convenga recordar que, poco después, Francia se desquitó vendiendo un lote de 80 cazabombarderos *Rafale* a los Emiratos Árabes Unidos, cuando todo parecía indicar que el F-16 era el aparato mejor posicionado para llevarse ese contrato. Poca broma. Porque estamos hablando de muchos miles de millones de euros o de dólares, en ambos casos. Y de muchos puestos de trabajo.

2.2. Finalidad-2

Los objetivos trazados denotan un interés —hasta ahora inédito en la UE— para prepararse para una economía de guerra (aunque no aparezca esa expresión de modo explícito). Ciertamente, la preparación de la industria europea de defensa pensando en toda circunstancia y toda condición es tan importante, como novedosa. Pero también es muy cara y, quizá, por ello (sin descuidar los aspectos ideológicos que también intervengan) sea una iniciativa socialmente mal recibida por una opinión pública como la europea, poco o nada dada a pensar en clave militar y mucho, en cambio, a satisfacer sus necesidades y apetencias vinculadas al *Welfare State* a través del presupuesto público. Ya he apuntado en otro lugar que ambas cosas no son contradictorias, de modo argumentado y proponiendo ejemplos reales[25], pero supongo que eso es difícil de entender.

No me cabe la menor duda de que el énfasis puesto por las elites europeas (políticas y mediáticas) en la amenaza rusa en la primavera de 2024 tiene que ver con una preparación del terreno (de la opinión pública, quiero decir) en la dirección más adecuada para que este ambicioso plan pueda llevarse a cabo con la mínima oposición social posible. Habrá que ver cuánto miedo tienen los holandeses, españoles, portugueses, etc, a que Rusia los invada.

En todo caso, de poderse llevar a buen puerto esta iniciativa, habría grandes ventajas colaterales que conviene poner de relieve. Por

---

25 BAQUÉS, J., La construcción de una política exterior y de seguridad en Europa. ¿Por qué es tan problemática?, La Catarata, Madrid, 2023, pp. 97-98.

ejemplo, compartir programas incrementa la interoperabilidad de la fuerza resultante, y también facilita el adiestramiento, así como la logística. Todo ello incrementa la eficacia militar en operaciones combinadas (que serán las más usuales) y abarata costes a medio y largo plazo. Esa es la teoría. De nuevo, parece que en la UE han tomado buena nota y, como consecuencia, se prevé la puesta en marcha de otra iniciativa, paralela, conocida como *Structure for European Armament Programme* (SEAP). En efecto, el SEAP apoyará el desarrollo y la producción combinada de equipos.

Pero no se quedará ahí, sino que hará lo propio con su mantenimiento, durante todo el ciclo de vida de cada equipo, hasta que sea dado de baja (a-23 del *Proposal* de la UE). De todos modos, muy en la línea de lo que está siendo la evolución, un tanto tediosa, de la presunta defensa europea, a lo largo de los últimos 25 años, el SEAP se basará en la adscripción voluntaria de Estados miembros, siempre que haya un mínimo de tres, de los cuales dos deben ser miembros de pleno derecho de la UE y el otro puede ser —se dice— Ucrania, o bien algún Estado asociado[26].

En la medida en que todo avance según el plan trazado, la previsión es que para el año 2030, el 40% de las compras realizadas por los Estados miembros de la UE respondan a programas comunes (hoy en día esas compras no llegan ni al 20% de las adquisiciones totales). Para ello se proveerán fondos europeos por valor de 1.5 billones de euros (es decir, 1.500 millones de euros), solo entre 2025 y 2027, en una primera oleada de gasto. Aunque eso no es mucho dinero, para lo que se pretende, es lo que por el momento se deduce del programa EDIP (*European Defence Industry Programme*) que es, a la sazón, un instrumento, muy reciente, pensado para iniciar la implementación de EDIS. Digamos que esos 1.500 millones son solo para arrancar.

De hecho, el comisario de mercado interior, el galo Thierry Breton (a la sazón, uno de los más fervientes defensores de esta política

---

26 Bajo ese rótulo aparecen Estados tan diversos como Albania, Serbia, Turquía, Israel o Suiza. E incluso Georgia y Moldavia, así como Armenia (una exrepública socialista soviética, miembro de la OTSC —y luego nos quejamos si Rusia se enoja—), todo lo cual es muy significativo. También, de hecho, aparece la propia Ucrania, aunque este país sea mencionado de forma específica, y con mayor énfasis, cada vez que se alude al tema que nos ocupa.

de compras) ha llegado a hablar de un macro fondo de hasta 100 billones de euros (100.000 millones de euros). Eso es otra cosa: sí que es mucho dinero. Nada fácil de financiar, pero que cuenta con el decidido apoyo de Francia, de Polonia[27] y de los Estados bálticos. Sin perjuicio de que otros Estados vayan mostrando su aquiescencia, como es lógico, en estos momentos iniciales.

Con casi toda seguridad, para lograr tal cosa habrá que recurrir a la emisión de bonos conjuntos (algo que ya se planteó para financiar el gasto derivado de la crisis de la reciente pandemia de COVID). O incluso, como plantea Soros, quizá, a la emisión de la controvertida deuda perpetua. ¿Cuál es el problema? Como casi siempre en Europa, que países relevantes, como Alemania y Holanda, no lo ven con buenos ojos. Ni las cifras que se manejan, ni el modo en que se piensa conseguirlas. Todo ello mientras la Comisión presiona al Banco Europeo de Inversiones para que acepte financiar tales proyectos puesto que, en principio, no entran dentro de sus competencias.

En todo caso, para que todo ese gasto no caiga en saco roto, la UE pretende emular a los EE.UU. con la creación de un FMS (*U.S. Foreign Military Sales*) europeo. Eso implica, recordémoslo, que hay un gobierno (en ese caso, el de los EE.UU.) que se encarga de negociar directamente las ventas con otros Estados. Aparentemente, la Comisión Europea aspira a desarrollar algo similar, en nombre de todos los Estados miembros de la UE. Lo cual puede generar nuevos problemas, en la medida en que alguno de esos Estados detecte que pierde alguna oportunidad debido a una gestión inadecuada, o nacionalmente sesgada, de dicha Comisión. Y, de todos modos, en la mejor de las hipótesis, implica grandes costes de transacción dentro de la UE, para evitar, precisamente, esas graves discrepancias de última hora.

---

[27] Es significativo que los últimos comisarios europeos, que son los que más han apostado por esta política, hayan sido, curiosamente, polacos o franceses. Nada que objetar: han defendido, eso sí, la percepción geopolítica de sus respectivos Estados, aprovechando para ello las palancas ofrecidas por las instituciones de la UE. Porque se trata de Estados que, al menos, tienen criterio. Gustará más o menos, pero saben cuál es su interés nacional. No todos pueden (podemos) decir lo mismo.

Sin perjuicio de lo comentado hasta ahora, hay que poner cada cosa en su lugar. Es decir, estimular la competitividad y las ventas siempre está bien a los efectos de rentabilizar la inversión inicial. Sin embargo, de nuevo, hacerle la competencia al aliado del otro lado del Atlántico, ya es harina de otro costal. Máxime si, como señalan desde Washington, la Comisión Europea "no puede hacer mucho para evitar que los Estados miembros sigan viendo a los EE.UU. como su principal proveedor de seguridad"[28]. Mientras que tener que mediar entre Estados europeos acostumbrados (incluso) a competir entre sí, a fin de otorgar prioridades, abriendo unas puertas y cerrando otras, tampoco es tarea que se presuma fácil. Lo comprenderemos un poco más adelante, pero merece la pena apuntarlo desde ya.

Por lo demás, no es muy complicado detectar cierto ímpetu neokeynesiano en todo ello. En un contexto de crisis económica, con graves problemas estructurales en Estados que hasta hace poco habían sido motores del crecimiento europeo, como Reino Unido (ya fuera de la UE), Francia y Alemania, el sector de la defensa puede conceder un respiro. De hecho, se calcula que la industria europea de defensa genera algo más de 500.000 empleos de calidad y que exporta por valor de unos 28 billones de euros (tomando como referencia datos del año 2021). Es un ámbito que, sin la guerra de Ucrania, tendría problemas, y que ahora, en cambio, se quiere potenciar, aprovechando que no se parte de cero. Por eso, algunos expertos plantean que el objetivo último de esta estrategia también es la "reindustrialización"[29], aprovechando para ello un sector, como el de la defensa, que históricamente ha tenido un papel dinamizador. Aquí y donde sea. Añado por mi cuenta que eso ha sido así, especialmente, en época de crisis. Cuando tampoco había muchas más alternativas. Bien lo sabían Roosevelt y Hitler, en los años 30 del siglo XX.

---

28 BESCH, S., "Understanding the EU's New Defense Industrial Strategy", Carnegie Endowment for International Peace, Washington DC, 2024. Recuperado el 8 de marzo de 2024 de https://carnegieendowment.org/2024/03/08/understanding-eu-s-new-defense-industrial-strategy-pub-91937

29 MOSCOSO DEL PRADO, J., "Imprescindible industria de defensa europea", en ESADEGEO, Recuperado el 2024 de https://www.esade.edu/faculty-research/en/esadegeo/publication/imprescindible-industria-de-defensa-europea

Margen de mejora lo hay, sin duda. No en vano, las cifras actuales en lo que se refiere a producción de municiones (por ejemplo) no son muy halagüeñas. Algunos expertos calculan que mientras Rusia produce, por sí sola, unos 3 millones de disparos de artillería al año, la producción conjunta de los EE.UU. y la UE no llegaría a la mitad —quizá un tercio, en realidad—, pese a los esfuerzos realizados a toda prisa a lo largo del último año[30].

Por todo ello, no es aventurado afirmar que el cambio principal detectable tras este ambicioso plan es el que ya hemos visto, salga como salga todo lo demás (lo que no excluye que haya que proceder, por supuesto, a una ulterior rendición de cuentas): por fin la UE parece despertar de su letargo, que equivale a decir que sus Estados miembros se han percatado, a fuerza de realidad, de que la guerra sigue siendo factible, de modo que tratan de dejar atrás años de escasas inversiones, equivalentes al falso mito del cobro de los "dividendos de la paz" que se cacareó durante 30 años, tras el fin de la Guerra Fría, como un mantra, y que no dejó que los países de la UE abandonaran la lógica perversa (por inhibir la disuasión) según la cual planificaban y gastaban asumiendo algo así como un sueño kantiano de paz perpetua (o, al menos, *sine die*).

La guerra de Ucrania los ha devuelto a una realidad que siempre ha estado ahí, latente. Eso ya ha sido reconocido en documentos oficiales de la UE, en los que se admite que la guerra de Ucrania ha cogido desprevenida a esta Organización, cuya EDTIB apenas estaba preparada para una "limitada producción de tiempos de paz"[31]. Perfecto, muchas gracias por la aclaración, hecha desde dentro, por los propios interesados: así evitamos la necesidad de reinterpretar cosas, o de añadir comentarios que nos acerquen a la realidad.

---

30 WOLFF, G. B., "The European defence industrial strategy helps to focus thinking but has significant flaws", Bruegel AISBL, Bruselas, marzo de 2024, Recuperado el 2024 de https://www.bruegel.org/analysis/european-defence-industrial-strategy-important-raising-many-questions

31 EDIP, REGULATION OF THE EUROPEAN PARLIAMENT AND OF THE COUNCIL establishing the European Defence Industry Programme and a framework of measures to ensure the timely availability and supply of defence products ('EDIP'), European Commission, Bruselas, 2024.

Antes de seguir avanzando es necesario hacer otra consideración. Porque, aunque esta sea la primera gran iniciativa de cooperación a gran escala de la UE en el ámbito de la industria de defensa, eso no significa que no haya habido otras, con el mismo fin, cuyo desenlace tampoco nos permite ser muy optimistas.

Podemos citar algunos ejemplos. En el año 2009, la Comisión Europea ya aprobó varias Directivas que trataban de fomentar las compras en el ámbito de la seguridad y la defensa (2009/81/EC), así como las compraventas entre Estados miembros (2009/43/EC).

Asimismo, hace años que se viene trabajando en la creación de un Fondo Europeo de Defensa, cuya finalidad es apoyar el gasto en defensa de los Estados miembros, cofinanciando algunas inversiones. La crónica de dicho Fondo arranca en el año 2015, cuando la entonces comisaria de mercado interior, la polaca Elżbieta Bieńkowska, impulsó la creación de un grupo de expertos. En realidad, de representantes de las principales industrias de defensa nacionales, como Leonardo, Saab, Airbus o BAE Systems, Indra o MBA. De modo que, en abril de 2019, el Parlamento europeo aprobó definitivamente dicho fondo.

En ese mismo contexto, a caballo entre la zona gris rusa en Crimea (2014) y la guerra actual (2022-...) también surgieron iniciativas lideradas por Estados miembros de la UE, para mejorar la coordinación en aras a mantener capacidades militares. Para ello, se propusieron generar catálogos de capacidades, potenciando aspectos críticos como las de mando y control o la logística. Todo, pues, muy bien orientado. La más conocida de esas propuestas es la alemana, planteada al albur de una Cumbre de la OTAN, esta vez la de Gales (2014), con su Concepto de Nación Marco o FNC (*Framework Nation Concept*), que arrastró, al menos sobre el papel —como casi siempre en estas lides— a Dinamarca, Holanda, Noruega, Bélgica, Chequia, Croacia, Hungría y Polonia, además de Luxemburgo. Tanto o más importante que eso es que, un año después, se sumaron los tres bálticos, Bulgaria, Rumanía y Eslovaquia. Notoriamente, Francia, España o Italia, estaban ausentes. Si bien Italia decidió crear su propio FNC poco tiempo después, llevándose consigo a Albania, Austria, Croacia, Eslovenia y Hungría: toda una reconstrucción del viejo imperio austrohúngaro, casi al detalle, pero esta vez bajo los auspicios de Roma.

Había algo de loable, y necesario, en todo ello: algunos Estados europeos habían tomado nota de que, por el viejo camino de la autosuficiencia y los compartimentos estancos dentro de la propia Europa, sus FFAA podrían terminar siendo "ejércitos Bonsái"[32]. Esto me parece relevante a la hora de incentivar un incremento de la cooperación intraeuropea. Al menos *a priori*. Porque nos adentramos en el terreno del cálculo racional, más allá de las ideologías. Sin embargo, esos esfuerzos no tuvieron éxito ni continuidad. Lo cierto es que Alemania, llamada a asumir el mando, en aquellos años de bonanza para los teutones, no era vista como un líder fiable por muchos de sus socios. No solamente por cuestiones geopolíticas, sino también por la negativa influencia previsible de algunos temas internos. Sobre todo, por las limitaciones constitucionales al empleo de la fuerza en el extranjero (que ahí debe ser aprobada por su Parlamento) lo que, unido a su tradición no intervencionista posterior a la segunda guerra mundial, provocaba que afloraran las sospechas de que en cualquier momento los planes liderados por Alemania entraran en una fase de "parálisis política", precisamente por falta de liderazgo[33].

¿Y qué decir del esfuerzo —al menos retórico— de la EDA para (tratar de) garantizar el suministro adecuado de armas y municiones, que, según algunos expertos, "no ha producido avances significativos" a lo largo de 20 años[34]?

Por lo tanto, en todos los casos, con los matices y diferencias que sean pertinentes en cada uno de ellos, solo podemos anotar que los resultados fueron bastante modestos. El motivo es fácil de comprender, pues se trata de un clásico, que yo mismo he trabajado en otros textos[35]. Pero, esta vez, voy a citar el veredicto deducido de otras fuentes, a modo de argumento de autoridad, para reforzar algo que

---

32 PONTIJAS, J. L., "Las iniciativas británica y alemana de cooperación en defensa", en Documento de Opinión 57/2018, Instituto Español de Estudios Estratégicos (IEEE), Madrid, 2018.

33 IBID

34 MARTÍ SEMPERE, C., "¿Una estrategia de la industria europea de defensa adecuada?", en infodefensa.com (18 de marzo), Recuperado el 2024 de https://www.infodefensa.com/texto-diario/mostrar/4760977/estrategia-industria-defensa-europea-adecuada

35 BAQUÉS, J., La construcción de una política exterior y de seguridad en Europa. ¿Por qué es tan problemática?, La Catarata, Madrid, 2023.

no es nuevo, que es persistente y que, por ende, no podemos obviar a la hora de afrontar el tema que nos ocupa. Me parece relevante la cita que propongo porque tiene el mérito añadido de que la he obtenido de una investigación financiada y publicada por el propio Parlamento europeo. Por lo cual, nadie podría alegar que es cosa de "peligrosos" euroescépticos. Es, más bien, la conclusión de una rendición de cuentas no tan optimista, que ha operado, más bien, como un ejercicio de autoevaluación:

> "The problem is that the single European defence market does not exist outside a formal administrative and regulatory frame. There are still 27 defence markets"[36]

Obviamente, podemos ver el vaso medio lleno (a sabiendas de que, por consiguiente, está medio vacío). Es decir, lo que ocurre es que el ambicioso plan que estamos analizando surge de constatar ese problema de fondo y pretende resolverlo disparando por elevación. Eso, al menos, tiene cierto sentido. Que haya expectativas razonables de que vaya a salir bien, o no tanto, es un tema que abordaremos en las próximas páginas. Por el momento, se crea una comisión encargada de coordinar este plan. Denominada *Defence Industrial Readiness Board,* su tarea —que es la realmente crítica—, será la de limar asperezas entre Estados miembros, para, de ese modo, llegar a consensos acerca de sus necesidades. Ahí estarán el Alto Representante, la Comisión, la EDA (Agencia Europea de Defensa) así como, lógicamente, representantes de esos Estados miembros. El éxito o el fracaso de la EDIS dependerá, sobe todo, de esto.

2.3. *Instrumento-1*

Esto de fomentar la cultura de defensa, aparentemente inocuo, es, en realidad, bastante complicado de lograr. Y, aunque se alcance, suele ser de eficacia limitada. Porque, lo que le falta a Europa (entendida como el colectivo UE) es una cultura estratégica propia, que solamente tienen algunos de sus miembros, a título individual (ni

---

36 MASSON, H., MARTIN, K., QUÉAU, Y., The impact of the 'defence package' Directives on European defence, Parlamento europeo, Bruselas, 2015, p. 58.

siquiera todos) y aun así de modo dispar (como poco) y hasta contradictorio (muchas veces). No en vano, las agendas de política exterior, seguridad y defensa de los Estados más destacados de la UE son muy diversas (siempre lo han sido, y siguen siéndolo). Por ejemplo, los Estados bálticos no ven (no pueden ver) la amenaza rusa del mismo modo en que lo hacen Grecia o Hungría, por motivos geográficos, pero también más allá de ellos.

Por lo demás, hay que tener en cuenta que el énfasis en la cultura de defensa apenas permite rascar la superficie de un problema mucho más profundo que es, precisamente, el que tiene que ver con disponer de una auténtica cultura estratégica. Simplificando un poco la exposición, de modo intencionado, cabe afirmar que tener una acendrada cultura estratégica suele presuponer el disponer, previamente, de una cultura de defensa. Sin embargo, al revés no es necesariamente cierto (no suele serlo, en la práctica): alcanzar una cultura de defensa no implica necesariamente que eso vaya de la mano de tener una mínima cultura estratégica.

Ahora bien, el inconveniente es que, sin la segunda, todo lo demás carece de sentido, y se puede ir al traste con facilidad. Sin una cultura estratégica europea, lo demás no avanzará, por más órganos, proyectos y presupuestos que se asignen a tal fin. Mientras que disponer de esa cultura estratégica combinada contrasta con las heterogéneas prioridades de los Estados miembros. Y ya no digamos si colocamos en la misma ecuación a los asociados. Cosa que hemos visto que, hasta cierto punto, estimula la EDIS. Ése es el gran reto. Por encima, pese a las apariencias, del presupuestario (aunque el dinero también sea un tema importante, lógicamente).

3. ALGUNAS DINÁMICAS DE LA NO-INDUSTRIA DE DEFENSA EUROPEA EN LOS ÚLTIMOS TIEMPOS

Ya asumo que el plan industrial que estamos analizando pretende resolver cuestiones como las que pondré sobre la mesa. De acuerdo. Quizá lo logre. O quizá las inercias, deducidas de lo que expondré seguidamente, sean demasiado fuertes. En todo caso, es adecuado hacer un repaso de la situación precedente, pues no todos los lectores están familiarizados con este tema. Ni mucho menos tienen que ser expertos en la materia. Y ahí incluyo a muchos decisores políticos, claro está.

La industria de defensa es, en sí mismo, un concepto muy amplio. Tanto, que lo más prudente es desgranarla, por sectores. Lo que propone el nuevo plan puede tener mucho sentido en algunos sectores industriales. Por ejemplo, para resolver la espinosa cuestión de la diversidad de vehículos blindados disponibles en los arsenales de los diferentes Estados miembros de la UE (lato sensu, ahora especificaré más). Conste, por adelantado, que en los siguientes párrafos prescindo, intencionadamente, de los remanentes de blindados de origen ruso (soviético, en su caso) todavía existentes. Me remito, pues, tan solo, a productos derivados de I+D de las diversas industrias de defensa nacionales, europeas, u, ocasionalmente, de otros Estados (Corea del sur, Israel) pero en ningún caso de Rusia/URSS.

En efecto, pese a la tendencial vis expansiva del carro de combate *Leopard-2*, conviven con él modelos de carros bien diferentes. Señaladamente, el *Challenger* británico (aunque quizá haya que excluirlo, dada la no-mirada de la EDIS al Reino Unido (pese a lo cual, llegado el caso, el problema será el mismo); el *Leclerc* francés; o el *Ariete* italiano. No se trata —esto es importante— de una mera coyuntura. Se trata, por el contrario, de tendencias muy arraigadas: así, los británicos, antes del Challenger, dispusieron del *Chieftain*, también producto unilateral de su propia industria de defensa; los franceses, antes del *Leclerc*, el *AMX-30*; mientras que los italianos, aunque dispusieron de *M-60* y de *Leopard-1*, también desarrollaron, por su cuenta, el *OF-40*. Bendita autosuficiencia.

Algo similar sucede con la artillería autopropulsada (ATP): *Pzh-2000* (de *Krauss-Maffei & Wegmann*) para Alemania (que, a diferencia del *Leopard-2*, no ha sido normalizado en los demás socios de la UE, sin perjuicio de alguna exportación puntual); *AS-90* (de *Vickers* y *BAE Systems*) para el Reino Unido; *AMX F-3* (de *GIAT/Nexter*) para Francia (que, además, cuenta también con vehículos ATP sobre ruedas, como el *Caesar*, también de *GIAT/Nexter*, poco homologables); el *Palmaria* (de *OTO Melara/Leonardo*) para Italia; o el *K-9 Thunder* (de la surcoreana *Samsung*) para Finlandia, aunque también Polonia tiene algunos; así como el *AHS Krab* (de la polaca *OBRUM*), para Polonia[37]; sin que debamos omitir el ATP *Dana* (de la checa *Tatra*) en servicio en su país de origen, Eslovaquia y Polonia, dentro de la UE. Si añadiéramos la artillería remolcada, el embrollo subiría algunos enteros más. Pero ni siquiera es necesario hacer dicho ejercicio para darnos cuanta de hasta qué punto la heterogeneidad viene dominando el escenario armamentístico europeo.

Volviendo a los ATP, mucho se ha hablado de la progresiva sustitución de los abundantes M-109 de origen estadounidense por los *Pzh-2000*, en varios países europeos, pero apenas nada se ha concretado, por el momento. Quizá el estímulo de la EDIS pueda resolver eso, contra la opción de adquirir la versión *Paladin* del mismo M-109 (*M-109A6*, si se prefiere). Eso sí, a un precio que entre dobla y triplica el de su homólogo estadounidense.

Y lo mismo sucede, en fin, con los blindados más ligeros, como, por ejemplo, los de transporte de tropas VTT y VCI) y los de reconocimiento (VRC): los alemanes VCI *Fuchs* (de Daimler/Benz), VCI *Marder* (de Rheinmetall), VCI *Boxer* (de *Rheinmetall* y *Klauss-Maffei*), VRC *Luchs* (de *Daimler/Benz* & *Porsche* y *Thyssen/Henschel*) y *Wiesel* (de Rheinmetall); frente a los británicos VTT *Saxon* (de *GNK/BAE Systems*), VRC *Scimitar* (de *Alvis/BAE Systems*) y los *Warrior*[38] (de *GKN/BAE Systems*); frente a los galos VTT *VAB* (de *GIAT* & *Renault*) y *AMX-10P* (*GIAT/Nexter*) así como los *VRC AMX-10RC* (de *GIAT/Nexter*) y *ERC-90* (de *Panhard/Renault*); frente, también, a los italianos VCI *Dardo* (de *FIAT Iveco* y *OTO Melara*) y VRC *Centauro* (de *FIAT Iveco*) —que ya cuenta con una versión VCI, llamado *Freccia*—; o los VTT *BMR-600* y VRC *BMR-625* españoles (de *Pegaso*, más tarde incorporado a *Iveco*), a los que hay que añadir los hispano-austríacos VCI *Pizarro* (de *Santa Bárbara* & *Steyr-Daimerl-Puch*); los VCI *YPR-765* holandeses (de la estadounidense *FMC* y la nacional *DAF*); los suecos VCI *CV-90* (de *Hägglunds/Bofors*, más adelante *BAE Systems*), también en servicio en Finlandia; o los VCI *Patria* finlandeses (de la firma homónima),

---

37 Este ATP incluía, para su chasis, diseño del *AS-90* y ha terminado incorporando, en sus últimas versiones, elementos de *Nexter*. Todo lo cual no hace sino complicar más las cosas, claro.

38 Diseñados como vehículos de combate de infantería, al igual que sucede con los *M-2/3 Bradley* estadounidenses, realizan también labores de reconocimiento/caballería. Lo mismo sucede con los YPR-765 holandeses.

recientemente adquiridos, asimismo, por Suecia; o los *Pandur* austríacos (de *Steyr-Daimerl-Puch*), en servicio, también, en Portugal o Chequia; el *TABC-79* rumano (de *RATMIL Regie Automoma*); o el VTT *Oshkosh* (resultado de los esfuerzos de la estadounidense *Oshkosh Truck* y de la israelí *Plasan*). Y, como éramos pocos, parió la abuela: hasta Bulgaria ha decidido desarrollar un VTT propio, el *Guardian* (de la local *Samel* e *IAG* —que cuenta con accionistas de los EE. UU, EAU, Reino Unido, Turquía y Canadá... todo muy de la UE, como puede apreciarse).

Podríamos plantear el mismo ejercicio, bajando al nivel de fusiles de asalto, subfusiles, ametralladoras ligeras, medias o pesadas. Pero, en un análisis como este, podemos prescindir de la calderilla. Además, las armas ligeras carecen de motor, que es lo que más complica la logística en combate (al fin y al cabo, muchas municiones sí son intercambiables, incluso en carros de combate y piezas ATP). En el caso de las municiones el problema es disponer de ellas, o no, en número suficiente. Pero con los motores y sus piezas de recambio, todo es mucho más complicado.

Menudo panorama, a tenor de lo visto hasta ahora. Y, pese a todo, soy moderadamente optimista. Creo que, por mera racionalidad (que no es poco), y con el impulso dable a partir de la EDIS, se pueden alcanzar sinergias en estos sectores de la industria de defensa europea, vinculados al mercado de los vehículos blindados. Lo que no significa que vaya a ser tarea fácil, pues habrá que compensar bien a quienes salgan perjudicados; habrá que lidiar con inconvenientes, derivados de que algunos Estados deseen mantener vivos sus propios complejos industriales, o lo que quede de ellos. Lo cual es razonable. Todo lo cual promete unos elevados costes de transacción, en tiempo y dinero. Pero se pueden conseguir algunos logros.

En este campo, la posible competencia de los EE.UU. es menos feroz. Lo que no significa que no exista. El programa del VCI *Dragón* español, para nuestro ejército de tierra, se basa en el *Piranha*, ya en servicio en la infantería de marina. Se trata de un diseño original de la empresa suiza *Mowag*, que ha hecho suya la estadounidense *General Dynamics*. Incluye, eso sí, tecnología nacional (sobre todo, de Indra y Escribano). Pero pocas sinergias europeas. Por su parte, Grecia plantea adquirir cientos de VCI *M-2 Bradley* estadounidenses. Con todo, son las (diversas) empresas europeas, cada cual con sus propios modelos a cuestas, las que lideran este sector del mercado.

Peor es la situación en el sector aeronáutico, pese a las apariencias. Hay menos empresas implicadas (de ahí las apariencias), porque venimos de dos décadas de fusiones, a ambos lados del Atlántico. Ahora bien, hay mucho más dinero en juego. Al final, puedo comprar un VCI por entre 3 y 5 millones de euros; un ATP por un 50% más; y un carro de combate, por el doble de esas cifras. Pero ese es, apenas, el coste de mantenimiento anual de cada cazabombardero (entre 3 y 10 millones). Mientras que cada cazabombardero adquirido nuevo cuesta entre 150 y 250 millones de euros. Y, como el lector podrá imaginar, las armas lanzables por un solo avión, en una sola misión, también son muy costosas (un misil *Taurus* cuesta algo más de 1 millón de euros, y cada AIM-120 no se consigue por menos de la mitad). Imaginemos, entonces, el coste del I+D que está detrás de cada sector.

La historia reciente del sector aeronáutico constituye una magnífica muestra de lo complicado que es llegar a acuerdos intra europeos en el sector. Ha habido iniciativas al respecto (no ha sido por falta de empeño, por consiguiente) e incluso algún logro, siempre parcial y efímero, que también relataremos (por supuesto). Así, en fecha tan lejana como 1969, sin necesidad de EDIS, ya se formó un consorcio intra europeo para el diseño y la construcción de aviones de combate: PANAVIA. Estaba formado por algunas de las principales potencias del momento: Reino Unido (a tres años, todavía, de su ingreso formal en la CEE), Alemania e Italia. La sede estaba en Alemania, aunque este país y el Reino Unido hacían la misma aportación al presupuesto del consorcio: más de un 40% por cabeza. Sí, pero no estaba Francia. Porque en esos momentos Francia potenciaba su propia industria aeronáutica, al margen de los demás socios europeos. De PANAVIA surgió el cazabombardero[39] *Tornado*. Francia, mientras tanto, seguía tirando de la empresa *Dassault* (sobre todo),

---

[39] Vengo empleando esta palabra, porque la mayor parte de los aviones de combate a los que me pueda referir desarrollan esa doble función, en función del perfil de misión y el sistema de armas embarcado al efecto. El caso del *Tornado* es un poco distinto: tenía dos versiones diferentes, la de caza, y la de bombardeo, a partir de dos modelos diferentes.

que en esos momentos ponía en el mercado las últimas versiones del *Mirage III* y *V*. Pero, ante todo, competía con el *Tornado* mediante el más poderoso *Mirage F-1*, que incluso llegó a ofrecerse, sin mucho éxito, como alternativa a cualquier otro producto, aunque llegara de los EE.UU.

De hecho, Francia no se quedaba siempre fuera de los negocios europeos. Simplemente, iba reaccionando en cada caso en función de su interés nacional. Su política era de geometría variable, aunque estuviera, por voluntad propia, más fuera que dentro de las iniciativas de corte cooperativo. Por esa razón, tampoco tuvo inconveniente en rellenar un hueco en sus necesidades militares, mediante un acuerdo entre *Breguet* y *British Aerospace Corporation* (BAC) que dio lugar al consorcio SEPECAT, responsable del diseño y de la puesta en servicio del avión de entrenamiento avanzado y, a la postre, de ataque al suelo, *Jaguar*. Pero ahí no estaban (¡vaya por donde!) ni Italia, ni Alemania. Mientras que la propia *Dassault*, pero esta vez junto a la alemana *Dornier*, puso en el mercado un avión de filosofía similar, aunque menos capaz en combate, el *Alpha Jet*. Sin contar, esta vez, ni con el Reino Unido, ni con Italia. Qué complicado, ¿no? Sí, mucho. En todo caso, es lo que hay.

Ese sería el panorama básico de los años 70 (y hasta principios de los 80) del siglo XX, en el conjunto de Europa. Con una añadidura: habría que tener en cuenta, además, que, en esa época, la sueca *Saab*, que desde la segunda guerra mundial se encargaba de proporcionar aviones de combate a las fuerzas aéreas de su país, ponía en servicio el excelente JA-37 *Viggen*, en sustitución del JA-35 *Draken* (también en servicio en Austria y Finlandia).

Pero esa competición intraeuropea conoció a un invitado de lujo, que se llevó, las más de las veces, el gato al agua: la industria aeronáutica estadounidense. Efectivamente, si después de tantos esfuerzos europeos, más o menos integrados o fragmentarios, alguien pregunta cuál fue el modelo estrella de cazabombardero en Europa, a partir de esa época (desde finales de los años 70 durante toda la década siguiente, y hasta más allá), la respuesta solo puede ser una, en automático, para cualquier experto: el F-16 (de la estadounidense *Lockheed Martin*). Lo adquirieron, a despecho del trabajo de sus vecinos más poderosos, Holanda, Bélgica, Dinamarca, además de Noruega: en total, fueron 348 aparatos, en lo que se dio en llamar “el contrato del siglo". Nada que ver con los intereses de la industria europea de defensa.

Luego, en años sucesivos, otros Estados europeos han adquirido otros 309 F-16, de versiones mejoradas, a repartir entre Grecia, Italia, Portugal Polonia y Rumanía. Así, con más de 650 aviones en servicio, bien puede decirse que el F-16 ha sido el caza europeo por antonomasia. Salvo por el pequeño detalle de que no es europeo. Pero tengo que añadir algo importante, para que el lector no obtenga conclusiones precipitadas al respecto: ninguno de esos Estados se arrepintió de la decisión tomada. No estamos hablando de moral, sino de eficacia y de relación coste/beneficio. El F-16 fue adquirido en masa porque las FFAA de esos países entendieron que era la mejor opción. Así de claro.

Nuestra España, por su parte, con su política de diversificar los proveedores para limitar riesgos en caso de conflicto militar, tenía en servicio un puñado de *Mirage III* (los remanentes de 30 iniciales), así como una cifra importante de *Mirage F-1* (con una primera compra de 72[40], entre 1973 y 1981), y, a la hora de buscar un avión norteamericano que favoreciera la pergeñada diversificación de proveedores, se inclinó por el F-18 (de *McDonnell Douglas*), también con 72 adquiridos, en una primera fase (1986-1990), en el marco del programa FACA. En años posteriores, se adquirieron, de segunda mano, otros *Mirage F-1*, adquiridos a Qatar (13) y Francia (5) y más F-18 (24, a los EE. UU).

Estos párrafos nos ofrecen una idea de cómo han sido las cosas en el sector aeronáutico europeo en los años 70 y 80 del siglo XX. Pero conviene avanzar un poco más, hasta enlazar con lo que sucede en nuestros días. ¿Qué ha pasado desde entonces, esto es, qué está pasando en la actualidad? Podría simplificarlo mucho: lo mismo. Sería correcto. Pero voy a explicarlo un poco. Creo que merece la pena.

---

[40] Para los más puntillosos, en realidad, fueron 73, debido a la pronta pérdida de uno de los aviones del lote, pero nunca hubo más de 72 en servicio. Y no por mucho tiempo, dada la elevada atricción del aparato. En todo caso, no quiero reparar en este tipo de detalles, si no aportan nada al tema que nos ocupa, como es el caso.

Por una parte, la industria europea (o las de los países europeos) ha mutado. No tanto en una primera fase (en los años 90 del siglo XX). En ese momento, vio la luz uno de los mayores éxitos del sector en Europa ha sido el *Eurofighter*. Aunque con mucho mejores prestaciones, como es lógico, ha sido, filosóficamente hablando, una recuperación del espíritu de PANAVIA: un acuerdo que implica, sobre todo, a Alemania (*Dornier* y *Daimler/DASA*, integradas en *Airbus*), Italia (*Alenia*) y el Reino Unido (*BAE Systems*), al que, además, se incorpora España (*CASA*, también integrada en *Airbus*). Francia tuvo una pequeña participación, a través de la empresa *Matra*, también integrada en *Airbus*), pero decidió no adquirir este avión, ya que su principal empresa del sector, que seguía siendo Dassault, lanzaba, primero, el *Mirage-2000* y, después, el *Rafale*.

La mutación vino justo después del éxito: *Saab* se integró en *BAE Systems*, mientras Dassault, viéndole las orejas al lobo, acercaba posturas con el resto de las potencias continentales. Pero a base de avanzar en el tiempo, ya no estamos hablando del presente: ya hemos comenzado a hacerlo del futuro. Ahora mismo, tenemos dos grandes proyectos en ciernes. El *FCAS*, que cuenta con Airbus, Dassault (por fin, ahora sí) e Indra, esto es, con la complicidad (léase, el compromiso de adquirir aviones) de Francia, Alemania y España.

Todo un logro, si no advertimos que Italia se ha caído del proyecto, para irse a la competencia. Se trata del proyecto *Tempest*, liderado por *BAE Systems* (o sea, por el Reino Unido y Suecia) y *Rolls-Royce*, mientras que el país transalpino va de la mano de *Leonardo* (antigua *OTO Melara*) y Finmeccanica. Japón, por cierto, también tiene un pie dentro, a través de *Mitsubishi*.

Ese es el futuro, a no ser que la EDIS lo cambie todo. Lo que aquí no es tan fácil. Obviamente, una solución pasaría por fusionar ambos proyectos. Pero, como ya ocurrió años atrás, la competencia no termina aquí. Esa no sería el final del problema planteado. Porque los EE.UU. ya han entrado en juego (si es que alguna vez se salieron del mismo). En estos momentos, muchos Estados europeos están barajando el avión con el que sustituir al F-16, una vez cumplido el ciclo de vida útil de este exitoso aparato.

Así las cosas, la pregunta es tan obligada, como sencilla: ¿Por qué se inclinan? La repuesta también lo es: por el F-35, de *Lockheed Martin*, como su predecesor. En el fondo, no nos engañemos, está sucediendo lo previsible: esos clientes del sector aeronáutico estadounidense están más que satisfechos con su producto, de modo que, a la hora de buscar un sustituto, optan por el camino más seguro. La lista de "nuevos" clientes es cualquier cosa menos sorprendente: los mismos países que ya lo eran del F-16: Holanda, Bélgica, Polonia, Dinamarca e Italia, de momento. España y Portugal se sumarán pronto al club. Pero la auténtica novedad —y no es una buena noticia para las pretensiones de la EDIS—, es que Alemania también va a comprar un lote de F-35, a pesar de ser un miembro destacado del proyecto *FCAS*. Por otro lado, Estados que se han ido incorporando a la UE después de la época dorada del F-16, y que, por ello, no se plantean ahora sustituir este aparato en sus alas de combate, también han apostado por el F-35: Chequia y Finlandia están en ese caso.

4. POSIBLES PROBLEMAS EN LA APLICACIÓN DE LA EDIS

Siguiendo la receta weberiana, lo procedente, en este momento, es atender a los flecos de una política *in fieri*, antes de que sea demasiado tarde, pensando en apurar sus posibilidades de éxito. Pero huyendo de falsos triunfalismos. Agruparemos los posibles problemas en tres bloques, esto es, los más estructurales, de tipo más conceptual; los que tienen que ver con la actividad política cotidiana; y los económicos. Aunque haya puentes entre los unos y los otros, como es lógico. En todo caso, esta relación ni siquiera pretende ser exhaustiva, aunque sí indicativa.

4.1. Problemas... lógicos y técnicos

El nuevo planteamiento de la UE conduce a una lógica de oligopsonio. Esto tiene ventajas, e inconvenientes. La falta de competencia puede (suele) implicar un aumento de costes. Tenemos ya alguna experiencia previa, en tentativas de cooperación a menor escala, aunque muy emblemáticas. Pienso en programas como el caza *Eurofighter* o el avión de transporte A-400, en un pasado no tan lejano. Aunque podríamos añadir el sistema de armas *FCAS*, vigente por muchos años (y muchos miles de millones de euros). En estos casos y otros similares, el consorcio creado puede llegar a convertirse en un auténtico monopolio, sin matices, con lo que la práctica de traslación de costes al cliente (conocida como *cost shifting*) acaba siendo lo habitual[41]. Esta realidad, puede (suele, de hecho) más que descompensar los beneficios lógicamente obtenibles mediante las economías de escala inherentes al mayor tamaño de los pedidos que era, a la sazón, uno de los principales atractivos de la EDIS. En España contamos con ejemplos propios, similares en sus contraindicaciones, aunque a menor escala: Navantia, ante la seguridad de que el gobierno le comprará determinados tipos de buques, está inflando los precios. Pienso, de modo palmario, en los BAM, que son adquiridos a un precio varias veces superior al de mercado.

Lo único cierto es que el producto europeo suele ser más caro que el estadounidense, a igualdad (como mucho) de prestaciones (en ocasiones, ni eso). Ahora bien, no se puede jugar con ese tipo de cosas: ni con el dinero de nuestros ciudadanos, ni con la vida de nuestros militares. Dicho con otras palabras, si el nuevo proyecto no garantiza la competencia (y más bien parece que tiende a limitarla, sobre todo en lo que respecta a la industria de los EE.UU.), será disfuncional, tanto desde una óptica económica, como desde una perspectiva militar. Se avecinan compras no deseadas (o, directamente, rechazadas) por los expertos militares de los países europeos, aunque sean impuestas, al final, por sus respectivos gobiernos. El militar es disciplinado, y obedece a sus gobernantes; la realidad, en cambio, no lo hace. La realidad hunde en la miseria a los gobernantes que se desentienden de ella. A veces más temprano; otras veces, más tarde. La mayor parte de los "grandes hombres" que han pasado a la historia, cuando se trata de políticos, lo han hecho para mal. Recordamos a algunos gobernantes, en efecto, pero generalmente lo hacemos para huir de su ejemplo. Son útiles, pues, pero solo *a sensu contario.*

---

41 FONFRÍA, A., CALVO GONZÁLEZ-REGUERAL, C., "Cooperación europea en defensa: retos y oportunidades", en *Economía Industrial*, vol. 412, 2019, p. 122.

4.2. … y políticos

No faltan los Estados de la UE que sospechan del papel que viene jugando la Comisión Europea en el asunto que nos ocupa. ¿Cómo y por qué? Sospechan que Von der Leyden viene aprovechando una situación excepcional, como lo es la guerra de Ucrania, para normalizar una importante sustracción de competencias soberanas de los Estados miembros. Alemania lidera esa crítica, que ya surgió, incluso, ante las primeras medidas de apoyo a Ucrania, pese a ser más coyunturales y, por ende, menos exigentes, que la pretendida EDIS. Es el caso de la ASAP, de la que ya hemos hablado. La palabra clave de las quejas vertidas contra las instituciones europeas ha sido la "extralimitación" [*overreach*] de la Comisión Europea[42]. Eso sí, hay Estados dispuestos a seguir a pies juntillas los dictados de la Comisión, entre ellos grandes potencias (entiéndase la ironía) como Bulgaria, Bélgica, Malta, Luxemburgo y Estonia. En todo caso, la ASAP siguió adelante. Y, a mayores, unos meses más tarde, se lanzó el plan a largo plazo que venimos comentando.

Todo ello tiene una lógica muy profunda, que los académicos manejamos hasta cómodamente: me refiero a la pugna entre dinámicas realistas e institucionalistas: el *cleavage* clásico por antonomasia en las relaciones internacionales. Las segundas conocieron un impulso importante, en términos prácticos, con la gestión de la pandemia de COVID por parte de la Comisión Europea como tal, y en la tarea de Von der Leyden, en particular. Probablemente, esa inopinada prueba piloto haya dado alas al proyecto actual. Sin embargo, algunos expertos recuerdan que "defence policy is even more sensitive to national policy planners than health policy"[43]. Ciertamente. Así es. Por consiguiente, las espadas seguirán en alto, en la medida en que haya Estados celosos de su soberanía (o de lo que queda de ella).

---

42 PUGNET, A., "EU countries team up to cancel bloc's ammunition production boost plan", en *Euractiv*, Recuperado el 2023 de https://www.euractiv.com/section/defence-and-security/news/eu-member-states-team-up-to-cancel-blocs-ammunition-production-boost-plan/

43 BESCH, S., "Understanding the EU's New Defense Industrial Strategy", Carnegie Endowment for International Peace, Washington DC, 2024. Recuperado el 8 de marzo de 2024 de https://carnegieendowment.org/2024/03/08/understanding-eu-s-new-defense-industrial-strategy-pub-91937

Esas sensaciones se unen a una larga trayectoria de desencuentros entre Estados miembros, por más que eso contraste con la impresión que se quiere trasladar desde las propias instituciones europeas. Los problemas internos en la CEE & UE tienen mucho de estructural, y los he comentado con detalle en otro lugar[44]. Por ahora, valga recordar el modo en el que varios vecinos de Ucrania se han distanciado de Kiev tan pronto como han visto (o previsto) que el grano ucraniano debía, simplemente, pasar por sus respectivos territorios (que ni siquiera quedarse en ellos). El desencuentro llegó al punto de condicionar la ayuda militar, cuando peor estaban las cosas en esa guerra, tras la infructuosa ofensiva ucraniana de primavera (finalmente, de verano). Estados como Polonia, Hungría y Eslovaquia (tres de los cuatro miembros del Grupo de Visegrado —el dato es significativo—) han abanderado la resistencia a abrir el paso al grano ucraniano.

De hecho, ha sido uno de los ítems de campaña más importantes en las elecciones eslovacas, que llevaron al poder a Fico, cercano a Putin, así como a Orbán —que también ganó las suyas en plena guerra, pese a (o, quizá, gracias a) oponerse reiteradamente a obedecer las instrucciones de Bruselas, incluso ante el riesgo de perder millones de euros—. Pero conviene constatar que también Rumanía y Bulgaria han mostrado muchas veces su escepticismo con respecto a mantener la cooperación con el gobierno de Zelensky, tras el asunto del grano. Estamos ante un fenómeno que en Europa occidental se entiende menos. Me refiero el enorme peso del sector primario de la economía. Si bien la resistencia a las políticas comunitarias por parte del sector agrario (todavía muy poderoso en Francia, España e Italia) están obligando a los respectivos gobiernos a volver su mirada, urbanita y posmoderna, a esa realidad. Entonces, no será fácil convencer a la opinión pública europea, tan poco dada a asumir responsabilidades en materia de defensa, de que lo conveniente es poner 100.000 millones de euros en el rearme, en vez de tapar la hemorragia que ya está suponiendo el giro copernicano dado a la política agraria común.

---

44 BAQUÉS, J., La construcción de una política exterior y de seguridad en Europa. ¿Por qué es tan problemática?, La Catarata, Madrid, 2023.

Entonces, como ya he señalado en la parte central de este análisis, el reto más complejo radica en descubrir la zona de intersección entre los diversos intereses nacionales de los miembros de la UE. Solo así tendrá algún sentido el incremento de gasto. Y solo así podrá esa capacidad de gasto podrá ser guiada hacia una planificación de las compras útil para afrontar los retos de la seguridad y defensa futuras. El escenario alternativo consiste en gastar por gastar, manteniendo con ello a flote, ciertamente, la industria y sus puestos de trabajo (antes he hablado de neokeynesianismo) pero sin que todo ello tenga un reflejo real en la mejora de la seguridad y la defensa de los Estados miembros de la UE.

Esto es lo que se deduce, al más alto nivel político, de lo tensa que ha llegado a estar la cuerda en el seno de la UE. Pero no es necesario llegar tan lejos para vislumbrar obstáculos de tipo político en el camino de la EDIS. En realidad, basta una mirada a las disputas mostradas en el segundo epígrafe de este análisis, para entender que, incluso entre Estados que pueden estar de acuerdo en temas fundamentales (asumo como tal, sin ir más lejos, el apoyo financiero y militar a Ucrania, a toda costa), la cuerda se puede romper, por causas puramente industriales, tecnológicas, y militares. No sería nada nuevo. Ya ha ocurrido en otras ocasiones. La única competencia no es la de los EE.UU. Los Estados europeos siempre han competido entre sí. Cambiar eso no es algo que pueda conseguirse a base de derecho positivo, ni en el corto plazo. De ahí que la tarea sea ingente.

Dicho todo lo cual, el principal problema para la EDIS será la Casa Blanca. Los EE.UU. pueden ver la nueva estrategia industrial de defensa europea como un problema, pese a la retórica superficial que la plantee como un refuerzo del pilar continental del vínculo transatlántico. Porque eso son tópicos, demasiadas veces empleados a efectos de marketing puro y duro. De modo que a estas alturas ya no impresionan a nadie, salvo a políticos y periodistas ineptos, que todavía creen en los cuentos de hadas. Mientras eso son entelequias, la cuenta de resultados de las grandes empresas armamentísticas estadounidenses son un hecho, de dramáticas consecuencias, si las cifras no cuadran. Los EE.UU. se juegan muchos miles de puestos de trabajo, así como la posibilidad de mantener cierta capacidad industrial, cuando otros sectores de su tejido ya se han hundido o bien están absortos en una profunda crisis (v. gr. automóviles).

Hace unos años, Kennan ya dio cuenta de lo perentorio que es para le economía norteamericana, que ese complejo siga generando un elevado volumen de negocios:

> "were the Soviet Union to sink tomorrow under the waters of the ocean, the American military-industrial complex would have to remain substantially unchanged, until some other adversary could be invented. Anything else would be un unacceptable shock to the American economy"[45].

Como puede apreciarse, a ojos del realista Kennan, lo que tenemos sobre la mesa ni siquiera es un problema esencialmente geopolítico, sino básicamente económico. Porque la hegemonía de un país no depende, en última instancia, de los portaaviones que (todavía) tenga, sino de su capacidad industrial, como base de la economía. Eso no ha cambiado, a lo largo de siglos (o milenios). Lo militar es un subproducto de esto. No al revés. En Washington lo saben bien. Y notan que están perdiendo el pulso. Solo falta que la propia UE les dé la puntilla. Entonces, ahora que por fin ese complejo militar-industrial ya ha encontrado el nuevo enemigo pergeñado (Rusia, y quizá China más adelante), para de ese modo dar pábulo a la supervivencia de su propio complejo militar-industrial, no es el momento más oportuno para que otros (la UE) rentabilicen eso, en detrimento del propio (EE.UU.).

Y aquí cobra importancia el olvido del Reino Unido que hace la EDIS. ¿Por qué? Porque ese Estado ex miembro de la UE, puede ser empujado por la UE a reforzar al competidor estadounidense. El AUKUS debería llevarnos a la reflexión, no menos que su papel en la venta de submarinos nucleares a Australia, en detrimento de Francia: en esencia, lo que ha ganado es un diseño británico (*BAE Systems*) que incorpora tecnología de los EE.UU., sobre todo en lo concerniente al sistema de propulsión y a sus sistemas de armas. De hecho, el nuevo submarino australiano, va a ser, en esencia, una evolución de la clase de SSN *Virginia*, actualmente en servicio en la US Navy.

Todo esto se plantea en un contexto en el que resulta especialmente importante llegar a acuerdos de calado en el ámbito estratégico: tanto entre aliados europeos (Reino Unido incluido) como

---

45 KENNAN, G., *At a Century's Ending. Reflections*, Norton & Company, Nueva York, 1996 [1982-1995].

con los EE.UU. No en vano, ¿de qué servirá la EDIS, aparte de para mejorar la cuenta de resultados de las empresas armamentísticas, y de mantener puestos de trabajo —cuya importancia no voy a negar, pero no es el tema, en este momento— sin una estrategia que sostenga todo el edificio conceptual que se pretende levantar?

Tengo la sensación, fundada en argumentos y ejemplos como los propuestos a lo largo de este análisis, de que la insistencia en la autonomía estratégica puede traer más problemas que soluciones, para la EDIS.

4.3. … y económicos

Tan ambicioso plan solamente será realizable con la llegada de una cantidad ingente de dinero… comunitario. Ya hemos visto que no es una condición suficiente, para que todo salga bien. Pero sí es una *conditio sine qua non.* En ese sentido, es fácil hablar de cifras, pero más complicado concretarlas. Máxime en la UE y máxime en las actuales circunstancias. Pondré dos ejemplos: ¿Aportarán fondos los Estados que no tienen un complejo militar industrial susceptible de beneficiarse del programa en curso? ¿Por qué razón deberían hacerlo? ¿Lo harán los que se sientan perjudicados en el reparto final, si detectan que ello conlleva la desaparición de sus industrias de defensa nacionales, en beneficio de terceros países? Recordemos que la nueva política parte de limitar el uso que los Estados miembros de la UE vienen haciendo del art. 346 TUE, de acuerdo con el cual esos Estados podrán adoptar las medidas que “estimen necesarias para la protección de sus intereses esenciales de seguridad, que se refieran a la producción o al comercio de armas, municiones y material de guerra”. Eso ha permitido que muchas industrias de defensa nacionales sobrevivan. Pero estaría llegando a su fin. Además, ¿bastará la supuesta amenaza de invasión rusa para convencer a los agricultores —y a la ciudadanía sensible que sin serlo se solidariza con ellos— de que hay que recortar en ayudas al campo, para invertir ese dinero —y más— en defensa? ¿Habrá muchos gobiernos dispuestos a perder elecciones para ser fieles a una Comisión Europea que, además, les recorta competencias?

Suceda lo que suceda, algo está claro: los gastos presumibles son elevados y se proyectan en el tiempo. Van a necesitar continuidad. Por ejemplo, si esos 100.000 millones se dedicaran por entero a adquirir cazabombarderos de última generación, tras comprar 500 no quedaría un euro. De hecho, no habría dinero suficiente, dados los costes de mantener operativos a los aparatos ya adquiridos, año tras año. Más la cuestión, siempre delicada, de los stocks de bombas. Pero esos 100.000 millones, lógicamente, son "para todo". Garantizar al aluvión de millones indispensables para hacer realidad la EDIS no es tarea fácil. Y, sin ese aporte, nada de lo otro tiene sentido. Reitero: el dinero es una condición no suficiente, pero sí necesaria. Y tendrá que llegar mucho, durante muchos años, sin solución de continuidad.

BIBLIOGRAFÍA

Andréani, Gilles; Bertram, Christoph y Grant, Charles (2001). Europe's military revolution. Londres: Centre for European Reform.

Aron, Raymond (1997 [1959]). "Introducción" a Weber, Max. El político y el científico. Madrid: Alianza Editorial, pp. 9-77.

Baqués, Josep (2002). "La política europea de seguridad y defensa: déficits actuales y perspectivas de futuro", en Revista Cidob d'Afers Internacionals. 57-58: 139-157.

Baqués, Josep (2023). La construcción de una política exterior y de seguridad en Europa. ¿Por qué es tan problemática? Madrid: La Catarata.

Bergmann, Max; Droin, Mathieu; Martinez, Sissy, y Svendsen, Sand O. (2024). "The European Union Charts Its Own Path for European Rearmament". Washington DC: Center for Strategic and International Studies, en https://www.csis.org/analysis/european-union-charts-its-own-path-european-rearmament

Besch, Sophia (2024). "Understanding the EU's New Defense Industrial Strategy". Washington DC: Carnegie Endowment for International Peace, https://carnegieendowment.org/2024/03/08/understanding-eu-s-new-defense-industrial-strategy-pub-91937

Cavendish, Georgiana; Chiin, David; Griebmann, Nadine; Lavandier, Hugues; y Otto, Tobias (2022). "Invasion of Ukraine: Implications for European defense spending". Chicago: McKinsey.

EDIP (2024). REGULATION OF THE EUROPEAN PARLIAMENT AND OF THE COUNCIL establishing the European Defence Industry Programme and a framework of measures to ensure the timely availability and supply of defence products ('EDIP'). Bruselas: European Commission.

Fonfría, Antonio y Calvo González-Regueral, Carlos (2019). "Cooperación europea en defensa: retos y oportunidades", en Economía Industrial, 412: 121-129.

Heisbourg, François (2000). "European defence. Making it work". Chaillot Paper nº 42. París: Institute for Security Studies.

High Representative (2024). A new European Defence Industrial Strategy: Achieving EU readiness through a responsive and resilient European Defence Industry. Bruselas: European Commission.

Jacchia, Roberto A. y STILLO, Marco (2024). The Commission's proposals for a stronger and more responsive European defense industry. Milán: De Berti Jacchia Franchini Forlani Studio Legale.

Kennan, George (1996 [1982-1995]. At a Century's Ending. Reflections. New York: Norton & Company.

Martí Sempere, Carlos (2024). "¿Una estrategia de la industria europea de defensa adecuada?", en infodefensa.com (18 de marzo), en https://www.infodefensa.com/texto-diario/mostrar/4760977/estrategia-industria-defensa-europea-adecuada

Masson, Hélène; Martin, Kévin y Quéau, Yannick (2015). The impact of the 'defence package' Directives on European defence. Bruselas: Parlamento europeo.

Mearsheimer, John (2001). The Tragedy of Great Power Politics. New York: Norton & Company.

Moscoso del Prado, Juan (2024). "Imprescindible industria de defensa europea", en Esadegeo, en https://www.esade.edu/faculty-research/en/esadegeo/publication/imprescindible-industria-de-defensa-europea

OTAN (1999). Guía completa de la cumbre de Washington. 23-25 abril de 1999. Washington DC: NATO.

Pontijas, José Luis (2018). "Las iniciativas británica y alemana de cooperación en defensa", en Documento de Opinión 57/ 2018. Madrid: Instituto Español de Estudios Estratégicos (IEEE).

Pugnet, Aurélie (2023). "EU countries team up to cancel bloc's ammunition production boost plan", en Euractiv, en https://www.euractiv.com/section/defence-and-security/news/eu-member-states-team-up-to-cancel-blocs-ammunition-production-boost-plan/

Ruíz, Rosa (2023). "Mirar al futuro atendiendo al presente", en Revista Española de Defensa, nº 411 (diciembre): 46-49.

Weber, Max (1997 [1919]). El político y el científico. Madrid: Alianza Editorial.

Wolff, Guntram B. (2024). "The European defence industrial strategy helps to focus thinking but has significant flaws". Bruselas: Bruegel AISBL (march), en https://www.bruegel.org/analysis/european-defence-industrial-strategy-important-raising-many-questions

CIBERSEGURIDAD: EL NUEVO DOMINIO DE LA DEFENSA DE EUROPA

LUIS DE EUSEBIO RAMOS[1]

RESUMEN

En este capítulo exploramos la importancia estratégica de la ciberseguridad como un dominio crucial en la defensa europea. Resalta la creciente dependencia de las tecnologías digitales, lo que hace que los sistemas sean vulnerables a ciberataques con consecuencias potencialmente devastadoras para la seguridad nacional y la estabilidad regional. Se traza la evolución del concepto de ciberdefensa desde finales de la década de 1990, destacando hitos clave, como el reconocimiento por parte de la OTAN de los ciberataques como una amenaza para la seguridad nacional y euroatlántica en 2010 y los desarrollos posteriores de la UE en políticas y marcos de ciberseguridad.

El documento examina las características del ciberespacio como un dominio militar, argumentando que la naturaleza de las amenazas cibernéticas requiere estrategias distintas de los dominios de guerra convencionales. Se discuten los marcos legales que sustentan la ciberdefensa en la UE, detallando los artículos relevantes en el Tratado de la Unión Europea (TUE) y en el Tratado de Funcionamiento de la Unión Europea (TFUE).

Además, se analiza la integración de la ciberseguridad dentro de la Política Común de Seguridad y Defensa (PCSD) de la UE, el papel de la colaboración con el sector privado y los esfuerzos continuos para mejorar las capacidades cibernéticas militares. El documento también aborda los modelos de gobernanza para la ciberdefensa en

1 Ingeniero Superior de Telecomunicación por la Universidad Politécnica de Madrid. Analista del Centro para el Bien Común Global de la Universidad Francisco de Vitoria.

la UE, incluyendo el establecimiento de centros de coordinación y equipos de respuesta rápida.

Finalmente, el documento subraya la importancia de la innovación continua, la cooperación y el desarrollo de un panorama de defensa europeo coherente para abordar eficazmente el panorama de amenazas cibernéticas en constante evolución.

1. INTRODUCCIÓN

"No podemos hablar de defensa sin hablar sobre ciber(seguridad). Si todo está conectado, todo puede ser hackeado"[2].

Con estas palabras en su discurso sobre el Estado de la Unión en 2021, la Presidenta de la Comisión Europea, Ursula von der Leyen, destacó la importancia estratégica del dominio del ciberespacio en la sociedad contemporánea y futura. En un mundo donde la interconexión digital es omnipresente, la ciberseguridad se ha convertido en un pilar esencial para la protección de infraestructuras críticas, servicios esenciales y el funcionamiento adecuado de la sociedad. La creciente dependencia de las tecnologías digitales aumenta la vulnerabilidad de los sistemas a los ciberataques, los cuales pueden tener consecuencias devastadoras para la seguridad nacional y la estabilidad regional. Por lo tanto, es imperativo fortalecer la ciberseguridad para prevenir, detectar y responder de manera eficaz a estas amenazas, garantizando así la resiliencia y la soberanía de Europa en el ciberespacio.

---

2 *"We cannot talk about defence without talking about cyber. If everything is connected, everything can be hacked."* Ursula von der Leyen. Discurso sobre el estado de la Unión 2021. 15 de septiembre de 2021

2. CIBERSEGURIDAD COMO UN DOMINIO CRUCIAL DE LA DEFENSA

2.1. Evolución del concepto de Ciberdefensa

El ciberespacio puede ser definido como un entorno virtual que facilita la información y las interacciones entre personas, sustentado en infraestructuras y sistemas de información y telecomunicaciones[3].

Dentro del ciberespacio, la ciberguerra se refiere a operaciones militares en las que las tecnologías de la información y las comunicaciones (TIC) no solo actúan tanto como armas principales, sino también como el campo de batalla. Originalmente, el concepto de ciberguerra se limitaba al ámbito militar; sin embargo, interpretaciones más recientes han ampliado su alcance para incluir cualquier conflicto bélico que utilice el ciberespacio y las TIC, independientemente de la naturaleza militar de los actores involucrados. En términos generales, la ciberguerra abarca todas las operaciones cibernéticas, tanto ofensivas como defensivas, que se desarrollan en el contexto de un conflicto armado, sin importar el perpetrador o el tipo de objetivo, combinándose con acciones ejecutadas en los restantes dominios (tierra, mar, aire y espacio)[4].

El surgimiento de Internet en la década de 1990, con la popularización de la World Wide Web, marcó el comienzo de una nueva era en la interconexión global. En 1999, el Concepto Estratégico de la OTAN[5] señalaba lo siguiente:

---

3 BARTOLOMÉ, M. (2023), *Operaciones cibernéticas durante el primer año del conflicto armado entre Rusia y Ucrania*, Actas XV Jornadas de Estudios de Seguridad. Nuevos conflictos, nuevos paradigmas, 9-11 de mayo de 2023, Instituto Universitario General Gutiérrez Mellado, Universidad Nacional de Educación a Distancia (UNED), Recuperado: 24-03-2025 https://www.uned.es/universidad/facultades/dam/jcr:2812fc54-5d5c-4b38-98bf-70c0945c8df3/1.actas-XV-JES.pdf

4 Idem.

5 NORTH ATLANTIC TREATY ORGANIZATION (NATO) (1999). *The Alliance's Strategic Concept, approved by the Heads of State and Government participating in the meeting of the North Atlantic Council in Washington D.C.*, 24 April 1999, Recuperado el 21 de agosto de 2024, https://www.nato.int/cps/en/natohq/official_texts_27433.htm

"la propagación global de tecnología que pueda utilizarse en la producción de armas puede dar lugar a una mayor disponibilidad de capacidades militares sofisticadas [...]. Además, los adversarios estatales y no estatales pueden intentar explotar la creciente dependencia de la Alianza de los sistemas de información mediante operaciones de información diseñadas para interrumpir dichos sistemas. Pueden intentar utilizar estrategias de este tipo para contrarrestar la superioridad de la OTAN en armamento tradicional."

En 2010, la OTAN reconoció por primera vez que los ciberataques podrían alcanzar un nivel que amenazara la prosperidad, la seguridad y la estabilidad tanto nacional como euroatlántica. El Concepto Estratégico de ese año subrayó que los ciberataques eran cada vez más frecuentes, organizados y dañinos, con el potencial de afectar gravemente a gobiernos, empresas, economías y, en particular, a infraestructuras críticas como redes de transporte y suministro[6].

Ese mismo año, la Unión Europea también reconoció la creciente dependencia de las capacidades militares de los sistemas informáticos y redes[7], lo que llevó a la adopción en 2012 del Concepto de Ciberdefensa de la UE para operaciones militares[8], centrado en detallar las medidas y estándares que mejorarán la ciberdefensa de la Unión Europea en general. Además, el Concepto proporciona una definición de la terminología de ciberdefensa, establece responsabilidades y principios para las operaciones y misiones de la Política Común de Seguridad y Defensa (PCSD) y ofrece a los Estados miembros, instituciones y agencias de la UE orientación para el desarrollo de requisitos de capacidad militar para su uso en misiones de la UE.

---

6 NORTH ATLANTIC TREATY ORGANIZATION (NATO), *Strategic Concept for the Defence and Security of the Members of the North Atlantic Treaty Organisation, adopted by the Heads of State and Government in Lisbon (Portugal),* 19-20 November 2010. Recuperado el 24 de marzo de 2025, https://www.nato.int/cps/en/natohq/official_texts_68580.htm

7 SERVICIO EUROPEO DE ACCIÓN EXTERIOR (SEAE), *EU Concept for Computer Network Operations in EU-led military operations,* 13537/1/09, 17 March 2010.

8 SERVICIO EUROPEO DE ACCIÓN EXTERIOR (SEAE) (2012) *EU Concept for Cyber Defence for EU-led military operations,* 18060/12, 20 December 2012.

En 2013, el Centro de Excelencia Cooperativa de Ciberdefensa de la OTAN publicó el Manual de Tallin[9], un análisis académico sobre la aplicabilidad del derecho internacional humanitario a la guerra cibernética, que abordó las operaciones cibernéticas más graves, como aquellas que violan la prohibición del uso de la fuerza y que podrían justificar la autodefensa de los Estados[10]. Este Manual fue revisado en 2017[11].

El ciberespacio fue oficialmente reconocido como el quinto dominio de las operaciones militares en la Cumbre de Varsovia de la OTAN, celebrada los días 8 y 9 de julio de 2016. En la declaración final de la cumbre[12], los líderes de la Alianza declararon lo siguiente:

> *"La ciberdefensa es parte de la tarea central de defensa colectiva de la OTAN [...] y reconocemos el ciberespacio como un dominio de operaciones en el que la OTAN debe defenderse con tanta eficacia como lo hace en el aire, la tierra y el mar".*

Así mismo, los aliados acordaron implementar un Compromiso de Ciberdefensa[13] para mejorar las ciberdefensas de sus redes e infraestructuras nacionales como una cuestión prioritaria.

España fue pionera en este ámbito al establecer el Mando Conjunto de Ciberdefensa de las Fuerzas Armadas (MCCD), dependiente del Jefe de Estado Mayor de la Defensa, en febrero de 2013[14]. Esta

---

9 SCHMITT, M., *Tallinn Manual on the International Law Applicable to Cyber Warfare*, Ed. 2013, Cambridge University Press, Cambridge, UK, 2013.

10 Idem.

11 SCHMITT, M. *Tallinn Manual 2.0 on the International Law Applicable to Cyber Warfare*, Ed. 2017, Cambridge University Press, Cambridge, UK, 2017.

12 NORTH ATLANTIC TREATY ORGANIZATION (NATO) (2016), *Warsaw Summit Communiqué issued by the Heads of State and Government participating in the meeting of the North Atlantic Council in Warsaw (Poland)*, 8-9 July 2016. Recuperado el 24 de marzo de 2025, https://www.nato.int/cps/en/natohq/official_texts_133169.htm

13 NORTH ATLANTIC TREATY ORGANIZATION (NATO), *Cyber Defence Pledge*, 8 July 2016. Recuperado el 24 de marzo de 2025. https://www.nato.int/cps/en/natohq/official_texts_133177.htm

14 MINISTERIO DE DEFENSA (MINISDEF), *Orden Ministerial 10/2013, de 19 de febrero, por la que se crea el Mando Conjunto de Ciberdefensa de las Fuerzas Armadas*, Recuperado el 24 de marzo de 2025 de https://emad.defensa.gob.es/Galerias/prensa/noticias/Documentos/20130226_CIBERDEFENSA.pdf.

decisión marcó un hito importante en la defensa nacional, al reconocer la importancia del ciberespacio como un nuevo dominio de guerra y la necesidad de contar con capacidades específicas para protegerlo. El MCCD fue el primer organismo de este tipo en Europa y sirvió como modelo para otros países que también estaban comenzando a desarrollar sus propias estrategias de ciberdefensa. En 2020, el MCCD se transformó en el actual Mando Conjunto del Ciberespacio (MCCE)[15], integrando nuevas capacidades y reforzando su papel en la defensa nacional.

En 2018, la Unión Europea identificó el ciberespacio como un dominio de operaciones militares en la revisión del Marco Político de Ciberdefensa de 2014[16]. Esta visión fue formalizada en 2021 con la adopción de la Visión militar y estrategia sobre el ciberespacio como dominio de operaciones (SEAE, 2021), la cual establece las condiciones marco y orientaciones necesarias para el uso del ciberespacio en apoyo de las operaciones de la Política Común de Seguridad y Defensa (PCSD) de la UE. La ciberdefensa y la utilización de las capacidades correspondientes en todo el espectro de las operaciones militares en el ciberespacio es una prerrogativa nacional de los Estados miembros, si bien depende de un ecosistema más amplio del que forma parte una sólida base industrial respaldada por el desarrollo de capacidades a escala de la UE.

Finalmente, en noviembre de 2022, la Comisión Europea y el Servicio Europeo de Acción Exterior adoptaron la Política de Ciberdefensa[17], con el objetivo de impulsar las capacidades de ciberdefensa

---

15 MINISTERIO DE DEFENSA (MINISDEF), *Real Decreto 521/2020, de 19 de mayo, por el que se establece la organización básica de las Fuerzas Armadas*, Boletín Oficial del Estado núm. 143, de 21 de mayo de 2020. Recuperado el 24 de marzo de 2025. https://www.boe.es/diario_boe/txt.php?id=BOE-A-2020-5190

16 CONSEJO DE LA UNIÓN EUROPEA, *Marco político de ciberdefensa de la UE (actualización de 2018)*, 14413/18, 19 de noviembre de 2018. Recuperado el 21 de agosto de 2024.
https://data.consilium.europa.eu/doc/document/ST-14413-2018-INIT/es/pdf

17 COMISIÓN EUROPEA (2022) *Comunicación conjunta al Parlamento Europeo y al Consejo. Política de ciberdefensa de la UE, JOIN (2022) 49*, 10 de noviembre de 2022. Recuperado el 24 de marzo de 2025.
https://eur-lex.europa.eu/legal-content/ES/ALL/?uri=CELEX%3A52022JC0049

de la UE y reforzar la coordinación y cooperación entre las comunidades militares y civiles de ciberseguridad.

2.2. Características del Ciberespacio como dominio de operaciones militares

En 2010, Richard A. Clarke, ex Coordinador Nacional de Seguridad, Protección de Infraestructura y Antiterrorismo de Estados Unidos, definió la guerra cibernética como *"las acciones de un Estado-nación para penetrar las computadoras o redes de otra nación con el fin de causar daños o perturbaciones"*[18].

Sin embargo, algunos autores, como Thomas Rid[19], consideran que acuñar el término "Ciberguerra" resulta exagerado. Argumentan que los efectos de las acciones de ciberguerra no superan el umbral de los meros actos de violencia convencional bajo la forma de ciberterrorismo, espionaje, delitos informáticos, sabotaje limitado y, por supuesto, activismo y subversión. Además, los Estados rara vez se atribuyen públicamente la autoría de los ciberataques, haciendo de la atribución en la ciberguerra un proceso técnicamente complejo, que a menudo requiere una combinación de análisis técnico, inteligencia y juicios estratégicos.

Esto plantea una cuestión clave: ¿Cuál es la diferencia entre un ciberataque y un ataque convencional? En el contexto de los ataques cibernéticos, hay un acuerdo amplio en que las capacidades ofensivas no se traducen necesariamente en capacidades defensivas. Ser superior en el uso de capacidades ofensivas no implica automáticamente una mejor defensa, lo que contrasta significativamente con muchos sistemas de armas convencionales[20].

---

18 CLARKE, Richard A. *Cyber War. The Next Threat to National Security and What to Do About It*, Ed. Harper Collins, Nueva York, 2010.

19 RID, T. *Cyber War Will Not Take Place*, Ed. Oxford University Press, 2013.

20 NORTH ATLANTIC TREATY ORGANIZATION (NATO), *Cyberwar - does it exist?*, NATO Review, 13 June 2013, Recuperado el 24 de marzo de 2025. https://www.nato.int/docu/review/articles/2013/06/13/cyberwar-does-it-exist/index.html

Este contraste lleva a preguntarse si el ciberespacio requiere una estrategia distinta a la de los otros dominios. Existe un consenso general en que la naturaleza virtual y no física del ciberespacio implica que las reglas y principios que rigen los dominios tradicionales no siempre sean aplicables. En una reciente entrevista, el Vicealmirante Javier Roca Rivero, Comandante del Mando Conjunto del Ciberespacio español, destacó: *"No tenemos grandes plataformas, aviones, buques o sistemas de armas. El arma somos nosotros. Nuestro mejor sistema de armas es el cerebro de cada soldado"*[21].

Además, el ciberespacio es un dominio en constante evolución. La rapidez del cambio exige que las estrategias sean flexibles y adaptables para enfrentar nuevas amenazas y aprovechar oportunidades emergentes.

Finalmente, la escala del impacto de los ciberataques puede ser significativa, afectando infraestructuras críticas, sistemas financieros y servicios públicos. Esto requiere que las estrategias sean capaces de abordar las amenazas de gran escala. En este contexto, la desintermediación de los gobiernos, incapaces de abarcar completamente el ciberespacio, ha creado un nicho para las compañías privadas especializadas en ciberseguridad. Sin embargo, estas empresas no pueden reemplazar completamente lo que en otros dominios llena el gobierno. En consecuencia, se plantea la necesidad de llenar la brecha de soberanía en el ciberespacio a través de la colaboración entre el gobierno, el sector privado y la ciudadanía, lo que sugiere una convergencia en la gestión del ciberespacio[22].

---

21 MINISTERIO DE DEFENSA (MINISDEF) *Entrevista con el Vicealmirante Javier Roca Rivero, Comandante del Mando Conjunto del Ciberespacio,* Revista Española de Defensa, número 412, enero 2024, pp. 26-28. Recuperado el 24 de marzo de 2025 en https://www.defensa.gob.es/Galerias/gabinete/red/2024/01/p-26-28-red-412-roca.pdf

22 HEBERT, L. y ZEGART, A, *Bytes, Bombs, and Spies. The strategic dimensions of offensive cyber operations,* Ed. Brookings Institution Press, Washington, US, 2019.

3. MARCO JURÍDICO DE LA CIBERDEFENSA EN LA UNIÓN EUROPEA

El Tratado de Maastricht (TUE), firmado en 1992, significó un hito en la historia de la Unión Europea al sentar las bases para la creación de una Política Exterior y de Seguridad Común (PESC), conocida como el segundo pilar de la Unión. Si bien el artículo J.4(4)[23], también llamado la Cláusula de no perjuicio o Cláusula de salvaguardia, estipulaba que la PESC debía respetar los principios fundamentales y las competencias específicas de los Estados miembros en materia de política exterior y de seguridad, esta Cláusula no constituye un veto absoluto a la acción de la UE en estos ámbitos. De hecho, ha desempeñado un papel relevante en la evolución de la PESC, permitiendo a los Estados miembros avanzar en la cooperación en materia de seguridad y defensa sin comprometer sus intereses nacionales o sus compromisos internacionales. Si bien no estableció un sistema de defensa común completo, el Tratado introdujo elementos clave para la cooperación en materia de seguridad y defensa entre los Estados miembros.

En el ámbito de la ciberdefensa, las competencias de la Unión Europea en relación con los Estados miembros se circunscriben principalmente a funciones de coordinación y apoyo, en lugar de una intervención directa en las capacidades de defensa cibernética, que siguen siendo una prerrogativa soberana de cada Estado miembro. Específicamente, la Unión Europea se centra en la coordinación de políticas de ciberdefensa, promoviendo un enfoque armonizado que facilite la colaboración intergubernamental y la coherencia en la aplicación de estrategias de ciberseguridad en todo el territorio europeo. Además, la UE impulsa el desarrollo y la consolidación del sector industrial de defensa europeo, promoviendo la creación de capacidades tecnológicas avanzadas y la innovación en ciberdefensa. Este impulso no solo refuerza la competitividad de la industria euro-

---

23 Artículo J.4(4) del Tratado de la Unión Europea (1992): "*Con arreglo al presente artículo, la política de la Unión no afectará al carácter específico de la política de seguridad y de defensa de determinados Estados miembros, respetará las obligaciones derivadas para determinados Estados miembros del Tratado del Atlántico Norte y será compatible con la política común de seguridad y de defensa establecida en dicho marco*".

pea a nivel global, sino que también asegura la autonomía estratégica de Europa frente a amenazas cibernéticas emergentes. Asimismo, la Unión Europea desempeña un papel esencial en el desarrollo coordinado de la innovación tecnológica en ciberdefensa, facilitando la investigación colaborativa y la inversión en tecnologías disruptivas que son esenciales para mantener la resiliencia cibernética en un entorno digital en constante evolución. A través de estas funciones, la UE no solo fortalece la seguridad colectiva de sus Estados miembros, sino que también contribuye a la estabilidad y seguridad global al posicionarse como un actor clave en el escenario de la ciberdefensa internacional.

Desde la perspectiva del derecho comunitario, y en particular de los Tratados de la Unión Europea, existe una clara distinción en las bases jurídicas que sustentan la regulación de la ciberseguridad, la ciberdefensa y la ciberdiplomacia.

La regulación de la ciberseguridad en la Unión Europea se fundamenta principalmente en el artículo 114 del Tratado de Funcionamiento de la Unión Europea (TFUE), que se refiere al establecimiento y funcionamiento del mercado interior. Este marco legal ha dado lugar a diversas normativas, como la Directiva sobre ataques contra los sistemas de información[24], la Directiva sobre Seguridad de las redes y sistemas de información[25], derogada por la Directiva SRI2[26], el Regla-

---

24 UNIÓN EUROPEA, *Directiva 2013/40/UE del Parlamento Europeo y del Consejo, de 12 de agosto de 2013, relativa a los ataques contra los sistemas de información*, DOUE L 218 de 14.8.2013, pp. 8-14. Recuperado el 24 de marzo de 2025. https://eur-lex.europa.eu/legal-content/ES/TXT/?uri=CELEX%3A32013L0040&qid=1724322883191

25 UNIÓN EUROPEA, *Directiva (UE) 2016/1148 del Parlamento Europeo y del Consejo de 6 de julio de 2016 relativa a las medidas destinadas a garantizar un elevado nivel común de seguridad de las redes y sistemas de información en la Unión (Directiva SRI)*, DOUE L 194 de 19.7.2016. Recuperado el 24 de marzo de 2025. https://eur-lex.europa.eu/eli/dir/2016/1148/oj

26 UNIÓN EUROPEA, *Directiva (UE) 2022/2555 del Parlamento Europeo y del Consejo de 14 de diciembre de 2022 relativa a las medidas destinadas a garantizar un elevado nivel común de ciberseguridad en toda la Unión, por la que se deroga la Directiva (UE) 2016/1148 (Directiva SRI 2)*, DOUE L 333 de 27.12.2022. Recuperado el 24 de marzo de 2025. https://eur-lex.europa.eu/legal-content/ES/TXT/?uri=CE[LEX%3A32022L2555&qid=1724321139958

mento sobre Ciberseguridad[27] y la Directiva sobre la Resiliencia de las entidades críticas[28]. Asimismo, se ha propuesto el Reglamento de la Ley de Ciberresiliencia[29], que continúa reforzando este ámbito.

Por otro lado, los artículos 42 a 46 del Tratado de la Unión Europea (TUE) regulan la Política Común de Seguridad y Defensa (PCSD), que forma parte de la PESC. Dentro de este marco, la seguridad nacional, incluyendo la ciberseguridad, se reconoce como una responsabilidad exclusiva de los Estados miembros, de acuerdo con el artículo 4(2) del TUE.

El artículo 42 TUE establece que la PCSD proporcionará a la Unión una capacidad operativa basada en medios civiles y militares, apoyada en las capacidades proporcionadas por los Estados miembros para alcanzar los objetivos definidos por el Consejo. Además, contempla la progresiva definición de una política común de defensa para la Unión y subraya el compromiso de los Estados miembros de mejorar continuamente sus capacidades militares. La Agencia Europea de Defensa juega un papel central en este proceso, identificando necesidades operativas, promoviendo medidas para satisfacerlas y contribuyendo al desarrollo de una base industrial y tecnológica robusta en el sector de la defensa.

Finalmente, la ciberdiplomacia se basa en el artículo 215 TFUE, que regula las medidas restrictivas contra ciberataques, reflejadas en

---

27 UNIÓN EUROPEA, *Reglamento (UE) 2019/881 del Parlamento Europeo y del Consejo, de 17 de abril de 2019, relativo a ENISA (Agencia de la Unión Europea para la Ciberseguridad) y a la certificación de la ciberseguridad de las tecnologías de la información y la comunicación (Reglamento sobre la Ciberseguridad),* DOUE L 151 de 7.6.2019, pp. 15-69. Recuperado el 24 de marzo de 2025. https://eur-lex.europa.eu/legal-content/ES/TXT/?uri=CELEX%3A32019R0881&qid=1724322006251

28 UNIÓN EUROPEA, *Directiva (UE) 2022/2557 del Parlamento Europeo y del Consejo de 14 de diciembre de 2022 relativa a la resiliencia de las entidades críticas*, DOUE L 333 de 27.12.2022, pp. 164-198. Recuperado el 24 de marzo de 2025. https://eur-lex.europa.eu/legal-content/ES/TXT/?uri=CELEX%3A32022L2557&qid=1724321649342

29 UNIÓN EUROPEA, *Reglamento (UE) 2024/2847 del Parlamento Europeo y del Consejo, de 23 de octubre de 2024, relativo a los requisitos horizontales de ciberseguridad para los productos con elementos digitales (Reglamento de Ciberresiliencia),* DOUE L 2024/2847 de 20.11.2024. Recuperado el 24 de marzo de 2025 de https://eur-lex.europa.eu/legal-content/ES/ALL/?uri=CELEX%3A32024R2847

el Reglamento 2019/796[30], y en el artículo 29 del TUE, que ampara las decisiones del Consejo relativas a estas medidas restrictivas en el ámbito de la PESC[31].

Sin embargo, desde una perspectiva política y estratégica, la distinción entre ciberseguridad, ciberdefensa y ciberdiplomacia, no es tan nítida como podría parecer. La ciberseguridad, en términos generales, abarca las salvaguardias y medidas destinadas a proteger el ciberespacio, tanto en los ámbitos tanto civil como militar, frente a las amenazas que afectan a sus redes interdependientes como a sus infraestructuras de información. Su principal objetivo es garantizar la disponibilidad e integridad de dichas redes e infraestructuras, así como la confidencialidad de la información que albergan.

En contraste, la ciberdiplomacia y la ciberdefensa son campos más especializados, cada uno con su propio conjunto de documentos normativos y estratégicos. En el ámbito de la ciberdiplomacia, destacan las Directrices de Ejecución revisadas del Marco Conjunto de Instrumentos de Ciberdiplomacia[32]. Por su parte, la ciberdefensa se rige por la Política de Ciberdefensa[33], complementada por la Brú-

---

30 UNIÓN EUROPEA, *Reglamento (UE) 2019/796 del Consejo, de 17 de mayo de 2019, relativo a medidas restrictivas contra los ciberataques que amenacen a la Unión o a sus Estados miembros*, DOUE L 129I de 17.5.2019, pp. 1-12. Recuperado el 24 de marzo de 2025.
https://eur-lex.europa.eu/legal-content/ES/TXT/?uri=CELEX%3A32019R0796&qid=1724323159665

31 UNIÓN EUROPEA, *Decisión (PESC) 2019/797 del Consejo, de 17 de mayo de 2019, relativa a medidas restrictivas contra los ciberataques que amenacen a la Unión o a sus Estados miembros,* DOUE L 129I de 17.5.2019, pp. 13-19. Recuperado el 24 de marzo de 2025.
https://eur-lex.europa.eu/legal-content/ES/TXT/?uri=CELEX%3A32019D0797&qid=1724323430381

32 CONSEJO DE LA UNIÓN EUROPEA, *Una Brújula Estratégica para la Seguridad y la Defensa. Por una Unión Europea que proteja a sus ciudadanos, defienda sus valores e intereses y contribuya a la paz y la seguridad internacionales*, 7371/22, 21 de marzo de 2022. Recuperado el 24 de marzo de 2025.
https://data.consilium.europa.eu/doc/document/ST-7371-2022-INIT/es/pdf

33 COMISIÓN EUROPEA, *Comunicación conjunta al Parlamento Europeo y al Consejo. Política de ciberdefensa de la UE,* JOIN (2022) 49, 10 de noviembre de 2022. Recuperado el 24 de marzo de 2025.
https://eur-lex.europa.eu/legal-content/ES/ALL/?uri=CELEX%3A52022JC0049

jula Estratégica para la Seguridad y la Defensa[34], el Marco Político de Ciberdefensa (actualización de 2018)[35], y la Estrategia Global de Política Exterior y de Seguridad de la UE[36].

Finalmente, en cuanto a la Ciberseguridad, este campo se desarrolla a través de una serie de estrategias y marcos normativos específicos, como la Estrategia de Ciberseguridad para la Década Digital[37], la Estrategia de la UE para una Unión de la Ciberseguridad[38], la Estrategia de Ciberseguridad revisada[39], la Agenda Europea de Seguri-

---

34 CONSEJO DE LA UNIÓN EUROPEA, *Una Brújula Estratégica para la Seguridad y la Defensa. Por una Unión Europea que proteja a sus ciudadanos, defienda sus valores e intereses y contribuya a la paz y la seguridad internacionales*, 7371/22, 21 de marzo de 2022. Recuperado el 24 de marzo de 2025.
https://data.consilium.europa.eu/doc/document/ST-7371-2022-INIT/es/pdf

35 CONSEJO DE LA UNIÓN EUROPEA, *Marco político de ciberdefensa de la UE (actualización de 2018)*, 14413/18, 19 de noviembre de 2018. Recuperado el 24 de marzo de 2025.
https://data.consilium.europa.eu/doc/document/ST-14413-2018-INIT/es/pdf

36 SERVICIO EUROPEO DE ACCIÓN EXTERIOR (SEAE). *Una visión común, una actuación conjunta: una Europa más fuerte. Estrategia global para la Política exterior y de seguridad común de la Unión Europea*, 28 de junio de 2016. Recuperado el 24 de marzo de 2025.
https://eur-lex.europa.eu/ES/legal-content/summary/common-foreign-and-security-policy-global-strategy.html

37 COMISIÓN EUROPEA, *Comunicación conjunta al Parlamento Europeo y al Consejo. La Estrategia de Ciberseguridad de la UE para la Década Digital*, JOIN (2020)18, 16 diciembre 2020. Recuperado el 24 de marzo de 2025.
https://eur-lex.europa.eu/legal-content/ES/TXT/?uri=CELEX%3A52020JC0018&qid=1724405055591

38 COMISIÓN EUROPEA (2020) *Comunicación de la Comisión sobre la Estrategia de la UE para una Unión de la Seguridad*, COM(2020) 605, 24 julio 2020. Recuperado el 24 de marzo de 2025.
https://eur-lex.europa.eu/legal-content/ES/TXT/?uri=CELEX%3A52020DC0605&qid=1724405472659 [Recuperado: 23-08-2024]

39 COMISIÓN EUROPEA (2017) *Comunicación conjunta al Parlamento Europeo y al Consejo. Resiliencia, disuasión y defensa: fortalecer la ciberseguridad de la UE*, JOIN (2017) 450, 13 septiembre 2017. Recuperado el 24 de marzo de 2025.
https://eur-lex.europa.eu/legal-content/ES/TXT/?uri=CELEX%3A52017JC0450&qid=1724405852812

dad[40], la Estrategia de Ciberseguridad[41], y la Estrategia Europea de Seguridad.

3.1. ¿Pueden realizarse operaciones militares de la UE en el dominio del ciberespacio?

El ciberespacio, reconocido como el quinto dominio bélico, abarca un ámbito que incluye desde las redes de información y telecomunicaciones, así como las infraestructuras y los datos que contienen, hasta los sistemas informáticos, los procesadores y los dispositivos de control.

El Tratado de la Unión Europea (TUE) y la Estrategia Global para la Política Exterior y de Seguridad Común de la Unión Europea[42] delinean los tipos de operaciones militares que la UE puede emprender y las amenazas que estas operaciones buscan contrarrestar.

En primer lugar, los tipos de operaciones que la UE puede realizar se enumeran en los art. 42(1) y 43(1) TUE, los cuales establecen que la Unión podrá recurrir a la capacidad operativa de la PCSD en misiones fuera del territorio de la Unión que tengan por objetivo garantizar el mantenimiento de la paz, la prevención de conflictos y el fortalecimiento de la seguridad internacional, conforme a los principios de la Carta de las Naciones Unidas (art. 42(1) TUE).

---

40 COMISIÓN EUROPEA, *Comunicación de la Comisión. Agenda Europea de Seguridad*, COM(2015) 185, 28 abril 2015. Recuperado el 24 de marzo de 2025. https://eur-lex.europa.eu/legal-content/ES/TXT/?uri=CELEX%3A52015DC0185&qid=1724406113280

41 COMISIÓN EUROPEA, *Comunicación conjunta. Estrategia de ciberseguridad de la Unión Europea: Un ciberespacio abierto, protegido y seguro*, JOIN (2013) 1, 7 febrero 2023. Recuperado el 24 de marzo de 2025. https://eur-lex.europa.eu/legal-content/EN/TXT/?uri=CELEX:52013JC0001

42 SERVICIO EUROPEO DE ACCIÓN EXTERIOR (SEAE), *Una visión común, una actuación conjunta: una Europa más fuerte. Estrategia global para la Política exterior y de seguridad común de la Unión Europea*, 28 de junio de 2016. Recuperado el 24 de marzo de 2025.
https://eur-lex.europa.eu/ES/legal-content/summary/common-foreign-and-security-policy-global-strategy.html

Las citadas misiones *"abarcarán las actuaciones conjuntas en materia de desarme, las misiones humanitarias y de rescate, las misiones de asesoramiento y asistencia en cuestiones militares, las misiones de prevención de conflictos y de mantenimiento de la paz, las misiones en las que intervengan fuerzas de combate para la gestión de crisis, incluidas las misiones de restablecimiento de la paz y las operaciones de estabilización al término de los conflictos. Todas estas misiones podrán contribuir a la lucha contra el terrorismo, entre otras cosas mediante el apoyo prestado a terceros países para combatirlo en su territorio" (art. 43(1) TUE).*

Como puede verse, se trata de un *numerus clausus* de supuestos que remiten a las Tareas de Petersberg, adoptadas originalmente por la Unión Europea Occidental (UEO) en 1992 e incorporadas al Tratado de la Unión Europea mediante el Tratado de Amsterdam de 1999. Durante la negociación del Tratado de Lisboa en 2007, las Tareas de Petersberg fueron ampliadas para incluir la prevención de conflictos, las tareas de mantenimiento de la paz, las operaciones de desarme conjunto y las tareas de asesoramiento y asistencia militar.

Las amenazas que la UE pretende abordar mediante la PCSD están detalladas en la Estrategia Europea de Seguridad[43], la cual identifica cinco "amenazas clave" en las que la PCSD debe centrarse: terrorismo, proliferación de armas de destrucción masiva, conflictos regionales, fragilidad estatal y crimen organizado. El informe sobre la implementación de esta estrategia[44] amplió esta lista de amenazas para incluir la ciberseguridad, la seguridad energética y el cambio climático.

En lo que se refiere a ciberseguridad, el mencionado Informe sobre la implementación de la Estrategia Europea de Seguridad señala que *"los ataques contra sistemas de TI privadas o gubernamentales en los*

---

43 CONSEJO DE LA UNIÓN EUROPEA (2003), *Estrategia Europea de Seguridad. Una Europa segura en un mundo mejor,* 12 de diciembre de 2003. Recuperado el 24 de marzo de 2025.
https://www.consilium.europa.eu/es/documents-publications/publications/european-security-strategy-secure-europe-better-world/

44 CONSEJO DE LA UNIÓN EUROPEA, *Informe sobre la aplicacion de la Estrategia Europea de Seguridad. Ofrecer seguridad en un mundo en evolución,* S407/08, 11 de diciembre de 2008. Recuperado el 24 de marzo de 2025.
https://www.consilium.europa.eu/uedocs/cms_data/docs/pressdata/ES/reports/104637.pdf

Estados miembros de la UE han dado una nueva dimensión a este problema, en calidad de posible nueva arma económica, política y militar. Se debe seguir trabajando en este campo para estudiar un planteamiento general de la UE, concienciar a las personas e intensificar la cooperación internacional."

De lo anterior se desprende que la ciberseguridad no forma parte del conjunto de amenazas incluídas en las Tareas Petersberg que definen los tipos de tareas militares que se pueden llevar a cabo en el marco de la PCSD. Cabe preguntase si es posible el despliegue de operaciones militares de la PCSD sin el despliegue de medios físicos en el dominio virtual del ciberespacio. Siguiendo a Nováky[45], una operación de la UE no necesita involucrar el uso de la fuerza para ser considerada una operación militar. Una operación militar de la UE puede definirse como una acción colectiva de la UE con implicaciones militares o de defensa que involucra al personal desplegado. De hecho, cualquier operación de la UE que involucre personal militar y una cadena de mando militar se clasifica como una operación militar. Por lo tanto, en una posible futura modificación de los Tratados TUE y/o TFUE que incluyera la ciberseguridad dentro de las tareas Petersberg sería factible el desarrollo de operaciones militares de la UE en el ciberespacio.

4. MODELO DE GOBERNANZA DE LA CIBERDEFENSA EN LA UNIÓN EUROPEA

El artículo 4, apartado 2 *in fine,* del Tratado de la Unión Europea (TUE) establece expresamente que *"En particular, la seguridad nacional seguirá siendo responsabilidad exclusiva de cada Estado miembro".* Actualmente, la asistencia operativa mutua entre los Estados miembros se limita al artículo 42, apartado 7, del TUE, conocido como la "cláusula de asistencia mutua", y al artículo 222 TFUE, conocido como "cláusula de solidaridad".

En noviembre de 2022, la Comisión Europea y el Servicio Europeo de Acción Exterior (SEAE) publicaron la primera Política de

---

45 NOVÁKY, N. *European Union Military Operations. A Collective Action Perspective,* Ed. Rotledge. London, UK, 2018.

Ciberdefensa[46], la cual reconoce que la comunidad de ciberdefensa de la UE, compuesta por las autoridades de defensa de los Estados miembros y apoyada por las instituciones, órganos y organismos de la UE, presenta ciertas especificidades en comparación con las demás cibercomunidades (cibercomunidades civil, diplomática y policial) y sigue un modelo de gobernanza diferente.

La Política de Ciberdefensa señala tres cuestiones fundamentales que deben resolverse. En primer lugar, se destaca que la cooperación entre las cibercomunidades civil, diplomática y policial y sus homólogas en el sector de la defensa aportará un alto valor añadido a todas las partes interesadas. Es, por lo tanto, fundamental propiciar dicha colaboración ofreciendo medios adecuados y seguros de intercambio de información y emprender ejercicios y demás actividades que generen confianza y entendimiento mutuo.

En segundo lugar, se señala la ausencia de un marco establecido para el intercambio de información y la cooperación entre los equipos militares de respuesta a emergencias informáticas de la UE (milCERTs), particularmente en apoyo de las misiones y operaciones militares de la PCSD, lo cual es problemático ante el incremento de ciberamenazas por parte de agentes estatales y no estatales.

Finalmente, se reconoce el papel crucial del sector privado en la ciberdefensa y la necesidad de evaluar cómo puede contribuir de manera más efectiva.

De acuerdo con la "Visión militar y estrategia sobre el ciberespacio como dominio de operaciones"[47], el mando y control (C2[48]) de las operaciones y misiones militares de la PCSD de la UE, en el ciberespacio o a través de él, requiere de una estructura organizativa

---

46 COMISIÓN EUROPEA, *Comunicación conjunta al Parlamento Europeo y al Consejo. Política de ciberdefensa de la UE*, JOIN (2022) 49, 10 de noviembre de 2022. Recuperado el 24 de marzo de 2025.
https://eur-lex.europa.eu/legal-content/ES/ALL/?uri=CELEX%3A52022JC0049

47 SERVICIO EUROPEO DE ACCIÓN EXTERIOR (SEAE), *European Union Military Vision and Strategy on Cyberspace as a Domain of Operations*, EEAS (2021) 706 rev 4, 15 September 2021. Recuperado el 24 de marzo de 2025 en https://www.statewatch.org/media/2879/eu-eeas-military-vision-cyberspace-2021-706-rev4.pdf

48 En inglés, Command & Control, o abreviadamente C2

adecuada que refleje los requisitos de la Ciberdefensa. Para respaldar dicho C2, es esencial establecer un elemento permanente y centralizado de coordinación cibernética militar de la UE. Este nuevo elemento de coordinación debe ser capaz de fusionar y analizar información de diversas fuentes del ciberespacio y dominios relacionados, permitiendo la toma de decisiones informadas y respuestas bien orquestadas y oportunas en caso de incidente o ataque cibernético.

La Política de Ciberdefensa de la UE[49] propone la creación de un Centro de Coordinación de la Ciberdefensa de la UE[50] con el fin de reforzar la conciencia situacional colectiva más plena que sea posible y que incluya la capacidad de detección precoz, incluidos todos los mandos militares de la PCSD de la UE. El Centro deberá estar operativo a partir de 2025. Se propone que el Centro de Coordinación de la Ciberdefensa se base en el proyecto de Centro de coordinación del ámbito del ciberespacio y de la información (CIDCC) de la CEP, cuyo objetivo es el establecer y gestionar un Centro de Coordinación del Ámbito del Ciberespacio y de la Información (CIDCC) como elemento militar multinacional permanente.

El objetivo del Centro de Coordinación de la Ciberdefensa de la UE será ofrecer un análisis holístico del ciberespacio, el entorno electromagnético y el ámbito cognitivo, reuniendo con tal fin diferentes fuentes de información a los niveles estratégico y operativos militares. Deberán establecerse las conexiones adecuadas entre este Centro y el Centro de Inteligencia y de Situación de la UE (INTCEN), así como con la inteligencia del Estado Mayor de la UE en el marco de la Capacidad Única de Análisis de Inteligencia[51], la cual, desde enero de 2007[52] combina la inteligencia civil (Centro de Inteligencia y Situación de la Unión Europea[53]) con la militar (Dirección

---

49 CONSEJO DE LA UNIÓN EUROPEA, *Conclusiones del Consejo sobre la política de ciberdefensa de la UE*, 9618/23, Recuperado el 24 de marzo de 2025 en https://data.consilium.europa.eu/doc/document/ST-9618-2023-INIT/es/pdf

50 En inglés, EU Cyber Situational and Analysis Centre (CSAC)

51 En inglés, EU Single Intelligence Analysis Capacity (EU-SIAC)

52 CONSEJO DE LA UNIÓN EUROPEA, *Annual report from the Council to the European Parliament on the main aspects and basic choices of the CFSP*, 8617/08, 25 April 2008, Recuperado el 24 de marzo de 2025 en https://data.consilium.europa.eu/doc/document/ST-8617-2008-INIT/en/pdf

53 En inglés, EU Intelligence and Situation Centre (EU INTCEN)

de Inteligencia del Estado Mayor de la Unión Europea) con el fin de realizar evaluaciones situacionales y análisis de riesgos más efectivos y confiables.

Para mejorar el nivel de confianza e intercambiar información estratégica fiable y oportuna sobre incidentes cibernéticos importantes, se seguirá desarrollando y reforzando la Conferencia de cibermandos de la UE[54]. Este organismo, de cuya secretaría se encargará la Agencia Europea de Defensa (AED) y en el que participará el Estado Mayor de la UE, se reunirá al menos dos veces al año para debatir cuestiones operativas y otros temas de actualidad.

Además, se creará una Red operativa de equipos militares de respuesta a emergencias informáticas de la UE (MICNET[55]) con el apoyo de la AED. Básicamente, se trata de establecer una red de Equipos de respuesta militares nacionales (milCERTs) que facilitará el intercambio de información y la coordinación de respuestas a las ciberamenazas que afectan a los sistemas de defensa de la UE, como los que sustentan las misiones y operaciones militares de la PCSD. MICNET también permitirá mantener a lo largo del tiempo los procesos de formación y la determinación continua de nuevos requisitos para la comunidad de milCERTs. MICNET también proporcionará el marco para la realización de ejercicios anuales que permitan ensayar, validar y mejorar continuamente las capacidades de ciberdefensa de la UE.

En relación con la coordinación con las comunidades civiles de ciberseguridad, el Centro de Coordinación de la Ciberdefensa de la UE debe actuar como el núcleo central para la recopilación, análisis, evaluación y distribución de la información relacionada con la ciberdefensa. Además, este Centro podría establecer vínculos con el Grupo Operativo sobre Crisis Cibernéticas[56], cuyo propósito es ga-

---

54 Tras las conclusiones de las dos primeras reuniones de las conferencias estratégicas de cibermandos europeos (CyberCo), celebradas en enero y junio de 2022, los cibermandos de la UE han decidido crear un foro más permanente a su nivel.

55 En inglés, Military Computer Emergency Response Team Operational Network (MICNET)

56 Grupo informal compuesto por los servicios pertinentes de la Comisión, el Servicio Europeo de Acción Exterior (SEAE), la Agencia de la Unión Europea para la Ciberseguridad (ENISA), el Equipo de respuesta a emergencias informáticas de las instituciones, órganos y organismos de la Unión Europea (CERT-EU) y

rantizar una toma de decisiones informada y una respuesta coordinada por parte de las instituciones, órganos y organismos de la Unión Europea ante grandes crisis cibernéticas, tanto a nivel estratégico como operativo.

El Centro de Coordinación de la Ciberdefensa de la UE también podrá intercambiar la información pertinente con un Centro de análisis y situación cibernética de la Comisión Europea[57] que se está creando por la Dirección General de Redes de Comunicaciones, Contenido y Tecnologías (DG CONNECT) de la Comisión con el apoyo de ENISA y el CERT-EU[58] para ofrecer análisis y un apoyo más eficaz para la gestión de crisis. Se espera que el Centro de análisis y situación cibernética esté operativo en 2025[59] y mejorará las capacidades existentes al fusionar y analizar información de todas las fuentes disponibles relevantes, especialmente cuando sea necesario proporcionar una respuesta coordinada de la UE a un incidente de ciberseguridad a gran escala.

A fin de realizar una gestión más eficiente de las cibercrisis, la Conferencia de cibermandos de la UE colaborará con la Red de organizaciones de enlace para la gestión de cibercrisis (CyCLONe), establecida por el art. 16 de la Directiva SRI2[60]. Esta colaboración combinará la experiencia militar y la conciencia situacional civil a nivel estratégico y operativo en apoyo de la gestión de incidentes de ciberseguridad a gran escala en la UE.

Europol, y copresidido por la Comisión y el Alto Representante de la Unión para Asuntos Exteriores y Política de Seguridad.

57 En inglés, Cyber situation and analysis centre for the European Commission.

58 Creado mediante el Acuerdo interinstitucional 2018/C12/01, de 20 de diciembre de 2017 (UE, 2018)

59 EU TENDERS. *Bespoke Service to Support the Cyber Situation and Analysis Centre for the European Commission*. 586374-2022 - Competition. Recuperado el 24 de marzo de 2025 en https://ted.europa.eu/en/notice/-/detail/586374-2022 [Recuperado: 19-08-2024]

60 UNIÓN EUROPEA, *Directiva (UE) 2022/2555 del Parlamento Europeo y del Consejo de 14 de diciembre de 2022 relativa a las medidas destinadas a garantizar un elevado nivel común de ciberseguridad en toda la Unión, por la que se deroga la Directiva (UE) 2016/1148 (Directiva SRI 2)*, DOUE L 333 de 27.12.2022. Recuperado el 24 de marzo de 2025. https://eur-lex.europa.eu/legal-content/ES/TXT/?uri=CELEX%3A32022L2555&qid=1724321139958

Además, la Red MICNET debe servir de marco y de infraestructura para el intercambio de información entre los distintos niveles de la comunidad de ciberdefensa y las partes interesadas externas. A medida que la Red MICNET vaya alcanzando un mayor nivel de madurez, la AED ayudará a los Estados miembros a explorar opciones de colaboración con la Red de equipos de respuesta a incidentes de seguridad informática (CSIRT) regulada en el art. 15 SRI2[61], la cual reúne a los CSIRT nacionales y al CERT-UE[62]. Esta colaboración podría incluir reuniones y ejercicios conjuntos.

Las acciones de apoyo civil tienen el potencial de mejorar significativamente la conciencia situacional común. La comunidad de ciberdefensa podrá aprovechar las capacidades avanzadas de detección civil y de conciencia situacional desarrolladas para la protección de las infraestructuras críticas de la UE. Con ese propósito, la Comisión está preparando una iniciativa que promueve el despliegue de una infraestructura de Centros de Operaciones de Seguridad (COS) a nivel de la UE, compuesta por varias plataformas plurinacionales, que a su vez integran varios COS nacionales. Esta iniciativa, alineada con la Estrategia de la UE para una Unión de la Seguridad[63] y la Estrategia de Ciberseguridad de la UE para la Década Digital[64], permitiría a la infraestructura de COS de la UE fortalecer las capacidades de detección colectiva utilizando la inteligencia artificial (IA) y las técnicas de análisis de datos más recientes, abarcando también las redes de comunicación civil. La capacidad de generar inteligencia accionable sobre ciberamenazas permitiría alertar de manera oportuna a las au-

---

61 Idem.

62 Computer Emergency Response Team for the EU institutions, bodies and agencies

63 COMISIÓN EUROPEA, *Comunicación de la Comisión sobre la Estrategia de la UE para una Unión de la Seguridad*, COM(2020) 605, 24 julio 2020. Recuperado el 24 de marzo de 2025. https://eur-lex.europa.eu/legal-content/ES/TXT/?uri=CELEX%3A52020DC0605&qid=1724405472659

64 COMISIÓN EUROPEA, *Comunicación conjunta al Parlamento Europeo y al Consejo. La Estrategia de Ciberseguridad de la UE para la Década Digital*, JOIN (2020)18, 16 diciembre 2020. Recuperado el 24 de marzo de 2025. https://eur-lex.europa.eu/legal-content/ES/TXT/?uri=CELEX%3A52020JC0018&qid=1724405055591

toridades y a las entidades pertinentes, facilitando así la detección y respuesta efectiva a incidentes graves.

Además, es fundamental establecer y mantener Equipos de Respuesta Cibernética Rápida[65] que estén en alerta para asistir, previa solicitud, a los cuarteles generales y fuerzas de las operaciones y misiones militares de la PCSD de la UE, en la gestión de incidentes y amenazas cibernéticas. El papel de esos equipos consistiría en prestar, a corto plazo, asistencia personalizada y adaptada a las necesidades específicas de quienes la solicitasen. Para garantizar la eficacia de las acciones de respuesta y recuperación, también podría incluir, siempre que proceda, la posibilidad de recibir apoyo de socios privados de confianza.

La iniciativa de Cibersolidaridad de la UE[66] podría facilitar el establecimiento gradual de una ciberreserva a escala de la UE, compuesta con servicios de proveedores privados de confianza que estarían preparados para intervenir, a petición de los Estados miembros, en casos de incidentes transfronterizos significativos. Las funciones y responsabilidades de esta ciberreserva deben estar claramente definidas y coordinadas con los organismos existentes para garantizar que ofrezca apoyo donde sea necesario y complemente otras posibles formas de asistencia. A fin de asegurar un alto nivel de confianza, la Comisión explorará opciones para desarrollar regímenes de certificación de la ciberseguridad para estas empresas privadas de ciberseguridad.

Los ejercicios de ciberdefensa son un elemento clave para fortalecer la preparación operativa. Estos ejercicios promueven el desarrollo de una base de conocimientos común y una comprensión compartida de la ciberdefensa, lo que mejora la interoperabilidad y la confianza entre las partes involucradas, en apoyo, entre otras cosas, de las misiones y operaciones militares de la PCSD. Basándose en la

---

65 En inglés, Computer Emergency Response Teams (CERTs)

66 UNIÓN EUROPEA. *Reglamento (UE) 2025/38 del Parlamento Europeo y del Consejo, de 19 de diciembre de 2024, por el que se establecen medidas destinadas a reforzar la solidaridad y las capacidades en la Unión a fin de detectar ciberamenazas e incidentes, prepararse y responder a ellos (Reglamento de Cibersolidaridad)*, DO L 2025/38 de 15.1.2025. Recuperado el 24 de marzo de 2025 de https://eur-lex.europa.eu/legal-content/es/ALL/?uri=CELEX:32025R0038&qid=1736947487238

serie CYBER PHALANX[67] y en los ejercicios de los equipos militares de respuesta a emergencias informáticas, la AED lanzará un nuevo proyecto CyDef-X, que reunirá a todos los Estados miembros y servirá de marco para los ejercicios de ciberdefensa de la UE. Este proyecto también podría ser utilizado para prestar la asistencia mutua contemplada en el art. 42.7 TUE.

Finalmente, es esencial realizar adaptaciones organizativas adecuadas en todas las sedes militares de la UE para garantizar capacidades de evaluación en ciberseguridad y apoyo a la toma de decisiones en las operaciones y misiones militares de la Política Común de Seguridad y Defensa (PCSD).

A nivel de Jefes de Estado y de Gobierno, como ocurre con la mayoría de las cuestiones de la PESC, incluida la autorización para la cooperación reforzada, se aplica el principio de unanimidad. Si este principio resulta en bloqueos políticos que impidan una mayor cooperación en defensa, los Estados miembros podrían optar por embarcarse en cooperación intergubernamental independiente de la UE. Este enfoque estaría en línea con las disposiciones del art. 73 TFUE sobre cooperación en el ámbito de la seguridad nacional, si bien conlleva el riesgo de una mayor fragmentación de la arquitectura de seguridad europea.

4.1. Red europea de organizaciones de enlace para las crisis de ciberseguridad (EU-CyCLONe)[68]

La Red europea de organizaciones de enlace para las crisis de ciberseguridad (EU-CyCLONe) es una iniciativa de cooperación establecida en 2020, conformada por los Estados miembros de la Unión Europea. Su creación fue el resultado del trabajo coordinado de un grupo de trabajo del Grupo de Cooperación SRI, liderado por Francia e Italia. El propósito fundamental de EU-CyCLONe es facilitar la implementación del Plan Director descrito en el Anexo de la Reco-

---

67 AGENCIA EUROPEA DE DEFENSA (AED), *Factsheet: Cyber Phalanx*, 14 April 2021. Recuperado el 24 de marzo de 2025. https://eda.europa.eu/publications-and-data/factsheets/factsheet-cyber-phalanx

68 En inglés, European cyber crisis liaison organisation network (EU-CyCLONe)

mendación de la Comisión de 2017 sobre la respuesta coordinada a los incidentes y crisis de ciberseguridad a gran escala[69].

EU-CyCLONe complementa las estructuras de ciberseguridad ya existentes en la UE, mejorando la colaboración tanto a nivel técnico, como en el caso de los Equipos de Respuesta a Incidentes de Seguridad Informática (CSIRT), como a nivel político, mediante la Respuesta Integrada a las Crisis Políticas (IPCR). El funcionamiento de EU-CyCLONe se basa en procedimientos operativos previamente acordados y en el uso de herramientas de Tecnologías de la Información y la Comunicación (TIC) adecuadas para la comunicación y el intercambio de información, proporcionadas por la Agencia de la Unión Europea para la Ciberseguridad (ENISA), que actúa como Secretaría de esta red.

De acuerdo con el art. 16 de la Directiva SRI2, existe la posibilidad de colaboración entre EU-CyCLONe y la Conferencia de Cibermandos de la UE, a pesar de que el ámbito de la defensa está excluido de la aplicación de la SRI2 conforme al artículo 2(7) de la misma Directiva. Esta colaboración se justifica por la necesidad de garantizar una respuesta coordinada y efectiva ante incidentes cibernéticos que puedan afectar tanto a sectores civiles como militares. Aunque las actividades de defensa quedan fuera del marco directo de la SRI2, la interoperabilidad y el intercambio de información entre las estructuras civiles y militares son cruciales para la seguridad cibernética integral de la Unión Europea. De este modo, se refuerza la capacidad de la UE para gestionar crisis cibernéticas de gran escala, asegurando una sinergia efectiva entre las diversas entidades involucradas en la ciberseguridad.

---

69 COMISIÓN EUROPEA, *Recomendación (UE) 2017/1584 de la Comisión, de 13 de septiembre de 2017, sobre la respuesta coordinada a los incidentes y crisis de ciberseguridad a gran escala*, DOUE L 239 de 19.9.2017, pp. 36-58. Recuperado el 24 de marzo de 2025 en https://eur-lex.europa.eu/legal-content/ES/TXT/?uri=uriserv:OJ.L_.2017.239.01.0036.01.SPA

4.2. Unidad Cibernética Conjunta

La Unidad Cibernética Conjunta, tal como se establece en el apartado 2.1 de la Estrategia de Ciberseguridad de la UE para la Década Digital[70] y la Recomendación (EU) 2021/1086 de la Comisión de 23 de junio de 2021[71], está concebida como una plataforma tanto virtual como física destinada a mejorar la cooperación entre las diversas comunidades de ciberseguridad dentro de la Unión Europea. Esta plataforma tiene como objetivo centralizar la coordinación operativa y técnica en respuesta a incidentes y amenazas cibernéticas transfronterizas de gran magnitud.

La creación de esta Unidad representa un avance significativo hacia la consolidación del marco europeo de gestión de crisis en ciberseguridad, tal como se describe en las Directrices Políticas de la Presidenta de la Comisión[72]. Su propósito es permitir que los Estados miembros, junto con las instituciones, organismos y agencias de la UE, utilicen de manera óptima las estructuras, recursos y capacidades existentes, promoviendo una cultura de "necesidad de compartir". La Unidad Cibernética Conjunta busca consolidar los avances logrados mediante la Recomendación de la Comisión de 2017 sobre una respuesta coordinada a incidentes y crisis cibernéticas a gran escala[73], fortaleciendo la cooperación en torno a la arquitectura del

---

70 COMISIÓN EUROPEA, *Comunicación conjunta al Parlamento Europeo y al Consejo. La Estrategia de Ciberseguridad de la UE para la Década Digital*, JOIN (2020)18, 16 diciembre 2020. Recuperado el 24 de marzo de 2025. https://eur-lex.europa.eu/legal-content/ES/TXT/?uri=CELEX%3A52020JC0018&qid=1724405055591

71 COMISIÓN EUROPEA, *Recomendación (EU) 2021/1086 de 23 de junio de 2021 sobre la creación de una Unidad Cibernética Conjunta*, Recuperado el 24 de marzo de 2025. https://eur-lex.europa.eu/legal-content/ES/ALL/?uri=CELEX:32021H1086

72 VON DER LEYEN, U., *A Union that strives for more. My agenda for Europe. Political guidelines for the next European Commission 2019-2024*, Ed. Publications Office of the European Union. Recuperado el 21 de agosto de 2024 de https://op.europa.eu/en/publication-detail/-/publication/43a17056-ebf1-11e9-9c4e-01aa75ed71a1

73 COMISIÓN EUROPEA. *Recomendación (UE) 2017/1584 de la Comisión, de 13 de septiembre de 2017, sobre la respuesta coordinada a los incidentes y crisis de ciberseguridad a gran escala*, DOUE L 239 de 19.9.2017, pp. 36-58. Recuperado el 24 de marzo de 2025 en

Plan Director regulado en el Anexo de la mencionada Recomendación de 2017 y capitalizando los progresos alcanzados en el Grupo de Cooperación SRI (art. 14 de la Directiva SRI2) y la Red CyCLONe (art. 16 de la Directiva SRI2).

La Recomendación (EU) 2021/1086[74] subraya que, a pesar de los avances en la cooperación en ciberseguridad entre los Estados miembros, aún no existe una plataforma común en la UE que facilite el intercambio eficiente y seguro de información entre las distintas comunidades de ciberseguridad, ni un espacio donde los actores pertinentes puedan coordinar y movilizar sus capacidades operativas. La Unidad Cibernética Conjunta se propone abordar esta carencia, facilitando la cooperación técnica y operativa con el sector privado y fortaleciendo la capacidad de respuesta de la UE ante incidentes y crisis cibernéticas a gran escala.

Es importante destacar que la Unidad Cibernética Conjunta no funcionará como un organismo adicional independiente, ni alterará las competencias y poderes de las autoridades nacionales de ciberseguridad o de las entidades de la UE. En cambio, operará como una plataforma de cooperación que aprovecha las estructuras, recursos y capacidades existentes, añadiendo valor en su calidad de espacio para la cooperación operativa y técnica rápida y segura entre las entidades de la UE y las autoridades de los Estados miembros. Esta Unidad integrará a todas las comunidades de ciberseguridad, incluidas la civil, policial, diplomática y de defensa.

Para garantizar la implementación efectiva de la Unidad Cibernética Conjunta, la Comisión Europea, en colaboración con los Estados miembros y con la participación del Alto Representante, ha definido un proceso en cuatro etapas que se completará en junio de 2023. Estas etapas incluyen la evaluación de las capacidades operativas disponibles, la preparación de planes de respuesta a incidentes y crisis, y la integración de entidades privadas en la plataforma, con el objetivo

---

https://eur-lex.europa.eu/legal-content/ES/TXT/?uri=uriserv:OJ.L_.2017.239.01.0036.01.SPA

74 COMISIÓN EUROPEA, *Recomendación (EU) 2021/1086 de 23 de junio de 2021 sobre la creación de una Unidad Cibernética Conjunta,* Recuperado el 24 de marzo de 2025 de https://eur-lex.europa.eu/legal-content/ES/ALL/?uri=CELEX:32021H1086

de asegurar un intercambio de información más eficaz y una respuesta coordinada ante amenazas cibernéticas.

La Unidad Cibernética Conjunta desempeñará un papel crucial en la mejora de la preparación y la resiliencia de la Unión frente a ciberataques, apoyándose en la cooperación de todas las partes interesadas, incluidas las instituciones de la UE, los Estados miembros y el sector privado. Se espera que la Unidad facilite una mayor sinergia entre las capacidades nacionales, sectoriales y transfronterizas de monitorización y detección, integrando a los centros de operaciones de seguridad y garantizando una respuesta rápida y efectiva ante incidentes cibernéticos.

5. GASTO EN CIBERDEFENSA

De acuerdo con la Agencia Europea de Defensa[75], el gasto total en defensa de los países que integran la Unión Europea en 2022 ascendió a 240 mil millones de euros, lo que representa un incremento en términos reales del 40% desde el año 2014. Este gasto equivale al 1,5% del Producto Interior Bruto (PIB) de la Unión Europea, todavía 76 mil millones de euros por debajo de la referencia del 2% del PIB. Desde 2008, la proporción del PIB destinada a la defensa ha oscilado entre el 1,3% y el 1,5%, manteniéndose en el 1,5% durante los últimos tres años.

El gasto en ciberdefensa se suele incluir en la categoría más amplia de inversiones en Investigación y Tecnología (I+T), subrayando la importancia estratégica de la innovación tecnológica para fortalecer las capacidades de ciberdefensa. La asignación de fondos a I+T no solo fomenta la innovación en nuevas tecnologías de defensa, sino que también cubre las necesidades para mantener una infraestructura de ciberdefensa robusta y resiliente, garantizando que los Estados puedan enfrentarse de manera eficaz a las amenazas cibernéticas emergentes.

---

75 AGENCIA EUROPEA DE DEFENSA (AED), *EDA Defence Data 2022*, 30 de noviembre de 2023. Recuperado el 24 de marzo de 2025 de https://eda.europa.eu/publications-and-data/brochures/eda-defence-data-2022

En 2022, los Estados miembros asignaron 3500 millones de euros a I+T de defensa, lo que representa el 1,5% del gasto total en defensa. La inversión en I+T en la UE en 2022 ha sufrido una reducción de 200 millones de euros en comparación con el año anterior y se sitúa significativamente por debajo del valor de referencia del 2% del gasto total en defensa. Esta tendencia, junto con la falta de coordinación en la inversión en defensa, plantea desafíos a la coherencia del panorama de defensa europeo, aumentando el riesgo de fragmentación.

Entre 2016 y 2022, el gasto en I+T aumentó significativamente desde 1300 millones de euros en 2016 hasta 3500 millones de euros en 2022, alcanzando un máximo de 3700 millones de euros en 2021. Sin embargo, para alcanzar el punto de referencia del 2% en I+T, los Estados miembros necesitarían incrementar su inversión en al menos 1300 millones de euros.

El Fondo Europeo de Defensa (FED) aumentó significativamente la financiación para proyectos colaborativos de investigación y desarrollo, asignando 309,5 millones de euros en 2021. Si esta financiación se hubiera desembolsado para finales de 2022, el gasto total en I+T habría alcanzado los 3800 millones de euros, aún 1000 millones por debajo del objetivo del 2%.

El porcentaje del gasto en I+T sobre total del gasto en defensa mostró una evolución similar. Después de un periodo de mínimos entre 2015-2019, el porcentaje mostró una recuperación a partir de 2020 (1,2%) para ascender en 2021 al nivel record del 1,7% y en 2022 al 1,5%. (1,6% si se tiene el cuenta el FED). Sin embargo, los Estados miembros siguen lejos del punto de referencia del 2%.

Resulta significativo analizar las cifras de gasto en defensa colaborativa, es decir, la inversión conjunta realizada por los Estados miembros de la Unión Europea en proyectos y programas de defensa que son desarrollados de manera cooperativa. Este tipo de gasto se enfoca en el desarrollo y adquisición de capacidades militares y tecnológicas mediante la colaboración entre varios países, lo que permite optimizar recursos, evitar la duplicación de esfuerzos y fortalecer la interoperabilidad entre las fuerzas armadas de los Estados participantes.

Según los datos reportados a la AED, el gasto en I+T de defensa colaborativa europea alcanzó 253 millones de euros en 2022, por debajo del récord de 261 millones en 2021. Para alcanzar el punto de referencia del 20% en I+T de defensa colaborativa europea, los Estados miembros necesitarían invertir 467 millones de euros adicionales. De hecho, el año 2022 no es una excepción, ya que la proporción asignada al gasto en I+T de defensa colaborativa europea como porcentaje del gasto total en I+T de defensa ha caído continuamente por debajo del punto de referencia colectivo del 20% desde 2015.

La baja cifra registrada en este indicador de datos de defensa destaca la importancia de la AED, entre otros marcos, para promover y facilitar proyectos colaborativos de investigación y tecnología, permitiendo a los MS gastar sus presupuestos de I+T de defensa de manera más eficiente para preparar un futuro coherente de defensa europea invirtiendo conjuntamente en tecnologías de defensa de vanguardia.

Para revertir esta tendencia, los Estados miembros deberían adoptar activamente las recomendaciones presentadas en el Informe CARD 2022[76], que subraya la necesidad de fortalecer el uso de plataformas y marcos de cooperación en investigación y tecnología para impulsar la innovación en el sector de defensa europeo. Una de las recomendaciones clave es participar activamente en proyectos de investigación colaborativa, como aprovechar al máximo el Marco Ad Hoc de la AED, los CapTechs y el Centro para la Innovación en Defensa de la UE[77].

5.1. Cooperación Estructurada Permanente[78] (CEP)

Los 26 Estados miembros[79] de la UE que participan en la Cooperación Estructurada Permanente han redefinido de manera significa-

---

76 AGENCIA EUROPEA DE DEFENSA (AED), *2022 Coordinated Annual Review on Defence Report*, noviembre de 2022. Recuperado el 24 de marzo de 20254 en https://eda.europa.eu/docs/default-source/eda-publications/2022-card-report.pdf

77 En inglés, Hub for EU Defence Innovation (HEDI). AGENCIA EUROPEA DE DEFENSA (AED), *Hub for EU Defence Innovation established within EDA*, mayo de 2022. Recuperado el 24 de marzo de 2025 de https://eda.europa.eu/news-and-events/news/2022/05/17/hub-for-eu-defence-innovation-established-within-eda

78 En inglés, Permanent Structured Cooperation (PESCO)

79 Todos los ventisite Estados miembros a excepción de Malta

tiva la orientación de los proyectos en los que colaboran, tanto desde una perspectiva de desarrollo de capacidades como desde el punto de vista operativo.

Aunque los primeros pasos de la CEP se centró en una lista inicial de diecisiete proyectos, la colaboración entre los Estados miembros ha evolucionado gradualmente, pasando de proyectos aislados a actividades de cooperación planificadas y orientadas al impacto. Este cambio tiene como objetivo establecer un panorama de capacidades europeas más coherente y coordinado.

La cooperación en ciberseguridad entre los Estados miembros de la UE ha sido una prioridad creciente, y la CEP ha ampliado significativamente su enfoque para abordar las amenazas cibernéticas en un contexto de seguridad colectiva. A través de la CEP, la colaboración en ciberseguridad se estructura en proyectos específicos que buscan fortalecer las capacidades defensivas y ofensivas de los Estados miembros, mejorando así la resiliencia frente a las amenazas cibernéticas y garantizando la seguridad en el ciberespacio europeo.

En la actualidad, existen 12 proyectos dentro de la Cooperación Estructurada Permanente (CEP) enfocados en el área de Ciberdefensa y C4ISR[80]. Estos proyectos[81] representan un enfoque integral

---

80 Command, Control, Communications, Computers, Intelligence, Surveillance, and Reconnaissance

81 – Arctic Command & Control Effector and Sensor System (ACCESS)
– Automated Modelling, Identification and Damage Assessment of Urban Terrain (AMIDA-UT)
– Cyber and Information Domain Coordination Center (CIDCC)
– Cyber Ranges Federations (CRF)
– Cyber Rapid Response Teams and Mutual Assistance in Cyber Security (CRRT)
– Cyber Threats and Incident Response Information Sharing Platform (CTI-RISP)
– Electromagnetic Warfare Capability and Interoperability Programme for Future Joint Intelligence, Surveillance and Reconnaissance (JISR)
– European High Atmosphere Airship Platform (EHAAP) - Persistent Intelligence, Surveillance and - Reconnaissance (ISR) Capability
– European Secure Software defined Radio (ESSOR)
– One Deployable Special Operations Forces (SOF) Tactical Command and Control (C2) Command Post (CP) for Small Joint Operations (SJO) - (SOCC) for SJO
– Robust Communication Infrastructure and Networks (ROCOMIN)
– Strategic C2 System for CSDP Missions and Operations (EUMILCOM)

para el desarrollo de capacidades cibernéticas y el fortalecimiento de la interoperabilidad entre los Estados miembros de la Unión Europea en el ámbito de la ciberseguridad. De estos 12 proyectos, España participa activamente en tres (AMIDA-UT, ESSOR y EUMILCOM) y asume el rol de coordinador en uno de ellos (EUMILCOM).

Sin ánimo de exhaustividad, destacamos a continuación los siguientes proyectos:

- Cyber and Information Domain Coordination Center (CIDCC): un centro de coordinación para el dominio cibernético e informático que centraliza y optimiza la respuesta a amenazas y la gestión de la información en tiempo real.
- Cyber Rapid Response Teams and Mutual Assistance in Cyber Security (CRRT): equipos de respuesta rápida cibernética que pueden ser desplegados para asistir a los Estados miembros en incidentes cibernéticos, proporcionando ayuda mutua y mejorando la capacidad de reacción ante ciberataques.
- Cyber Threats and Incident Response Information Sharing Platform (CTIRISP): una plataforma para compartir información sobre amenazas cibernéticas e incidentes, facilitando la colaboración entre los Estados miembros y asegurando una respuesta coordinada.
- Strategic C2 System for CSDP Missions and Operations (EUMILCOM): un sistema de mando y control estratégico para apoyar las misiones y operaciones de la Política Común de Seguridad y Defensa (PCSD) de la UE. Este sistema mejorará la coordinación y la gestión operativa, permitiendo una respuesta más eficiente y efectiva en misiones militares y de seguridad a nivel europeo.

La CEP complementa otras dos importantes iniciativas actuales: el Fondo Europeo de Defensa[82] (FED), que apoyará financieramente determinados proyectos de colaboración, y la Revisión Anual Coordinada de la Defensa[83] (RACD), que apoya los esfuerzos de los Estados miembros para identificar mejor oportunidades para nuevas iniciati-

---

82 En inglés, European Defence Fund (EDF)

83 En inglés, Coordinated Annual Review on Defence (CARD)

vas de colaboración (en particular, proyectos CEP). La coherencia de estas iniciativas con la CEP y su orientación hacia las Prioridades de Desarrollo de Capacidades acordadas por la UE es clave para centrar la nueva dinámica en materia de defensa europea hacia un panorama de capacidades europeas más coherente y un paquete de fuerzas de espectro completo utilizable para operaciones y misiones.

5.2. Plan de Desarrollo de Capacidades[84] *(PDC)*

La Agencia Europea de Defensa (AED) elabora Planes de Desarrollo de Capacidades (PDC) desde 2008, en estrecha cooperación con los Estados miembros y con las contribuciones del Comité Militar de la UE[85] (CMUE) y el Estado Mayor de la Unión Europea[86] (EMUE).

El PDC examina escenarios de seguridad futuros y hace recomendaciones sobre las capacidades que necesitarán los ejércitos europeos para reaccionar ante una variedad de acontecimientos potenciales. El PDC es un método de planificación integral que proporciona una imagen de las capacidades militares europeas a lo largo del tiempo.

El PDC se actualiza periódicamente (2011, 2014, 2018 y 2023). La última versión del PDC de 2023[87] incluye 22 prioridades de desarrollo de capacidades de la UE, de las cuales dos pertenecen al dominio Ciber: Capacidades de operaciones de defensa cibernética de espectro completo y Ventaja y preparación para la guerra cibernética[88].

La prioridad "Capacidades de operaciones de defensa cibernética de espectro completo" se centra en asegurar la resiliencia de nuestro ciberespacio, mitigar riesgos conocidos y proteger las redes de misión contra una variedad completa de amenazas cibernéticas. En

---

84 En inglés, Capability Development Plan (CDP)

85 En inglés, European Union Military Committee (EUMC)

86 En inglés, European Union Military Staff (EUMS)

87 AGENCIA EUROPEA DE DEFENSA (AED), *The 2023 EU Capability Development Priorities*, 14 de noviembre de 2023. Recuperado el 24 de marzo de 2025 de https://eda.europa.eu/publications-and-data/latest-publications/the-2023-eu-capability-development-priorities

88 En inglés, Full Spectrum Cyber Defence Operations Capabilities and Cyber Warfare Advantage and Readiness.

conjunto, estas capacidades permitirán acciones defensivas efectivas, asegurarán una conciencia situacional robusta y protegerán redes de misión vitales en un entorno cibernético en constante evolución.

Por su parte, la prioridad "Ventaja y Preparación para la Guerra Cibernética" se centra en la investigación, mejora tecnológica y cooperación en defensa cibernética mediante el desarrollo conjunto de capacidades y mayor inversión para mantener una ventaja competitiva crucial para la UE y los Estados Miembros. Aumentar los esfuerzos en educación, entrenamiento, ejercicios y evaluación en defensa cibernética, incluyendo experimentación adicional para desplegar capacidades cibernéticas efectivas y de vanguardia, es fundamental para las operaciones cibernéticas. Dada la capacidad de uso dual de las tecnologías cibernéticas, las industrias de ciberseguridad y defensa cibernética deben sinergizar sus esfuerzos para mejorar las capacidades de manera efectiva, adaptando doctrinas y procedimientos para enfrentar los desafíos en rápida evolución.

Además, la Agencia Europea de Defensa (AED) gestiona dos herramientas adicionales de priorización para garantizar la coherencia entre las capacidades, incluyendo el dominio del ciberespacio, la Investigación y Tecnología (I+T), y los sectores industriales:

- La Agenda Estratégica Global de Investigación[89], que establece las prioridades comunes de investigación en materia de defensa de los Estados miembros, así como las posibles estrategias para alcanzarlas.
- Las Actividades Estratégicas Clave[90] que, basadas en las prioridades del Plan de Desarrollo de Capacidades (PDC) y la Agenda Estratégica Global de Investigación (OSRA), identifican las habilidades, tecnologías y capacidades de fabricación que

[89] En inglés, Overarching Strategic Research Agenda (OSRA). AGENCIA EUROPEA DE DEFENSA (AED), *Overarching Strategic Research Agenda (OSRA)*, 25 de marzo de 2019. Recuperado el 24 de marzo de 2025 de https://eda.europa.eu/docs/default-source/eda-factsheets/2019-03-25-factsheet-osra

[90] En inglés Key Strategic Activities (KSA). AGENCIA EUROPEA DE DEFENSA (AED), *Key Strategic Activities*, 2024. Recuperado el 24 de marzo de 2025 de https://eda.europa.eu/what-we-do/EU-defence-initiatives/priority-setting/key-strategic-activities

Europa debe adquirir, proteger y desarrollar para lograr una autonomía tecnológica, industrial y estratégica en el futuro.

- En este contexto, la AED ha establecido varios Grupos de Capacidad Tecnológica[91] (CapTechs) para llevar a cabo actividades de Investigación y Tecnología (I+T) en respuesta a las necesidades acordadas en materia de capacidades de defensa. Cada CapTech tiene la misión de realizar estudios prospectivos y de previsión tecnológica, identificando y evaluando deficiencias tecnológicas, así como áreas potenciales de colaboración conjunta. Además, son responsables de establecer hojas de ruta, proyectos y programas de investigación conjuntos que apoyen el desarrollo de las prioridades en materia de capacidades.

Esta labor se facilita mediante la definición de Bloques de Construcción Tecnológica[92] que se centran en áreas específicas de I+T de defensa. Actualmente, existen 15 CapTechs. Los miembros de los CapTech provienen de organizaciones gubernamentales, organizaciones de investigación y tecnología (RTOs, por sus siglas en inglés), la industria, universidades, así como pequeñas y medianas empresas.

En el ámbito de la ciberseguridad, el CapTech Cyber se inició en 2018 como un grupo de trabajo ad-hoc en "I+T de Ciberdefensa", y se formalizó como Captech en mayo de 2020. Este grupo abarca una amplia gama de tecnologías innovadoras, que van desde la conciencia situacional hasta la computación cuántica, incluyendo la inteligencia artificial, las amenazas persistentes avanzadas y la criptografía, entre otras.

5.3. Revisión Anual Coordinada de la Defensa[93] (RACD)

La Revisión Anual Coordinada de la Defensa (RACD) es un proceso establecido por la Unión Europea con el propósito de mejorar la coherencia y fomentar la cooperación en materia de defensa entre los Estados miembros. Establecida como una actividad permanente

---

91 En inglés, Capability Technology groups (CapTechs)

92 En inglés, Technology Building Blocks (TBB)

93 En inglés, Coordinated Annual Review on Defence (CARD)

por el Consejo de la UE en noviembre de 2018, la RACD es gestionada por la Agencia Europea de Defensa (AED), que actúa como su Secretaría.

Su objetivo es ofrecer una visión estructurada y transparente de las capacidades de defensa en Europa, facilitando la identificación de oportunidades de cooperación, el desarrollo conjunto de capacidades y una gestión más eficiente de los recursos de defensa.

El proceso de la RACD se lleva a cabo anualmente e incluye la recopilación de información nacional, diálogos bilaterales, análisis de tendencias en gasto y planificación, y la elaboración de un informe final. Este informe guía a los Estados miembros en el lanzamiento de proyectos de cooperación en el marco de la Cooperación Estructurada Permanente (CEP), la AED o en formatos bilaterales o multinacionales, con la posibilidad de recibir cofinanciación a través del Fondo Europeo de Defensa (FED).

5.4. Fondo Europeo de Defensa[94] *(FED)*

El FED es el instrumento de la Comisión para apoyar la investigación y el desarrollo en el ámbito de la defensa. Sus principales objetivos son:

- Fomentar la cooperación entre las empresas, incluidas las pymes y los agentes de investigación, en toda la Unión.
- Impulsar el desarrollo de capacidades de defensa a través de inversiones.
- Ayudar a las empresas de la UE a desarrollar tecnologías y equipos de defensa de vanguardia e interoperables.

Tras la Comunicación de la Comisión *Poner en marcha el Fondo Europeo de Defensa*[95], da inicio una primera etapa con la Acción Prepa-

---

94 En inglés, European Defence Fund (EDF)

95 CONSEJO DE LA UNIÓN EUROPEA, *Decisión (PESC) 2017/2315 del Consejo, de 11 de diciembre de 2017, por la que se establece una cooperación estructurada permanente y se fija la lista de los Estados miembros participantes*, DOUE L 331 de 14.12.2017, pp. 57-77. Recuperado el 24 de marzo de 2025 de https://eur-lex.europa.eu/legal-content/ES/TXT/?uri=CELEX%3A32017D2315

ratoria sobre Investigación en materia de Defensa (PADR, por sus siglas en inglés[96]) y el Programa Europeo de Desarrollo Industrial en materia de Defensa (EDIDP, por sus siglas en inglés[97]) en los que se dedicó un dotación financiera total de 590 millones EUR para el período comprendido entre el 1 de enero de 2019 y el 31 de diciembre de 2020[98].

Será en abril de 2021 cuando el Fondo cobre carta de naturaleza mediante la aprobación de su Reglamento[99] para el período comprendido entre el 1 de enero de 2021 y el 31 de diciembre de 2027[100]. De acuerdo con la redacción vigente del Reglamento del FED[101], la dotación financiera para la ejecución del Fondo es de 9.453 millones EUR, y su distribución entre secciones es de 3.151 millones EUR para acciones de investigación y 6.302 millones EUR para acciones de desarrollo.

El FED se ejecuta a través de programas de trabajo anuales[102] estructurados en 16 categorías temáticas y 2 categorías horizontales de acciones con arreglo a los objetivos establecidos en el marco financiero plurianual 2021-2027. La categoría Cyber ha destinado 211,5 millones EUR en el periodo 2021-2024 de acuerdo con la siguiente distribución anual:

---

96 Preparatory Action on Defence Research (PADR)

97 European Defence Industrial Development Programme (EDIDP)

98 PADR: 90 millones EURO en el periodo 2017-2019
EDIDP: 500 millones EURO en el periodo 2019-2020

99 UNIÓN EUROPEA, *Reglamento (UE) 2021/697 del Parlamento Europeo y del Consejo de 29 de abril de 2021 por el que se establece el Fondo Europeo de Defensa*, DOUE L 170 de 12.5.2021, pp. 149-177. Recuperado el 24 de marzo de 2025 de https://eur-lex.europa.eu/legal-content/ES/ALL/?uri=CELEX%3A32021R0697

100 La duración del Fondo se ajusta a la duración del Marco Financiero Plurianual 2021-2027

101 FONDO EUROPEO DE INVERSIONES (FEI), *The European Commission and the European Investment Fund join forces to boost investment in defence innovation through the Defence Equity Facility*, 12 de enero de 2024. Recuperado el 24 de marzo de 2025 de https://www.eif.org/what_we_do/equity/news/2024/european-commission-and-eif-join-forces-to-boost-investment-in-defence-innovation-through-the-defence-equity-facility.htm

102 Idem

EDF Plan de Trabajo	Investigación	Desarrollo	Total
2024		NGR-STEP (48 M€)	48 M€
2023	ASPT (14 M€)	CSA (20 M€) DAAI (26 M€)	60 M€
2022	CSACE (10 M€)	CIWT (33 M€) CSIR (27 M€)	70 M€
2021	CDAI (13,5 M€)	IECTE (20 M€)	33,5 M€
TOTAL 2021-2024			211,5 M€

M€: millones de euros
ASPT: Automation of security penetration tests
CSACE: Adapting cyber situational awareness for evolving computing environments
CDAI: Improving cyber defence and incident management with Artificial Intelligence
NGR-STEP: Next-Generation Cooperative Cyber Range
CSA: Cyber s tuational awareness
DAAI: Deployable autonomous AI Agent
CIWT: Cyber and information warfare toolbox
CSIR: Cybersecurity and systems for improved resilience
IECTE: Improved Efficiency of Cyber Trainings and Exercises

6. ADQUISICIÓN Y RETENCIÓN DE TALENTO EN CIBERDEFENSA DE LA UE

En los últimos años, se ha evidenciado una creciente demanda de una fuerza laboral capacitada en ciberseguridad, hasta tal punto que Europa se enfrenta a un déficit real y alarmante de cibercapacidades. Diversos estudios en el mundo de la industria y el mundo académico confirman la alta demanda de profesionales en ciberseguridad, con dificultades para contratar profesionales con las competencias y habilidades necesarias para enfrentar los desafíos tecnológicos actuales.

Según el International Information System Security Certification Consortium (ISC2), se estima que, en 2024, hubo 5,5 millones de profesionales en ciberseguridad a nivel mundial, de los cuales 1,3 millones trabajaron en Europa[103]. Sin embargo, la oferta de profe-

[103] INTERNATIONAL INFORMATION SYSTEM SECURITY CERTIFICATION CONSORTIUM (ISC2), *ISC2 Cybersecurity Workforce Study 2024. Gobal Cybersecuri-*

sionales ciber no es suficiente de lejos para cubrir la demanda de los mismos. ISC2 estima en 4,8 millones el déficit de profesionales en el ámbito de la ciberseguridad a nivel mundial; en Europa el déficit es de aproximadamente 400 000 profesionales en 2024.

Más preocupante aún es la carencia prácticamente total de habilidades y competencias técnicas en áreas críticas, como la computación en la nube, la Inteligencia artificial, o la implementación del modelo de Confianza cero, lo que representa un riesgo significativo para las organizaciones en general y las militares en particular. El dinamismo del sector de las tecnologías de la información y las comunicaciones dificulta la formación de un número adecuado de profesionales capacitados para abordar los riesgos en constante evolución del ciberespacio.

Este déficit de capacidades merma la capacidad de la UE para desarrollar nuevas tecnologías y defender nuestras infraestructuras críticas. En el caso de los organismos públicos, como los ministerios de defensa y las Fuerzas armadas, la competencia con el sector privado por conseguir personal cualificado y los altos salarios ofrecidos por este último agravan aún más las dificultades para atraer y retener personal con talento en este campo.

La naturaleza multidisciplinaria de la ciberseguridad resalta la importancia de considerar roles no técnicos, es decir, no relacionados con las tecnologías de la información, en áreas como el desarrollo de políticas de ciberseguridad, procesos y procedimientos ciber o el cumplimiento normativo.

Los ministerios de defensa han recurrido al sector privado para cubrir los déficits de personal capacitado en ciberseguridad. Es frecuente el recurso a empresas privadas para aumentar la capacidad necesaria de personal experto en ciberseguridad. La colaboración público-privada es un elemento esencial para mantener un ecosistema de ciberseguridad fuerte, responsable y resiliente en Europa.

Sin embargo los ejércitos deben mantener el control en todos los niveles (estratégico, táctico y operativo) de la ciberdefensa, por lo

---

ty Workforce Prepares for an AI-Driven World. Recuperado el 24 de marzo de 2025 de https://edge.sitecorecloud.io/internationf173-xmc4e73-prodbc0f-9660/media/Project/ISC2/Main/Media/documents/research/2024-ISC2-WFS.pdf

que requieren de personal propio debidamente capacitado en ciberseguridad. Es en este punto donde se impone una reflexión sobre las estrategias para atraer, reclutar y retener talento en ciberdefensa[104].

Lejos de ser solo un tema técnico, la ciberseguridad exige conocimientos en derecho, factores humanos, psicología, matemáticas, criptografía, ciencias sociales, economía, gestión de seguridad y riesgos, auditoría de TI, entre otros. La ciberseguridad realmente debería considerarse como una meta-disciplina emergente en lugar de una disciplina complementaria.

Es imperativo fortalecer la colaboración entre la industria y la Universidad, no solo en la identificación y definición de los requisitos y objetivos, sino también en inversiones conjuntas en programas de prácticas, equipamiento de laboratorios, el aprendizaje basado en el trabajo y herramientas para el aprendizaje práctico.

Un desafío clave es asegurar que los graduados de los programas universitarios de ciberseguridad estén equipados con las habilidades y conocimientos necesarios para satisfacer las demandas de la industria y la ciberdefensa. En septiembre de 2022, la agencia europea ENISA lanzó el Marco europeo de Competencias de Ciberseguridad para identificar las tareas, competencias, habilidades y conocimientos asociados a doce perfiles profesionales en el ámbito de la ciberseguridad. La importancia aquí es asegurar que los cursos universitarios reflejen adecuadamente las realidades de las necesidades del mercado laboral de ciberseguridad mientras se proporcionan mecanismos que permitan una actualización continua y ágil de los planes de estudio. La Política de Ciberdefensa de la UE propone que la Escuela Europea de Seguridad y Defensa[105] (EESD) establezca un Marco de certificación para las capacidades de ciberdefensa.

En abril de 2023, la Comisión adoptó la Comunicación sobre una Academia de Habilidades en Ciberseguridad[106], una iniciativa

---

104 OLESEN, N. (2022) *Unlocking our potential: Cybersecurity education and workforce needs in Europe. European Cybersecurity Organization (ECSO)*, 9 September 2022. Recuperado el 24 de marzo de 2025 de https://ecs-org.eu/unlocking-our-potential-cybersecurity-education-and-workforce-needs-in-europe-2/

105 En inglés, European Security and Defence College (ESDC)

106 CONSEJO DE LA UNIÓN EUROPEA *Conclusiones del Consejo sobre la política de ciberdefensa de la UE*, 9618/23, 22 de mayo de 2023. Recuperado el 24 de marzo

política que, partiendo del Marco europeo de competencias de ciberseguridad, tiene como objetivo reunir las iniciativas existentes sobre habilidades en ciberseguridad y mejorar su coordinación, con el fin de cerrar la brecha de talento en ciberseguridad y aumentar la competitividad, el crecimiento y la resiliencia en la UE. La EESD explorará formas de facilitar el intercambio de las mejores prácticas y de crear nuevas sinergias entre los ámbitos militar y civil en la formación y desarrollo de capacidades militares específicas para el ciberespacio.

El enfoque interdisciplinario de la ciberseguridad permite el incremento en el número de profesionales en ciberseguridad mediante la recapacitación de la fuerza laboral existente, atrayendo a profesionales de otros campos y fomentando la participación de grupos subrepresentados. Si bien se considera el autoaprendizaje y la obtención de certificaciones profesionales como formas relevantes de capacitación, la escasez de habilidades requiere soluciones escalables y flexibles por parte de las organizaciones para permitir que sus trabajadores se capaciten y mejoren sus habilidades de ciberseguridad en breve tiempo. La capacitación del personal por parte de los empleadores es la mejor manera de optimizar la cobertura de las habilidades necesarias. De hecho, cuando se trata de mejorar las habilidades dentro de la industria, la adopción de trayectorias de aprendizaje flexibles y cursos a corto plazo, aprovechando las microcredenciales y el aprendizaje en línea, es una forma eficiente de abordar la falta de expertos disponibles en ciberseguridad. Además, es crucial complementar los marcos de habilidades con mecanismos prácticos de evaluación de competencias para mantenerse alineados con las necesidades del mercado laboral.

En cuanto a la atracción y reclutamiento del talento laboral, los profesionales de recursos humanos del sector público enfrentan el desafío de utilizar unos procedimientos de selección que son en realidad una barrera de entrada para atraer posibles candidatos. Además, es destacable el elevado tiempo promedio que tardan las organizaciones públicas en cubrir sus puestos de ciberseguridad.

---

de 2025 de https://data.consilium.europa.eu/doc/document/ST-9618-2023-INIT/es/pdf

Además, respecto de la retención de personal, nos encontramos en un escenario altamente competitivo en el que las organizaciones públicas se ven obligadas a afrontar altas demandas salariales de los profesionales de ciberseguridad. Así mismo, la falta de expectativas de carrera profesional para aquellos profesionales de ciberseguridad que se han incorporado al sector público por vías alternativas a las academias militares o de policía, dificulta la sostenibilidad del sistema. Las academias militares o de policía no son capaces de egresar por sí solas el número suficiente de expertos de ciberseguridad que las organizaciones públicas necesitan.

La Política de Ciberdefensa de la UE anima a los Estados miembros a desarrollar programas educativos específicos en ciberdefensa, involucrando a instituciones académicas y de enseñanza superior, tanto civiles como militares, en la creación de planes de estudios comunes, compartiendo mejores prácticas, creando asociaciones y proyectos comunes y facilitando los intercambios de formadores y personal en prácticas. Además, se alienta a los Estados miembros a colaborar con proveedores de formación del sector privado europeo, así como con las correspondientes instituciones académicas, con el fin de aumentar los niveles de competencias y de capacidades del personal de las misiones y operaciones militares de la PCSD.

7. CIBERDIPLOMACIA

La ciberdiplomacia de la Unión Europea (UE) se centra los esfuerzos diplomáticos dirigidos a gestionar y dar respuesta a las amenazas cibernéticas a través de la cooperación internacional y el desarrollo de normas globales. Su objetivo es promover la estabilidad y seguridad en el ciberespacio, proteger los derechos humanos y las libertades fundamentales en línea y fomentar la cooperación internacional en asuntos cibernéticos.

El "Conjunto de instrumentos de ciberdiplomacia"[107] es un conjunto de medidas y herramientas que la UE y sus Estados miembros utilizan para influir en el comportamiento de potenciales agresores cibernéticos. Estas herramientas incluyen desde sanciones hasta acciones diplomáticas para responder a actividades cibernéticas maliciosas.

Las "Directrices de ejecución"[108]detallan cómo implementar estas herramientas de manera coherente y efectiva, asegurando que las respuestas a los ciberataques sean proporcionales, legales y respetuosas de los derechos humanos. Estas directrices facilitan la coordinación entre los Estados miembros y promueven una respuesta unificada a las amenazas cibernéticas.

Las Directrices de ejecución se basan en varios principios fundamentales que guían las acciones y políticas de la Unión Europea en el ámbito de la ciberdiplomacia. Estos principios incluyen:

- Proteger la integridad y seguridad de la UE, sus Estados Miembros y sus ciudadanos;
- Tener en cuenta el contexto más amplio de las relaciones exteriores de la UE con el Estado concernido;
- Proveer para la consecución de los objetivos de la PESC establecidos en el TUE y respetar los respectivos procedimientos para su consecución;
- Basarse en una conciencia situacional compartida entre los Estados Miembros y corresponder a las necesidades de la situación concreta en cuestión;

---

107 En inglés, Cyber Diplomacy Toolbox. CONSEJO DE LA UNIÓN EUROPEA, *Conclusiones del Consejo sobre un marco para una respuesta diplomática conjunta de la UE a las actividades informáticas malintencionadas ("Conjunto de instrumentos de ciberdiplomacia")*, 10474/17, 19 de junio de 2017. Recuperado el 24 de marzo de 2025 de https://data.consilium.europa.eu/doc/document/ST-10474-2017-INIT/es/pdf

108 En inglés, Implementing Guidelines. CONSEJO DE LA UNIÓN EUROPEA, *Conclusiones del Consejo sobre la política de ciberdefensa de la UE*, 9618/23, 22 de mayo de 2023. Recuperado el 24 de marzo de 2025 de https://data.consilium.europa.eu/doc/document/ST-9618-2023-INIT/es/pdf

- Ser proporcional al alcance, escala, duración, intensidad, complejidad, sofisticación e impacto de la actividad cibernética maliciosa;
- Cumplir con el derecho internacional aplicable y respetar los derechos humanos y las libertades fundamentales.

Las medidas destinadas a prevenir, disuadir y responder a amenazas cibernéticas en el marco de la ciberdiplomacia de la UE incluyen:

- Acciones Diplomáticas:
  - Establecimiento de diálogos formales con otros Estados y el envío de notas diplomáticas (*démarches*) para abordar y resolver incidentes cibernéticos. Se utilizan para aumentar la concienciación sobre las amenazas y coordinar respuestas a nivel internacional.
  - Promover la concienciación a través de la publicación de advertencias coordinadas y avisos públicos sobre actividades cibernéticas maliciosas. Estas acciones buscan aumentar la visibilidad de las amenazas y disuadir a posibles agresores.
  - En los casos de ciberataques graves, la UE puede suspender o cancelar compromisos y diálogos con los Estados implicados, como una forma de respuesta diplomática para señalar la desaprobación y aplicar presión.
- Acciones Políticas
  - La UE trabaja en la promoción y aplicación de normas de comportamiento responsable en el ciberespacio, tanto entre los Estados miembros como a nivel internacional. Esto incluye la cooperación con organizaciones internacionales, espacialmente el Grupo de Expertos Gubernamentales sobre los Avances en la Información y las Telecomunicaciones en el contexto de la seguridad internacional de la Organización de Naciones Unidas.
  - Desarrollar estrategias sostenidas y coherentes para abordar amenazas cibernéticas persistentes. Estas estrategias incluyen evaluaciones de riesgos y escenarios de riesgo, y se enfocan en una respuesta estratégica y a largo plazo a actores de amenazas cibernéticas.
- Acciones Legales

- La UE puede implementar sanciones económicas y otras medidas restrictivas contra terceros países (art. 215(1) TFUE), personas físicas o jurídicas, grupos o entidades no estatales (art. 215(2) TFUE) involucrados en actividades cibernéticas maliciosas. Esto incluye explorar la posibilidad de enmendar o extender el régimen de sanciones cibernéticas de la UE para adaptarse mejor a las amenazas emergentes.
- Fomentar la cooperación internacional en la aplicación de la ley y en acciones judiciales contra el ciberdelito. Esto implica el intercambio de pruebas electrónicas y la colaboración en investigaciones y procesamientos de delitos cibernéticos.

• Acciones Técnicas

- La UE trabaja en el desarrollo de capacidades cibernéticas en países socios mediante programas de capacitación y construcción de capacidades. Esto incluye ejercicios de entrenamiento y actividades de respuesta rápida para mejorar la resiliencia cibernética de estos países.
- Implementar acciones de respuesta rápida y de asistencia mutua para manejar incidentes cibernéticos. Estas acciones buscan mitigar los efectos inmediatos y a largo plazo de las actividades cibernéticas maliciosas.
- Fortalecer el intercambio de información técnica y forense a través de canales apropiados es crucial. Esto incluye la cooperación con socios de confianza para mejorar la comprensión del paisaje de amenazas y apoyar las acciones diplomáticas de la UE en respuesta a actividades cibernéticas maliciosas.

Estas medidas están diseñadas para ser proporcionales y en línea con el derecho internacional y los derechos humanos, asegurando una respuesta unificada y efectiva por parte de la UE y sus Estados miembros.

Mención especial merecen la Medidas restrictivas. La UE puede adoptar medidas restrictivas autónomas en virtud del art. 29 TUE, que faculta al Consejo a adoptar decisiones, de conformidad con el art. 31 (1) TUE, definiendo el enfoque de la Unión sobre un asunto particular de carácter geográfico o temático. Las Decisiones del art. 29 TUE proporcionan un marco legal, pero deben ser ejecutadas mediante un Reglamento del Consejo adoptado sobre la base y de conformidad con los procedimientos establecidos en el art. 215 TFUE y acompañado de las correspondientes notas explicativas, también adoptadas bajo la forma de Reglamentos de Ejecución del Consejo. Las Decisiones y Reglamentos del Consejo son actos jurídicos (pero no legislativos) con efectos vinculantes para la UE y los Estados miembros.

Tal es el caso del Reglamento del Consejo 2019/796 (Consejo UE, 2019), y la Decisión del Consejo (PESC) 2019/97 (Consejo UE, 2019a), ambos con el mismo título "sobre medidas restrictivas contra ciberataques que amenacen a la Unión o a sus Estados miembros." El Reglamento ha sido modificado hasta la fecha por un Reglamento del Consejo y ocho Reglamentos de ejecución (seis del Consejo y dos de la Comisión)[109], mientras que la Decisión ha sido modificada por once Decisiones PESC del Consejo[110].

---

109 Reglamento de ejecución (UE) 2020/1125 del Consejo, de 30 de julio de 2020
Reglamento de ejecución (UE) 2020/1536 del Consejo, de 22 de octubre de 2020
Reglamento de ejecución (UE) 2020/1744 del Consejo, de 20 de noviembre de 2020
Reglamento de ejecución (UE) 2022/595 de la Comisión, de 11 de abril de 2022
Reglamento (UE) 2023/2694 del Consejo, de 27 de noviembre de 2023
Reglamento de Ejecución (UE) 2024/1390 del Consejo, de 17 de mayo de 2024
Reglamento de Ejecución (UE) 2024/1778 del Consejo, de 24 de junio de 2024
Reglamento de ejecución (UE) 2024/2465 de la Comisión, de 10 de septiembre de 2024
Reglamento de ejecución (UE) 2025/173 del Consejo, de 27 de enero de 2025

110 Decisión (PESC) 2020/651 del Consejo, de 14 de mayo de 2020
Decisión (PESC) 2020/1127 del Consejo, de 30 de julio de 2020
Decisión (PESC) 2020/1537 del Consejo, de 22 de octubre de 2020
Decisión (PESC) 2020/1748 del Consejo, de 20 de noviembre de 2020
Decisión (PESC) 2021/796 del Consejo, de 17 de mayo de 2021
Decisión (PESC) 2022/754 del Consejo, de 16 de mayo de 2022
Decisión (PESC) 2023/964 del Consejo, de 15 de mayo de 2023
Decisión (PESC) 2023/2686 del Consejo, de 27 de noviembre de 2023
Decisión (PESC) 2024/1391 del Consejo, de 17 de mayo de 2024
Decisión (PESC) 2024/1779 del Consejo, de 24 de junio de 2024
Decisión (PESC) 2025/171 del Consejo, de 27 de enero de 2025

La Directiva y el Reglamento de medidas restrictivas son sanciones temáticas que permiten la adopción de prohibiciones de viaje y la congelación de activos contra personas físicas o jurídicas que hayan llevado a cabo intencionalmente ciberataques con un efecto significativo, incluidos intentos de ciberataques, que constituyen una amenaza externa para la Unión o sus Estados miembros. El Consejo revisa las medidas cada 12 meses con vistas a su renovación y modificación. Las primeras sanciones se emitieron en 2020 y las personas físicas y jurídicas sancionadas se encuentran recogidas en una lista anexa a la Directiva y al reglamento. El Consejo establece y modifica la lista por unanimidad, a propuesta de un Estado miembro o del Alto Representante de la Unión para Asuntos Exteriores y Política de Seguridad.

Resulta relevante la aclaración que hace el Reglamento de medidas restrictivas sobre que "las medidas restrictivas específicas deben diferenciarse de la atribución de responsabilidad por ciberataques a un tercer Estado" y que la "aplicación de medidas restrictivas específicas no equivale a tal atribución, que es una responsabilidad soberana de los Estados miembros".

Actualmente, la lista la integran 17 personas físicas y 4 personas jurídicas, todos de nacionalidades china y rusa. Dichas personas y entidades u organismos son responsables de diversos ciberataques o tentativas de ciberataque contra la Organización para la Prohibición de las Armas Químicas (OPAQ), los ciberataques conocidos como "WannaCry", "NotPetya" y operación "Cloud Hopper", el grupo de amenazas "Wizard Spider", así como el ciberataque con un efecto significativo contra el Parlamento federal alemán (Bundestag).

8. CONCLUSIONES

En las últimas décadas, la ciberdefensa se ha consolidado como un pilar fundamental dentro de las estrategias de seguridad y defensa de la Unión Europea (UE). El avance vertiginoso de las tecnologías de la información y la comunicación (TIC), junto con la creciente dependencia de infraestructuras críticas digitales, ha transformado el ciberespacio en un nuevo dominio de confrontación, tan relevante como los tradicionales ámbitos terrestre, marítimo, aéreo y espacial.

Ante esta realidad, la UE ha desplegado una serie de iniciativas y políticas para fortalecer su ciberseguridad y ciberdefensa, enfrentando desafíos significativos en su camino hacia una mayor resiliencia cibernética. A continuación, se presentan un resumen de las acciones realizadas y un análisis de los desafíos y tareas pendientes en el ámbito de la ciberdefensa europea.

Avances de la Unión Europea en Ciberdefensa:

1. Marco Político y Normativo: La UE ha desarrollado un robusto marco normativo y estratégico para guiar sus esfuerzos en ciberseguridad y ciberdefensa. Documentos clave como la Estrategia de Ciberseguridad de la UE para la Década Digital y la Política de Ciberdefensa publicada en 2022, han establecido las bases para la cooperación interinstitucional y entre los Estados miembros, así como la integración de la ciberdefensa en la Política Común de Seguridad y Defensa (PCSD). Estos marcos buscan no solo proteger las infraestructuras críticas de la UE, sino también promover un entorno cibernético seguro y estable a nivel global.

2. Creación de la Unidad Cibernética Conjunta: Un hito significativo en la ciberdefensa europea ha sido la creación de la Unidad Cibernética Conjunta. Este organismo, concebido como una plataforma tanto virtual como física, tiene como objetivo mejorar la cooperación entre las diferentes comunidades de ciberseguridad dentro de la UE. La Unidad Cibernética Conjunta facilita la coordinación operativa y técnica en la respuesta a incidentes cibernéticos transfronterizos de gran envergadura, lo que representa un paso crucial hacia la consolidación del marco europeo de gestión de crisis en ciberseguridad.

3. Iniciativas de Cooperación: El establecimiento de redes de colaboración como la Red europea de organizaciones de enlace para las crisis de ciberseguridad (EU-CyCLONe) y el fomento de proyectos colaborativos bajo el marco de la Cooperación Estructurada Permanente (CEP) han sido fundamentales para mejorar la interoperabilidad y la coordinación entre los Estados miembros. Estos esfuerzos buscan evitar la duplicación de esfuerzos y recursos, garantizando una respuesta más coherente y eficaz ante las ciberamenazas.

4. Inversión en Investigación y Desarrollo: El Fondo Europeo de Defensa (FED) ha sido instrumental en el financiamiento de pro-

yectos de investigación y desarrollo en ciberdefensa. Este fondo ha permitido a los Estados miembros colaborar en la creación de capacidades tecnológicas avanzadas, cruciales para mantener la autonomía estratégica de la UE en el ciberespacio. Además, la Agencia Europea de Defensa (AED) ha desempeñado un papel central en la identificación de necesidades operativas y en la promoción de proyectos colaborativos de I+T en el ámbito de la ciberdefensa.

5. Desarrollo de Capacidades Militares Cibernéticas: El fortalecimiento de las capacidades militares cibernéticas ha sido un foco central, con iniciativas como la creación de Equipos de Respuesta Cibernética Rápida (CERTs) y la planificación de ejercicios conjuntos de ciberdefensa. Estos esfuerzos buscan garantizar que los Estados miembros estén preparados para enfrentar las ciberamenazas en el contexto de misiones y operaciones militares bajo el marco de la PCSD.

6. Integración Civil-Militar: Otro avance relevante ha sido el esfuerzo por integrar las capacidades de ciberdefensa civil y militar. La cooperación entre las diferentes comunidades de ciberseguridad, incluyendo la civil, diplomática, policial y militar, es vista como un valor añadido que mejora la conciencia situacional y la capacidad de respuesta de la UE. Iniciativas como la integración de milCERTs en la Red Operativa de Equipos de Respuesta a Emergencias Informáticas de la UE (MICNET) ejemplifican este enfoque integrador.

8.1. Desafíos y Tareas Pendientes en Ciberdefensa

1. Fragmentación y Coherencia Estratégica: A pesar de los avances logrados, uno de los mayores desafíos que enfrenta la UE es la fragmentación de las capacidades de ciberdefensa a nivel nacional. La falta de una estructura unificada y la existencia de múltiples marcos regionales complican la coordinación y disminuyen la eficiencia de las inversiones en ciberdefensa. Es imperativo que la UE avance hacia una mayor coherencia estratégica, alineando las prioridades de desarrollo de capacidades y evitando la duplicación innecesaria de esfuerzos.

2. Capacidades Técnicas y Recursos Humanos: La creciente demanda de profesionales cualificados en ciberseguridad ha revelado

un déficit preocupante en toda Europa. La escasez de expertos en áreas críticas, como la inteligencia artificial y la computación en la nube, limita la capacidad de la UE para desarrollar y mantener una defensa cibernética robusta. Abordar este déficit requerirá una mayor inversión en educación y formación especializada, así como en la atracción y retención de talento en el sector público y privado.

3. Cooperación Internacional: La ciberdefensa es un desafío global que requiere una cooperación más allá de las fronteras de la UE. Si bien se han dado pasos importantes en la promoción de normas globales de comportamiento responsable en el ciberespacio, la UE debe continuar fortaleciendo sus alianzas internacionales, especialmente con organizaciones como la OTAN y las Naciones Unidas. La coordinación con otros actores internacionales es esencial para responder de manera eficaz a las ciberamenazas que, por su naturaleza, trascienden fronteras.

4. Resiliencia y Preparación: La creación de la Unidad Cibernética Conjunta y otras iniciativas son pasos en la dirección correcta, pero la UE debe continuar fortaleciendo su resiliencia ante ciberataques. Esto incluye no solo mejorar la capacidad de respuesta inmediata, sino también garantizar la continuidad de las operaciones críticas durante y después de un incidente cibernético. La planificación y realización de ejercicios regulares de ciberdefensa, que incluyan tanto a actores civiles como militares, son cruciales para mejorar la preparación.

5. Integración del Sector Privado: El sector privado juega un papel crucial en la ciberdefensa, especialmente dada la propiedad y operación de gran parte de las infraestructuras críticas por empresas privadas. La UE debe seguir explorando formas de integrar al sector privado en sus estrategias de ciberdefensa, asegurando que las empresas estén preparadas para colaborar en la respuesta a incidentes cibernéticos. La iniciativa de Cibersolidaridad de la UE es un ejemplo de cómo se puede aprovechar la capacidad del sector privado para complementar los esfuerzos públicos en la defensa cibernética.

6. Marco Regulatorio y Gobernanza: Finalmente, es esencial que la UE continúe desarrollando un marco regulatorio sólido y adaptado a las realidades cambiantes del ciberespacio. Esto incluye la mejora de las normas existentes y la creación de nuevos mecanismos que faciliten una cooperación más efectiva entre los Estados miembros

y con actores internacionales. La gobernanza en ciberdefensa debe ser flexible y capaz de adaptarse rápidamente a nuevas amenazas y desafíos, manteniendo al mismo tiempo el respeto por los derechos humanos y las libertades fundamentales.

En resumen, la Unión Europea ha hecho avances significativos en la construcción de una ciberdefensa robusta y en la promoción de un entorno cibernético seguro. Sin embargo, los desafíos que persisten son considerables y requieren un enfoque coordinado y decidido. La consolidación de una estructura unificada de ciberdefensa, la inversión en recursos humanos y técnicos, y el fortalecimiento de la cooperación internacional y con el sector privado son esenciales para asegurar que la UE esté preparada para enfrentar las amenazas cibernéticas del futuro. La tarea es formidable, pero con una estrategia clara y una implementación efectiva, la UE puede consolidarse como un actor clave en la ciberdefensa global, protegiendo no solo sus infraestructuras y ciudadanos, sino también contribuyendo a la estabilidad y seguridad internacional en el ciberespacio.

BIBLIOGRAFÍA

Agencia De La Unión Europea Para La Ciberseguridad (ENISA, 2022) *European Cybersecurity Skills Framework (ECSF)*, September 2022, https://www.enisa.europa.eu/topics/education/european-cybersecurity-skills-framework [Recuperado: 19-08-2024]

Agencia Europea De Defensa (AED) (2019) *Overarching Strategic Research Agenda (OSRA)*, 25 March 2019, https://eda.europa.eu/docs/default-source/eda-factsheets/2019-03-25-factsheet-osra (inglés) [Recuperado: 23-08-2024]

Agencia Europea De Defensa (AED) (2021) *Factsheet: Cyber Phalanx*, 14 April 20221, https://eda.europa.eu/publications-and-data/factsheets/factsheet-cyber-phalanx (inglés) [Recuperado: 19-08-2021]

Agencia Europea De Defensa (AED) (2022) *2022 Coordinated Annual Review on Defence Report*, November 2022, https://eda.europa.eu/docs/default-source/eda-publications/2022-card-report.pdf (inglés) [Recuperado: 19-08-2024]

Agencia Europea De Defensa (AED) (2022a) *Hub for EU Defence Innovation established within EDA*, May 2022, https://eda.europa.eu/news-and-events/news/2022/05/17/hub-for-eu-defence-innovation-established-within-eda (inglés) [Recuperado: 19-08-2024]

Agencia Europea De Defensa (AED) (2023) *The 2023 EU Capability Development Priorities,* 14 November 2023, https://eda.europa.eu/publications-and-data/latest-publications/the-2023-eu-capability-development-priorities (inglés) [Recuperado: 23-08-2024]

Agencia Europea De Defensa (AED) (2023a) *EDA Defence Data 2022, 30 November 2023,* https://eda.europa.eu/publications-and-data/brochures/eda-defence-data-2022 (inglés) [Recuperado: 24-08-2024]

Agencia Europea De Defensa (AED) (2024) *Key Strategic Activities,* https://eda.europa.eu/what-we-do/EU-defence-initiatives/priority-setting/key-strategic-activities (inglés) [Recuperado: 23-08-2024]

Arbuniés, P. (2019) *¿Exige el ciberespacio una estrategia distinta a los otros dominios?,* Universidad de Navarra, https://www.unav.edu/web/global-affairs/detalle1/-/blogs/-exige-el-ciberespacio-una-estrategia-distinta-a-los-otros-dominios-# [Recuperado: 21-08-2024]

Bartolomé, M. (2023), *Operaciones cibernéticas durante el primer año del conflicto armado entre Rusia y Ucrania,* Actas XV Jornadas de Estudios de Seguridad. Nuevos conflictos, nuevos paradigmas, 9-11 de mayo de 2023, Instituto Universitario General Gutiérrez Mellado, Universidad Nacional de Educación a Distancia (UNED), https://www.uned.es/universidad/facultades/dam/jcr:2812fc54-5d5c-4b38-98bf-70c0945c8df3/1.actas-XV-JES.pdf [Recuperado: 21-08-2024]

Comisión Europea (2013) *Comunicación conjunta. Estrategia de ciberseguridad de la Unión Europea: Un ciberespacio abierto, protegido y seguro,* JOIN (2013) 1, 7 febrero 2023, https://eur-lex.europa.eu/legal-content/EN/TXT/?uri=CELEX:52013JC0001 [Recuperado: 23-08-2024]

Comisión Europea (2015) *Comunicación de la Comisión. Agenda Europea de Seguridad,* COM(2015) 185, 28 abril 2015, https://eur-lex.europa.eu/legal-content/ES/TXT/?uri=CELEX%3A52015DC0185&qid=17244061 13280 [Recuperado: 23-08-2024]

Comisión Europea (2016) *Comunicación de la Comisión. Plan de Acción Europeo de la Defensa,* COM(2016) 950, 30 de noviembre de 2016, https://eur-lex.europa.eu/legal-content/ES/TXT/PDF/?uri=CELEX:52016DC0950&from=BG [Recuperado: 07-08-2024]

Comisión Europea (2017) *Comunicación conjunta al Parlamento Europeo y al Consejo. Resiliencia, disuasión y defensa: fortalecer la ciberseguridad de la UE,* JOIN (2017) 450, 13 septiembre 2017, https://eur-lex.europa.eu/legal-content/ES/TXT/?uri=CELEX%3A52017JC0450&qid=1724405852812 [Recuperado: 23-08-2024]

Comisión Europea (2017a) *Comunicación de la Comisión. Poner en marcha el Fondo Europeo de Defensa,* COM(2017) 295, 7 de junio de 2017, https://

eur-lex.europa.eu/legal-content/ES/TXT/PDF/?uri=CELEX:52017DC0295&from=PL [Recuperado: 07-08-2024]

Comisión Europea (2017b) *Recomendación (UE) 2017/1584 de la Comisión, de 13 de septiembre de 2017, sobre la respuesta coordinada a los incidentes y crisis de ciberseguridad a gran escala,* DOUE L 239 de 19.9.2017, pp. 36-58https://eur-lex.europa.eu/legal-content/ES/TXT/?uri=uriserv:OJ.L_.2017.239.01.0036.01.SPA [Recuperado: 21-08-2024]

Comisión Europea (2020) *Comunicación de la Comisión sobre la Estrategia de la UE para una Unión de la Seguridad,* COM(2020) 605, 24 julio 2020, https://eur-lex.europa.eu/legal-content/ES/TXT/?uri=CELEX%3A52020DC0605&qid=1724405472659 [Recuperado: 23-08-2024]

Comisión Europea (2020a) *Comunicación conjunta al Parlamento Europeo y al Consejo. La Estrategia de Ciberseguridad de la UE para la Década Digital,* JOIN (2020)18, 16 diciembre 2020, https://eur-lex.europa.eu/legal-content/ES/TXT/?uri=CELEX%3A52020JC0018&qid=1724405055591 [Recuperado: 23-08-2024]

Comisión Europea (2021) *Recomendación (EU) 2021/1086 de 23 de junio de 2021 sobre la creación de una Unidad Cibernética Conjunta,* https://eur-lex.europa.eu/legal-content/ES/ALL/?uri=CELEX:32021H1086 [Recuperado: 19-08-2024]

Comisión Europea (2022) *Comunicación conjunta al Parlamento Europeo y al Consejo. Política de ciberdefensa de la UE,* JOIN (2022) 49, 10 de noviembre de 2022, https://eur-lex.europa.eu/legal-content/ES/ALL/?uri=CELEX%3A52022JC0049 [Recuperado: 21-08-2024]

UNIÓN EUROPEA. *Reglamento (UE) 2025/38 del Parlamento Europeo y del Consejo, de 19 de diciembre de 2024, por el que se establecen medidas destinadas a reforzar la solidaridad y las capacidades en la Unión a fin de detectar ciberamenazas e incidentes, prepararse y responder a ellos (Reglamento de Cibersolidaridad),* DO L 2025/38 de 15.1.2025, https://eur-lex.europa.eu/legal-content/es/ALL/?uri=CELEX:32025R0038&qid=1736947487238 [Recuperado: 24-03-2025]

Comisión Europea (2023a) *Comunicación de la Comisión Europea al Parlamento Europeo y al Consejo. Colmar la brecha de talento en materia de ciberseguridad para impulsar la competitividad, el crecimiento y la resiliencia de la UE ("Academia de Cibercapacidades"),* COM(2023)207, 18 de abril de 2023, https://eur-lex.europa.eu/legal-content/ES/TXT/?uri=CELEX:52023DC0207 [Recuperado: 19-08-2024]https://ec.europa.eu/commission/presscorner/detail/es/ip_23_2243 [Recuperado: 19-08-2024]

Comisión Europea (2024) *The European Defence Fund at a glance,* https://defence-industry-space.ec.europa.eu/eu-defence-industry/european-defence-fund-edf-official-webpage-european-commission_en?prefLang=es (inglés) [Recuperado: 07-08-2024]

Consejo de la Unión Europea (2003) *Estrategia Europea de Seguridad. Una Europa segura en un mundo mejor*, 12 de diciembre de 2003, https://www.consilium.europa.eu/es/documents-publications/publications/european-security-strategy-secure-europe-better-world/ [Recuperado: 23-08-2024]

Consejo de la Unión Europea (2023a) *Revised Implementing Guidelines of the Cyber Diplomacy Toolbox*, 10289/23, 8 June 2023, https://data.consilium.europa.eu/doc/document/ST-10289-2023-INIT/en/pdf (inglés) [Recuperado: 24-08-2024]

Consejo de la Unión Europea (2008) *Informe sobre la aplicacion de la Estrategia Europea de Seguridad. Ofrecer seguridad en un mundo en evolución*, S407/08, 11 de diciembre de 2008, https://www.consilium.europa.eu/uedocs/cms_data/docs/pressdata/ES/reports/104637.pdf [Recuperado: 23-08-2024]

Consejo de la Unión Europea (2008a) *Annual report from the Council to the European Parliament on the main aspects and basic choices of the CFSP*, 8617/08, 25 April 2008, https://data.consilium.europa.eu/doc/document/ST-8617-2008-INIT/en/pdf (inglés) [Recuperado: 19-08-2024]

Consejo de la Unión Europea (2017) *Cooperación en materia de defensa: 23 Estados miembros firman una notificación conjunta sobre la cooperación estructurada permanente*, 13 de noviembre de 2017, https://www.consilium.europa.eu/es/press/press-releases/2017/11/13/defence-cooperation-23-member-states-sign-joint-notification-on-pesco/ [Recuperado: 23-08-2024]

Consejo de la Unión Europea (2017a) *Decisión (PESC) 2017/2315 del Consejo, de 11 de diciembre de 2017, por la que se establece una cooperación estructurada permanente y se fija la lista de los Estados miembros participantes*, DOUE L 331 de 14.12.2017, pp. 57-77, https://eur-lex.europa.eu/legal-content/ES/TXT/?uri=CELEX%3A32017D2315 [Recuperado: 23-08-2024]

Consejo de la Unión Europea (2017b) *Comunicado de prensa. Conclusiones del Consejo sobre los avances en la aplicación de la Estrategia Global de la UE en materia de Seguridad y Defensa*, 6 de marzo de 2017, https://www.consilium.europa.eu/es/press/press-releases/2017/03/06/conclusions-security-defence/ [Recuperado: 23-08-2024]

Consejo de la Unión Europea (2017c) *Conclusiones del Consejo sobre un marco para una respuesta diplomática conjunta de la UE a las actividades informáticas malintencionadas ("Conjunto de instrumentos de ciberdiplomacia")*, 10474/17, 19 de junio de 2017, https://data.consilium.europa.eu/doc/document/ST-10474-2017-INIT/es/pdf [Recuperado: 24-08-2024]

Consejo de la Unión Europea (2017d) *European Council conclusions on security and defence*, 22 June 2017, https://www.consilium.europa.eu/en/press/

press-releases/2017/06/22/euco-security-defence/ (inglés) [Recuperado: 23-08-2024]

Consejo de la Unión Europea (2018) *Marco político de ciberdefensa de la UE (actualización de 2018),* 14413/18, 19 de noviembre de 2018, https://data.consilium.europa.eu/doc/document/ST-14413-2018-INIT/es/pdf [Recuperado: 21-08-2024]

Consejo de la Unión Europea (2018a) *Conclusiones del Consejo sobre seguridad y defensa en el contexto de la Estrategia Global de la UE,* 13978/18, 19 de noviembre de 2018, https://data.consilium.europa.eu/doc/document/ST-13978-2018-INIT/es/pdf [Recuperado: 07-08-2024]

Consejo de la Unión Europea (2019) *Reglamento (UE) 2019/796 del Consejo, de 17 de mayo de 2019, relativo a medidas restrictivas contra los ciberataques que amenacen a la Unión o a sus Estados miembros,* DOUE 129I de 17.5.2019, pp. 1-12, https://eur-lex.europa.eu/legal-content/ES/TXT/?uri=celex%3A02019R0796-20220413 [Recuperado: 25-08-2024]

Consejo de la Unión Europea (2019a) *Decisión (PESC) 2019/797 del Consejo, de 17 de mayo de 2019, relativa a medidas restrictivas contra los ciberataques que amenacen a la Unión o a sus Estados miembros,* DOUE L 129I de 17.5.2019, pp. 13-19, https://eur-lex.europa.eu/legal-content/ES/TXT/?uri=celex%3A02019D0797-20220518 [Recuperado: 25-08-2024]

Consejo de la Unión Europea (2022) *Una Brújula Estratégica para la Seguridad y la Defensa. Por una Unión Europea que proteja a sus ciudadanos, defienda sus valores e intereses y contribuya a la paz y la seguridad internacionales,* 7371/22, 21 de marzo de 2022, https://data.consilium.europa.eu/doc/document/ST-7371-2022-INIT/es/pdf [Recuperado: 23-08-2024]

Consejo de la Unión Europea (2023) *Decisión (PESC) 2023/1015 del Consejo, de 23 de mayo de 2023. por la que se confirma la participación de Dinamarca en la cooperación estructurada permanente y se modifica la Decisión (PESC) 2017/2315 por la que se establece una cooperación estructurada permanente y se fija la lista de los Estados miembros participantes,* DOUE L 136 de 24.5.2023, pp. 73-74, https://eur-lex.europa.eu/legal-content/ES/TXT/?uri=CELEX%3A32023D1015&qid=1724429737991 [Recuperado: 23-08-2024]

Consejo de la Unión Europea (2023a) *Conclusiones del Consejo sobre la política de ciberdefensa de la UE,* 9618/23, 22 de mayo de 2023, https://data.consilium.europa.eu/doc/document/ST-9618-2023-INIT/es/pdf [Recuperado: 19-08-2024]

Clarke, Richard A. (2010) *Cyber War. The Next Threat to National Security and What to Do About It,* Ed. Harper Collins.

Fondo Europeo de Inversiones (FEI) (2024) *The European Commission and the European Investment Fund join forces to boost investment in defence innovation through the Defence Equity Facility,* 12 January 2024, https://www.eif.org/

what_we_do/equity/news/2024/european-commission-and-eif-join-forces-to-boost-investment-in-defence-innovation-through-the-defence-equity-facility.htm [Recuperado: 24.08.2024]

Hebert, L. Y Zegart, A. (2019) *Bytes, Bombs, and Spies. The strategic dimensions of offensive cyber operations*, Ed. Brookings Institution Press.

International Information System Security Certification Consortium (ISC2) (2024) *ISC2 Cybersecurity Workforce Study 2024. Gobal Cybersecurity Workforce Prepares for an AI-Driven World*, https://edge.sitecorecloud.io/internationf173-xmc4e73-prodbc0f-9660/media/Project/ISC2/Main/Media/documents/research/2024-ISC2-WFS.pdf [Recuperado: 24-03-2025]

Ministerio de Defensa (MINISDEF) (2013) *Orden Ministerial 10/2013, de 19 de febrero, por la que se crea el Mando Conjunto de Ciberdefensa de las Fuerzas Armadas*, Boletín Oficial del Ministerio de Defensa, 26 de febrero de 2013

Ministerio de Defensa (MINISDEF) (2020) *Real Decreto 521/2020, de 19 de mayo, por el que se establece la organización básica de las Fuerzas Armadas*, Boletín Oficial del Estado núm. 143, de 21 de mayo de 2020, https://www.boe.es/diario_boe/txt.php?id=BOE-A-2020-5190 [Recuperado: 21-08-2024]

Ministerio de Defensa (MINISDEF) (2024) *Entrevista con el Vicealmirante Javier Roca Rivero, Comandante del Mando Conjunto del Ciberespacio*, Revista Española de Defensa, número 412, enero 2024, pp. 26-28, https://www.defensa.gob.es/Galerias/gabinete/red/2024/01/p-26-28-red-412-roca.pdf [Recuperado: 21-08-2024]

North Atlantic Treaty Organization (NATO) (1999) *The Alliance's Strategic Concept, approved by the Heads of State and Government participating in the meeting of the North Atlantic Council in Washington D.C.*, 24 April 1999, https://www.nato.int/cps/en/natohq/official_texts_27433.htm [Recuperado: 21-08-2024]

North Atlantic Treaty Organization (NATO) (2010) *Strategic Concept for the Defence and Security of the Members of the North Atlantic Treaty Organisation, adopted by the Heads of State and Government in Lisbon (Portugal)*, 19-20 November 2010, https://www.nato.int/cps/en/natohq/official_texts_68580.htm [Recuperado: 21-08-2024]

North Atlantic Treaty Organization (NATO) (2013) *Cyberwar - does it exist?*, NATO Review, 13 June 2013, https://www.nato.int/docu/review/articles/2013/06/13/cyberwar-does-it-exist/index.html [Recuperado: 21-08-2024]

North Atlantic Treaty Organization (NATO) (2016) *Warsaw Summit Communiqué issued by the Heads of State and Government participating in the meeting of the North Atlantic Council in Warsaw (Poland)*, 8-9 July 2016, https://

www.nato.int/cps/en/natohq/official_texts_133169.htm [Recuperado; 21-08-2024]

North Atlantic Treaty Organization (NATO) (2016a) *Cyber Defence Pledge,* 8 July 2016, https://www.nato.int/cps/en/natohq/official_texts_133177.htm [Recuperado: 21-08-2024]

Nováky, N. (2018) *European Union Military Operations. A Collective Action Perspective,* Ed. Rotledge.

Olesen, N. (2022) *Unlocking our potential: Cybersecurity education and workforce needs in Europe. European Cybersecurity Organization (ECSO),* 9 September 2022, https://ecs-org.eu/unlocking-our-potential-cybersecurity-education-and-workforce-needs-in-europe-2/ [Recuperado: 19-08-2024]

Piernas López, J. J. (2020) *Ciberdiplomacia y Ciberdefensa en la Unión Europea,* Ed. Aranzadi

Porcedda, M. G. (2023) *Cybersecurity, Privacy and Data Protection in EU Law. A Law, Policy and Technology Analysis,* Ed. Hart Publishing

Rid, T. (2013) *Cyber War Will Not Take Place,* Ed. Oxford University Press.

Schmitt, M. ed. (2013) *Tallinn Manual on the International Law Applicable to Cyber Warfare,* Ed. Cambridge University Press.

Schmitt, M. ed. (2017) *Tallinn Manual 2.0 on the International Law Applicable to Cyber Warfare,* Ed. Cambridge University Press.

Servicio Europeo de Acción Exterior (SEAE) (2010) *EU Concept for Computer Network Operations in EU-led military operations,* 13537/1/09, 17 March 2010.

Servicio Europeo de Acción Exterior (SEAE) (2012) *EU Concept for Cyber Defence for EU-led military operations,* 18060/12, 20 December 2012.

Servicio Europeo de Acción Exterior (SEAE) (2016) *Una visión común, una actuación conjunta: una Europa más fuerte. Estrategia global para la Política exterior y de seguridad común de la Unión Europea,* 28 de junio de 2016, https://eur-lex.europa.eu/ES/legal-content/summary/common-foreign-and-security-policy-global-strategy.html [Recuperado: 23-08-2024]

Servicio Europeo de Acción Exterior (SEAE) (2021) *European Union Military Vision and Strategy on Cyberspace as a Domain of Operations,* EEAS (2021) 706 rev 4, 15 September 2021, https://www.statewatch.org/media/2879/eu-eeas-military-vision-cyberspace-2021-706-rev4.pdf [Recuperado: 25-08-2024]

Unión Europea, *Versiones consolidadas del Tratado de la Unión Europea (TUE) y del Tratado de Funcionamiento de la Unión Europea (TFUE),* DOUE C 202 de 7.6.2016, https://eur-lex.europa.eu/legal-content/ES/TXT/?uri=celex%3A12016ME%2FTXT# [Recuperado: 22-08-2024]

Unión Europea (2013) *Directiva 2013/40/UE del Parlamento Europeo y del Consejo, de 12 de agosto de 2013, relativa a los ataques contra los sistemas de información,* DOUE L 218 de 14.8.2013, pp. 8-14, https://eur-lex.europa.eu/legal-content/ES/TXT/?uri=CELEX%3A32013L0040&qid=1724322883191 [Recuperado: 22-08-2024]

Unión Europea (2016) *Directiva (UE) 2016/1148 del Parlamento Europeo y del Consejo de 6 de julio de 2016 relativa a las medidas destinadas a garantizar un elevado nivel común de seguridad de las redes y sistemas de información en la Unión (Directiva SRI),* DOUE L 194 de 19.7.2016, https://eur-lex.europa.eu/eli/dir/2016/1148/oj [Recuperado: 22-08-2024]

Unión Europea (2018) *Acuerdo entre el Parlamento Europeo, el Consejo Europeo, el Consejo de la Unión Europea, la Comisión Europea, el Tribunal de Justicia de la Unión Europea, el Banco Central Europeo, el Tribunal de Cuentas Europeo, el Servicio Europeo de Acción Exterior, el Comité Económico y Social Europeo, el Comité Europeo de las Regiones y el Banco Europeo de Inversiones sobre la organización y el funcionamiento del Equipo de Respuesta a Emergencias Informáticas de las instituciones, órganos y organismos de la UE (CERT-UE)* 2018/C 12/01, DOUE C 12 de 13.1.2018, pp. 1-11, https://eur-lex.europa.eu/legal-content/ES/TXT/?uri=uriserv%3AOJ.C_.2018.012.01.0001.01.SPA&toc=OJ%3AC%3A2018%3A012%3AFULL [Recuperado: 24-08-2024]

Unión Europea (2019) *Reglamento (UE) 2019/881 del Parlamento Europeo y del Consejo, de 17 de abril de 2019, relativo a ENISA (Agencia de la Unión Europea para la Ciberseguridad) y a la certificación de la ciberseguridad de las tecnologías de la información y la comunicación (Reglamento sobre la Ciberseguridad),* DOUE L 151 de 7.6.2019, pp. 15-69, https://eur-lex.europa.eu/legal-content/ES/TXT/?uri=CELEX%3A32019R0881&qid=1724322006251 [Recuperado: 22-08-2024]

Unión Europea (2019a) *Reglamento (UE) 2019/796 del Consejo, de 17 de mayo de 2019, relativo a medidas restrictivas contra los ciberataques que amenacen a la Unión o a sus Estados miembros,* DOUE L 129I de 17.5.2019, pp. 1-12, https://eur-lex.europa.eu/legal-content/ES/TXT/?uri=CELEX%3A32019R0796&qid=1724323159665 [Recuperado: 22-08-2024]

Unión Europea (2019b) *Decisión (PESC) 2019/797 del Consejo, de 17 de mayo de 2019, relativa a medidas restrictivas contra los ciberataques que amenacen a la Unión o a sus Estados miembros,* DOUE L 129I de 17.5.2019, pp. 13-19, https://eur-lex.europa.eu/legal-content/ES/TXT/?uri=CELEX%3A32019D0797&qid=1724323430381 [Recuperado: 22-08-2024]

Unión Europea (2021) *Reglamento (UE) 2021/697 del Parlamento Europeo y del Consejo de 29 de abril de 2021 por el que se establece el Fondo Europeo de Defensa,* DOUE L 170 de 12.5.2021, pp. 149-177, https://eur-lex.europa.

eu/legal-content/ES/ALL/?uri=CELEX%3A32021R0697 [Recuperado: 24-08-2024]

Unión Europea (2022) *Directiva (UE) 2022/2555 del Parlamento Europeo y del Consejo de 14 de diciembre de 2022 relativa a las medidas destinadas a garantizar un elevado nivel común de ciberseguridad en toda la Unión, por la que se deroga la Directiva (UE) 2016/1148 (Directiva SRI 2)*, DOUE L 333 de 27.12.2022, https://eur-lex.europa.eu/legal-content/ES/TXT/?uri=CE [LEX%3A32022L2555&qid=1724321139958 [Recuperado: 22-08-2024]

Unión Europea (2022a) *Directiva (UE) 2022/2557 del Parlamento Europeo y del Consejo de 14 de diciembre de 2022 relativa a la resiliencia de las entidades críticas*, DOUE L 333 de 27.12.2022, pp. 164-198, https://eur-lex.europa.eu/legal-content/ES/TXT/?uri=CELEX%3A32022L2557&qid=1724321649342 [Recuperado: 22-08-2024]

Unión Europea (2022b), *Reglamento (UE) 2024/2847 del Parlamento Europeo y del Consejo, de 23 de octubre de 2024, relativo a los requisitos horizontales de ciberseguridad para los productos con elementos digitales (Reglamento de Ciberresiliencia)*, DOUE L 2024/2847 de 20.11.2024, https://eur-lex.europa.eu/legal-content/ES/ALL/?uri=CELEX%3A32024R2847 [Recuperado: 24-03-2025]

Unión Europea (2023) *Reglamento (UE) 2023/2418 del Parlamento Europeo y del Consejo, de 18 de octubre de 2023, por el que se establece un instrumento para el refuerzo de la industria europea de defensa mediante las adquisiciones en común (EDIRPA)*, DOUE L 23.10.2023, https://eur-lex.europa.eu/legal-content/ES/TXT/?uri=OJ%3AL_202302418 [Recuperado: 21-08-2024]

Unión Europea (2024) *Reglamento (UE) 2024/795 del Parlamento Europeo y del Consejo, de 29 de febrero de 2024, por el que se crea la Plataforma de Tecnologías Estratégicas para Europa (STEP) y se modifica, entre otros, el Reglamento (UE) 2021/697 del Fondo Europeo de Defensa*, DOUE L, 2024/795, 29.2.2024, https://eur-lex.europa.eu/legal-content/ES/TXT/?uri=CELEX%3A32024R0795 [Recuperado: 24-08-2024]

Von der Leyen, U. (2019) A *Union that strives for more. My agenda for Europe. Political guidelines for the next European Commission 2019-2024*, Ed. Publications Office of the European Union, https://op.europa.eu/en/publication-detail/-/publication/43a17056-ebf1-11e9-9c4e-01aa75ed71a1 [Recuperado: 21-08-2024]

LA DEFENSA CIVIL EUROPEA ANTE LOS NUEVOS DESAFÍOS DE SEGURIDAD

MARIAN SOTO SORIGUERA[1]

1. INTRODUCCIÓN

La seguridad es clave para nuestra prosperidad, y su preservación garantiza la protección de nuestros valores y el desarrollo de nuestras sociedades. La guerra en Ucrania, conflicto bélico más severo en Europa desde la Segunda Guerra mundial, la crisis sanitaria derivada de la COVID-19, la concurrencia de episodios de meteorología adversa de alta intensidad e impacto, o el recurso a estrategias híbridas de acción como nuevo espacio de confrontación, caracterizan el actual escenario global de seguridad y su evolución, muy determinada por la complejidad e incertidumbre. Todo ello se produce en plena revolución tecnológica[2], donde los avances ofrecen una oportunidad de desarrollo y mejora continua, pero también abren un espacio de vulnerabilidad.

La gran capacidad desestabilizadora de aquellas situaciones sobre la vida de las personas y sus entornos de convivencia ha llevado a reflexionar, sobre las fórmulas de respuesta, así como el grado de preparación para afrontarlas y minimizar sus efectos adversos. Esta reflexión parte del análisis del contexto y del enfoque hacia Europa como proyecto de seguridad propuesto por parte de la reelegida para un segundo mandato al frente de la Comisión Europea, Ursula von der Lyen, cuando señala que "*si queremos una paz verdadera, de-*

---

1 Analista e investigadora en asuntos de seguridad y defensa

2 SCHWAB, K., "The Fourth Industrial Revolution: what it means, how to respond", *World Economic Forum*, 14 de enero de 2016. (consultado por última vez el 15 de noviembre de 2024). Recuperado de https://www.weforum.org/stories/2016/01/the-fourth-industrial-revolution-what-it-means-and-how-to-respond/

bemos repensar de manera fundamental los cimientos de la arquitectura de seguridad de Europa"[3].

Esta visión más securitaria del proyecto europeo, donde los límites entre seguridad exterior e interior son cada vez más difusos, se concreta una serie de propuestas para el desarrollo en un futuro próximo de una "*Estrategia para la Preparación de la Unión*"[4], en la búsqueda de un enfoque más sólido de la gestión de crisis y la preparación civil europeas. Este proyecto parte del informe encargado al asesor especial de la presidencia de la Comisión y ex presidente finlandés, Sauli Niinistö, titulado "*Safer Together: Strengthening Europe's Civilian and Military Preparedness and Readiness*" (Más seguros juntos: fortalecimiento de la respuesta y la preparación civil y militar de Europa), cuyo objetivo es encontrar soluciones que, con el telón de fondo de la guerra multisectorial de Rusia contra Ucrania, pero con una visión ambiciosa de la necesidad de aumentar la seguridad europea en términos globales, mejoren la preparación de Europa en materia civil y de defensa.

Los estados son, en primera instancia, los primeros responsables de la seguridad y bienestar de sus ciudadanos. No obstante, el contexto actual hace necesario apelar al apoyo exterior dada la complejidad de las amenazas y el carácter transnacional de su proyección, y todo ello en el marco de mecanismos supranacionales que permitan optimizar los esfuerzos en todo el ciclo de la gestión de crisis o emergencias: desde la evaluación de riesgos; pasando por un refuerzo en la preparación y respuesta adecuadas y terminando por la capacitación para la recuperación o retorno a la normalidad.

Junto a esa visión integral en términos de acción, está la visión integradora, por cuanto se precisa la inclusión de todos los recursos y capacidades disponibles para que, independientemente de su origen, civil o militar, interactúen desde sus distintas esferas de actuación bajo una estrategia y visión comunes, e incardinados en instrumentos nacionales o soluciones supranacionales, cada vez más

---

3 Es una referencia textual del discurso de apertura del Foro Globsec 2024.

4 En estos términos se pronunció Von der Lyen en su discurso, mediante vídeo, en la Cumbre de la Iniciativa Hanaholmen, de fecha 11 de noviembre de 2024.

relevantes dado el carácter marcadamente trasnacional de las nuevas amenazas.

Se ha mostrado a lo largo de la historia que las capacidades y acciones de defensa civil de los estados, inicialmente relacionados con la necesidad de protección frente al conflicto bélico, pero que en la actualidad adquiere una mayor dimensión, son eficaces para la protección de la población ante amenazas que puedan comprometer severamente su *statu quo*.

Los desafíos continúan evolucionando y las fórmulas para gestionar su impacto han de seguir adaptándose a la nueva realidad. Las estrategias híbridas, como alternativa de los estados a la confrontación convencional, el uso de tecnologías con gran capacidad disruptiva[5], presentan un abanico de amenazas que atenazan igualmente la normal convivencia de nuestras sociedades, y que se suman a riesgos más conocidos, pero no por ello desdeñables, como son las emergencias y las catástrofes naturales o antrópicas.

Así, es objeto de este capítulo abordar el origen histórico de la defensa civil y cómo ha evolucionado hasta la actualidad, adaptándose a la propia evolución de las amenazas a la seguridad. Todo ello se proyecta en el entorno geográfico de la UE, con referencias a los mecanismos actuales de actuación frente a emergencias y crisis de diversa índole, donde la defensa civil adquiere un papel de relevancia. Se concluye con un apunte sobre la visión que actualmente tiene la ciudadanía europea sobre las actuaciones en este ámbito, que invita a reflexionar sobre los espacios de mejora de la defensa civil europea.

2. LA DEFENSA CIVIL. ORIGEN Y EVOLUCIÓN

La adopción de medidas por parte de los estados en la protección de su población frente a diversas amenazas se remonta a las primeras civilizaciones, mediante la organización de fuerzas militares, la construcción de fortificaciones o la implementación de medidas para mantener el orden social y la seguridad durante tiempos de crisis. To-

---

5 SOTO SORIGUERA, M., *Nuevas tecnologías en el contexto global de seguridad: la oportunidad frente al desafío*, Documento de Opinión IEEE 75/2023.

do ha ido evolucionando en el transcurso de la historia, y la protección se ha adaptado, en cada momento, a la realidad de su tiempo.

En el S. XX, las dos guerras mundiales marcaron un punto de inflexión en la historia de la defensa civil. Durante la Segunda Guerra Mundial, la amenaza de ataques aéreos a ciudades llevó al desarrollo de sistemas organizados como refugios antiaéreos, alarmas de bombardeo, así como a la evacuación para la protección de civiles, siendo estas medidas incardinadas en la defensa civil de las naciones amenazadas.

Con posterioridad, se fueron estableciendo normas internacionales para proteger a la población civil en tiempos de guerra. Su regulación a nivel internacional se remonta a 1949, con la adopción de los Convenios de Ginebra, completados en 1977 con dos Protocolos adicionales, que pasan a convertirse en el núcleo del Derecho internacional humanitario, el ordenamiento jurídico internacional que regula la conducción de los conflictos armados y trata de limitar sus efectos. Estas normas incluyen la protección de los bienes civiles, la prohibición de ataques contra población civil, y la regulación de la asistencia humanitaria, que forma parte de la defensa civil en tiempos de conflicto armado. En el Protocolo Adicional I, se recogieron las medidas de protección para la población civil en caso de conflicto armado, definiendo la protección civil "*como la acción para proteger a la población contra los efectos de los ataques armados, así como la organización de actividades de ayuda humanitaria y socorro en situaciones de emergencia*" *(art. 61).*

Durante la Guerra Fría, la amenaza de un conflicto nuclear llevó a muchos países a establecer sistemas más sofisticados de defensa civil. EE.UU. abordó la primera legislación completa con la Ley de Defensa Civil Federal de 1950[6], con la finalidad de constituir un sistema de defensa civil para la protección de la vida y de la propiedad. En este tiempo se promovió la construcción de refugios en las casas y edificios públicos, y se realizó una gran campaña de concienciación sobre cómo actuar en caso de un ataque nuclear. Por su parte, el gobierno soviético también construyó refugios nucleares y bunkers, tanto para

[6] United States Congress. (1950). *Federal Civil Defense Act of 1950*, Pub. L. No. 81-920, 64 Stat. 1245.

líderes políticos como para la población en general, y promovió el entrenamiento en defensa civil a través de estructuras locales.

Desde el final de la Guerra Fría y hasta la actualidad, el contexto de seguridad ha ido cambiando, y, con ello, la necesidad de adaptar las actuaciones relacionadas con la defensa civil a las nuevas situaciones, más alejadas de las contiendas armadas, pero también con capacidad de desestabilizar tanto como una agresión armada.

Así, atendiendo a la realidad de nuestro tiempo, se puede entender la defensa civil como el conjunto de actividades, medidas y recursos destinados a proteger a la población, las infraestructuras y el entorno frente a diversas amenazas o crisis, sean naturales (como los fenómenos meteorológicos adversos o las inundaciones), provocadas por la acción humana o aquellas en las que prima el componente tecnológico, como los accidentes industriales, de naturaleza química, biológica o radiológica. Está enfocada, así, en la protección de las personas, los bienes y el funcionamiento de la sociedad frente a amenazas que no requieren necesariamente una intervención militar, sino una respuesta organizada desde el sector público y privado y la sociedad civil. Su objetivo principal es prepararse y mitigar los efectos de una crisis y facilitar la recuperación de la sociedad y sus estructuras esenciales, con una variedad de acciones y recursos en ámbitos como la preparación ante desastres, el desarrollo de sistemas de alerta temprana, la coordinación de equipos de respuesta o la reconstrucción postcrisis.

3. LA DEFENSA CIVIL EN EUROPA

3.1. Una mirada a países del entorno

Distintas son las manifestaciones o las formas a través de las cuales los estados arbitran mecanismos para la defensa civil que, si bien convergen en el objetivo último, de garantizar la protección de la sociedad, se configuran en base a la percepción de los riesgos y políticas de diversa índole.

Como modelos más desarrollados de defensa civil estarían los países nórdicos —Suecia, Dinamarca o Finlandia—, en los que se combina la protección de la población frente a amenazas naturales, emergencias sanitarias, y ataques militares, donde se pone especial atención en la resiliencia social, la cooperación interinstitucional y la preparación ante diversos tipos de crisis. Aunque cada país tiene su propio marco legal y organización específica, comparten características comunes: enfoque integral de los riesgos; responsabilidad compartida en la gestión, con una clara división de responsabilidades entre el gobierno central, las autoridades locales y la sociedad civil. La defensa civil no solo involucra a los servicios de emergencia profesionales, sino también a la ciudadanía y el voluntariado bajo los principios de prevención, preparación y resiliencia.

Por su parte, Francia tiene un sistema de defensa civil bien estructurado, cuenta con planes de respuesta tanto a nivel nacional como regional, que incluyen medidas específicas para desastres naturales (inundaciones, incendios forestales), terrorismo y emergencias sanitarias. El Plan o dispositivo ORSEC (acrónimo de *Organisation de la Réponse de Sécurité Civile)*[7] da soporte a la gestión de emergencias desde su creación, en 1952. Cabe destacar la cultura del voluntariado en la defensa civil, con organizaciones y entidades de voluntarios de seguridad civil que participan activamente en la gestión de emergencias.

Alemania cuenta también con una extensa infraestructura de defensa civil organizada a través de diversos ministerios y agencias. Dada su organización territorial y distribución competencial, combina esfuerzos a nivel federal y local. En su primera Estrategia de Seguridad Nacional (en alemán *Nationale Sicherheitsstrategie*), presentada el pasado 14 de junio de 2023, el gobierno federal abunda en la voluntad de "*fortalecer la defensa civil y la protección de la población mediante un enfoque que abarque a la sociedad en su conjunto, en el cual el Gobierno Federal, los Estados Federados, los municipios, el sector empresarial, así como la ciudadanía asuman responsabilidad de manera conjunta*"[8].

---

[7] Creado en 1952 para proteger a la población frente a accidentes, siniestros y catástrofes, evolucionando a lo largo de los años para llamarse hoy "Organización de la respuesta de seguridad civil" (O.R.Se.C).

[8] GOBIERNO DE ALEMANIA, *Estrategia de Seguridad Nacional*, 2023, pp. 14. Recuperado de https://www.nationalesicherheitsstrategie.de/estrategia-de-seguridad-nacional-ES.pdf

En todos estos modelos de defensa civil el ciudadano ocupa un lugar esencial en el sistema, adquiriendo especial relevancia el conocimiento de la ciudadanía de los riesgos y amenazas a los que está expuesta, así como de los mecanismos, tanto internos como externos, para hacerles frente.

Documento inspirador de la estrategia alemana fue la Estrategia de Seguridad Nacional de España, actualmente en su versión de 2021 que, bajo una visión holística de los diferentes riesgos y amenazas para la seguridad nacional, está llamada a aunar los esfuerzos de cara a "*proteger la libertad, los derechos y bienestar de los ciudadanos, a garantizar la defensa de España y sus principios y valores constitucionales, así como a contribuir junto a nuestros socios y aliados a la seguridad internacional en el cumplimiento de los compromisos asumidos* (art. 3 de la Ley 36/2015 de Seguridad Nacional). Bajo la dirección del Presidente del Gobierno y la responsabilidad del Gobierno en su conjunto, en el desarrollo de esta política pública participan las distintas Administraciones Públicas, desde sus respectivos ámbitos competenciales, y la sociedad en general, cuya implicación activa se estima esencial para la consecución de los objetivos descritos.

3.2. La Unión Europea, como proveedor de seguridad

El proyecto comunitario es un proyecto de seguridad y convivencia, destinado en su origen a superar las rivalidades y los estragos de la segunda de las guerras mundiales, cuando aún dejaba sentir sus efectos años a pesar de su finalización. En 1950, Robert Schuman, uno de los arquitectos la integración europea, apuntaba en esta dirección cuando impulsaba la propuesta de crear el germen de la Unión Europea (la Comunidad Europea del Carbón y del Acero[9]), como una iniciativa que, frente a la división y la confrontación, tuviera la capacidad de unificar esfuerzos y de intereses comunes. Este espíritu quedó reflejado en el inicio de su Declaración de 1950, cono-

---

9 La Comunidad Europea del Carbón y del Acero (CECA), reunió a 6 países (Bélgica, Alemania, Francia, Italia, Luxemburgo y los Países Bajos) con el fin de organizar la libertad de circulación del carbón y del acero y el libre acceso a las fuentes de producción.

cida por su nombre propio ("*Declaración Shuman*"), cuando señalaba que "*la paz mundial no puede salvaguardarse sin unos esfuerzos creadores equiparables a los peligros que la amenazan*".

Sin perder la finalidad última de preservación de los valores e intereses compartidos, la evolución del proyecto comunitario en este ámbito ha discurrido hasta la conformación de la Unión de la Seguridad, en la que se reconoce el creciente vínculo de la seguridad interior y exterior, y que se proyecta con los objetivos de adaptarse al cambiante panorama de amenazas; construir una resiliencia sostenible a largo plazo; involucrar a las instituciones y agencias de la UE, los gobiernos, el sector privado y los individuos en un enfoque que abarque a toda la sociedad; y reunir aquellas políticas que tienen un impacto directo en la seguridad.

– Los mecanismos de respuesta a las crisis en la UE y su eficacia.

Más allá de la visión de la defensa civil como protección en tiempos de guerra, existe un amplio desarrollo en el entorno comunitario sobre actuación ante situaciones de crisis o emergencias para proteger a los ciudadanos y su entorno de convivencia. Así, para hacer frente a las situaciones más adversas, se han ido conformando mecanismos de gestión en los que participan las instituciones europeas y los Estados miembros, y que se han revelado como eficientes, aunque con espacios de mejora, para la gestión de aquellas situaciones.

a. Dispositivo de Respuesta Política Integrada a las Crisis (IPCR, por sus siglas en Ingles)[10].

Desde el año 2000, se cuenta con el Dispositivo de Respuesta Política Integrada a las Crisis destinado a prestar apoyo en la toma de decisiones en el nivel político de la UE en caso de crisis importantes y complejas. Apoya a la Presidencia del Consejo, al Comité de Representantes Permanentes de los Gobiernos de los Estados miembros de la Unión Europea (COREPER) y al Consejo de la UE, proporcionándoles instrumentos específicos para, entre otros, optimizar la puesta en común de información, facilitar la colaboración y coordinar la respuesta a las crisis en el nivel político.

---

[10] Este mecanismo fue puesto en marcha mediante la Decisión de Ejecución (UE) 2018/1993 del Consejo, de 11 de diciembre de 2018, sobre el dispositivo de la UE de respuesta política integrada a las crisis.

En la actualidad se encuentra activado en toda su capacidad[11], para la monitorización de la situación en Oriente Próximo, desde octubre de 2023, a raíz de los atentados terroristas perpetrados por Hamás en Israel y de los acontecimientos que se están produciendo en la región; la evolución de la guerra de agresión de Rusia contra Ucrania desde su inicio, el 24 de febrero de 2022; o ante la crisis migratoria y de refugiados desde que, a finales de 2015, la Presidencia luxemburguesa del Consejo activase el mecanismo en el contexto de la elevada presión migratoria en las fronteras exteriores de la Unión. Previamente, se activó durante el periodo de mayor impacto de la pandemia de la COVID-19 (diciembre de 2019 a mayo de 2023) y, más recientemente, con ocasión de las elecciones europeas de junio de 2024, en modo de puesta en común de información entre instituciones europeas y estados en relación con las injerencias extranjeras durante el proceso electoral.

La decisión de activar o desactivar el IPCR es competencia de la Presidencia, salvo en caso de invocación de la cláusula de solidaridad (artículo 222 del Tratado de Funcionamiento de la Unión Europea), en cuyo caso se activará automáticamente en modo pleno.

b. Gestión de las emergencias y catástrofes. Mecanismo de Protección Civil de la Unión.

La respuesta de la UE a las crisis comprende también instrumentos incardinados en el ámbito de la protección civil, que están destinados a abordar la gestión integral de situaciones de emergencias y la resiliencia frente a desastres. En este ámbito, la cooperación adquiere toda su virtualidad, tanto de instituciones de la UE con los Estados miembros, de estos entre sí, contando con recursos de distinta naturaleza y con capacidad de acción dentro y fuera del espacio comunitario y de los estados parte.

---

11 El dispositivo RPIC es escalable. Tiene dos modos de activación —el modo de intercambio de información y el modo de activación plena—, así como un modo de seguimiento diseñado para apoyar la vigilancia de una crisis emergente o en fase de mitigación. El modo de activación plena apoya la coordinación estratégica general y la preparación de posibles opciones de respuesta; el de intercambio de información, establece una imagen clara de la situación y prepara el terreno para una posible activación plena; y el modo de seguimiento, permite compartir información e informes existentes.

En este campo, destaca el Mecanismo de Protección Civil de la Unión (UCPM, por sus siglas en inglés)[12], como principal marco para la cooperación en este campo. Fue establecido por la Comisión Europea con el objetivo mejorar la capacidad de los países de la UE para responder a desastres naturales o provocados por la acción del hombre, se produzcan dentro o fuera del territorio comunitario. Tras más de 700 activaciones en emergencias de distinta naturaleza, se erige como instrumento esencial de actuación para fomentar la cooperación entre las autoridades nacionales de protección civil; aumentar la sensibilización y la preparación de los ciudadanos ante las catástrofes; y posibilitar una ayuda rápida, eficaz y coordinada a los países afectados, esté dentro o fuera del territorio comunitario. Además de los países de la Unión, en el Mecanismo participan actualmente otros diez países, a saber, Albania, Bosnia y Herzegovina, Islandia, Macedonia del Norte, Moldavia, Montenegro, Noruega, Serbia, Turquía y Ucrania.

Cuenta con el Centro de Coordinación de la Respuesta a Emergencias (ERCC, por sus siglas en inglés), como núcleo operativo del Mecanismo de Protección Civil, activo de forma ininterrumpida y coordina las labores de respuesta de la UE en caso de catástrofes. El mecanismo también incluye una Reserva Europea de Protección Civil (rescEU, por su abreviatura en Inglés), que concentra las capacidades comprometidas de forma voluntaria por los Estados miembros para su despliegue inmediato dentro o fuera de la UE ante situaciones como las descritas.

3.3. Las estrategias híbridas como nueva forma de confrontación

Las amenazas híbridas son una gran preocupación para la seguridad global y también en el entorno europeo[13] por su potencial efecto

---

[12] Se regula mediante Decisión n° 1313/2013/UE del Parlamento Europeo y del Consejo, de 17 de diciembre de 2013, relativa a un Mecanismo de Protección Civil de la Unión. Esta disposición ha tenido sucesivas modificaciones hasta la actualidad.

[13] En el año 2015, el Consejo de la UE apeló a la elaboración de un marco común con propuestas de actuación que contribuyan a luchar contra las amenazas híbridas y a reforzar la resiliencia de la Unión y de sus Estados miembros, así como

desestabilizador sobre los pilares de nuestra convivencia. Suponen una evolución en las estrategias de conflicto, donde las tácticas convencionales y no convencionales se combinan para alcanzar objetivos políticos, sociales o militares sin recurrir necesariamente a la guerra abierta. Su trascendencia y complejidad hacen que las acciones en este ámbito tengan en este artículo un espacio propio[14].

Sin entrar en matices doctrinales sobre su mejor definición, valga para este momento identificarlas como acciones procedentes de actores estatales y no estatales que combinan una variedad fórmulas, incluyendo ciberataques, campañas de desinformación y acciones manipulación política. En el contexto europeo, las amenazas híbridas son vistas principalmente como una forma de desestabilización que busca explotar vulnerabilidades en las instituciones políticas, económicas y sociales de los países miembros.

Uno de los actores más prominentes en las amenazas híbridas que afecta a la UE es Rusia. Desde la crisis en Ucrania en 2014, las tácticas híbridas de Rusia han sido un modelo de cómo se pueden combinar diversas herramientas para debilitar y dividir. Esto incluye no solo la invasión militar en Crimea y el apoyo a los separatistas en el este de Ucrania, sino también un fuerte componente de desinformación, ciberataques y manipulación política.

En relación con los ciberataques, la UE ha sido objetivo de agresiones de distinta naturaleza, en el afán de robar información sensible, interrumpir servicios clave o socavar la confianza pública. Un ejemplo notable fue el ataque a las instituciones europeas en 2020, cuando a través de acciones de esta naturaleza se trató de interferir en las elecciones y obtener información relacionada con la pandemia de COVID-19.

---

de los países socios; el compromiso por parte de los Estados miembro quedó formalizada en el Consejo Europeo de junio de 2015. (EUCO 22/15).

14 En 2016, la Comisión Europea (JOIN (2016) 18 final) presentó un conjunto de medidas destinadas a contribuir a la lucha contra las amenazas híbridas, bajo un "*enfoque integral que permita a la UE, en coordinación con los Estados miembros, responder específicamente a las amenazas de naturaleza híbrida creando sinergias entre todos los instrumentos pertinentes y fomentando una cooperación estrecha entre todos los agentes implicados*". Posteriormente, en la Comunicación JOIN (2018) 16, enfatizaba en el refuerzo de la acción y ampliando el foco a las amenazas químicas, biológicas, radiológicas y nucleares.

La desinformación también es una herramienta clave en las amenazas híbridas. En las últimas décadas, se han utilizado las redes sociales y los medios de comunicación para difundir narrativas falsas o manipuladas. También actores externos han utilizado tácticas de influencia política para debilitar la cohesión de la UE.

En el contexto de la seguridad energética, el uso por parte de Rusia del suministro de gas como una herramienta de presión política contra algunos países de la UE y el impacto sobre el mercado de la energía, con un aumento exponencial de los precios, ha sido también un ejemplo de cómo las tácticas híbridas pueden desestabilizar a la UE.

Otro espacio de proyección de estrategia híbrida es la instrumentalización de la migración (Garcés, 2022), como es el caso de la salida masiva de migrantes desde Bielorrusia hacia países como Lituania, Polonia y Letonia, iniciada con carácter previo a la agresión armada de Rusia, pero que se ha mantenido en mayor o menor medida.

Para poder actuar ante sus distintas manifestaciones, además de las iniciativas propias de los estados europeos, en la UE se vienen adoptando medidas bajo un enfoque multidimensional.

En el campo de la ciberseguridad, se han adoptado una serie de medidas para mejorar su resiliencia frente a los ciberataques. La acción de la Agencia Europea de Ciberseguridad (ENISA) en distintos ámbitos, así como la aprobación de disposiciones vinculantes, con es el caso de la Directiva NIS1 (ya derogada) y, posteriormente, la Directiva NIS2 (en vigor desde 2023)[15] en el ámbito de la seguridad de las redes y sistemas de información, son ejemplos de iniciativas que buscan fortalecer la seguridad cibernética en toda la Unión. La UE también ha implementado protocolos de respuesta rápida ante incidentes cibernéticos.

---

15 La Directiva (UE) 2022/2555 (Directiva NIS2) vino a actualizar el marco jurídico existente ante el aumento de la digitalización y ante la evolución del panorama de amenazas a la ciberseguridad. Amplía su aplicación a nuevos sectores y entidades, para mejorar la resiliencia y las capacidades de respuesta a incidentes de las entidades públicas y privadas, las autoridades competentes y la UE en su conjunto.

Por su parte, la lucha contra la desinformación y la manipulación de la información es una de las prioridades más acuciantes por cuanto perjudicar a las instituciones y los procesos democráticos, como se ha señalado con anterioridad, al impedir que las personas tomen decisiones propias sin injerencias o manipulación alguna. Asimismo, pueden polarizar a las sociedades al hacer que las comunidades se enfrenten unas con otras. Las nuevas tecnologías tienen un gran poder amplificador de acciones y de sus efectos.

En respuesta a las campañas de desinformación, en el entorno comunitario se han lanzado varias iniciativas, como el *Código de prácticas sobre desinformación* (actualmente en su edición de 2022)[16], que obliga a las diferentes plataformas y entidades tecnológicas signatarias (hasta la fecha 44) a tomar medidas para combatir la propagación de contenido falso, como desmonetizar la difusión de desinformación; garantizar la transparencia de la publicidad política; capacitar a los usuarios; reforzar la cooperación con los verificadores de datos; y proporcionar a los investigadores un mejor acceso a los datos. Además, el Servicio Europeo de Acción Exterior lidera los esfuerzos de la Unión contra la manipulación e interferencia de información extranjera, con la finalidad de conseguir una respuesta más específica y eficaz para proteger los procesos democráticos, la seguridad y los ciudadanos de la UE[17].

En el campo de la migración, y su uso interesado por parte de países terceros en el contexto de la guerra de agresión sobre Ucrania, las medidas adoptadas se han proyectado hacia una mayor asistencia a los Estados miembros de la UE afectados y un acercamiento a los principales países de origen de los migrantes[18]. Junto a ello,

---

16 El *Código de prácticas reforzado sobre desinformación* de 2022 se basa en la edición pionera, de 2018, y establece compromisos y medidas más ambiciosos destinados a contrarrestar la desinformación en línea. Su nueva versión responde a las directrices de la Comisión sobre las deficiencias detectadas en la Evaluación del Código realizada en 2020 y se basa en el aprendizaje extraído del programa de vigilancia de la desinformación relativa a la COVID-19.

17 *EUvsDisinfo* es ejemplo de iniciativas desde el SEAE para detectar y analizar la desinformación en sus diferentes modalidades y formas, centrándose en los discursos y tácticas habituales del Kremlin, y sensibilizar al respecto.

18 En agosto de 2021, Irak decidió suspender de forma temporal los vuelos a Bielorrusia y facilitar los retornos voluntarios desde Bielorrusia y Lituania.

se propusieron acciones para impedir y restringir las actividades de los operadores de transporte que participasen o facilitasen el tráfico ilícito o la trata de personas en la UE[19], así como la ampliación del ámbito de aplicación del reglamento existente sobre situaciones de crisis y de fuerza mayor[20] para permitir excepciones selectivas a los procedimientos de asilo.

4. EL FUTURO DE LA DEFENSA CIVIL EN EUROPA ANTE LOS NUEVOS DESAFIOS

La nueva visión integradora de la Comisión Europea, cuyo objetivo es hacer frente mejor a las futuras crisis y desafíos para la seguridad, apunta al reforzamiento del papel del componente civil, en el que, el ciudadano se erige como "*columna vertebral*" de la resiliencia y preparación de la sociedad[21].

Para finalizar este artículo, y como una invitación a la reflexión sobre posibles espacios de mejora, se exponen algunos aspectos sobre la percepción que tienen los ciudadanos comunitarios acerca de su seguridad, la eficacia de las políticas implementadas para hacer frente a situaciones catastróficas, y la visión sobre su grado de preparación para afrontarlas[22].

– Seguridad y Defensa como espacio prioritario de acción de la UE

---

19 Que se recogen en la Comunicación conjunta al Parlamento europeo, al Consejo, al Comité Económico y Social Europeo y al Comité de las Regiones. Respuesta a la instrumentalización de migrantes auspiciada por el Estado en la frontera exterior de la Unión. JOIN (2021) 32 final.

20 Reglamento (UE) 2024/1359 del Parlamento Europeo y del Consejo, de 14 de mayo de 2024, por el que se abordan las situaciones de crisis y de fuerza mayor en el ámbito de la migración y el asilo y por el que se modifica el Reglamento (UE) 2021/1147.

21 NIINISTÖ, S., "Safer Together: Strengthening Europe's Civilian and Military Preparedness and Readiness", 2024. Recuperado de https://commission.europa.eu/document/download/5bb2881f-9e29-42f2-8b77-8739b19d047c_en?filename=2024_Niinisto-report_Book_VF.pdf

22 Conclusiones del Eurobarómetro estándar n° 101 (primavera de 2024); y del Eurobarómetro especial sobre sensibilización y preparación ante el riesgo de catástrofes de la población de la UE n° 547.

Para el 34% la seguridad y la defensa son el ámbito prioritario de la acción de la UE a medio plazo, seguidas de cerca por el clima y el medio ambiente (el 30%). Al mismo tiempo, casi la mitad (el 46%) de la ciudadanía cree que garantizar la paz y la estabilidad tendrá el mayor impacto positivo en su vida a corto plazo.

– Respaldo a la Política Común de Seguridad y Defensa

Más de tres cuartas partes de las personas encuestadas (el 77%) están a favor de una Política Común de Seguridad y Defensa, mientras que siete de cada diez (el 71%) consideran que la UE debe reforzar su capacidad para producir equipamiento militar. Al mismo tiempo, el 69% están a favor de una política exterior común de los Estados miembros y más de dos tercios están de acuerdo en que la UE es un lugar de estabilidad en un mundo convulso (el 67%).

– Ámbito de mayor vulnerabilidad: emergencias de origen natural

El 38% afirma principalmente vulnerables a los fenómenos meteorológicos extremos, a las emergencias de salud humana (27%) y las inundaciones (26%). Las amenazas de ciberseguridad se sitúan en el 23%, mientras que las tensiones políticas o geopolíticas se sitúan en el 22% y en el 21% las interrupciones en el funcionamiento de infraestructuras críticas (apagones de electricidad o interrupciones del gas o el agua potable).

– Percepción de la desinformación e impacto

El 86% de los europeos están de acuerdo en que la rápida propagación de la desinformación es un problema importante para la democracia, mientras que el 71% afirman que a menudo se encuentran con desinformación.

– Necesidad de mayor preparación

El 75% están de acuerdo en que, si se preparan para catástrofes o emergencias, podrán hacer frente mejor a la situación, mientras que casi dos de cada tres (65%) señalan que necesitan más información para poder prepararse ante este tipo de situaciones.

A modo de conclusión, y tal y como se infiere de la visión de la ciudadanía, la seguridad en el ámbito europeo es un pilar fundamental para garantizar la estabilidad y el bienestar de sus ciudadanos, así como la protección de los valores democráticos que comparte la Unión. Desde esta evidencia, la implicación activa de la UE en la gestión de riesgos, amenazas y crisis, a través de la cooperación política, económica y militar, no solo fortalece la seguridad interna, sino que también refuerza la capacidad de la región para influir en los asuntos globales. Para conseguirlo, la colaboración entre los Estados miembros y la creación de políticas comunes en este ámbito son esenciales para enfrentar los desafíos contemporáneos.

Con todo, tan solo el mantenimiento del compromiso decidido y coordinado permitirá que la UE haga posible una Europa más segura y resiliente ante los retos del siglo XXI. Sin embargo, este esfuerzo será baldío si no cuenta con el compromiso firme de los ciudadanos, los distintos componentes sociedad civil y el sector privado, que son elementos claves e imprescindibles para garantizar la defensa civil europea ante las amenazas de nuestro tiempo.

BIBLIOGRAFÍA

Comité Internacional de la Cruz Roja (ICRC). (1949). *Convención de Ginebra I: Para el alivio de la condición de los heridos y enfermos de las fuerzas armadas en campaña.* Ginebra: ICRC.

Comité Internacional de la Cruz Roja (ICRC). (1949). *Convención de Ginebra II: Para el alivio de la condición de los heridos, enfermos y náufragos de las fuerzas armadas en el mar.* Ginebra: ICRC.

Comité Internacional de la Cruz Roja (ICRC). (1949). *Convención de Ginebra III: Relativa al trato debido a los prisioneros de guerra.* Ginebra: ICRC.

Comité Internacional de la Cruz Roja (ICRC). (1949). *Convención de Ginebra IV: Relativa a la protección de personas civiles en tiempo de guerra.* Ginebra: ICRC.

Comité Internacional de la Cruz Roja (ICRC). (1977). *Protocolo Adicional I a las Convenciones de Ginebra del 12 de agosto de 1949, relativo a la protección de las víctimas de los conflictos armados internacionales.* Ginebra: ICRC.

Comité Internacional de la Cruz Roja (ICRC). (1977). *Protocolo Adicional II a las Convenciones de Ginebra del 12 de agosto de 1949, relativo a la protección de las víctimas de los conflictos armados no internacionales.* Ginebra: ICRC.

España. (2015). *Ley 36/2015, de 28 de septiembre, de Seguridad Nacional. BOE-A-2015-10389.*

Gobierno de Alemania. (2023). *Estrategia de Seguridad Nacional.* Recuperado de https://www.nationalesicherheitsstrategie.de/estrategia-de-seguridad-nacional-ES.pdf

Gobierno de Dinamarca. (2023). *Danish Defense Agreement. 2024-2033.* Recuperado de https://www.fmn.dk/globalassets/fmn/dokumenter/forlig/-danish-defence-agreement-2024-2033—.pdf

Gobierno de España. (2021). *Real Decreto 1150/2021, de 28 de diciembre, por el que se aprueba la Estrategia de Seguridad Nacional 2021. BOE-A-2021-21884.*

Gobierno de Finlandia. (2011). *Ley de Protección Civil* (*Laki väestönsuojelusta,* 1080/2011).

Gobierno de Francia. (s.f.). *Plan para la Organización de la respuesta de Seguridad Civil (O.R.Se.C).* Recuperado de https://www.culture.gouv.fr/es/Tematicos/seguridad-seguridad/Seguridad-y-proteccion-de-los-bienes/Plan-de-salvaguardia-de-los-bienes-culturales/Plan-ORSEC

Gobierno de Suecia. (2024). *Estrategia de Seguridad Nacional.* Recuperado de https://www.government.se/globalassets/government/national-security-strategy.pdf

Garcés, B. (2022). *La "instrumentalización" de las migraciones.* CIBOD. Recuperado de https://www.cidob.org/publicaciones/la-instrumentalizacion-de-las-migraciones-0

Niinistö, S. (2024). *Safer Together: Strengthening Europe's Civilian and Military Preparedness and Readiness.* Recuperado de https://commission.europa.eu/document/download/5bb2881f-9e29-42f2-8b77-8739b19d047c_en?filename=2024_Niinisto-report_Book_VF.pdf

Parlamento Europeo y Consejo de la UE. (2013). *Decisión n° 1313/2013/UE, de 17 de diciembre de 2013, relativa a un Mecanismo de Protección Civil de la Unión.* DO L 347, 20.12.2013, p. 924/947.

Parlamento Europeo y Consejo de la UE. (2018). *Decisión de Ejecución (UE) 2018/1993, de 11 de diciembre de 2018, sobre el dispositivo de la UE de respuesta política integrada a las crisis.* DO L 320, 17.12.2018, p. 28/34.

Parlamento Europeo y Consejo de la UE. (2019). *Decisión (UE) 2019/420, de 13 de marzo de 2019, por la que se modifica la Decisión n° 1313/2013/UE relativa a un Mecanismo de Protección Civil de la Unión.* DO L 77, 20.03.2019, p. 1/1.

Parlamento Europeo y Consejo de la UE. (2022). *Directiva (UE) 2022/2555, de 14 de diciembre de 2022, relativa a medidas destinadas a garantizar un elevado nivel común de ciberseguridad en la UE (Directiva SRI 2).* DO L 333, 27.12.2022, p. 80/152.

Parlamento Europeo y Consejo de la UE. (2024). *Reglamento (UE) 2024/1359, de 14 de mayo de 2024, por el que se abordan las situaciones de crisis y de fuerza mayor en el ámbito de la migración y el asilo.* DO L 2024/1359.

Schwab, K. (2016). *The Fourth Industrial Revolution: what it means, how to respond.* World Economic Forum. Recuperado de https://www.weforum.

org/stories/2016/01/the-fourth-industrial-revolution-what-it-means-and-how-to-respond/

Shuman, R. (1950). *Declaración Shuman.* Recuperado de https://european-union.europa.eu/principles-countries-history/history-eu/1945-59/schuman-declaration-may-1950_es

Soto Soriguera, M. (2023). *Nuevas tecnologías en el contexto global de seguridad: la oportunidad frente al desafío.* Documento de Opinión IEEE 75/2023.

Unión Europea. (1951). *Tratado Constitutivo de la Comunidad Europea del Carbón y del Acero (CECA).* Recuperado de http://data.europa.eu/eli/treaty/ceca/sign

United States Congress. (1950). *Federal Civil Defense Act of 1950, Pub. L. No. 81-920, 64 Stat. 1245.*

Von der Leyen, U. (2024, 30 de agosto). *Discurso de apertura: Foro GLOBSEC 2024.* Praga.

Von der Leyen, U. (2024, 12 de noviembre). *Discurso en la Cumbre de la Iniciativa Hanaholmen.* Bruselas.